2012年度国家社科军事学项目课题
“军事外交视阈下的中美军事软实力比较研究”阶段性成果
项目编号：12GJ003-061

当代中国军事外交

历史与现实

The Contemporary Chinese Military Diplomacy: History and Reality

张　芳◎著

时 事 出 版 社

图书在版编目（CIP）数据

当代中国军事外交：历史与现实/张芳著. —北京：时事出版社，2014. 3

ISBN 978-7-80232-691-0

Ⅰ. ①当…　Ⅱ. ①张…　Ⅲ. ①军事外交—历史—中国—近现代　Ⅳ. ①E29

中国版本图书馆 CIP 数据核字（2014）第 024482 号

出 版 发 行：时事出版社
地　　　址：北京市海淀区巨山村 375 号
邮　　　编：100093
发 行 热 线：（010）82546061　82546062
读者服务部：（010）61157595
传　　　真：（010）82546050
电 子 邮 箱：shishichubanshe@ sina. com
网　　　址：www. shishishe. com
印　　　刷：北京百善印刷厂

开本：787 × 1092　1/16　印张：27. 75　字数：348 千字
2014 年 3 月第 1 版　2014 年 3 月第 1 次印刷
定价：88. 00 元

自　序

“军事外交是白丝绒手套下相握的铁拳”，无法让对方感知到力量的握手何以表达真诚与信任，又何以让对方相信患难之时的支持与扶助？如果说国家外交的实质是以综合国力为语言的政治对话，那么，军事外交的实质则是以军事实力为肌肉的握手。这是《当代中国军事外交：历史与现实》一书所欲引发的思考与共鸣。这是一项以现实问题为起问，以对可能答案的探寻为结尾的研究成果。

历史是过往的现实。无论历史怎样演绎，弱国无外交的命运从未被修改。弱国之弱多呈现三种姿态：一曰无“膝”，即军事力弱，如梁启超所云“外人咸以无战斗力轻我矣”。二曰无“脊”，即经济力弱，如人无脊梁，无以昂首挺胸于世界之林。三曰无“心”，即国家凝聚力弱，外患之时无以凝聚民心以共同抗敌。此三弱，无“膝”弱之累最甚，所以任公发出“必内有坚强之武力，然后能行用自卫之实权”的感叹。视外交力帮助武力如同左手帮助右手一样的孙中山，对借助外力实现民族之独立艰难奔走，最终四处碰壁的结果再次重现了“东西诸国，莫不磨刀霍霍，内向而鱼肉我矣”的结局。这是弱国形象中的中国命运，更是中华民族百年沉沦中从未停止奋争的历史图景，亦是作者用历史刻刀凿出的当代中国军事外交最初的历史轮廓。

中国历史的坐标在1949年发生了转折，中国人民站了起来，并由此踏上民族复兴之途。历史正迅疾而悄然地向世界历史转变，中国人在对“中国与世界”问题进行思考的同时，也在思考着中国军队与世界各国军队的关系。当代中国军事外交循序地进行着不同主题的历史叙事，从生存到发展再到富强，主题变更下的中国军队的外交叙事折射的不仅是中国军队建设的侧影，同时也映照着为中国梦一直准备着的中国军人的命运。由此，作者完成了对当代中国军事外交历史脉络上的全景式雕刻。

现实是未来的历史。在对现实问题的探究中，作者的视线聚焦中国军事外交目标与现实之间、中国军事外交目标与能力之间的距离，解析并探索中美新型军事关系的建构，关注发展中的中国军事外交与发展中的军事对外传播问题，通过对钓鱼岛争端的跟踪研究完成了对中国军事外交中的法理运用问题的探讨，对于从平面到立体的的中国军事外交风格的塑造，作者则通过数据和学术分析对诸要素互动与问题进行了积极的回答。至此完成了对当代中国军事外交的现实主义层面的雕刻。

研究在本质上应该是一种独立思考，研究者本质上应该是体味独立思考快乐的人。作为 2012 年度国家社科军事学项目课题“军事外交视阈下的中美军事软实力比较研究”的阶段性成果，在有所耕耘的基础上出版这些文字，其初衷也在于携这些文字加入到“军事外交”这个中国新辟学术园地的讨论中来，提出见解，供人检视，并使自己的观点更趋合理，夯实项目最终成果的学术累积，以使其趋于充沛、服务现实。

最后，作为新生学术领域研究的必然步骤，作者尝试对新中国建立以来的军事外交要事和 2000 年以来中国军队与外国军队进行的联演联训情况逐一收集汇总，以为更多研究者提供便捷的素材参考。虽然尽可能地运用了所能用到的资料搜索工具，但仍难免有挂一漏万之处，还望读者原谅。

目　录

导　论

“没有武力的外交就像是没有乐器的音乐。”①

——普鲁士国王腓特烈大帝

2012年9月，随着钓鱼岛事态的愈益发展，矛盾的发生与进一步恶化的态势看上去似乎就要超过可控的状态，中国媒体跟踪报道并聚焦最新动态，在主动权的掌握还未见分晓之际，有学者和媒体人发出这样的疑问：军事与外交运用的时机和尺度究竟该如何把握？在危机出现之前，是运用多一些军事力量还是多一些外交斡旋会使恶劣的情形有所改善？当时的争论，以及之后的进一步应对之策，其实质始终未能摆脱“军事与外交”，甚或是军事外交的范畴。

一、军事与外交

军事和外交同属政治范畴，两者都服务于国家政治，是国家政治以不同形式在不同领域里的延展，集中体现着国家意志。作为

① Troy Stephen Goodfellow, “Period, Power and Purpose: Understanding Compillent Threats in the Twentieth Century”, Ph. D. dissertation, University of Toronto, 2000, p. 1.

国家推行对外政策的两个最重要的手段，二者往往相互渗透，相互作用，有着天然的联系。以和平发展为主题的时代，军事似乎习惯以一个配合者的角色退居到同属于国家政治重要表达的外交身后，而一旦危机或者冲突发生，即使还没有吹响战争的号角，军事就被战略家们推向了国家政治的前台，公众也不由自主地将目光投向它，于是军事义不容辞地以威慑、干预、冲突或者战争的方式完成外交所未能完成的任务。问题由此而来，军事与外交之间是什么样的关系？两者间又是怎样相互作用的？对军事和外交运用的极限和底线，即尺度是怎样的？这些问题的提出牵引着我的研究。

此前，人们对这一问题的回答是怎样的呢？从纵向的时间轴上来看，自从有了军事、外交以来，军事与外交就总是以某种规律性步伐完成国际政治的探戈。这种规律性是否完全经验式地存在于人类过往的历史时空中？西方国际关系学界率先对这一命题作出了间接的回应，从汉斯·摩根索、托马斯·谢林、罗伯特·阿特、巴斯顿、戈登·克雷格和亚历山大·乔治都曾对军事与外交的关系、武力在外交中的作用、在对外政策中使用军事力量的动机、军事力量在对外政策中使用的限制等方面的内容有所涉及，国内学者张秦洞、汪庆荣①、钱春泰②、茅海建③等也有相关研究。这些成果为军事与外交的研究提供了学术积累，但另一方面，专门的军事与外交的研究却有待于进一步耙梳使其更具逻辑性、系统性，更具有实证性，无论是从国内还是国外研究现状来看，这一主题的研究尚告阙如，有待开垦。

---

① 张秦洞、汪庆荣编著：《未来军事家丛书第38卷——军事与外交》，黄河出版社，1997年12月第1版。

② 钱春泰：《武力威胁与对外政策》，上海人民出版社，2010年1月第1版。

③ 茅海建：《近代的尺度》，生活·读书·新知三联书店，2011年版。

（一）军事与外交的关系状态

军事与外交相互作用的路径是对动态发展着的两者实现某一阶段性目标的过程考察。作为军事与外交交互作用的某一时间节点上的关系状态的考察则系静态考察。军事和外交作为一国政治的两个重要工具在无政府状态的国际体系下的国家意志的范畴内运行，国家目标作为国家意志的体现，实现对其牵引和导向，期间的相互作用往往产生四种状态：

一是军事与外交的平衡，这使得一国在对外关系中能够始终保持国家整体实力与外在环境的适应，即国际间力量的均衡。军事与外交的平衡状态意谓两者作为国家政治工具处于协调发展状态，其目标与国家发展目标保持着高度一致，并在相互协调中促进国家战略目标的实现。这种平衡不仅仅体现在一国国内的相关政策的制定上，更为重要的是体现在国与国之间的关系的协调发展中，即如果一国军事与外交达成了平衡，其在与大多数国家，尤其是大国的关系中总是处于一种相对稳定通畅的状态，这是国家权力发展稳定的外在当量。从国际关系的外部表现来看，治下和平或者处于均势状态即是这种关系的整体写照。

二是军事与外交的重叠，即在现代外交中愈益突现的军事外交的具体内容。从总体上来看，军事外交作为一个新的研究领域，还没有被普遍认同的学术定义，美国虽然没有明确提出“军事外交”的概念，但却将多种形式的军事外交活动纳入到了“非战争军事行动”理论中，并已付诸于实践。英国则使用“防务外交”的提法。与此相应，新加坡的官方言论中都曾使用“防务外交”的字眼，但鲜有对其进行定义。因此，军事外交的理论界定迟缓于实践探索，但各国已然将军事外交作为其实现政治和外交战略的必然组成部分。

三是军事对外交的僭越，军事裹携了外交，改变了军事与外交在国家意志隧道中向国家目标运行的轨迹，并进而冲撞了国际法、道义的要求，即我们通常所说的“武力的边界”。对于本应属于外交范畴来解决的问题，在还存在外交机会的条件下运用威胁或有限的武力来迫使对手放弃或取消已经采取的行动，而其运用军事的行为已经超越了武力的边界——国际法或者国际惯例的规定。譬如干涉行为，有部分学者混淆着使用它，使它具有了多重含义，甚至与强制性外交等同起来。这事实上已经有了打着道义的幌子而干了违反国际法规范的行为——因为不干涉主权国家的内部事务是国际法的一个基本规范。

四是外交对军事的折冲，外交无视或者回避军事力量的存在与运用，同样向偏离了国家目标的方向运转，虽然其直接取向是自我保护从而不影响国家目标的实现，但其实际结果却迟缓甚至影响了国家目标的实现，如冲突中的绥靖，或者大国政治中的推卸责任等均属于此。舒尔茨对温伯格说：作为国务卿，如果我的外交努力缺乏牙齿，我怎么能保护和推进美国的利益？[①] 这话对于在某些决定国家命运的关键时刻，明明拥有坚硬的牙齿，却宁肯弃之不用而采用单纯外交妥协并最终酿成不可避免的战争的国家来说是一种极大的讽刺。但是，这是军事与外交之间的另一种状态，即在军事力量与威胁依然存在的前提下，一国在外交上采取让步意图缓和情势，而不是用既有的“牙齿”进行反抗或者对抗，在政治工具的运用上实现了事实上军事对外交的折冲。这种折冲在既有的人类战争和外交史上所展现的主要是绥靖，以及作为大国的推卸责任。然而，历史案例却让人清晰地看到达到意图的案例并不占多数。

---

① ［美］戈登·克雷格、亚历山大·乔治：《武力与治国方略——我们时代的外交问题》，北京：商务印书馆，2004年第1版，第368页。

（二）军事与外交的作用路径

军事与外交的互动通过两种路径得以完成：一是通过军事的外交，即通过军事的作用（军事后盾或者用武力、武力威胁）而促成的外交环节或任务的完成；二是通过外交的军事，即通过外交的作用而达成军事目标。

军事与外交有着密不可分的关系是中外学者都共同承认的观点，并认为应当综合运用政治、经济、文化、科技、军事、外交等手段，来维护国家利益和实现对外政策目标。军事与外交作为一国实现其对外政策的基本工具，被认为如“车之两轮、鸟之两翼”，需要对其区别地、艺术地、谋略地加以运用。虽然从其本质上来看，两者在实现国家对外政策目标时的方式有着截然的不同，但在国际关系中军事与外交又是交替使用着的。也正因此，历史上有“谈谈打打，打打谈谈”，也有“以打促谈”，更有“边打边谈”的事件。通常一国在确立了对外政策目标后，多会首先选择和平的外交手段来解决，以降低实现政策目标的成本。但一旦这一政策目标诉诸外交手段失败时，就有可能促使一国运用军事手段来解决。

任何一种外交行为，无不是建立在一国军事力量存在的基础上，其外交的目标、范围、宽窄、能量的高低，影响的大小等都受到本国实力尤其是军事实力的制约。无关乎外交的主要内容和外交的实施主体，无论经济外交、文化外交、政党外交，还是体育外交、民间外交，所谓“弱国无外交”，没有以军事力量为后盾的外交无以展开，在这里军事不仅仅是工具性的一种存在，更是一种确保从事任何形式的外交主体安全以及平等享受国际关系规则的力量的表达，正如美国前国防部长威廉·佩里所说：“人们认为军队是战争工具，其实何止如此。”这一军事力量是基于“实体制裁的运用或是威胁运用……通过限制活动引发不安或者通过武力控制他人对食物、性、安全度之类的需要之满足感。”在广义的外交路径中，军事具有极大的衍生效应，在国际政治领域里，只有军事力量的存在，其他外交形态才可能产生对他者引起重视的力量，譬如，物质商品作为奖励而使用明显具有了经济力，但当获利的期待由于主要物质资源的丧失而成为痛苦的威胁时，经济力就变成了一种强制力，而这一强制力的存在是以一国军事力量的存在为前提的。同时，在“运用‘接受程度’和‘积极回应’的方式达到提升目标行为的目的”的文化外交领域，也同样存在军事力量的影子，无论是文化外交的传播内容还是文化外交的交涉方式，自我秉持的“文化优越”和文化霸权的控制方式，或者被称为“软力量”的传统文化吸引力当中，就已然有着实力的因子。再如，在政党外交领域同样如此，对此，中国共产党有着切身体会。自中国共产党有了自己的第一支武装力量之时，就已经开始了与外国军队的军事交往。从南昌起义到新中国成立，历经土地革命战争、抗日战争、解放战争，世界上几个有影响力的大国接连走近中国共产党和中国共产党领导的人民军队。在与之进行或长期或短暂的军事交往过程中，中国共产党清醒地认识到政党的地位决定了军事交往中的主动与被动，政党关系始终是建国前中共从事对外军事交往的标尺。中共并不享有对这一标尺的高低把握，而是始终处于这一标尺的测量与被牵引之中。而其根本原因则在于中共军事力量较之交往对象国的差异。中共军队与苏军的关系是对这一特点的典型写照。中苏军事合作，既是中苏两党关系的直接反映，又受制于两党关系，从而决定了军事合作中的主从地位。尤其是在抗日战争时期，影响两者关系的不仅仅是中共与苏共的关系晴雨，苏共与国民党的关系、苏共的内部矛盾、中国国民党与中国共产党的关系状况一起构成了中共与苏联军事外交错综复杂的关系网络。在这一相当长的时间里，由于中国共产党自身军事力量的不够强大，苏共实际上掌握着当时军事交往的主导权，甚至可以根据对国际形势的判断和自身利益的需要而随时加强或中断这种合作。

从军事的外交路径来看，其主要表现方式包括：威慑、强制外交、危机处理、战争期间或者结束战争时的谈判。通过外交的军事主要表现方式包括：军事援助、海外军事存在、军事联盟、高层互访、军种交流、联合军演、军事互访等。

（三）军事与外交互动中的影响因素

军事、外交活动往往在复杂的国际环境和国内环境背景下运转，不可避免地受到国内外各种因素的影响和制约，并通过军事与外交作用路径的选择为他国传递国家形象的认知信息。若就这些影响因素加以分析，可以通过个体领袖因素、国家层面因素和国际因素三个层面进行分析。参照卡伦·明斯特所提出的理论分析方法，以个人层次为分析，那么个体决策者、个体参与者的个性、认知、选择和行为将构成对军事与外交互动途径的影响因素。如果以国家层次或国内因素为分析，那么政府类型、国家利益、国家实力和地缘政治特点将构成对其互动的影响因素。如果以国际体系为分析，则国际战略环境、国际和地区组织及其优缺点将为其互动路径的选择提供解释。

1. 个人层次因素

（1）个体领袖因素

作为行为体，个体领袖在军事与外交互动方式的选择上发挥着重要作用。譬如2012年全国人民代表大会和2013年3月全国“两会”之所以引起了国际社会的众多关注，其原因之一在于关系到中国领导层的变更，每当美国、俄罗斯这样的国家出现领导层变更时，也会出现关于该国外交政策可能变化的猜测。“这反映了一种普遍信念，即个体领袖及其个性在外交政策方面的确重要。”[①] 个体领袖受制于无政府状态的国际体系和国家利益，对于国家对外政策的选择有其必然的限制。明斯特认为，当下述三种情况中的一种情况出现时，个体领袖会影响事件进程：一种是当政治制度不稳定、不成熟、处于初始建设阶段，或遇到危机、崩溃时；当制度的制约非常有限时，譬如独裁政体中高层领袖就较少受到国内制度的制约；还有就是当面临的主要是边缘性、异常性或模糊性的问题和情况时。

（2）特殊个体因素

这里的特殊个体通常包括依赖官方角色或通过拥有相关资源而在国际关系中能够采取行动并产生影响的个人。譬如，在美国对利比亚采取武力的决策中，奥巴马的国家安全顾问赖斯就对美国总统最后的决策实施了重要的影响。当然，也有一些个体并非通过官方角色而是通过个人的成功所形成的威望，比如诺贝尔奖获得者昂山素季领导反缅甸军事统治的群众运动。[②]

（3）普通民众因素

普通民众对军事与外交互动路径的影响往往是通过民意调查的方式反映出来。普通民众通过对外界信息的认知和选择形成意见，而当这一意见与一定数量的的其他人形成共识、具有共同的心理反映时，这些公众意见最终形成的公共舆论就会对军事与外交问题的决策者产生影响。

2. 国家层面因素

在军事与外交作用路径的选择中，国家是关键行为体。对这一路径选择产生影响的一些重要方面，包括国家身份、地缘政治、国

① ［美］卡伦·明斯特著，潘忠岐译：《国际关系精要》第 3 版，上海世纪出版集团，2007 年 3 月第 1 版，第 137 页。

② Marion Fennelly Levy, Each in Her Own Way: Five Women Leaders of the Developing World（Boulder, Clol.: Lynne Rienner, 1988）.

家利益和国家实力。

（1）国家身份

温特将身份分为四类：个人或团体身份、类属身份（社会身份）、角色身份和集体身份。这里讨论的是国家的角色身份，即由类属身份确定了一个国家在国际社会的位置，这也就决定了一个国家在国际舞台上所扮演的角色。国家角色身份的概念是指一个国家对自己在地区和国际社会中所处地位身份和所扮演角色的自我认定，国家一般都会依照这种角色＼身份来实施自己的对外战略。同时，依照理性选择理论，国家通常会以此明确界定问题、确立目标、去做符合角色期望的事情，而并非仅仅为了使自己的利益最大化。

（2）国家利益

国家利益是国际政治中作用最为持久、影响最为深远的重要因素，是解释和判断一国对外政策行为的首要依据和主要分析工具。19 世纪主持英国政务和外交的帕麦斯顿曾云：国家之间没有永久的朋友，也没有永久的敌人，只有永久的利益。汉斯·摩根索也曾有过同样的表达：只要世界仍旧主要由国家构成，那么在国际政治中实际的最后语言就只能是国家利益。国家利益是一个主观性和客观性辩证统一的概念，同时在发展过程中又表现出既有稳定性，又具有可变性的特点。关于国家利益的具体构成，学者尚无统一的结论，但认为其主要包含国家领土、国家安全、国家主权、国家发展等要素是一致的认识。并非所有的国家利益都排列在同一次序上，对国家利益的优先次序排列是否合理，决定了一国军事与外交目标设置的科学性。各国将国家生存与安全利益作为国家利益的核心和对外政策的最低目标是共同的作法。对于排在首要位置上的国家利益，国家对军事与外交的使用力度通常是最大的，其后渐弱。

（3）国家实力

国家实力，是指一个国家所拥有的全部的实力和潜力（物质的和精神的）及其在国际社会中的影响力，它是一个国家在国际社会中地位和作用的一种尺度。它是一个国家的生存与发展的内力与在国际社会中起影响的外力的综合体。[①] 国家实力在很大程度上决定着一国对外政策及其实施的能力。“国家要实现自己的战略目标，必须采用有效的战略手段。国家要使自己的战略手段有效，概括地讲，第一要有足够的实力，第二要有能力巧妙和高超地运用这种实力。由于在国际关系中，任何国家要实现自己的利益与目标，都会涉及与其他行为体的互动，在很多时候要以自己的手段和能力改变其他行为体的态度与行为，因此实力对于国际战略的实现来说，是非常重要的。国家没有实力，或者不能恰当地运用已有的实力，都不能顺利地实现自己的目标。”[②] 关于构成国家实力的要素，汉斯·摩根索认为主要由地理、自然资源、工业能力、军备状况、人口、民族特征、国民士气、外交性质、政府性质等 9 个要素构成，而美国现实主义学者尼古拉斯·斯拜克曼认为国力的要素有 10 条：即领土状况、边界特征、人口规模、原料多寡、经济与技术的发展、财力、民族同质性、国民士气、外交性质、政府性质等。日本在 1987 年的一项基础调查报告中提出国际贡献能力、生存能力、强制能力三个侧面构成一国综合国力。

在综合国力诸要素中，军事实力对外交的影响尤其重要。通过外交的军事，如军事援助、海外军事存在、军事联盟、高层互访、军种交流、联合军演、军事互访等，都必须在具备相应的军事实力基础上方能实施。此外，军事通过外交的重要形式——威慑、强制外交、危机处理、战争期间或者结束战争时的谈判等，虽然其中一部分手段趋向和平，但其实施过程有时需要以军事实力为基础的战争行动与之配合。

① 黄硕风：综合国力对比理论综述，载自《世界军事年鉴》，解放军出版社，1989 年版。

② 李少军主编：《国际战略报告》，中国社会科学出版社，2005 年版，第 57 页。

（4）地缘政治

地缘政治是研究国际政治、分析国际关系中最为常用的词之一，因为国家间关系在很大程度上由它们的大小和彼此的位置所决定，这事实上形成了空间意义上的政治概念，即国家与地理相关的国际行为，它关注一个国家自身的地理、人口、经济、历史、文化和政治制度以及由此带来的对国家间关系的影响。地缘对军事与外交关系的影响是与生俱来的，对一个国家而言，地缘政治如同来自于祖先的基因，无论过去、现在，还是未来，都只有切实了解才能正确运用之。综观人类历史发展的每个时代更迭的宏大政治叙事，地缘政治在其中扮演着关键角色。如拿破仑所说，了解一个国家的地理就懂得了这个国家的外交政策。而军事实力则决定了这一政策的可行性。在历史上那些决定了一国更多地使用外交或更多地使用武力的重大事件中，多数不是“起源于同扩大领土有关的民族自我满足感，就是起源于因丧失‘神圣’领土而产生的民族的被剥夺感”①。

从某种意义上说，对地缘政治的观察视角引导了对军事与外交使用的向度。英国地缘政治学家哈尔福德·麦金德（1861—1947年）在《历史的地理枢纽》一文中突出了枢纽在历史中的重要作用，视东欧为“心脏地带”（heartland），而把欧亚大陆和非洲称为“世界岛”，认为：“谁统治东欧，谁就能主宰心脏地带；谁统治心脏地带，谁就能主宰世界岛；谁统治世界岛，谁就能主宰全世界。”②而英国欧洲大陆板块边上的岛国位置也决定了英国传统的“离岸平衡手”的战略定位，直到今天，是争取美国的全球战略中仍能找到这一“离岸平衡”的战略印痕。显然，地缘政治伴随着人类政治活动的始终，牵动着军事与外交的互动神经——决定着是采取战争手

① ［美］兹比格纽·布热津斯基著：《大棋局：美国的首要地位及其地缘战略》，中国国际问题研究所译，上海人民出版社，2007 年版，第 31—32 页。

② Halford J. Mackinder, Democratic Ideals and Reality, Halford Mackinder, New York: W. W. Norton, 1962, p. 150.

段还是和平解决；规定着军事与外交的关系状态——均势、结盟还是对抗、推卸责任以及缓和。

3. 国际体系层面因素

体系是单位、客体或部分经某种形式有规则的互动而联结起来的集合。基于这样的单位间互动，一个单位的变化会引起其他所有单位发生变化。

（1）国际格局

现实的国际体系处于无政府状态，国家作为国际体系中的独立行为体单元，受制于体系结构，即国际格局中的权力结构。21 世纪的国际体系面对的是无论从国防开支还是经济总量上看，美国都是这个国际体系中占据主导地位的国家，虽然像所有霸权一样，美国最后还是要准备好作为一个“普通国家”存在于国际社会。格局中的力量对比因国家为维护其自身利益而采取行动并引发国际体系变革的可能性正在逐步增加。但就目前而言，国际体系在经历过 19 世纪的多极体系、20 世纪的两极体系后，正处于单极状态。

估量世界政治力量的对比状态，分析国家所处的时代与国际格局，是战略地运筹军事与外交的前提和基础。通过国际格局与时代特征的分析，准确把握国家所面临的军事威胁及其威胁的样式，理性判断国家（集团）军事斗争的对象、性质、目标、敌友关系，并据此确定外交与军事力量建设、运用的基本方向，在对军事与外交的战略指导上避免盲动或滞后，从根本上说，对国际战略环境判断正确与否，决定了军事与外交的战略运筹的科学性，决定了国际范围内的敌我友的问题。

（2）国际组织和国际机制

国际组织指国家间的联合，包含一个由少数成员国组成的执行委员会，一个由全体成员组成的全体协商机制和一个由秘书长领导的秘书处。[①] 国际机制是政府间组织同国家一起，以共同关注的事务为基础创建和维持的国际准则和原则，这些国际准则与原则通常被称为国际机制。[②] 国际机制使得成员国联合起来，增进信任，从而形成合作习惯，提供合作平台，如信息收集、管理，在争端中提供帮助、在讨价还价和谈判中提供论坛，并在此平台上实施操作性活动。对于国家个体而言，国际机制的存在为更好地运用外交手段解决问题提供了可能性，而在还没有形成国际机制的领域则使得通过军事手段完成外交路径留下更多空间。对于国际机制内的国家而言，对于国际机制具有更多话语权和掌控力的国家在自身外交问题的解决上也就具有更多的策略弹性。

二、军事外交

外交首先起源于军事，军事外交在氏族社会就已经萌芽。严格意义上的外交是在奴隶制国家以后才产生，且服务于军事，从属于军事。直到18世纪以后，随着各资本主义国家独立的外交机构的建立，外交一方面摆脱了对军事的从属地位，另一方面外交以军事为后盾的特征更为明显。尤其是在第一、二次世界大战中，伴随着世界性军事同盟的建立使得军事与外交的融合进一步加深，而军事外交亦相对独立。[③] 进入21世纪，军事外交日趋活跃，成为衡量大国关系的一个重要坐标，对军事外交的研究也日益增多。

1998年7月中国发布的《中国的国防》，改变了以往的“中外

① ［英］杰夫·贝里奇、艾伦·詹姆斯：《外交辞典》，高飞译，北京大学出版社，2008年5月第1版，第155页。

② ［美］卡伦·明斯特著，潘忠岐译：《国际关系精要》第3版，上海世纪出版集团，2007年3月第1版，第163页。

③ 张炜：关于中国军事外交的理论探讨，《中国军事科学》，2004年第3期，第27页。

军事交往”的称谓，而表述为“中国军队积极参与多边军事外交”[①]。军事外交作为国家总体外交的一个分支，是实现国家安全战略的重要手段。基于这一共识，国内学者对“军事外交”从不同的视角进行了不同的定义。如《军事大辞海》、《世界外交大辞典》、《军事百科全书》等在界定时都突出强调了从军事外交的主体、目标、主要形式与功能角度对“军事外交”进行学术定义，但都不同程度地存在过于狭隘而显得片面，或过于笼统而不够清晰的问题。[②]郭新宁在比较了上述军事外交的学术定义的基础上认为：“军事外交，主要是指主权国家的国防部门及武装力量旨在增进和实现国家利益和国家安全，尤其是国防安全目标，与其他国家、国家集团或国际组织进行的交往、交涉和活动，是一国对外关系和总体外交的一个重要方面和组成部分，同时又是该国国防政策在对外关系中的体现。”[③] 此定义对之前定义在要素方面进行了必要的补充，但与张

---

① 《中国的国防白皮书》，“四、国际安全合作”，中华人民共和国国务院新闻办公室，1998 年发布。

② 如：《军事大辞海》将军事外交定义为“由军事领导机关、驻外武官或军事代表团进行的外交活动。如军事代表团互访、谈判、缔结军事条约，或协调两军关系，以及处理国际上的军事事务等。也称‘国防外交’或‘国防外事’”。（熊武一、周家法编：《军事大辞海》（上）），北京：长城出版社，2000 年版，第 1240 页。）钱其琛主编的《世界外交大辞典》认为，军事外交是“对一国国防部门和军队旨在促进国家间关系在军事领域所进行的对外交往的一种提法。”“在对外关系中运用军事手段配合外交行动的做法不能称之为‘军事外交’”。（钱其琛主编：《世界外交大辞典》（上册），北京：世界知识出版社，2005 年版，第 956 页。）杨松河在 2007 年出版的《中国军事百科全书》第二版学科分册中关于军事外交的定义：“国家或军事集团间在军事及相关领域所进行的外交活动的总称。以维护、实现和扩展国家利益为根本目的，直接服务于国防建设和军事战略。国家外交的重要组成部分。国家外交在军事领域的具体体现。国防政策的对外延伸。服从并服务于国家的总体外交。军事外交在平时与战时关系、友好关系与对抗关系等不同类型的国家关系中，发挥相应的作用。”（顾德钦主编：《国际军事关系》，《中国军事百科全书》（第二版），学科分册 I，北京：中国大百科全书出版社，2007 年版，第 14 页）。

③ 郭新宁：试论军事外交的概念、定位及功能，《外交评论》，2009 年第 3 期。

炜于2004年提出的军事外交定义相比，仍然存在一定的模糊性。张炜认为："军事外交泛指主权国家通过和平方式对国家之间的军事关系及其相关事务的处理，是一国从军事角度维护本国利益及实施对外政策的重要手段。军事外交是一个战略概念，它通过具体的、不同层次的对外军事交往活动，实现国家的外交和军事战略目标"。

2011年12月出版的《中国人民解放军军语》对"军事外交"(military diplomacy) 给予了这样的定义：国家或国家集团在军事及其相关领域所进行的对外交往活动。包括军事人员交往、军事谈判和军备控制谈判、军事援助、军事情报合作、军事技术合作、国际维持和平行动、军事同盟活动等。是国家外交的重要组成部分。① 此一定义从主体、形式、目标到范畴、战略定位都很清晰。我们的研究正是以这一军事外交的定义为理论原点的。

军事外交是国家总体外交的重要组成部分，是代表国家安全利益的军事交往。军事外交的政治属性是其区别于经济外交、文化外交等其他外交形式的根本不同，差异性则突出表现在军事因素与政治特殊关系，以及军事外交在国家总体战略中的特殊地位。军事外交具有以下几个方面的主要功能：

一是国家战略实现的增效功能。国家利益的实现涉及到国家军事力量的战略运用。正如美国学者阿什利·泰利斯所认为的那样："在一个知识正在以空前的速度迅速扩散的年代里，一个国家的军事力量与其外国相应军事力量之间关系的性质和密切程度已经成为一种非常重要的因素，直接决定着能否更有效地将国家资源转化为可用的军事力量。"② 军事外交作为国家外交的一个必然组成部分，以综合国力为后盾，服务并服从于国家的整体战略。在"全球化"背

① 《中国人民解放军军语》(全本)，军事科学出版社出版，2011年12月第1版，第1063页。

② 阿什利·泰利斯等：《国家实力评估：资源、绩效、军事能力》，门洪华、黄福武译，北京：新华出版社，2002年版，第242页。

景下，“地球村”在使得国与国之间、民族与民族之间的交流日益频繁多样的同时，也使得国家之间为整体战略的实现而产生矛盾与冲突的可能性愈益增大。军事外交在国家整体战略的实现过程中扮演着一个“因数”角色。军事外交作用发挥得好，必然达到“不战而屈人之兵”，在错综复杂的国际关系中改善中国当前所面临的复杂、多样、综合的国际安全环境，以国际影响上的号召力、国家形象上的亲和力、国家力量上的威慑力取得国家安全和发展利益的主动权，从而能使得国家战略的整体实现出现倍增效应；反之，如果军事外交作用发挥得不好，必然会使得本已复杂的国际局势更为难以把握，不仅会失去在国际事务中的话语权，还有可能会引来本可避免的纷争，从而给国家战略的实现带来负面影响。

二是军事软实力的塑造功能。军事软实力是指一国军队的性质、军事文化、形象等所产生的一种对他国包括他国军队的一种影响力，通常包含有政治因素、文化因素、精神因素等等，“主要表现为一支军队的政治、文化、精神、谋略等非物质因素”①。美国学者唐纳德·舒尔兹认为：“今天，在西半球促进民主是美国外交日程的优先项目。而作为这一政策的一个工具，美军正被用于推进这一事业。”②并提出美军应当通过培训美洲各国军官、灌输民主价值观的方式，影响他们的思维，最终达成按照美式民主的样式影响这些国家民主进程的目的。塑造军事软实力的功能之所以成为军事外交的重要功能之一，在于军事外交所具有的政治属性，正如中国学者杨松河所分析的那样：“军事外交是政治外交的重要分支，是完成政治外交任务的一种特殊手段，在业务上与政治外交有分工，但其内容实质上是政治外交的重要组成部分，而且往往是更尖锐、更迫切、更敏感

① 何奇松：《中国军事外交析论》，《现代国际关系》，2008年第1期，第54页。

② Max G. Manwaring ed. Securerity and Civil－military Relation's in the New World Disorder. The Use of Armed Forces in the Amercians Carlise Barracks PA, Strategic studies Institute, 1999, p. 43.

的政治外交，在国际关系发生危机和战争时期尤为突出。”[①] 一国军队在走出国门进行相应地区的军事行动时，也是在向其他国家与地区展示本国遂行军事任务的能力，这将会成为他国在制定与本国相关的战略决策时的重要考量因素。同时，适度的军事外交也为国家、军队间增信释疑，消除对一国军事力量增长的疑虑提供了交流平台，甚至可以在消除不安全感的同时，加强合作，形成军事安全上的伙伴，从而消解所谓的“安全困境”[②]。

三是发生战争时的制权功能。中国学者古宏宽就军事外交在战争中的作用提出了自己的看法，他认为：“现代局部战争是有控制的战争，动因多样，环境复杂，制约因素众多，仅靠军事打击手段难以达到预期效果，军事外交手段往往能发挥重要作用。军事外交手段运用得好，战争尚未开始，胜负结局就可能已定；军事外交手段运用得不好，即使战争中的一方在军事上占有一定的甚至相当大的优势，也可能难以达到预期目的。”[③] 通过军事外交可以在战争开始时就获得法律、国际社会的支持，从而赢得法理先机；通过军事外交可以在战争发展的不确定性中打破或者维护战前形成的国际力量对比，从而取得制胜先机，赢得制心理权、制信息权、制舆论权等信息化战争中的关键性胜利优势；通过军事外交还可以在战争结束时，通过谈判、斡旋等军事外交手段为战争结束创造条件，从而促进军事斗争成果向政治目标实现的快速转化。

四是军队现代化建设中的服务功能。军事外交中“最简单的一

---

① 杨松河：《军事外交概论》，北京：军事谊文出版社，1999 年版，第 2—11 页。

② 何奇松：所谓“安全困境”，是指在国际体系处于无政府状态的背景下，一国为提高自身安全而增强军事实力的行为，必然引起其他国家采取对应措施，其结果是该国安全感不但没有提高，反而进一步降低。这实际上是一种安全上的悖论，即一国为增强本国安全而采取的措施非但没有增强自身安全，反而弱化了自身安全。“中国军事外交析论”，《现代国际关系》，2008 年第 1 期。

③ 古宏宽：“军事外交在现代局部战争中的作用”，《世界经济与政治论坛》，2003 年第 2 期，第 73 页。

种形式，即派驻国外使领馆的武官可以起到一种监控军事技术、力量结构和组织方面最新动态的渠道作用。参与国外的军事教育项目和观察各种外国军事力量的演习无疑是更深层次和更广泛交往的一种标志，尤其是这种参与相当频繁、演示效果更为多样化并由那些最终回国后在国内主持武装力量训练和战争设施建设的人参与的情况就更为理想。最复杂的一种形式，即联合军事演习、联合军事训练项目和联合部署军事力量的方式。由于即使在这种最复杂的交往水平上还可以进行详细的划分，因而这为对外军事关系较弱的参与方提供了一个提高其解决问题的技巧和学习最新作战技术与概念的大好机会。最终，他们就能够针对自身的情况形成解决问题的方案，即利用他山之石，攻自家之玉。”① 国防和军队现代化既是一个动态发展的概念，更是一个与他国参照中明确自身在国际先进技术发展过程中定位的概念。因此，毫无疑问，一国在着力于发展自身国防与军队现代化建设的同时，必然会对他国的国防与军队现代化程度给予极高的关注，从而明确自身的战略决策与战略定位。

① 阿什利·泰利斯等：《国家实力评估：资源、绩效、军事能力》，门洪华、黄福武译，北京：新华出版社，2002 年版，第 242 页。

第一章

艰难的起步：孙中山军事外交思想与实践

“孙中山临终时讲的那句必须联合国际革命力量的话，早已反映了这种经验。……在孙中山的一生中，曾经无数次向资本主义国家呼吁过援助，结果一切落空，反而遭到了无情的打击。在孙中山一生中，只得到过一次国际的援助，这就是苏联的援助。请读者们看一看孙先生的遗嘱吧，他在那里谆谆嘱咐人们的，不是叫人们把眼光向着帝国主义国家的援助，而是叫人们‘联合世界上以平等待我之民族’。孙先生有了经验了，他吃过亏，上过当。我们要记得他的话，不要再上当。我们在国际上是属于以苏联为首的反帝国主义战线一方面的，真正的友谊的援助只能向这一方面去找，而不能向帝国主义战线一方面去找。”①

——毛泽东

进入20世纪的中国与世界的联系是在一个破坏与重建、屈辱与尊严、新陈与代谢相伴而生的历史场景中展开的。以近代军事外交的视角来看，有几个瓜连的背景须梳理清晰：一是“中国与俄国于

① 《毛泽东选集》第4卷，人民出版社，1991年版，第1472—1475页

1689 年 8 月 27 日缔结《尼布楚条约》，是为中国与西方国家缔约之始。”[①] 但中国对外正式外交关系尚未建立。二是继第一次鸦片战争后，中国先后与列强签订《江宁条约》、《天津条约》、《北京条约》后，外国人的商业已由天津而侵入中国本土。如此，清廷才渐觉闭关政策不可行，始有外交意识。三是《马关条约》后，甲午战争一败，“中国弱点完全暴露”，“几肇瓜分之祸”[②]，民族尊严尽失，领土与主权次递削减，外交中的弱国形象已循此近代中国路径而定格。交代此一背景意欲说明，在如此几无外交可言的情形下开展军事外交是何其之艰难。

既然外交如此吃紧，那么依据清政府之力以救国又如何？义和团运动后，孙中山看到清政府以“宁赠友邦，不予家奴”、“量中华之物力，结与国之欢心”的媚外之态回应民族危急之形势，孙中山因此确认：“欲免瓜分，非先倒满洲政府，别无挽救之法也”[③]；而太平天国失败的教训又使得孙中山得出洪秀全等人“大半是由于没有外交力的帮助”[④] 而致失败。由此，他认为革命之成功，“一靠国内武力革命，二靠国际外交”，“外交力帮助武力，好像左手帮助右手一样”。[⑤] 交代这一情节意欲说明，依孙中山先生看来外交于革命又是何其之重要。

正是在这样艰难而又必须的历史窘境里，孙中山为革命而外交、通过外交而革命所形成的一系列外交思想和军事思想中，军事外交思想作为两者之交集所占比重之巨亦是必然。

---

① 张中绂编著：《中华民国外交史》，北京：华文出版社，2012 年版，第 1 页。

② 同上书，第 1—6 页。

③ 中国社科院近代史研究所：《孙中山全集》卷一，北京：中华书局，1981 年版，234 页。

④ 胡汉民编：《总理全集》第二集，上海：上海民智书局，1930 年版，第 286 页。

⑤ 同上。

一、孙中山军事外交的基本思想及实践

作为孙中山思想的重要组成部分，其军事外交的基本思想及实践以争取中国独立自主、维护世界和平和建立国际政治新秩序为主旨，具有划时代的意义，对今天的军事外交战略提供了重要镜鉴。

（一）研判国际战略格局以确立军事外交策略

近代国际关系体系是以“强权即公理”为逻辑，以西方为中心的工业文明全球性扩张、对外殖民掠夺为特征的国际格局。具有世界全局眼光的孙中山认识到，由于世界各国政治、经济联系的加强，使得任何一国的革命运动都必然要与国际政治发生联系，而不可能靠闭门造车获得成功[①]。因此，其军事外交策略的确立总是以对国际战略格局的分析为前提而徐进。

孙中山早期对国际战略格局的判断是“盖今日国际，惟有势力强权，不讲道德仁义”[②]。对于帝国主义国家疯狂掠夺的本质，孙中山早已有着清醒的认识：“天下列强高倡帝国主义，莫不以开辟疆土为中心，五洲土地已尽为白种所并吞。”[③] 进而强调“不争竞则无以生存，此安南、印度之所以灭也；惟竞争独立，此美国、日本之所以兴也”。[④] 结合当时中国国内之情势，排满革命不但为其民族主义的第一要义，更是其一系列军事外交策略的目标。当然，孙中山虽然没有明确提出其军事外交目标的层级区分，但事实上是存在较高

---

① 张枬、王忍之：《辛亥革命前十年间时论选集》一卷下，北京：三联书店，1977 年版，第 600 页。

② 中国社科院近代史研究所：《孙中山全集》卷一，北京：中华书局，1986 年版，第 233 页。

③ 同上书，第 260 页。

④ 同上。

层级目标和最低目标的，即西方列强对革命的中立或不干涉是最低目标，而从西方列强那里获得各种形式的援助以实现“民族主义”的政治目标则是较高的军事外交目标。为此，孙中山奔波于世界各国，以联洋排满为军事外交策略，从海外获得了对革命具有至关重要意义的大量捐款。① “及至辛亥事变起，武昌已为革命党所占领，中山先生正在美国可罗拉多省的私华城，于十月十二日（一九一一年）晨自报纸中得知革命党起事之消息，而中山先生竟不立即返国，参加革命，反绕道欧洲，游说英、法等国。”② 其原因在于：“乃于此时吾当尽力于革命事业者，不在疆场之上，而在樽俎之间，所得效力为更大也，故决意先从外交方面致力，俟此问题解决而后回国。”③ 之后的事实证明，孙中山的军事外交于起义成功意义重大。武昌事起之时，因法国领事罗氏与中山先生旧交而深悉革命内容与义和团不同，并力陈于领事团会议，力言革命党之目的在改良政治，决非无意识暴举。后鉴于法、俄两国领事均力主不加干涉遂领事团决定宣告中立，拒绝干涉之议。孙中山因知停止各国借款清廷对革命成功之重要，因此于武昌起义后先行赴英，说服英政府以止绝清廷一切借款，后鄂省军政府亦于 8 月 23 日正式照会各国领事，声明清政府向各国所借之国债，军政府概不承认。这一方面对清廷起用袁世凯而军费外借产生掣肘，另一方面更防止民国建立后各种外债的纠结不清。这些作法从外交上为革命的成功荡涤了外部障碍。以此观照孙中山早期军事外交，其最低军事外交目标的基本实现表明这一时期的军事外交是较为成功的，而非一些学者所认为因其早期外交思想的理想主义，“其外

① 革命党人所用经费的70%是从海外募集的。仅从1907年5月至1911年10月即募集到60万元。

② 张中绂编著：《中华民国外交史》，北京：华文出版社，2012年1月第1版，第21页。

③ 孙文：“中国革命之经过”，载《中国近百年史资料》下册，第646—647页。

交政策可谓并不成功甚至是失败的"[①]结论。

辛亥革命之后，孙中山仍然遵循世界主义的军事外交路线，对国际格局的分析更趋冷静客观。尤其是俄国十月革命胜利后，孙中山把国际世界划分为压迫人的帝国主义列强、被人压迫的失去了独立能力的弱小民族和"不压迫人也不被人压迫"的俄国三种类型。这一时期，一方面，中国面临着反对帝国主义强权，维护本民族的生存底线的根本任务，孙中山提出的民族主义、民权主义和民生主义，也在相当程度上反映了这一时期中国所面临的中心问题；另一方面，孙中山也认识到欲实现"主义"就不得不依赖外来的智力与机器，借重国外先进的经验。于是，此一时期常常陷入到学习的目标也是反抗的目标，既知帝国主义列强之险恶用心又不得不籍其援手的两难境地。因此，尽管他反对列强的对华政策，但仍然主张学习西方。1922 年 1 月 4 日，孙中山为北伐造势，在桂林提出建设新国家的主张："吾人今日当铲除此假意赞成共和者，实行真共和，必造成如法如美之共和国家。"[②]他认为，苏联与美法等国并非水火不容，只是有新旧程度不同："法、美共和国皆旧式的，今日惟俄国为新式的。吾人今日当造一最新式的共和国。"[③] 1922 年 8 月 9 日，孙中山乘英舰"摩轩"号赴香港，途中谈到他对国际局势的看法："事国建设，当以英国公正态度，美国远大之规模，以及法国爱国之精神为模范，以树吾民国千百年永久之计。"[④]孙中山并没有因为"海军国"（即欧美国家）不

① 贺雪瑞："简析孙中山的外交思想和实践"，《赤峰学院学报（汉文哲学社会科学版）》，2009 年第 11 期，第 17 页。

② 广东省社会科学院历史研究室编：《孙中山全集》第 6 卷，北京：中华书局，1986 年版，第 5 页。

③ 同上书，第 56 页。

④ 广东省社会科学院历史研究室编：《孙中山全集》第 6 卷，北京：中华书局，1986 年版，第 516 页。

平等待我，而拒绝对其先进性的学习与效法。可见他所遵循的是灵活务实的军事外交策略。

当然，孙中山遵循世界主义的外交路线，争取任何一个西方列强如英法美日等国的援助最终都遭到了拒绝。这使得孙中山开始着眼于世界政治力量对比与矛盾根源对国际格局进行更深层次的分析。他在 1923 年预言 10 年内将要爆发世界大战的言论中指出："印度将和中国、俄国、德国、阿富汗、波斯、美洲和非洲的黑人联合起来，为自由独立而进行伟大的斗争"。"中国将从德国取得她所需要的技术上的援助，然后转过手来再帮助印度。"[①] 但这种判断并不影响孙中山对外交对象的选择，反而丰富了外交的策略。孙中山在最后几年提出推进"中德俄同盟"的建立，但他在主张联合平等待我的强国如德俄的同时，也不放弃对英美等其他国家的争取，对这些国家他强调中国的丰富能源与西方技术优势的互补，以实现一种政治经济的联盟；而对于一些东方国家，如命运相同的国家如印度、高丽、安南，以及命运不同的国家如日本，他则更强调文化的一致，是一种政治文化联盟。但无论哪种方式，他总是藉通过直接或间接的援助和学习借鉴以强大中国的实力，尤其是军事力量的建设。这种多元务实的策略对今天仍有重要启示。

正确的军事外交路径伴随着孙中山对国际战略格局判断的不断深入而最终得以完成。1917 年，苏俄政府的诞生给孙中山带来希望，促使其转而向苏联求援，始于 1923 年的莫斯科与孙中山的结合在之后成功处理商团叛乱、黄埔军官学校的建立、国民党人在广州确立了自己的统治地位之后，孙中山更坚定了实行联合苏联的政策。他甚至还专门留下了致苏联政府的遗书："故我已嘱咐国

① ［美］慕廷：《孙中山——壮志未酬的爱国者》，杨慎之译，广州：中山大学出版社，1986 年版，第 201—202 页。

民党进行民族革命运动之工作，俾中国可免帝国主义加诸中国的半殖民状况之羁缚。为达此项目的起见，我已命国民党长此继续与你们提携。我深信：你们政府亦必继续前此予我国之援助。”①

（二）注重通过外交手段获得军事援助以谋求救国建国目标的实现

军事援助是指一国根据协议对另一国提供以军事为内容或目的的人力、物力、财力和智力等援助②。军事援助主要包括军事贷款、武器、弹药、军事技术装备的无偿转让，派出军事顾问进行军事教育或接受其他国家军事人员到本国进行无偿培训和学习等内容。无论是辛亥革命前为谋求救国之目标，还是辛亥革命后为实现建设“三民主义”中国的理想，孙中山都十分注重争取军事援助以实现之。孙中山获得军事援助的外交方式主要有两种：一种是通过领袖外交，另一种则是通过联盟外交。

辛亥革命前，孙中山通过领袖外交获得部分革命经费。中国同盟会在1905年成立后，就采取了向海外华侨和港澳台同胞募捐、销售革命债券、向列强借贷等筹集经费的措施。除向西方列强借贷毫无所获外，其他各项措施均收到不同程度的效果，特别是在海外华侨中的募捐和贷款取得了较大的成功③。孙中山在总结辛亥革命时期各阶层的主要作用时，曾经概括：“慷慨助饷，多为华侨”④，又说：

---

① 陈锡祺主编：《孙中山年谱长编》下册，北京：中华书局，1981年版，第2130—2133页。

② 顾德钦主编：《中国军事百科全书·国际军事关系》，北京：中国大百科全书出版社，2007年版，第19—20页。

③ 参见王中茂、胡占军：“辛亥革命前资产阶级革命派经费来源一览”，《辛亥革命史研究会通讯》，1992年第2期。

④ 孙中山：《中国革命史》，见甘乃光编：《中山全集》，上海：新文化书社，1928年版，第4页。

“合力筹款以济革命者，海外同志之任也。”[①] 孙中山为了筹集革命军费，亲手绘定了“中华民国金币券”的图样，规定凡助饷银五元以上者，即发给面额双倍的金币券，革命成功后，金币券作为国家货币使用，以资激励[②]。事实上，同盟会所发动的历次起义，都由华侨捐军饷。仅就辛亥三月二十九广州起义的材料来看，各地捐款就有十五万七千二百多元（暹罗、安南等处未计在内）[③]。加拿大华侨将致公堂会所变卖，得款七万多元，为起义作了有力支援。黄花岗起义失败后，孙中山先生继续在美洲、南洋等地筹款，自 1911 年 4 月至 11 月广东光复之日止，捐款数额高达美金十四万余元。[④] 据统计，仅在辛亥这一年中，南洋华侨的捐款就有五六百万[⑤]。

辛亥革命后，孙中山尝试通过联盟外交获得军事援助。联盟外交的思想孙中山早已有之，只是在实践中，辛亥革命前尚没有成熟条件。譬如，在日本“二十一条”提出前，孙中山曾致函日本首相兼内务大臣大隈重信，力图争取中日联盟：“以言建设之际，则内政之修养，军队之训练，教育之振兴，实业之启发，均非有资于先进国人才之辅助不可。”[⑥] 然而日本却加紧侵华步伐，利用对德宣战，派兵占领了济南、青岛和胶济铁路。对美国、德国、英国等国，孙中山都曾一度抱有通过联盟外交获得革命的外力支援的想法，他

---

① 孙中山致邓泽如等函（1907 年），见《国父全书》函札。

② 黄汉岗（辑录），华侨对辛亥革命的支持，中国人民政治协商会议广东省广州市委员会文史资料研究委员会编：《纪念辛亥革命七十周年史料专辑》（文史丛书），第 129 页。

③ 邓泽如：《中国国民党二十年史迹》，转引自《开国五十年文献》第 1 编第 14 册，第 56 页。

④ 黄汉岗（辑录），华侨对辛亥革命的支持，中国人民政治协商会议广东省广州市委员会文史资料研究委员会编：《纪念辛亥革命七十周年史料专辑》（文史丛书），第 130 页。

⑤ 陈宗山：《南洋华侨革命史略》，第 21—22 页。

⑥ 广东省社会科学院历史研究室编：《孙中山全集》第 3 卷，北京：中华书局，1986 年版，247—249 页。

“认为可作中国之友者，应为美国与日本，其次即为德国”[①]。第一次世界大战后，在英、美、日等列强都不愿对中国提供援助的情况下，他曾积极联络德国，希望争取德国的军援、经援。但总体而言，这一时期的联盟外交的实践效果是极其微弱的。

辛亥革命后的1917年12月3日，新生的苏维埃政权公布了《告俄国和东方全体国民劳动者宣言》，宣布废除与东方各国签订的不平等条约以及与帝国主义国家所签订瓜分东方各国的条约，使孙中山看到了“摆脱帝国主义列强”，“将俄国视为友邦”[②]的希望。1918年1月，孙中山因遭受排挤而被迫离职，之后为了革命四处奔走试图寻求有力的军事援助，但其曾寄予厚望的国内军阀和英美等国均未能给他真正的支持。1919年7月和1920年9月，苏俄先后两次发表对华宣言，宣布废除沙俄时期与中国签订的一切不平等条约和在中国获得的一切特权，并希望与中国政府谈判建交。这一举动触发了孙中山要将苏俄作为军事盟友的信念。1922—1923年，孙中山以通信和会谈的方式分别与苏俄方面的中共代表刘江（俄文名为费奥多罗夫）、苏俄驻华全权代表越飞的军事顾问格克尔将军、共产国际驻华代表马林、苏俄驻华全权代表越飞、共产国际特使达林等人就建立西北军事基地一事进行了深入的交流，并不断表达了建立西北军事基地的迫切心情：“我现在可以调大约一万人从四川经甘肃到内蒙古去，并且最后控制位于北京西北的历史上的进攻路线。”[③]在这次军事外交的努力中，孙中山提出了希望苏俄能够通过库伦给予其军队武器、弹药、技术、专家方面的支援。

---

① 张其昀：“国父思想与德国文化”，《中德文化论集》，台北：中国文化学院德奥研究所，1966年版，第140页。

② 1919年7月和1920年9月苏俄政府两次发表对华宣言，声明废除帝俄与中国签订的一切不平等条约，放弃从中国掠夺的一切特权。

③ 中共中央党史研究第一研究部：《联共（布）、共产国际与中国民主革命运动（1920—1925）》，北京图书馆出版社，1997年版，第166页。

“苏联对孙中山的援助从一开始就是军事性的。”[①] 苏联先后派出了加拉罕、鲍罗廷来华，第一批苏联军事顾问于1923年秋冬至1924年初到达广州。以实现苏联对华外交和中国革命的统一指导，共产国际则召回马林，派出了魏金斯基来华，建立了上海共产国际远东局。1924年5月，苏联派遣红军著名将领巴甫洛夫担任孙中山的军事总顾问。他到任后，制定改组军队的计划，帮助国民党建立了第一支党军，即国民革命第一军，这支军队的建立使得孙中山和国民党不再依赖于地方军阀；逐步建立起国民革命军，成立以孙中山为首的国防委员会，并提出具体工作计划。巴甫洛夫意外逝世后，苏联方面又于8月派加伦（即布留赫尔）接任军事顾问团团长。他为国民党广东革命政权的发展，为北伐战争做出了重要贡献。1924年5月，由鲍罗廷及其由他派遣的切列潘诺夫、捷列沙托夫、波里亚克等人组成的苏联军事顾问小组参加筹建的中国国民党陆军军官学校（即黄埔军校）正式建立。苏联为黄埔军校提供了200万卢布作为开办经费，先后有几十名苏联政治、军事顾问在军校任教。与此同时，苏联及共产国际还在苏联的军事院校开办中国班，为中国革命训练军事干部。1924年10月7日，苏联在商团叛乱中送来了第一批武器，苏联军舰“沃罗夫斯基”号一直停泊在黄埔岛，表示对孙中山政府的支持。在军事顾问巴甫洛夫牺牲的情况下鲍罗廷承担了军事顾问一职。在苏联的帮助下，商团被平定，在加伦将军的倡议下，以黄埔军校学生军为主力的东征作战也接连取得成功，这使得国民党的势力范围很快地从广州扩大到广东和广西的大部分地区[②]。这一胜利对于增进国民党和孙中山的声望具有重大的政治意义。

---

① 向青、石志夫、刘德喜主编：《苏联与中国革命》，北京：中央编译出版社，1994年6月第1版，第95页。

② 参见沈志华主编：《中苏关系史纲——1917—1991年中苏关系若干问题再探讨》，北京：社会科学文献出版社，2011年版，第33页。

1925年7月1日，中华民国国民政府在广州正式成立。鲍罗廷被聘请为国民政府高等顾问。随后，国民政府在改编后的国民革命军各军中都聘请了苏联军事顾问，葛尔培特任第一军顾问，杰卜罗斯基任第二军顾问，马赤利克任第三军顾问，帕罗任第四军顾问，华林任第五军顾问。北伐前夕成立的第七军、第八军军事顾问由兹军、粤尼依奇担任。

（三）反对侵略战争，注重伐战与伐交的结合

孙中山一生倡导世界和平，对外反对侵略战争，反对霸权主义。他在临时大总统就职宣言中说："临时政府成立以后，当尽文明国应尽之义务，以期享文明国应享之权利"，"与我友邦益增睦谊，持和平主义，将使中国见重于国际社会，且将使世界渐趋于大同。"[①] 1912年，在《国民党党纲》中，孙中山将"维护国际和平"定入其中。他把"促进世界的和平"作为"中华民国前途之目的"和中华民国"国民之天职"[②]。他不仅强调中国将作为一支和平力量为维护世界和平做出贡献，而且希望通过与其他国家建立友好关系或建立亚洲大同盟的方式，在维护地区和平的基础上团结一切爱好和平的力量来共同维护世界和平。他认为中日友好是维护东亚及至世界和平与稳定的重要力量保证，通过"联络一致，同心协力，合成一个力去做，才可以成功"[③]，中日两国若能友好，"则不独东洋之和平，即世界和平，亦容易维护"[④]。孙中山还倡导"大亚洲主义精神"，"以真正平等友善为原则"[⑤]，"仁义道德就是我们大亚洲主义的好基

① 《孙中山集外集》，上海人民出版社，1990年第1版，第2页。

② 同上书，第317页。

③ 《孙中山全集》第11卷，北京：中华书局，1986年第1版，第372页。

④ 《孙中山全集》第3卷，北京：中华书局，1984年第1版，第16页。

⑤ 《孙中山集外集》，上海人民出版社，1990年第1版，第200页。

础”[①]，建立“亚洲大同盟以抵抗白种之侵略”[②]。

孙中山重视军事力量建设，但强调军事力量对外运用的积极防御性质。孙中山曾深刻分析国家强弱与其国际地位的关系，认为只有国家强盛，才能取得与各国的平等，“我们现在受人欺侮之原因，在国不强”[③]，而国家的富强取决于经济实力和军事实力的强大，因此只有建成强盛之中国，才能“在地球上与各强国言国际之平等”[④]。为此，对于欧洲先进发达的科学，孙中山始终认为需要认真学习，以“振兴工业，改良武器”，不过“是学来自卫的”[⑤]。对于中国所面临的现实威胁，孙中山认为“可用和平手段即用和平手段，必须用强力时即以强力临之”，反映了孙中山反对战争，但决不惧战的观点。“对于欧洲人，只用仁义去感化他们，要请在亚洲的欧洲人，都是和平地退回我们的权利，那就像与虎谋皮，一定是做不到的”；要从帝国主义手里“完全收回我们的权利，便要诉诸武力”。

关于如何恰当地运用武力和外交手段，孙中山认为企图通过发动战争来达到国家生存和发展目的的思想是十分有害的，国与国之间的矛盾应诉诸外交方式加以解决。“凡国家政策既定，必先用外交手段以求达其目的，外交手段既尽，始可及于战争。战争既毕，仍当复于外交之序，故国与国遇，用外交手段与用战争手段，均为行其政策所不可阙者。然用外交手段之时多，用战争手段之时少。用外交手段者通常之轨则，用战争手段者不得已而用之。”[⑥]

---

① 《孙中山全集》第11卷，北京：中华书局，1986年第1版，第407页。

② 同上书，第180页。

③ 《孙中山集外集补编》，上海人民出版社，1994年版，第335页。

④ 《孙中山集外集》，上海人民出版社，1990年版，第184页。

⑤ 《孙中山全集》第11卷，北京：中华书局，1986年版，第407页。

⑥ 史扶邻：《孙中山——勉为其难的革命家》，北京：中国华侨出版社，1996年版，第40页。

（四）注重军事外交中的舆论运用

孙中山先生历来重视舆论在革命中的重要作用，在军事外交中同样如此。他在军事外交中对舆论的重视程度可以从他历次与列强的军事外交尝试中对舆论的运用体现出来。

一方面，有着多年海外生涯，孙中山对西方国家体制中舆论的作用颇为了解，因此在军事外交中非常重视国外媒体的运用。无论是同盟会成立之时，还是国民党建立之时，孙中山总是及时将革命的主张、建国的理念尽早传递给西方民众，以期得到各国政府政治上和民众舆论上的支持。譬如，辛亥革命爆发后，还在美国的孙中山认为，应先从外交方面为革命事业尽力。他认为当时的美、法两国对革命“当表同情”，因此经华盛顿见美国国务卿诺克斯遭拒之后在巴黎停留的三天中，他不仅同法国政界、财界进行了交流，还特意同新闻界的一些人士进行了交谈。1921 年，孙中山在广州就任中华民国政府非常大总统发表对外宣言时吁请美国支持中国的正义事业，“帮助申张中国人民的意愿”①。

另一方面，他也适时运用国内媒体就国内问题所涉及到的西方列强种种不端予以批驳，以唤起国内民众的觉醒、对主义的支持，从而对西方列强以及与其勾结在一起的政府造成舆论压力。1912 年，针对国际银行团欲通过借款给袁世凯的方式实现攫取中国财政监督权的企图，对此持反对态度的孙中山在上海与《大陆报》记者谈话时发表自己的观点：“中华民国成立伊始，因不得不借外债，惟各国资本家不应要求监督财政权。”② 善后大借款的谈判激起革命党人和全国舆论的反对，孙中山和革命党人为阻止合同的签订多次提出抗议，并努力将这一情形通过国外舆论平台告知相关国家

---

① 《孙中山集外集补编》，上海人民出版社，1994 年版，第 262 页。

② 《孙中山全集》第 2 卷，北京：中华书局，1981 年版，第 385 页。

民众，以期产生如法、英公使所担心的新闻影响。孙中山在善后大借款签订后，发表了《致各国政府和人民电》，呼吁有关各国政府与人民设法阻止北京政府与国际银行团的善后大借款，并尖锐指出："北京政府此时若得银行团巨款，必充与人民的宣战经费无疑"，"一旦巨款到手，势必促成悲惨之战争"[①]。孙中山的呼吁虽然没有在法国报纸上发表，但却在一家英文报纸上发表了。这一做法虽然并没有最终阻止善后大借款，但也通过国际舆论和相关国家的国内舆论向世人说明了大喊"文明、秩序、文化和祖国"的"先进的"[②] 英、法、德、俄、日五国列强正在同袁世凯联合起来摧毁中国的共和制度。

二、孙中山军事外交的历史局限

孙中山的军事外交实践是极为艰难的，如此更突显其思想创建的伟大；然而其历史的局限又是今天的我们所不能不关注到的。

（一）悖离还是一致——军事外交的目标迷失

在孙中山的军事外交实践中，主义与实际的悖离常令军事外交目标的实现陷入困境。1923 年 1 月 26 日，在数次会谈的基础上，孙中山与越飞发表了《孙中山与越飞会谈纪要》，即历史上著名的《孙文越飞联合宣言》。为了争取苏俄援助，与苏俄合作，以对抗当

① 《孙中山全集》第 3 卷，北京：中华书局，1984 年版，第 56—57 页。

② 1913 年 5 月，列宁在谈到善后大贷款时指出："借给中国的新的公债被用于反对中国的民主派，'欧洲'拥护准备实行军事独裁的袁世凯"。"若是中国人民不承认这笔公债呢？在中国不是有共和制度以及国会中的大多数反对这笔公债吗？啊！寻时'先进的'欧洲就会大喊什么'文明'、'秩序'、'文化'和'祖国'了！那时它就会出动大炮，并与那个野心家、卖国贼、反动势力的朋友袁世凯联合起来扼杀'落后'亚洲的共和制度！"《列宁全集》第 19 卷，第 83 页。

时的北洋军阀，孙中山在《孙文越飞联合宣言》中制度的四项内容中后三项均是有利于苏俄的规定。第二项实际上是否定了第一次对华宣言中关于苏俄将中东铁路无偿归还中国的条款；第三项明确规定中东铁路问题应留待将来中俄会议协商解决，无偿归还的问题实际上已经不存在；第四项关于外蒙古问题，孙中山同意“俄国军队不必立时由外蒙古撤退”，这实际上是承认了苏俄控制外蒙古的现状。这一让步在事实上十分有利于苏俄同北京政府的进一步交涉，有利于苏俄对中东铁路和外蒙古权益的要求①。在这里，为解决实现“主义”的现实之困境，所行所为却又最终与“主义”的取向相悖。这一现象不仅仅出现在与苏俄的军事外交中，更是频频发生在与西方列强的军事外交中。

总结这一历史时期登上中国历史舞台的各个政权，无论其国家性质如何，无不是以国家自身的利益来权衡对孙中山及其所领导的革命之间的外交关系的，其不同不过是程度的强弱而已。尽管孙中山所领导的革命的政治目标是先进的，更与西方自命为先进的文明相一致，但在多数时机下中国的革命进程仍然成为了列强搏取利益的筹码。即使是强调国际主义、世界交往、世界和平的苏联，在军事外交中亦有周全其自身国家利益的成份。因为，苏联所倡导的国际主义与事实存在的国家利益之间从一开始就在对外关系中表现出一种结构性矛盾。这种结构性矛盾必然酿成中国作为弱国出现时军事外交目标与政治目标在悖离中的迷失。而导致这种迷失的历史原因则是军事外交政治前提的缺失。

（二）独立还是依附——军事外交的政治前提

军事外交是政治的延续，军事外交的实现是以一系列政治前提

① 参见向青、石志夫、刘德喜主编：《苏联与中国革命》，北京：中央编译出版社，1994年6月第1版，第85—89页。

的实现为展开前提的。

辛亥革命的目的，虽在推翻清朝政府、建立民国；而恢复中国之主权与改进中国在国际间之地位，亦为辛亥革命主要目的之一。然而，中华民国诞生之后，因列强乘机渔利之故，中国对外关系反较前愈益繁难。[①]

此番情形下，坚持独立自主地倚重国内力量是否可行呢？有学者认为，当时国内中小资产阶级企业小，资金微薄，根本拿不出多少钱来赞助革命。而20世纪初国内大些的民族资产本主义的发展还不成熟，不足以产生一次名副其实的资产阶级革命，无法与欧美资产阶级相提并论。因此，同盟会在国内筹款几乎是不可能的。

然而，事实并非如此。作为世界上最早一次的资产阶级革命，16世纪后期尼德兰人发动民族起义时，号称经济比较发达的北部诸省，无非是商业、捕鱼业等比较兴盛，以大商人为首的新兴资产阶级只不过是拥有一批手工工场，其资力和规模都十分有限。同17世纪中叶的英国资产阶级革命相比、同北美大陆18世纪后期的资产阶级革命相比，中国当时辛亥革命所具有的新的物质前提并不逊色于他们当年的欧美前辈，足以为革命运动提供起码的物质基础[②]。而就国内中下层资产阶级而言，其实力亦不可小觑，如武汉商会仅在1911年10月13日一次就向起义军资助军饷500万元[③]，重庆商会除财政上支持蜀军政府外，还给在川的革命军筹饷40多万两[④]，广东

① 参见张中绂编著：《中华民国外交史》，北京：华文出版社，2012年1月第1版，第106页。

② 参见章开沅：《辛亥革命与近代社会》，天津人民出版社，1985年版，第102—104页。

③ 湖北省历史学会：《辛亥革命论文集》，武汉：湖北人民出版社，1981年版，第71页。

④ 政协全国委员会文史资料研究委员会：《辛亥革命回忆录（三）》，北京：中华书局，1963年版，第115页。

各界从 1911 年 9 月到次年 5 月底，捐款甚至高达 3846 万元[①]。

那么，辛亥革命没有成功依托国内力量的症结何在？原因在于，国内民族资产阶级的经济力量并没有引起孙中山的足够重视，始终没有派人到国内商会进行募捐，也没有争取这部分人的政治支持。而与孙中山宏伟的政治目标相比，袁世凯更热衷于用“统一”、“秩序”等美好诺言迎合一般工商业者希望国内市场稳定的“喁喁望治”心理，诱使越来越多的江浙资产阶级加入了“非袁不可”、“非袁不能收拾”的大合唱。而小资产者（包括知识分子）、农民、工人以及其他下层群众，最具有强烈的反抗封建剥削与反压迫的意识，具备支持革命的现实性和可能性，但是，同盟会领导人却并没有进入到大多数同盟会领导者的视线当中。他们不仅看不到农民阶级迫切的革命要求和争取农民支持的重要意义，反而认为他们“仅有破坏而无建设”，始终没有深入到农民群众中去进行宣传和组织工作。

孙中山未能在国内寻找到革命的力量依托，只能将视线转向外部。有学者认为，孙中山未能形成独立的革命力量而对帝国主义寄予期望，是缘于孙中山对帝国主义本质缺乏深刻的认识。对此一观点，作者持不同看法。且看 1906 年孙中山与革命战友集体制订同盟会的《对外宣言》的一处细节，将 1906 年文本与转译后的文本进行对照后，发现与原有的处理对外关系中的几条已经有所变动。例如原第一条为：所有中国前此与各国缔结之条约，皆继续有效。现第一条为：各国与满政府今日以前所订之约仍然有效，至期满为止。又如原第三条为：所有外人之既得权利，一体保护。现第三条为：满政府以前租与各国之租界，皆以礼相待。原条件全部承认侵略者的“既得权利”，现条件则大为缩小了。几处变化将近代中国资产阶级革命家既怕帝国主义的干涉，又需其援助，而不能采取强硬的反

① 李煜堂：《广东财政司自旧历辛亥年九月十九日起至民国元年五月三十一日止收入总册报告》，羊城兴隆街西约粤华公司 1912 年印制，广东财政司收支报告册序。

帝立场的矛盾心态表露得淋漓尽致[①]。变动之周折完全反映了孙中山深知帝国主义本质而力图挽回失去的权利。如此说明，早在革命初期，资产阶级革命家并非没有认识到帝国主义的嘴脸，实为在自身力量匮乏的情形之下而欲完成革命的外交策略之举。

循既已完成的历史路径，今人似乎了然于其问题根源：只有建立独立的拥有主权的中国才是推行军事外交的政治前提，但由于未能看到国内革命力量的存在从而导致孙中山对借助外力始终存有幻想，结果是愈是倚重外力则愈不能完成民族之独立，而一个没有独立亦没有真正主权可言的近代中国就愈加速进入了帝国主义所设计的瓜分豆剖的历史漩涡。于是，孙中山先生的革命努力进入到独立还是依附的怪圈中——中国革命外争独立内求富强的政治目标完全与帝国主义的政治目标相冲突，因此，孙中山的军事外交在对依附心存侥幸的途径中四处碰壁成为必然。在这里，问题的原点则在于自身革命力量的薄弱，这使得军事外交缺少应有的力量依托。

（三）个人威望还是组织力量——军事外交的生成渠道

孙中山之所以对倚重外力寄予过多期望，而对国内民众力量的发掘与组织不够以及对于民族资产阶级力量的借重较弱，从军事外交的视角审视，主要原因在于其力量生成渠道的偏态失衡。

“任何社会制度，只有在一定阶级的财政支持下才会产生。”[②]孙中山先生自领导革命始，其军事外交活动就主要为获得更多军事援助的目标而展开，主要渠道是其作为革命领袖的个人威望。尽管竭尽全力，但在得到苏俄援助前，成效总与期望有着巨大落

---

① 参见杨天石：“读孙中山致纽约银行家佚札”，《寻求历史的谜底——近代中国的政治与人物》，北京：首都师范大学出版社，1993年版，第216页。

② 中共中央马恩列斯著作编译局：《列宁全集》第33卷，北京：人民出版社，1985年版，第423页。

差。以同盟会的财务状况为例：同盟会自成立之日起，就未能摆脱财务困境，这对同盟会领导机构的正常运作、革命活动的展开、历次武装起义的成败以及革命党人内部的团结等，都造成了一定的影响①。

更为重要的是，在对外力量的争取中，作为国民党的缔造者，孙中山及其革命党人并不擅长组织领导。自国民党建立之日起，党员发展的速度是极为迟缓的，应当说，孙中山及其革命党人对组织发动，思维似乎较多停留在会党层面上，而非政党。在得到苏俄的军事援助之前，孙中山的主要活动及其骨干多在海外，他虽然成功地促成了辛亥革命，并成为中国近代共和国的首任临时大总统，以后又连续依靠其个人的威望推动或领导了“二次革命”和“护法革命”等，但其革命的过程却总是屡起屡仆，受尽磨难。为了增强革命成功的把握，特别是阻遏列强对北京政府的支持，孙中山总是通过各种办法试图取得日本、美国等国的帮助，结果到处碰壁。另一些数据可以说明国民党作为一个政党组织发动力量的薄弱。第一次国共合作开始后，在中共各地党团员的积极推动下，国民党在一大后迅速在全国范围建立起区、省、市、县各级党部，开始大量发展党员。仅北京执行部一年时间就发展国民党员上万人。国民党一大前，广州 12 个区只组织起 12 个国民党支部，一大后已成立了 9 个区委、64 个支部，拥有党员 7780 多人。与国民党改组一年前后相比较，中共党员因忙于大量国民党方面的事务性工作，其党员基本没有增加，一些地方还明显减少了。②

正是在这样一种情形下，孙中山作为革命领袖所从事的军事外

---

① 参见王中茂：“中国同盟会的财务困境与辛亥革命”，《史学月刊》，2010 年第 6 期，第 130—132 页。

② 王建英编：《中国共产党组织史资料汇编》，第 2、8、17 页。关于 1924 年 5 月扩大执委会时的数字，参见《中共中央文件选集》第 1 册，第 256、262、266、275、277 页。

交与作为政党的组织角色下的政党外交在力量上出现了一种偏态失衡，与这种失衡相伴而生的是军事外交政治前提的缺失、军事外交目标的迷失，在未尽的革命事业中孙中山留下了“革命尚未成功，同志尚需努力”的叮咛。

第二章

战争中的成长：建国前人民军队的对外军事交往

这次外国记者和美军人员来我边区敌后根据地，便是对我新民主中国有初步认识后的实际接触的开始，因此，我们不应把他们的访问和观察当作普通行动，而应把这看作是我们在国际间统一战线的开展，是我们外交工作的开始。

——1944 年 8 月 18 日《中央关于外交工作的指示》①

自中国共产党有了自己的第一支武装力量之时，就已经开始了对外军事交往。尽管新中国成立之前，按照严格意义上军事外交对“主权国家”这一外交主体条件的限定，还不能完全将其纳入军事外交的范畴，但革命战争时期政党身份下的中共对外军事交往，奠定了建国后中国军事外交的实践基础，这一时期中共军队在战争中所从事的一系列对外军事交往都为新中国成立后中国共产党的军事外交思想奠定了实践基础，形成了军事外交指导思想与原则的萌芽，是我们研究中国军事外交时不能绕过的历史坐标。

① 1944 年 8 月 18 日，中共中央发出的《中央关于外交工作的指示》。

一、建国前中国共产党的对外军事交往实践

从南昌起义到新中国成立，中国共产党军事外交思想在土地革命战争、抗日战争、解放战争的历炼中萌芽并逐渐成长。在这一历史时期，世界上几个有影响力的大国接连走近中国共产党和中国共产党领导的人民军队。在与之进行或长期或短暂的军事交往过程中，中国共产党对军事外交有了深刻而清醒的认识，对自身力量的建设与定位有了更为历史与现实的考量。

（一）与苏军的军事交往

“中国共产党的创立是历史发展的必然，又是在共产国际、苏联的帮助影响下诞生的。”① 因此，我军在成立初期就与苏联、苏联军队有着天然的联系。

在土地革命战争时期，八一南昌起义后中国共产党仿照苏联工农红军建立起了自己的武装组织——中国工农红军，并在共产国际代表的指导帮助下，相继发动了一系列武装夺取政权和反对国民党封锁和围剿的斗争。在这一过程中，共产国际、苏联曾给予中国共产党人探索新民主主义革命的基本思想以重要的启迪和影响，并以派驻代表的方式实现对中国革命的指导。这一时期主要的苏联军事政治顾问有鲍罗廷、罗易、罗米那兹、米夫、李德等人。但是，由于远在莫斯科的共产国际并“不了解中国革命发生以前的历史和中国当时的国情”，因而在一些实际的策略方面曾出现了些重大的失误，譬如，土地革命时期中国共产党出现了以瞿秋白、李立三、王明为代表的盲动主义、冒险主义和教条主义的“左”

① 曹军：《中国共产党与共产国际关系史研究》，西安：陕西人民出版社，2001年版，第33页。

倾错误，这与共产国际对中国革命的指挥有着直接关系。

为了更好地帮助中国共产党开展武装斗争，苏联在早期就曾派遣鲍罗廷等苏联军事政治顾问①，还为我军培养了大批优秀的军事干部，如陈赓、林彪、左权、徐向前等将领，都成为了人民军队的中流砥柱。② 这一时期，苏共出于对苏联国家利益的考量以及对国际形势和中国国内革命形势的判断，在国民党对中国工农红军进行围剿的同时，仍向国民党军队提供军事援助。

进入抗日战争时期，伴随苏德战争的爆发，苏联斯大林希望中国抗战能拖住日本的后腿，使苏联避免两线作战。“1941 年 7 月，联共中央通知中国共产党，要八路军、新四军配合国民党打大仗、阵地战，拖住日军，武装保卫苏联，我党根据实际情况没有完全照办时，苏相当不满，攻击我军‘游而不击’，‘抗日不力’。”③ 进入全面抗战后，在经费援助方面，苏联出于对自己国家利益的考虑，对国民政府提供了巨额军事援助，对中共经费援助的屡次求助，则以谨慎的态度提供了少量且不经常的援助经费；在情报互通方面，中国共产党军队与苏联军队通过电台保持着情报上的往来，苏联为此向延安派驻了常驻代表，这使得中共在一系列涉及到军事统战问题的重大事件上不可避免地会受到来自苏联的影响；在作战配合方面，中国共产党领导的东北抗联与苏联远东党和军队有着密切的军事合作，当东北抗日联军在日军统治下的东北出现了生存危机时，苏军帮助他们撤进苏联远东，保存了东北抗日联军的作战力量。

---

① 《苏联顾问在中国（1923—1927）》，中国社会科学院近代史研究所翻译室根据莫斯科东方文献出版社 1961 年版译出，中国社会科学出版社，1980 年 12 月版，第 1 页。

② 李抒音：“对中俄（苏）军事合作的历史考察与思考”，《教学研究资料》，2007 年第 8 期，第 45 页。

③ 曹军：《中国共产党与共产国际关系史研究》，西安：陕西人民出版社，2001 年版，第 395 页。

1945年8月6日，美国在日本投下了第一颗原子弹，日本败局已定。8月8日，苏联匆忙间对日宣战。苏联红军从东、西、北三面进入中国东北。8月17日，日军提出停战交涉，但苏军并未理会，而是在之后的三天时间里迅速抢战了哈尔滨、佳木斯、齐齐哈尔、长春、沈阳、承德、旅顺、大连和平壤。面对苏联150万大军在东北的推进，蒋介石政府代表被迫于1945年8月14日在莫斯科签订了《中苏友好同盟条约》。但斯大林对苏联在中国的远东利益并不满意，因而以索要“战利品”为由，直到1946年5月才撤出中国东北，并运走了大批工业设备和其它资产，造成东北经济损失达8.58亿美元，而恢复和重建这些企业的费用达20亿美元。[①] 尽管协定规定旅顺口作为纯粹海军基地，由中苏两国舰船共同使用，为期30年，但实为苏联独占；大连市的主权虽属中国，但苏军占领当局既不允许国民党军队从海上登陆，又以种种借口阻挠国民党中央政府接收大连地方的行政权力。这一时期，苏联对南京国民政府和中国共产党采取了复杂的两面政策：对南京国民政府先是口惠而实不致，后又口头答应同时付诸行动，最后再次转为消极；对中国共产党先是不予公开支持，但对中共向东北的渗透则予以默认，后又加以强力阻止，最后转为全面支持。但这一两面政策客观上造成了中共先行进入东北进而控制和稳固大部分农村地区。

解放战争时期，由于美苏冷战局面的逐步形成，客观上使我党争取苏联支持以取得合法地位的战略意图与苏联反对美国支持的蒋介石的目标相一致，两党关系与军事合作迅速加强。[②] 在苏军的帮助下，中国共产党军队得以迅速占领东北重要城市，并缴获大批军需

① 《苏联的政策与中国共产党人》，第235页注118。此数据为联合国调查团1946年12月报告。日本方面的计算与联合国的调查近似，见山本有造：《战后国民政府统治时期的中国东北地区经济》、《国外中国近代史研究》1990年16辑，第35—36页。

② 李抒音：“对中俄（苏）军事合作的历史考察与思考”，《教学研究资料》，2007年第8期，第46页。

物资，而且占领了黑龙江至松花江的广大地区，为人民解放军取得辽沈战役胜利提供了重要条件。尤其是旅大地区作为一块受苏联保护的革命根据地，在整个解放战争期间为支援中国革命作出了贡献。但其主权实际上是掌握在苏联手中，尤其是旅顺作为一个重要军事基地仍为苏联海军太平洋舰队所用，成为中国人无法问津的“特区”。直到1955年，旅大地区才被归还中国。[①] 在解放新疆问题上，苏联也给予中国共产党以极大的支持。1949年6月27日，毛泽东派刘少奇前往莫斯科与斯大林会谈，斯大林表示愿尽一切可能地满足中国共产党的需要。虽然当时中国共产党因缺少交通工具而没有打算在1949年就解放新疆，但斯大林主动提出要立刻占领新疆，并表示愿意提供汽车和飞机。于是，解放新疆的先遣部队坐苏联的飞机进入了新疆，提前一年实现了新疆的和平解放。也正是在6月28日，毛泽东在收到了刘少奇汇报的关于斯大林的表态报告后，于6月30日发表了“一边倒”的宣言。[②]

（二）与美军的军事交往

中国共产党与美军的军事交往始于抗日战争。

抗战初期，毛泽东首次正式批准了西方新闻记者斯诺对苏区的采访，并以坦诚开放的态度向他详细介绍了中共的军事革命，由此打开了中共与外部世界接触的大门。1941年2月，美国总统特使来华访问期间会见了中共驻重庆代表周恩来。尽管此次会见没有取得美对华的援助，但却是中共领导人与美国高级官员的第一次正式面谈。第二年，以谢伟思、戴维斯为代表的部分驻华使节及美军在华

① 沈志华：“苏联归还旅顺海军基地内幕”，《文史博览》，2006年第9期，第48页。

② 沈志华、雷天：“中苏关系史：误读与真相”，《博览群书》，2008年第2期，第24页。

军事顾问在中国共产党的积极呼吁下，主张去延安进行考察。

全面抗战时期，美军观察组（史称“迪克西使团”）于 1944 年 7 月和 8 月分两批到达延安访问。这是中国共产党与美国军方的第一次接触，也正是在这次接触中，以毛泽东为核心的中共制定了第一份外交工作方针性的文件——塑造了新中国外交政策的雏形。[①] 1944 年 9 月，毛泽东、刘少奇给饶漱石等的电报中明确提出了与美军进行军事合作的方针：“放手与美军合作，处处表示诚恳欢迎，是我党的既定方针。”[②] 在高层交流方面，以毛泽东为核心的中共领导人亲自接见美军观察组并系统宣传了中共的抗日方针和革命政策。在军事训练方面，边区官兵和美军观察组人员进行了多次的军事技术、技能及训练方法交流，为了让观察组成员更深入地了解延安的军队和地方建设情况，中共安排了参观延安的活动，还组织部分观察组成员分赴晋绥、晋察冀等抗日根据地进行实地考察。在军事情报合作方面，中共根据美方提出的迫切要求，决定在敌后各战略基地的司令部增设战略性的情报机关，即联络处，其职能是当同盟国家派遣军官到达抗日根据地时，由联络处给予情报业务上的帮助。据八路军的不完全统计，直到抗战结束，中国共产党领导的军队向美方提供经整理过的情报共 120 多份，而美方也相应地给予了中共军队一定的情报支持。[③] 典型的战例是在 1944 年底至 1945 年初，美军第十四航空队组织实施对武汉附近地区日军机场的进攻作战，由于新四军五师与美军在军事情报上的有效合作，美军以极小的代价，击毁击伤日机近百架，基本上消灭了武汉地区日军的空中力量，重新

① 袁野：“毛泽东的军事外交思想”，《国防大学学报》，2006 年第 6 期，第 35 页。

② 中共中央文献研究室：《毛泽东年谱》（中卷），北京：人民出版社，1993 年版。

③ 孔繁政、陈政勇主编：《中国人民解放军军事统战与军事交往》，解放军出版社，2004 年版，第 142 页。

夺回了华中地区的制空权。在作战配合方面，对于美军提出我军在华北、华东和华南地区配合美军登陆部署的问题，中共也做出了积极的回应。对于中共方面所作出的努力，观察组组长包瑞德在向上级的报告中说："中共当局给予了观察组最热心的合作。"

抗战后期，随着日军逐渐走向覆灭，美国对华政策开始调整，美国与中共的军事关系开始发生逆转。作为主张援助中共的美军在中国的最高指挥官，在蒋介石的外交压力下，罗斯福在 1944 年 10 月召回了史迪威。之后，美国对中共的态度在接任的赫尔利导演下进一步恶化。自 1945 年 7 月起，按照军委指示，中共停止向美军观察组提供机密性情报，对到前方各地区活动的观察组成员也作出相应的限制。1947 年 3 月 11 日，美军观察组在胡宗南向延安进行轰炸的前一天撤离，中共与美国的军事合作彻底破裂。

（三）与其他外籍军队的军事交往

1941 年 10 月，入侵华南的日军陆续向香港周边集结。12 月 8 日，中共中央指示中共南方局，建立与开展中共与英美政府的广泛的真诚的反日反德的统一战线，在广东、海南、越南及南洋各地可与英美合作组织游击战争，组织力量营救、撤离在香港的中外友人和文化名流。于是，就有了中国军队在广东地区打击日军，配合英军防守香港并进行了著名的"国际大营救"。不仅将在港的民主人士、文化名人送到抗日大后方和安全地区，东江游击总队还与英美方面合作，帮助部分英国官兵和外国侨民逃离被日军占领的香港，并由此开始了东江纵队与英军服务团①共同援救盟军人员、互通情报

① 何理：《中国人民抗日战争史》，上海人民出版社，2005 年版，第 277 页。"1942 年英军在广西桂林成立了英军服务团，在惠阳成立了英军服务团前线办事处，赖特上校任服务团总指挥，祁德尊任办事处主任。"赖特上校与祁德尊少校均是东江游击队与英美方面合作营救出的军人中的两位。

的合作。

抗日战争这一特殊的历史时期也造就了面对共同的敌人活跃在中国抗日队伍中的外籍抗日武装力量，其中，最为典型的就是朝鲜籍的抗日武装力量。自1920年日本帝国主义宣布“日韩合邦”，标志着日本公然吞并朝鲜半岛后，一些朝鲜爱国志士就来到中国开展抗日救亡运动。全面抗战爆发后，两国军民之间，尤其是中共军队与朝鲜抗日力量之间的联系就更为密切。这些抗战力量中一支是朝鲜革命军与中共东北抗日联军并肩战斗，朝鲜革命军第二师师长崔允龟还曾积极协助过杨靖宇司令进行过多次战斗，最后壮烈牺牲；另一支是东北抗日联军与金日成领导的抗日武装力量共同抗敌，多次粉碎日伪军的“讨伐”；还有一支是朝鲜独立同盟及朝鲜义勇队华北支队与中共八路军并肩作战，自觉接受八路军的领导与指挥。

二、建国前中国共产党对外军事交往实践的主要特点

从中国革命战争时期的外国及其军队与中共及其所领导的武装力量的军事交往中不难总结出其显著特点：

一是政党地位决定了军事交往中的主动与被动。政党关系始终是建国前中共从事对外军事交往的标尺。中共并不享有对这一标尺的高低把握，而是始终处于这一标尺的测量与被牵引之中。中共军队与苏军的关系是对这一特点的典型写照。中苏军事合作，既是中苏两党关系的直接反映，又受制于两党关系，从而决定了军事合作中的主从地位。尤其是在抗日战争时期，影响两者关系的不仅仅是中共与苏共的关系晴雨，苏共与国民党的关系、苏共的内部矛盾、中国国民党与中国共产党的关系状况一起构成了中共与苏联军事外交错综复杂的关系网络。在这一相当长的时间里，由于中国共产党自身力量的不够强大，苏共实际上掌握着当时军事交往的主导权，

甚至可以根据其对国际形势的判断和自身利益的需要而随时加强或中断这种合作。由于当时两党地位实质上的不平等，造成了双方军事合作地位的不平等。苏联往往以本国利益为中心来考量两国军事合作的程度，在军事援助中既有指导的意味，但同时也隐藏着干预的意图。这种意图也体现在1945年8月苏联对日宣战出兵东北的行动目标上。从表面上看，苏军此举确实加速了日本无条件投降，对结束战争产生了重要影响，但其实质是苏联实现其战后远东外交战略的起点，是实现其远东权益的既定方针的第一步，而这一方针与沙皇俄国的远东战略目标一脉相承。① 这样一种意图在新中国建立后的中苏关系中，尤其是在建联合舰队与长波电台等重大事件中得到了更为露骨的体现。

二是利益需求决定了军事交往的长久与短暂。“任何持久而有效的交往与合作都必然建立在利益互补的基础上”②，尤其是战争中的军事合作，无不是以利益互补的多少作为关系维系时间的测量。在抗日战争开始前，美国出于意识形态等因素的考虑，为国民党提供大量的军事援助，国民党用这些军援来消灭中国共产党领导的军队。抗战开始后，面对共同的日本法西斯敌人，美国对国共两党争端采取的是不愿介入的态度。随着抗战的展开，当美国对国民党的表现感到失望，同时出于“调查日本军事情报”、“准备美军在共区作战之方法”、“调查中共实力”、“视察华北、东北有无成苏联傀儡政权之可能”③ 的目的，派出军事观察团前往延安。客观了解到真实的中国共产党时，美军与中共军队曾有过一段不错的军事合作。而到了抗战后期，随着共同的敌人逐渐走向失败，双方合作的前提也就不

---

① 沈志华：“苏联出兵中国东北：目标和结果”，《历史研究》1994年第5期，第88—89页。

② 孔繁政、陈政勇主编：《中国人民解放军军事统战与军事交往》，解放军出版社，2004年版，第145页。

③ 同上书，第141页。

复存在。很显然，美国的出发点与落脚点始终是为了维护自身利益。不仅是美国，苏联也同样如此，抗战期间之所以苏联对中国共产党的政策飘忽不定，正是苏联严重的民族利己主义和大国沙文主义在作祟。这些都映证了外交关系中“没有永远的朋友，只有永恒的利益”的著名论断。正是基于新中国成立之前的军事外交实践，发展自身的力量愈发明确地成为了解决问题的根本所在。

三是力量对比决定了军事交往的广泛与有限。新中国成立前中国共产党所领导的革命战争在相当长的时期里都是处于敌强我弱、敌优我劣的态势下进行的，这样一种特殊的战争背景决定了军事交往对象的广泛性与目的手段的有限性。新中国成立前，虽然土地战争时期和全国解放战争时期，人民军队的对外军事交往对象以苏军为主，较为单一；但在抗日战争时期军事交往对象较为广泛，参与到抗日战争中的军事实体众多而繁杂，从英美苏等国的军事人员到朝鲜的武装人员来看，从战争目的与意识形态来看也多有不同，表现出军事交往对象广泛性的特点。因应这一客观形势，我党制定了主动而全面的统一战线方针，提出“抗日的外交政策”，在“不丧失领土主权的范围内，和一切反对日本侵略主义的国家订立反侵略的同盟及抗日的军事互助协定。拥护国际和平阵线，反对德日意侵略阵线”，[①] 真正地团结一切可以团结的军事力量，为赢得战争做好了充分的力量准备。但与此同时，敌强我弱的力量对比也要求我军在对外交往的对象上必须集中于与战争直接相关的国家进行军事交往，如土地革命战争时期的苏联，抗日战争时期的苏联、美国，解放战争时期的苏联；在交往的目的上是直接服务于战争需要，尤其是在战争年代人民军队物质条件极度匮乏的情形下，赢得战争中的财政与军事援助显得格外迫切；在交往的手段上，由于我党所拥有

---

① “中国共产党抗日救国十大纲领”，《中国人民解放军政治工作历史资料选编》第四册，解放军出版社，2004 年 12 月第 1 版，第 21 页。

的对外军事交往的国际平台和外交渠道有限，对外军事交往处于摸索阶段，缺少实践经验，这些都表现出我军对外军事交往的目的手段所具有的有限性的特点。

四是战争背景决定了军事交往的原则性与灵活性。中国共产党长期的革命斗争实践的历史经验表明，“既不是一切联合否认斗争，又不是一切斗争否认联合，而是综合联合和斗争两方面的政策”①。因此，“斗争是团结的手段，团结是斗争的目的。以斗争求团结则团结存，以退让求团结则团结亡”②。中国共产党所从事的武装斗争的背景往往是较为复杂的，各种政治力量与军事力量在不断变化着的战争背景下发生着此消彼长的变化，因应这样一种战争背景的复杂性，中国共产党在对外军事交往中始终坚持原则上的坚定性和策略上的灵活性相统一。因此，在抗日战争时期，尽管与英美等国的意识形态不同，但中国共产党并不以此来划分敌友，不过早定性，而是利用有利的国内国际条件，通过各种可能的途径宣传自己的政治主张和抗战政策，表明了中国共产党与其所领导的人民军队坚决抗战的能力与决心，从而在国际上树立了中国共产党及其领导下的抗日军民是中国抗日的主力军的形象。在团结一切可以团结的力量的同时，也同“任何形式的东方慕尼黑”做着坚决的斗争，强调中国抗日的外交政策是“以自力更生为主，同时不放弃一切可能争取的外援”③，在务实地坚持策略上的灵活性的同时，也确保了原则上的坚定性，实现了原则性与灵活性的辩证统一。

---

① 毛泽东：“论政策”，《中国人民解放军政治工作历史资料选编》第五册，解放军出版社，2004年12月第1版，第616页。

② 毛泽东：“坚持有理有利有节的斗争”，《中国人民解放军政治工作历史资料选编》第5册，解放军出版社，2004年12月第1版，第124页。

③ 毛泽东：“苏联利益和人类利益的一致”，《毛泽东选集》（第二卷），人民出版社，1991年版，第600页。

三、建国前中国共产党对外军事交往对中国军事外交的深刻启示

战争年代里，中国共产党对对外军事交往的指导实践是在中国共产党尚未夺取全国政权、国际国内战争与革命的大背景下进行的，因而具有鲜明的时代特色，对今天的中国军事外交有着深刻的启示：

一是坚持实事求是的根本原则。中共在革命战争时期从事的一系列军事外交活动对新中国成立后的军事外交最为直接的影响，是中共在抗战期间提出并实施的外交方针、外交政策成为了中华人民共和国成立前夕通过的《共同纲领》中关于外交政策制定的主要依据。变动的部分主要是根据国内外敌对关系的变动而进行了进一步的发展。新中国成立后确立的和平共处五项基本原则也是在1938年10月毛泽东所做的《论新阶段》的报告中找到相同的内容。这些都表现出中国共产党指导军事外交时一贯坚持的实事求是的理论品质。正是在实是求是这一根本原则下，中共在抗日战争时期虽然在意识形态上与美英等国不同，但为了对付共同的敌人而建立了最广泛的抗日统一战线，表现出原则上的坚定性与策略上的灵活性的高度辩证统一。这为新中国成立后，积极推动中国军事外交向前发展形成了重要的经验借鉴。

新中国成立后30年里，由于形势的需要，我党所确立的是以意识形态作为确定军事外交对象的阵营军事外交模式，或以应对来自美国或苏联的明确的战争威胁为开展军事外交着眼点的结盟或准结盟军事外交模式；而到了20世纪80年代，随着国际形势的发展变化，邓小平提出了独立自主、“真正不结盟”的外交理念，超越了意识形态的影响，逐步确立起以大国间军事外交和周边地区军事外交为重点的全方位军事外交策略，在普遍性和交流性方面军事外交出现了诸多尝试。正是以此为发端，20世纪90年代以后，中国共党逐

步提出并确立了以“互信、互利、平等、协作”为核心的新安全观。这些实践都充分体现了坚持实事求是，坚持务实军事外交，对开创于战争年代的策略上的灵活性与原则上的坚定性的辩证统一的坚持与运用。在应对国际形势风云变幻中，既坚持党和国家对外工作的基本路线、方针和政策，又注重有理、有利、有节的原则，积极灵活地调整策略，力争军事外交工作中的主动。

二是军事外交的功能发挥是以军事力量的强大为前提的。军事外交既具有外交作用，同时也具有军事功能。革命战争年代里的对外军事交往实践告诉我们，无论是要实现军事外交在战争中直接为战争服务的功能，还是要实现在和平时期为国防与军队现代建设的服务功能，亦或者战争与和平时期的外交作用，无不是以自身力量的强大为前提的。抗日战争时期美军和苏军对人民军队的有限援助是对这一问题的充分诠释。在太平洋战争接近尾声时，中国之所以成为了美、苏两国之间讨价还价的筹码，就在于实力外交法则里力量弱小者总是被动地接受利益分割的命运。

新中国成立后的50年代，在中国军队现代化建设刚刚起步时，无论是现代化的军事理论还是现代化武器装备、编制体制，主要是向苏军学习，苏联曾派出了大批军事专家和顾问指导帮助中国国防和军队建设。然而，发生在60年代的由中苏关系破裂所导致的中国国民经济发展的被动与军队现代化建设的掣肘，再一次历史地重演了自身力量的强大在军事外交关系中对于主、被动地位具有的决定性作用。

随着履行新世纪新阶段军队历史使命的能力要求，军事外交进一步为中国军队提升核心军事能力和遂行多样化军事任务能力而加大了借重力度。但历史提醒我们要清醒地认识到，军事外交以实力为后盾，脱离了战争物质条件的“伐谋”与“伐交”只能是纸上谈兵。战争是力量的较量，在缺乏必要的实力基础、力量对比严重失衡的情况下，即使有军事外交也必然会陷于被动。因此，以时不我待的忧患意识、只争朝夕的机遇意识和一往无前的革命精神，在国家对包括军事外交在内的军事需求的分量日益加重的时代背景下，为部队各项建设做出积极贡献，为国防和军队现代化建设作出新的贡献是军事外交功能运用的现实前提。

三是坚持大胆创新的精神。战争年代里的对外军事交往是从零做起，不仅物质条件异常艰苦，安全环境格外恶劣，而且没有任何经验可以借鉴。既没有专门的军事外交机构，也没有对其进行专门的工作内容的界定，对外军事交往与党政等其他领域的工作相互交叉，界线模糊。有时，老一辈无产阶级革命家既是对外军事工作的决策者，同时也是对外军事工作的具体执行者。在这样一种特殊的历史条件下，战争年代的军事外交工作者充分利用了可以利用的国内外环境，开始了我军对外军事交往工作的实践探索，大胆创新，不断突破，为新中国军事外交局面的开创留下了宝贵的精神财富。

今天，在中国的崛起撬动了世界政治、经济的传统格局的同时，对中国崛起的误读也相伴而生，远远超出拥有“和”、“合”传统安全理念并在当下提出“和谐世界”安全理念的中国的预期。因此，今天的中国军队在军事外交中更需要继承大胆创新精神，不断探索军事外交新规律，立足中国国情和军情，科学统筹军事外交中的各要素，实现参与国际机制与履行国际义务的统一，借鉴外军理论与建设中国特色的军事外交理论的统一，军事硬实力与军事软实力的统一，在变化的形势下最终实现中国军事外交由对外交往向国际交往的转变。

第三章

1949—1978 年：生存外交中的中国军事外交

我们要维持世界和平，不要打世界大战。我们主张国与国之间不要用战争来解决问题。但是，维持世界和平不但中国有责任，美国也有责任。①

中国这个客观世界，整个地说来，是由中国人认识的，不是在共产国际管中国问题的同志们认识的。②

——毛泽东

任何历史条件下，国家对外战略的选择总是基于一些具有共性的条件，并经过战略形成的必然路径：环境（基于环境性要素的分析，包括国际环境、国内建设、国防和军队现代化建设情况）——需求（基于认知性要素的分析，即对国家安全利益和发展利益的基本判断）——战略选择（即实现环境与需求、能力和途径之间的平衡）。

① “毛泽东同斯诺的谈话”，1960 年 10 月 22 日，《建国以来毛泽东军事文稿》（下卷），北京：军事科学出版社，中央文献出版社，第 108 页。

② “毛泽东在扩大的中共中央工作会议上的讲话”，1962 年 1 月 30 日，《建国以来毛泽东军事文稿》（下卷），北京：军事科学出版社，中央文献出版社，第 136 页。

这三个层次要素的作用路径亦是本文分析每一历史时期中国军事外交的基本思路。新中国成立后，中国有了基于主权国家总体外交一部分的真正意义的军事外交。中国的外交战略有其特有的规律性，自新中国成立到1978年的30年间，中国整体外交战略的主题是国家生存；自1979年到2009年的30年间，中国外交战略的主题是力图实现国家发展；自2009年往后的30年，中国将要形成的战略主题应是强国外交。与这三个30年的时间节点相呼应，中国国防和军队现代化建设也经历了以30年为周期的起步期、忍耐期、发展期。中国军事外交作为中国军事与外交发展的交集，既是国家整体外交战略的一个必然组成部分，也是中国国防和军队现代化建设的题中之义，奉行积极防御的军事战略。因此，在国家整体外交战略的框架内、国防和军队现代化建设历程中分析和研究中国军事外交必然成为学术研究的既有范畴。

新中国成立后的30年，为了实现国家生存，中国共产党领导全国人民在复杂的国际环境中做出了艰苦卓绝的努力，因应国际形势和战略格局的变化、国家战略需求及其自身的角色定位、特别是根据不同时期军事战略赋予的任务，在这30年中又大致经历了三个阶段："一边倒"战略，即联苏抗美，奠定了中国军事外交基础；"两条线"战略，即反帝反修，支援亚非拉民族解放运动；"一条线"战略，即联美抗苏，拓展与西方国家的军事关系。

一、"一边倒"战略下的军事外交

新中国建立后，中国人民解放军作为中国共产党绝对领导下的唯一合法的军事力量，"由旧政权的破坏者变为新政权的捍卫者"[①]，

① 孔繁政、陈政勇主编：《中国人民解放军军事统战与军事交往》，解放军出版社，2004年版，第228页。

成为军事外交的主体，军事交往的时代背景也由战争时期转变为和平时期。在“一边倒”的战略框架下，中国人民解放军与苏联及其他一些社会主义国家军队从事一系军事外交活动，迈出了新中国军事外交的第一步。

（一）战略环境判断

对战略环境的判断不是一时性的，鉴于国际形势的动态变化，要对其做出一个准确的判断需要一个过程。二次世界大战结束后，中共领导人对国际形势的判断是美苏继续合作将是战后国际形势的发展趋势，在这样的背景下，中国国内可能出现国共合作、和平建国的局面。对此，毛泽东、周恩来曾主张，实现和平与民主的中国应与美、苏都保持友好关系，以成为“美苏之间的桥梁”[①]，缓和它们在亚洲的冲突，从而有助于维护世界的和平与合作。然而，战后不久，美苏关系严重恶化，国共内战爆发，中共不得不重新判断形势，选择新的战略。在1946年春至秋季，在形势转换的关键时刻，毛泽东在与美国记者安娜·路易斯·斯特朗的谈话中提出了“两个阵营”、一个“中间地带”的理论和“一切反动派都是纸老虎”的论断[②]。毛泽东认为，战后世界分为以社会主义苏联为首的和平民主阵营和以美国帝国主义势力为首的反动阵营；在美苏之间隔着一个辽阔的中间地带，由欧、亚、非三洲的许多资本主义国家和殖民地、半殖民地国家构成。当前世界面临的现实问题不是美苏之间会爆发一场战争并引起新的世界大战，而是美国力图控制和侵略包括中国在内的中间地带国家。毛泽东认为，美苏之间或早或迟会达成某种

① 中国共产党历史资料丛书：《中共中央南京局》。北京：中共党史出版社，1990年版，第327页。

② 《毛泽东选集》（第4卷），北京：人民出版社，1991年版，第1184—1185、1195页。

妥协，但中间地带国家并不需要因此放弃自己的斗争而随之实行妥协。这一对战后国际形势的分析代表着中共对国际形势判断的关键性转变，明确了敌友关系、中国的国际地位、对国际政治的各种势力进行了清晰划分，并敏锐地意识到战后世界两极格局的发展趋势。这一判断的另一重要意义在于打破了以往由美苏关系决定中国前途的思维方式，为新生的中国自主地思考和解决国家命运与国际发展的关系提供了正确的较高的战略制高点。

（二）战略选择

中共在这一时期的战略选择体现为三大政策，即“另起炉灶”、“打扫干净屋子再请客”和“一边倒”。其中“一边倒”更具有全局的和较长时期的战略影响，是在既定形势下，根据新中国的国家利益需要作出的战略选择，同时也是一场持续了20多年的革命运动在即将取得胜利阶段的产物。1949年6月30日，毛泽东在《论人民民主专政》一文中明确提出了“一边倒”的政策，指出：一边倒，是孙中山的40年经验和共产党的28年经验教给我们的，深知欲达到胜利和巩固胜利，必须一边倒。积40年和28年的经验，中国人不是倒向帝国主义一边，就是倒向社会主义一边，绝无例外。[①] 而“另起炉灶”、“打扫干净屋子再请客”则更带有阶段性的策略色彩。所谓“另起炉灶”，“就是不承认国民党政府同各国建立的旧的外交关系，而要在新的基础上同各国另行建立新的外交关系。对于驻在旧中国的各国使节，我们把他们当作普通侨民对待，不作外交代表对待”[②]。所谓“打扫干净屋子再请客”，是指新中国成立后，“帝国主义的军事力量被赶走了，但帝国主义在我国百余年来的经济势力还

---

① 毛泽东：“论人民民主专政”，载《毛泽东选集》第四卷，第1472—1473页。

② 《周恩来外交文选》，北京：中央文献出版社，1990年版，第48页。

很大，因此，我们要在建立外交关系以前把‘屋子’打扫一下”①，即“把帝国主义国家在中国的势力和特权逐步加以肃清，在互相尊重领土主权和平等互利的基础上同世界各国建立新的外交关系”②。1949年9月21日，在中国人民政治协商会议上通过的《中国人民政治协商会议纲领》对新中国的外交基本原则和政策又作出了具体的规定：“对于国民党政府与外国政府所订立的各项条约和协定，中华人民共和国中央人民政府应加以审查，按其内容，分别予以承认，或废除，或修改，或重订。”“凡与国民党反动派断绝关系，并对中华人民共和国采取友好态度的外国政府，中华人民共和国中央人民政府可在平等、互利及互相尊重主权的基础上，与之谈判，建立外交关系。”③ 这一战略选择要求中国人民解放军开展军事外交须建立在肃清帝国主义在中国的军事特权的基础上才能得以展开。

这些军事特权集中体现在美国与国民党签订的一系列军事条约上。太平洋战争爆发后，美、英出于政治、军事上的考虑，于1943年先后同国民党政府签约，废除两国在近代签署的一系列不平等条约中所包含的在华治外法权和其他特权，如外国军队在中国国土上派驻军队。然而，第二次世界大战结束后，美国于1946年11月4日通过同国民党政府签订《中美友好通商航海条约》，又将其在中国的特权加以恢复。这一条约规定：

> 美国船舶可以在中国开放的一切口岸、地方和领水自由通航，美国船舶，包括军舰，在遇到任何“危难”时，可以开入中国“对外国商务航业不开放之任何口岸、地方或领水”；双方在任何时期内，对同一第三国或数国采取敌对行动，侨民可以

① 《周恩来外交文选》，北京：中央文献出版社，1990年版，第50页。

② 韩念龙主编：《当代中国外交》，中国社会科学出版社，1987年版，第4页。

③ 《新华月报》创刊号，1949年11月15日，第1卷第1期，第10页。

承担军事训练和服兵役的义务；等等。[①]

1946年1月、1947年12月，美国同国民党政府先后签订《中美空中运输协定》和《海军协定》，规定美国享有对中国海军的监督权及使用中国海军基地的特权。

对此，1950年1月6日，中国人民解放军北京市军事管制委员会发出公告：

> 一、某些外国，过去利用不平等条约中所谓‘驻兵权’，在北京市内占据地面，建筑兵营。现在此项地产权因不平等条约之取消，自应收回。
>
> 二、此项地产上所建之兵营及其他建筑，因地产权收回所发生之房产问题，我政府另定办法解决之。
>
> 三、目前此项兵营及其他建筑，因军事上之需要，先予征用。
>
> 四、此项征用，自布告之日起，七日后实施。[②]

第二天，北京市军管会向美、法、荷（占用前德国兵营）领事发出命令，着其按期执行公告诸项。虽然美、法、荷前领事曾借口先同旧中国政府订有条约为由企图拖延执行日期，但迫于中国政府的严正立场，法、荷前领事于1月14日将其所占用的兵营交出，美国于1月16日将兵营交出。此后，中国政府又相继收回了英国在北京的兵营、美国和英国在天津的兵营以及法国在上海的兵营。帝国主义在华驻兵兵营的收回不仅意味着帝国主义国家在华驻兵权的废除，而且宣告了帝国主义在华军事特权的终结，宣告了新中国清除了近代以来帝国主义侵略所带来的屈辱和污浊，取而代之的是坚定

① 李长久、施鲁佳主编：《中美关系二百年》，新华出版社，1984年版，第130—131页。

② “北京市军官会征用外国兵营”，《新华月报》，1950年2月号，第853页。

保护中国主权和利益的独立自主的外交形象。

（三）主要的军事外交活动

“一边倒”战略体现在军事外交领域主要是团结苏联等社会主义国家，反对美国等帝国主义国家的军事扩张和威胁，我军加强同苏联、东欧等社会主义国家的军事交往，学习苏联在国防和军队现代化建设方面的先进经验，尽快建立起独立的国防体系，努力建设一支能捍卫新生政权的现代化人民军队。①

1. 与苏联的军事外交

（1）中苏签订《中苏友好同盟互助条约》

这一条约的签订是新中国建立后在外交方面所做的第一件大事，将中国与苏联的战略同盟关系以法律的形式确定下来，并为新中国废除一切不平等条约开启了大门。从双方的战略意图来看，苏联为在冷战的国际环境中加强对抗美国的实力，需要新中国加盟苏联的东方集团；而刚取得全国政权的中国共产党无论是从意识形态、安全利益，还是国家经济建设来看，都需要与苏联保持密切的联系。这种相互需要决定了这一条约签订的可能，但中苏在这一问题上的利益诉求的冲突又使得条约的签订不会顺利。斯大林希望与新中国结盟的方式和表现形式不致破坏雅尔塔体系及损害苏联在中国东北的既得利益，而毛泽东考虑的则是如何树立新中国独立自主的外交形象，如何在条约中保证中国的主权和经济利益。② 经过对条约的多次协商，苏方由最初不准备签订一个新条约到最后做出实际让步，

① 孔繁政、陈志勇主编：《中国人民解放军军事统战与军事交往》，解放军出版社，2004年版，第229页。

② 杨奎松：“中苏国家利益与民族情感的最初碰撞”，《历史研究》，2001年第6期。

放弃中国在东北的利益，至1952年底将不再拥有对中国长春铁路、大连港和旅顺港的控制；当然，为了获得苏联的这种让步，中方是以在外蒙古问题上做出让步作为解决中长铁路问题为交换的，从而去掉了斯大林的一块心病，另外，从历史最终的结果来看，因为莫斯科在条约问题上被迫做出的两次让步，斯大林对毛泽东加入社会主义阵营的诚意表示怀疑，并因此背弃了对毛泽东曾经的政治承诺：

> 一是毛泽东支持朝鲜的统一和解放，但条件是等中国首先完成了统一的事业。
>
> 二是毛泽东提出中国需要三到五年的和平喘息时间，用这段时间来恢复战前的经济水平和稳定全国的局势。[①]

然而，这些斯大林曾经承诺的条件，就在莫斯科接受中方草案的两天后，斯大林于是1950年1月30日即复电给平壤，答应金日成以军事手段解决朝鲜的统一问题，这封电报“意味着毛泽东既不可能先于朝鲜统一解决台湾问题，也不可能为中国的经济恢复寻求到一个和平的周边环境”[②]。

1950年2月14日，周恩来与苏联全权代表、外交部长维辛斯基于莫斯科签订了《中苏友好同盟互助条约》，其涉及到军事部分的条款主要有：

> 双方共同采取一切必要措施，以制止日本或其他直接或间接在侵略行为上与日本相勾结的任何国家之重新侵略与破坏和平；一旦中苏任何一方受到日本或日本同盟的国家侵略时，另一方即尽其全力给予军事及其他援助；双方不缔结反对对方的任何同

① 沈志华主编：《中苏关系史纲——1917—1991年中苏关系若干问题再探讨》（增订版），社会科学文献出版社，2011年1月第1版，第126页。

② 同上。

盟，不参加反对对方的任何集团及任何行动或措施；对有关中苏两国共同利益的一切重大国际问题，均将进行彼此协商。[①]

《互助条约》里包括了中苏两国间军事交往在内的关系发展的主要方向及途径。

（2）朝鲜战争期间苏联对中国的军事援助

朝鲜战争作为战后国际关系中最令人瞩目的历史事件之一，折射出中苏同盟间政治、军事、外交等各个方面的功能。新中国在极其困难的情况下出兵朝鲜，“不仅是在为朝鲜作战，更主要的是在为苏联作战，为社会主义阵营作战”[②]。战争期间，苏联向中国提供了大量的军事援助。

首先是出动空军掩护后方运输线。在中国志愿军与联合国军正式开战 4 天后莫斯科即同意苏联空军“在安东担任防空”，并在 11 月 1 日的首次战斗中即击落两架美国飞机。之后，在驻守沈阳地区的第 151 和第 324 两个歼击机师的基础上组建了由别洛夫少将指挥的第 64 独立歼击机航空军，其主要任务是保护鸭绿江上的桥梁、发电站和大坝，以及在中朝边境以南 75 公里之内北朝鲜领土上的交通线和飞机场，[③] 另一项任务则是帮助中朝联合空军训练飞行员，并帮助他们作战。1951 年 3 月，斯大林又从苏联调拨一个大型的歼击机师到安东。后续部队不断增加，从而使第 64 航空军在机场或空中进行作战值班的歼击机数量从 2—3 个航空团增加到 4—5 个，在朝鲜西北部鸭绿江到清川江地区的上空，形成了一条令美国飞行员胆寒的“米格走廊”。在整个朝鲜战中，苏联先后有 12 个空军师投入了

① 中华人民共和国外交部编：《中华人民共和国条约集》第 1 集，法律出版社，1957 年版，第 1—2 页。

② 沈志华主编：《中苏关系史纲——1917—1991 年中苏关系若干问题再探讨》（增订版），社会科学文献出版社，2011 年 1 月第 1 版，第 133 页。

③ 《朝鲜战争文件》，第 622、706—709，721 页。

空战，轮番参战的人数总计为 7.2 万人，1952 年最多时达到 2.5 万—2.6万人。在战斗中，苏联空军歼击机击落了 1097 架敌机，高射炮兵击落了 212 架敌机。苏联航空兵损失了 335 架飞机和 120 名飞行员。[①]

在武器装备上，从弹药供应到海军武器装备，从汽车到新式飞机的提供，苏联给予了大量帮助。譬如，1950 年 10 月，应毛泽东的要求，苏联同意向中国提供鱼雷快艇、装甲舰、猎潜艇、岸炮等海军装备，1951 年 5 月，斯大林还主动提出无偿向中国提供 372 架米格－15 飞机，只收取运费。朝鲜战争期间，中国军队实现了全面改装，其中有些部队完全按照苏军编制装备或组建，至 1954 年初，中国共组建了 28 个空军师，5 个独立飞行团，共有飞机 3000 余架，均由苏联赠送和售予。中苏第一个海军协定，即《关于供应海军装备及在军舰制造方面对中国给予技术援助的协定》（即《六四协定》）亦在朝鲜战争接近尾声时达成。

（3）苏联对中国核武器研制的援助

鉴于俄国档案的开放，1950 年代苏联对中国研制核武器所采取的方针这一特殊而敏感的问题有了较为深入研究的可能。苏联拥有原子弹对中共是一种鼓励。1954 年 10 月，当赫鲁晓夫访华期间问及中方还有什么要求时，毛泽东趁机提出希望苏联帮助中国研制原子能、核武器。但赫鲁晓夫的回答是苏联的既定政策是可以向中国提供核保护而不是核技术，但可以帮中国建立一个小型实验性核反应堆，以进行原子物理的科学研究和培训技术力量。苏联帮助中国原子能和平利用之窗由此开启，而中国的核武器研究也正是以此为起点的。之后，在中方的一再要求下，1957 年 9 月，苏联对于中国建立和发展导弹事业提供全面技术援助的态度发生了

---

① 参见沈志华主编：《中苏关系史纲——1917—1991 年中苏关系若干问题再探讨》（增订版），社会科学文献出版社，2011 年 1 月第 1 版，第 134 页。

重要转变，同意中国派政府代表团去苏联进行谈判。9月7日，以聂荣臻、宋任穷、陈赓为首的代表团共40余人抵莫斯科，从9日开始分成军事、原子、导弹、飞机、无线电5个组同时进行谈判。10月15日，中苏正式签署了《关于生产新式武器和军事技术装备以及在中国建立综合性原子能工业的协定》（简称《国防新技术协定》），共5章22条。根据协定，苏联将援助中国建立综合性原子工业；援助中国的原子弹研究和生产，并提供原子弹教学模型和图纸资料；作为原子弹制造的关键环节，向中国出售用于铀浓缩处理的工业设备，并提供气体扩散厂初期开工所用的足够的六氟化铀；1959年4月前向中国交付两个连的岸对舰导弹装备，帮助海军建立一支导弹部队；帮助中国进行导弹研制和发射基地的工程设计，在1961年底前提供导弹样品和有关技术资料，并派遣技术专家帮助仿制导弹；帮助中国设计试验原子弹的靶场和培养有关专家；等等。[①] 考虑到协定对核工业援助项目的建设规模以及向中国交付设计和设备的期限等都未做具体限定，1958年9月29日中苏又签订了《关于苏联为中国原子能工业方面提供技术援助的补充协定》，其中对每个项目的规模都做了明确具体的规定，项目设计完成期限和设备供应期限也有了大致确认，多数项目的完成期限是1959年和1960年。[②]

在之后的一年多时间里，苏联援助的实验性重水反应堆和回旋加速器建造成功，从而显著改善了中国核物理研究的技术装备和条件。此外，苏联还根据协定向中国提供了几种导弹、飞机和其他军

① 周均伦主编：《聂荣臻年谱》上卷，第623页；《当代中国的核工业》，第43页；东方鹤：《张爱萍传》，第728页；《肖劲光回忆录续集》，第172—174页；Lewis and Xue Litai, China Builds the Bomb, p. 62. 在这次谈判中，中方的主要要求中只有一项没有得到满足，即苏联拒绝提供有关核动力潜艇的任何技术资料。见《当代中国的核工业》，第32页。

② 李觉等主编：《当代中国的核工业》，北京：中国社会科学出版社，1987年版，第21—22页。

事装备的实物样品，交付了导弹、原子能等绝密技术资料，派遣有关的技术专家来华。在原子弹研制方面，苏联不仅提供设备、图纸和技术资料，而且派遣大批专家来中国。在核科学技术和核工业建设方面，中苏两国政府共签订了6个合作与援助协定，其中关于铀矿普查勘探2个（1954年、1956年），核物理科学研究1个（1955年），核工业建设2个（1956、1958年），核武器研制1个（1957年）。这些协定涉及到原子弹研制的各个环节，形成了一个比较完整的工业体系。在原子弹的制造程序方面，共有6类工厂（场），在苏联专家的帮助下，这些企业或基地于1957年底开始陆续进入设计和施工阶段。同年9月27日，苏联援建的7000千瓦重水反应堆和直径1.2米的回旋加速器移交中国。[①] 随后一年里，核燃料生产与核爆炸研制两个系统齐头并进，中国核武器的研制进入了大发展时期。在导弹研制方面，苏联一方面继续提供技术资料和样品，1957年11月26日，苏联运送两枚P－2型地对地导弹、1个营的主要地面技术设备到中国；一方面苏联帮助中国训练导弹部队，为教会中方使用和维护导弹，苏军还派了102名官兵随同前来，教学期为3个月。[②] 从1958年1月11日开始，到1959年7月24日结束，通过开办炮兵教导大队训练班，苏军导弹教官共培养了地对地导弹专业技术骨干1357名，为中国导弹部队的诞生和发展奠定了坚实的人才基础。1958年10月6日，中国成立了第一支地空导弹部队，代号为“543”部队，苏联提供了4套萨姆－2地对空导弹，并派出95名苏联专家同时到达。通过改装训练，培养训练干部464人，理论训练分为17个专业进行，兵器和操作训练分为四类，其中实战部队由苏

① 吴玉崑、冯百川编：《中国原子能科学研究院简史（1950—1985）》，1987年印刷（未刊），第21页。

② 周均伦：《聂荣臻年谱》上卷，北京：人民出版社，1999年版，第627—628页。

军导弹营负责对口包教。①

这些都极大地帮助我军加快了尖端武器技术的研制和使用步伐。

（4）苏联军队对中国人民解放军军队正规化、现代化建设方面的帮助

新中国成立伊始，中国人民解放军军队的现代化、正规化建设都亟需改善和加强。在1949年开国大典的阅兵式上，这一境况从武器装备上就可见一斑。中国军队使用的是“万国牌”武器，主要是从日军、美军和国民党军队中缴获的战利品，品种繁杂，新旧参差，仅枪炮就有110多个品种，82种口径，产自20多个国家，只有单一的陆军部队。《中苏友好同盟互助条约》签订后，在毛泽东“永远不要骄傲自满，一定要将苏联的一切先进经验学到手，改变我军的落后状态，建设我军为世界上第二支最优良的现代化的军队，以利于在将来有把握地战胜帝国主义军队的侵略”② 的指示下，全军掀起学习苏军的热潮。主要学习方式包括聘请苏联军事专家、顾问，选送干部到苏联军事院校学习深造，翻译出版苏军文献资料等方式。苏军也不断派军事专家到中国进行指导和援助，并对华援建了关系国防体系的“156项工程”。无论是从武器装备、军事训练方面，还是众创办军事院校、颁布条令条例、改革军事制度、调整编制体制等方面，中国人民解放军坚持自立更生与积极借鉴相统一，通过向苏联军队的学习和借鉴，在现代化和正规化建设方面均有了大幅度的提升。

（5）中苏军事外交中的“共建长波电台”和“共同潜艇舰队”

事实上，朝鲜战争结束后，中苏进一步加强军事合作的愿望变

---

① 张伯华：《组建第一支地空导弹部队的回忆》，《空军·回忆史料》，中国人民解放军历史资料丛书编审委员会编，北京：解放军出版社，1992年版，第489—493页。

② 《建国以来毛泽东文稿》第4册，北京：中央文献出版社，1991年版，第1页。

得更为强烈，甚至一度设想将中苏间的同盟条约与华沙条约结合起来，尤其是加强中苏间海军和空军力量的合作，以保卫远东和平及安全。到1957年底，中国国防建设面临着海军如何在新技术装备上求得进一步发展的问题，而苏联海军遇到的则是更好地发挥太平洋舰队新装备的核潜艇作用问题，基于共同的需求，中苏海军合作似乎是水到渠成的事情。1958年12月，伴随着苏联第一艘核动力潜艇试航成功，实现远洋航行需要建立长波电台的问题迎面而来。苏联海军向国防部提交了两个方案：第一个方案是在苏联本土建立长波发射电台，但耗资巨大而通信质量并无保障；第二个方案是在中国的海南岛和印度各建一个长波发射台，分别承担与在南太平洋和印度洋航行的潜艇舰队联络的任务。赫鲁晓夫毫不犹豫地否决了印度方案，因为中国是兄弟的社会主义国家，他认为海南岛方案会没有任何困难地实现。[①] 而恰逢其时地，中方自1954年第一支潜艇部队建立时也已经着手长波电台的建设，但鉴于中方难以承担这样的工程，中国海军也提出了同样的要求。[②] 于是，1958年1月6日，苏联试探性地提出由两国海军共同建立和使用长波电台问题。[③] 然而，自4月18日，当苏联国防部长马利诺夫斯基提出共建长波发射电台事宜后，中方坚持在建设费用上由中方全部负担，所有权是中国；而苏方则坚持费用由中苏双方各分担一半，当在这个问题上双方还未能达成一致的情况下，又出现了“共同舰队”的问题。1958年，中国海军仍然按照苏联“一五”计划期间提供的5种旧舰艇图纸进行生产，而苏联则已经改进了某些舰艇的动力和结构，并试制成功几种用于潜艇和鱼雷艇的导弹，对此，中国海军为进一步发展，需要获得建造新舰艇

① 谢·赫鲁晓夫：《导弹与危机——儿子眼中的赫鲁晓夫》，郭家申等译，北京：中央编译出版社，2000年版，第264—165页。

② 《肖劲光回忆录续集》，北京：解放军出版社，1988年版，第200—201页。

③ 徐明德：“第一座大型超长波电台的建设”，《海军·回忆史料》，中国人民解放军历史资料丛书编审委员会编，北京：解放军出版社，1992年版，第509页。

的设计图纸及其他资料，于是，6月28日，周恩来致信赫鲁晓夫，希望苏联政府对中国海军给予新技术援助。此时，随着中国原子能反应堆的正常运转，如何将原子能动力运用于国防的问题提上日程。7月初，中共中央正式批准了聂荣臻关于研制核潜艇的报告，并且为了缩短研制时间，设想请苏联给予技术援助。7月15日，苏共中央主席团召开会议，讨论了“关于在建设海军方面给中华人民共和国提供技术援助的问题”，主席团会议后，赫鲁晓夫召见尤金，指示他：同毛泽东和周恩来接触时，可以问问能否共同建设和使用长波电台，再询问一下苏联的潜艇是否可以进入中国的港口并停泊。

依照现已公开的毛泽东与尤金的两次谈话记录、毛泽东与赫鲁晓夫的四次谈话记录、苏共中央主席团的相关会议记录以及中俄双方当事人的回忆录，可以明了，就在中苏军事外交看上去正在向和谐友好地方向快速升温的时候，“长波电台”和“共同舰队”事件之所以令毛泽东大发雷霆，其中的重要原因在于信息传达不畅和失误。关于建长波电台一事，苏联的想法是愿意支付50%的费用，以换取该电台10年的使用权，电台的所有权属于中国，苏联只是要求通过协议，允许苏联使用这个电台；而毛泽东所接受到的信息则是因为马利诺夫斯基提出苏联要出钱，就是要发射电台的所有权。关于共同建设海军舰队一事，苏联最初的建议并没有建立共同舰队的意思，就是希望将来其远离本土的潜艇部队可以在中国的港口停泊休整，希望其海军舰队可以利用中国的海域对付美国人，而尤金在转述苏联想法的时候，将其演绎为“共同建立海军舰队”，而毛泽东则将这一说法归纳为“共同舰队”，没有歪曲尤金的意思，但的确因此误解了赫鲁晓夫的本意；尤金的错误转述使得毛泽东认为赫鲁晓夫要学斯大林的老样子，在中国搞“合作社”，从而感到中国的主权受到了威胁。7月31日，赫鲁晓夫秘密赶到北京与毛泽东进行了关于两件事情的会谈，从而消除了误解。之后，关于长波电台问题，中苏两国政府在北京签署了《关于建设、维护和共同使用大功率长波无线电发信台和专用远距离无线电收信中心的协定》，即《八三协定》，其主要内容是：

> 长波电台由中国自己建设，主权属于中华人民共和国。
>
> 苏联在设计和建筑等技术方面给予帮助和指导，装备器材凡中国不能解决的请苏联援助，通过订货解决。苏联根据协定所提供的设计资料、装备器材和派遣的来华专家以及其他方面的一切费用，均由中国通过贸易账户偿付。
>
> 苏联需要使用该电台的问题由双方另行谈判。①

关于向中国提供海军新技术援助的问题。1959 年 2 月 4 日，两国政府签订了《关于苏联政府给予中国海军制造舰艇方面新技术援助的协定》，即《二四协定》。除了苏联方面尚不成熟的核潜艇技术，苏联几乎满足了中国的所有要求：

> 向中国出售 629 型导弹潜艇、633 型鱼雷潜艇、205 型导弹快艇、183 型导弹快艇、184 型水翼鱼雷快艇和 P－11ФM 型弹道导弹 4 枚、Л－15 型飞航式导弹 2 枚，以及这些舰艇的动力装置、雷达、声纳、无线电、导航器材共 51 项设备的设计图纸资料，还有部分舰艇制造器材及导弹的样品，并转让这些项目的制造特许权。苏联的 60 名专家随即来到中国，协助开展设计和仿制工作。②

从上述历史过程来看，这两个事件最终均是按照中国的意愿得

① 徐明德："第一座大型超长波电台的建设"，《海军·回忆史料》，中国人民解放军历史资料丛书编审委员会编，北京：解放军出版社，1992 年版，第 509—512 页。

② 侯向之："忆《二·四协定》的签订"，《海军·回忆史料》，中国人民解放军历史资料丛书编审委员会编，北京：解放军出版社，1992 年版，第 413—415 页。

以解决的。

2. **对朝鲜的军事援助**

1950年6月25日，朝鲜战争爆发。中国政府明确主张和平解决朝鲜问题，并要求美国立即停止侵朝战争，撤退侵略军队。然而，在约翰·福斯特·杜勒斯看来，“北朝鲜的成功将使日本处于‘俄国熊的上下颚之间’”。杜鲁门也感到：如果美国不能保护一个在美国监护下成立的国家，那些邻近苏联的国家的人民——不仅有亚洲的、还有欧洲的、中东的及其他地方的——将受到极坏的影响。美国的舆论则认为，如果美国不能扳回局势，最终“可能导致一场全面战争”。由此，6月30日，杜鲁门采取了麦克阿瑟在朝鲜使用陆军的建议，从而完全改变了战后美国在远东的战略定位。[①]

中国在自身极端困难的条件下出兵朝鲜，表现出强烈的国际主义精神，“对于保障苏联和社会主义阵营的东线安全起到了重要作用”。1950年10月至1953年7月，中国人民志愿军进行了两年零9个月的抗美援朝作战。1950年10月至1951年6月中旬系第一阶段，中国人民志愿军配合朝鲜人民军实施战略反攻，连续5次较大规模的战役，共歼敌23.3万余人，将以美国为首的“联合国军”从鸭绿江边打回到“三八线”，并将战线稳定在“三八线”地区，迫使美国接受停战谈判。1951年6月中旬至1953年7月下旬，是抗美援朝作战的第二阶段，中国人民志愿军同朝鲜人民军一起，经过两年零1个月的浴血奋战，歼敌72万余人，终于迫使美国签订朝鲜停战协定，胜利实现朝鲜停战。1954年9月至1958年10月，中国人民志愿军分批从朝鲜撤回国内。

在抗美援朝战争中，中国人民解放军还为朝鲜人民军提供了大

① ［美］邹谠：《美国在中国的失败——1941—1950》，王宁、周先进译，上海人民出版社，1997年版，第482页。

批武器装备上的援助。从1950—1953年，中国向朝鲜无偿提供的主要武器弹药有：各种枪6.7万余支、火炮920门、坦克和自行火炮120辆、各种枪弹5929万发、炮弹61万余发、汽车1233辆、无线电机200余部、有线电机500部、地雷1.9万个、手榴弹39.6万枚。[①] 1958年，中国人民志愿军撤离朝鲜时，又将一批武器装备和物资无偿移交给朝鲜人民军。

3. 对越南的军事援助

在抗美援朝的同时，中国人民解放军还帮助越南人民军进行了援越抗法战争。

日本战败投降并撤出越南后，法国于1946年派远征军卷土重来，占领了越南大部分城镇、交通要道和战略要地，越南民主共和国人民武装被迫转入山区，进行艰难抗战。1950年1月，越南民主共和国主席胡志明秘密访问中国，以印度支那共产党中央的名义向中共中央提出援越抗法的请求，为了支援兄弟党和友好邻邦争取国家独立的民族解放斗争，经双方商定，派陈赓为中共中央代表、史贵波为中共中央联络代表赴越。之后，中央军委决定从第二、第三、第四野战军和炮兵部队中选调人员，组成以韦国清为团长，梅嘉生、邓逸凡为副团长的援越军事顾问团，协助越南人民军进行军队建设和指挥作战。顾问团下设军事、政治和后勤3个顾问组，梅嘉生、邓逸凡、马西夫分别担任组长，并分别担任越军总参谋部、总政治局和总后勤局顾问。中共中央提出，军事顾问团“只当顾问，不当指挥员”。7月初，中共中央代表陈赓率工作人员20余人赴越，帮助越方制定边界战役作战方针和计划。8月12日，韦国清率顾问团和工作人员250人抵越军总部执行任

① 军事科学院军事历史研究部：《中国人民解放军的七十年》，北京：军事科学出版社，1997年版，第442页。

务，并分别向越军总部的 3 个主力师派出了顾问组和顾问。9—10 月，陈赓在军事顾问团的配合下，协助越军总部组织指挥边界战役，取得了重大胜利，共歼灭法军 8 个整营，收俘 5 个市、13 个县镇，扭转了越南抗法战争的形势，打破了法国侵略军对北部山区的封锁。自 1950 年底到 1954 年越南抗法战争停战，中国军事顾问团协助越南人民军组织指挥了红河中游、东北、宁平、和平、西北、上寮、奠边府等战役。其中，西北战役歼灭法军 1. 38 万人，改变了抗法战争的战略态势；韦国清将军协助指挥了奠边府战役，歼灭法军 1. 62 万余人。

越南是中国对外武器装备援助时间最长、数量是大的国家。以援越抗法、援越抗美为中心，分别形成了两个高峰。援越工作从 1950 年开始到 1963 年，共向越南提供各种枪支 35. 6 万支、各种火炮 7360 余门、飞机 15 架、艇船 28 艘、汽车 100 辆、工程机械 935 部、均线电机 6300 部、有线电机 2 万余部和大批弹药，还有防化、观测器材等装备以及大量军需物资等。①

除派遣军事顾问和武器装备的支援外，中国军事顾问团还在协助越南人民军组织指挥作战的同时，帮助越南人民军的军队建设，为越南建立炮兵和其他兵种，并在中国境内为越军提供营地，训练步兵、炮兵、工程兵、通信兵等部队；提供开办陆军军官学校所需的设施和保障，帮助培训了一批高中级指挥员和专业技术干部，为表彰中国军事顾问团功绩，越南民主共和国政府于 1953 年越南国庆节上，胡志明主席向中国军事顾问团授勋，以表彰中国人民解放军对越南人民正义事业所作出的贡献。1956 年 3 月，中国援越军事顾问团奉命回国。

---

① 军事科学院军事历史研究部：《中国人民解放军的七十年》，北京：军事科学出版社，1997 年版，第 404 页。

4. **与其他国家的军事交往**

新中国建立后，中国人民解放军逐步开展军事外交。中国首先与以苏联为首的社会主义国家建立了军事关系，陆续向苏联、波兰、捷克斯洛伐克、保加利亚、朝鲜、越南等社会主义国家派出武官，建立武官处，直接代表国家处理军事外交事务。第一届全国人民代表大会第一次会议决定设立国防委员会和国防部，中共中央决定成立中央军事委员会，毛泽东任国防委员会主席和中央军委主席，国防部外事工作机构正式建立——1951 年，军委成立外联处作为专司军事外交工作的职能部门，从而建立了党和国家一元化的领导关系。军事外交的相关制度建设也陆续进行。1957 年 6 月，中国国防部颁发《关于各国驻中华人民共和国武官的各项规定》，规定由国防部外事处负责与各国驻华武官联系安排同军方领导人会晤，接待有关拜访，邀请参观或其他事务。同年 7 月，国防部又颁发《关于外国人参观军事区域的规定》。这一时期与其他国家的军事外交的主要内容包括：

一是为受援国培训军事人员。外军受训人员包括军事指挥员、政治工作人员、各类专业技术人员等。培训方式包括接收受援国军事学员到中国培训、派遣中国军事专家到受援国施训等。从 1950 年代到 1960 年代中期，中国人民解放军先后对越南、朝鲜、古巴、老挝、阿尔巴尼亚等友好国家派来的 6700 名各类军事学员进行了培训。先后派出各类专家 700 余人到一些国家培训军事人员，支援了受援国人民反抗侵略的民族解放斗争。

二是军事代表团互访。这一时期除了与苏联、朝鲜、越南等国进行军事代表团的互访外，自 1955 年万隆会议后，中国人民解放军逐步展开与亚非拉新独立的民族国家的军事外交。印度、缅甸及阿拉伯联合共和国先后派军事代表团访问了中国，中国军事代表团也先后回访了印度和缅甸。军事文艺团体的互访是这一时期军事代表团互访的一种重要形式，1954 年 7 月 12 日，总政歌舞团以“中国人民解放军歌舞团”的名义，先后访问了捷克斯洛伐克、罗马尼亚、波兰和苏联等 4 国的 55 个城市，共演出 162 场。同时，我军也多次接待外军文艺团体的访问活动。[①]

（四）小结

从 1949—1960 年，在外交“一边倒”战略下，中苏军事关系成为中国人民解放军对外关系的主线，苏军成为中国人民解放军的主要军事交往对象，而中苏两国在这一时期的晴雨变化透过军事外交关系得到了最为透彻的反映，中美关系则是以对抗为基调。总体而言，中国人民解放军在这一时期的军事外交中得到了很好的锤炼，收获了一定的军事外交经验，其军事外交实践突现了这个时期的时代特色。

一是提出“和平共处”的外交政策。1949 年 9 月 29 日，中国人民政治协商会议第一次会议通过的《共同纲领》规定：“中华人民共和国联合世界上一切爱好和平、自由的国家和人民，首先是联合苏联、各人民民主国家和各被压迫民族，站在国际和平民主阵营方面，共同反对帝国主义侵略，以保障世界的持久和平。”[②]《共同纲领》所反映的“和平”理念，不仅是当时形势的需要，而且是长期历史积淀与中国革命的内在要求，体现了新中国在外交方面最基本的诉求，即，在平等的基础上建立新型外交关系以及对国际和平环境的渴望。朝鲜战争结束后，中国参加了 1954 年日内瓦会议和 1955 年万隆会议，迈出了以大国身份重返国际政治舞台的重要步

① 孔繁政、陈志勇主编：《中国人民解放军军事统战与军事交往》，解放军出版社，2004 年版，第 240—241 页。

② 1949 年 9 月 29 日，中国人民政治协商会议第一次会议通过的《共同纲领》，宋恩繁、黎家松主编：《中华人民共和国外交大事记》第一卷，北京：世界知识出版社，1997 年版，第 1—2 页。

伐。在此期间，周恩来提出了著名的“和平共处五项原则”，这是处理与世界各种不同类型国家关系的总原则。在“和平共处”原则指导下，新中国同一批亚非国家建立起外交关系，同西方国家的紧张关系也有所改善。从历史角度来看，“和平共处”是当时中共外交策略的最佳选择，为营造良好的国家生存与发展环境发挥了重要作用：一是能够团结中间地带的国家，增信释疑；二是通过对美国等西方国家表达和平共处意愿，在帝国主义内部制造矛盾；三是可以利用这个机会引进必要的资金、技术和设备，开展对外贸易，为国内经济建设服务。对此，杨奎松评价：“1954 年日内瓦会议的成功，以及和平共处五项原则的提出，是新中国外交政策从突出强调意识形态的‘一边倒’转向较多地考虑国家现实利益而开始走向务实的一个相当重要的标志。在已经习惯于国际主义的思维方式之后，突然把自己一国的利益摆到政策考虑的首要位置上来，甚至以此为转移淡化意识形态色彩，一时出现这样或那样的困惑与矛盾是可想而知的。让人遗憾的是，周恩来所倡导的这样一种政策转变的趋势并没有能够顺利地发展下去。几年之后，当毛泽东发现苏联‘不革命’以后，中国对外政策上的意识形态考虑又逐渐占据了主导地位。”①

二是在国际共运中的政党地位一定程度上影响了军事外交中对国家利益的争取。

建国初期，在对外军事交往中有国家利益的考量，但中国共产党和新建立的社会主义中国作为社会主义阵营中一员的地位决定其必须做出适当的利益取舍。

譬如，在签订《中苏友好互助同盟条约》时，斯大林希望与新中国结盟的方式和表现形式不致破坏雅尔塔体系及损害苏联在中国东北的既得利益，而毛泽东考虑的则是如何树立新中国独立

① 杨奎松：“新中国从援越抗法到争取印度支那和平的政策演变”，《中国社会科学》，2001 年第 1 期。

自主的外交形象，如何在条约中保证中国的主权和经济利益。当毛泽东提出中国政府拒绝承认一切不平等条约，包括蒋介石签订和沙俄时期签订的条约，并提到俄国之前兼并中国领土的问题时，斯大林听了勃然大怒。[①] 尽管尽了最大的努力，中国仍不得不以承认外蒙古于 1945 年独立作为条件以确保斯大林同意中方提出的关于中长铁路、旅顺和大连的协定，“总算从虎口里夺得了一点食物”[②]。

再譬如，朝鲜战争时，斯大林并“不愿意看到战后朝鲜成为中国可以控制的地区”，所以“直到麦克阿瑟在仁川登陆成功，并很快歼灭了朝鲜人民军主力后，在金日成急切地请求苏联提供直接的军事援助时，斯大林才把挽救朝鲜的责任推给了毛泽东”[③]。而朝鲜战争爆发的基本逻辑顺序是，在 1948 年 8 月 15 日南朝鲜政府正式成立后，美军于 9 月 15 日开始撤退，因为，美国对南朝鲜的判断是“对美国的安全没有多大重要性”。之后，麦克阿瑟将军于 1949 年 3 月上旬接见记者时，划了一道把南朝鲜遗漏在外的美国防线。1950 年 1 月 12 日，国务卿艾奇逊在演说中，划了一道不包含南朝鲜的西太平洋环形防线。这些举动和声明都在明显地向以苏联为首的社会主义阵营示意，美国不会保卫南朝鲜以抵御北朝鲜的进攻。这一系列举动给北朝鲜的金日成传递的信息是：武力解决朝鲜统一的时机已经到来。之后，金日成多次强烈要求面见斯大林商谈朝鲜的统一问题。[④] 在 1950 年 1 月 30 日之前，斯大林所持的意见是尽可能避免

① ［英］韩素英著，王弄笙等译：《周恩来与他的世纪》，北京：中央文献出版社，1992 年版，第 290—291 页。

② 同上。

③ 沈志华编：《朝鲜战争：俄国档案馆的解密文件》，第 561—567、571 页；“斯大林、毛泽东与朝鲜战争再议”，《史学集刊》2007 年第 1 期；“朝鲜战争初期苏中朝三角同盟的形成”，台湾《政治大学历史学报》第 31 期，2009 年 5 月。

④ 参见沈志华主编：《中苏关系史纲——1917—1991 年中苏关系若干问题再探讨》（增订版），北京：社会科学文献出版社，2011 年 1 月第 1 版，第 124 页。

在远东出现一场可能引发苏美直接冲突的战争，所以他一再拒绝了金日成的要求。但在接受《中苏友好同盟互助条约》后，斯大林考虑到苏联在远东的战略利益因中方在《条约》中关于旅顺、大连和中长铁路方面的主张而失去，这时，如经过战争从而获得苏联对“仁川、釜山及其他南朝鲜的港口将替代旅顺口和大连港的作用”，即使战争失利，则因为“东北亚的紧张局势会迫使中国要求苏联军队留驻旅顺、大连，而苏联在议定书中提出补充的内容则是一旦出现战争局面，苏联军队有权使用中长铁路”。如此，斯大林想将太平洋出海口掌握在苏联手中的打算也就如愿以偿了。正是基于这样一种考虑，斯大林在1月30日答应金日成以军事手段解决朝鲜的统一问题。而毛泽东在中国极端困难的情况下毅然做出出兵朝鲜、抗美援朝的决定，也是以推迟统一台湾计划为代价的。

当然，到了50年代后半期，基于对中国政治支持的需要，以及之后中共在社会主义阵营威望的升高，赫鲁晓夫的态度较斯大林对中国的态度有所不同，中国在军事外交中逐步取得一定的主动。“长波电台”和“共同舰队”事件的最后是以中国方面的意愿而解决的正是最好的说明。及至1959—1960年，中苏之间因为对时代特征的认识以及在战争、和平、革命等基本理论观点方面存在着重大差异，开始了意识形态话语权的争夺，两党矛盾和分歧公开化，而分歧产生的前提是中苏两党在社会主义阵营中已经是平起平坐的地位了。

因此，这一时期从表面上看是意识形态在军事外交决策中占主导地位，但从本质上看中苏两国国家领导人有基于国家利益的深层考虑和战略运筹，只是其中主动权的把握深受国际共运中政党地位的影响。

三是坚持“伐战”与“伐交”相统一，摸索形成对外军事援助新模式。

（1）坚持爱国主义与国际主义相结合，有着明确的价值标准。

社会主义中国在对外军事援助中独树一帜，开创了国际主义与爱国主义相结合的新型对外军援模式。中国进行对外军事援助，严格尊重受援国的主权，作出对外军事援助的前提是受到受援国出兵的请求。1950 年 10 月 1 日，朝鲜劳动党中央总书记、朝鲜民主主义人民共和国内阁首相金日成和朝鲜劳动党中央副书记、内阁副首相兼外务相朴宪永联合署名至函毛泽东，请求中国出兵援助朝鲜。信函中写道：

> “在目前，敌人趁我们严重的危急，不予我们时间，如要继续进攻三八线以北地区，则只靠我们自己的力量，是难以克服此危急的。因此我们不得不请求您给予我们以特别的援助，即在敌人进攻‘三八线’以北地区的情况下，极盼中国人民解放军直接出动援助我军作战！”①

10 月 3 日，收到金日成和朴宪永的求援信，4 日和 5 日，毛泽东就主持召开了中共中央政治局扩大会议，讨论出兵援朝的问题。会议认为：中朝是唇齿相依的邻邦，如果听任美军占领全朝鲜，那么，中国的东北也将不得安宁，中国根本无法正常进行经济建设。同时，朝鲜要胜利，必须得到国际的援助。只有朝鲜胜利了，和平阵营才不会被打开一个缺口。② 可以看到，抗美援朝的战略决策，是基于朝鲜人民反抗美国侵略和保卫中国国家安全的共同需要作出的，是爱国主义和国际主义相统一的重要体现。

（2）摸索形成“边打边谈”、“以打促谈”的军事谈判模式。军事谈判是军事外交的重要表现形式之一。在朝鲜战争中，中国人民解放军就在军事谈判方面形成了边打边谈，立足于打，以打促谈的

---

① 《中国人民解放军军史》编写组：《中国人民解放军军史》第四卷，北京：军事科学出版社，2011 年版，第 188 页。

② 同上。

模式。1951 年初，朝鲜战争进入相持阶段，双方战线大体保持在“三八线”上。1 月 11 日，周恩来建议举行停战谈判。6 月 30 日，“联合国军”总司令李奇微向朝鲜人民军和中国人民志愿军表示愿意举行停战谈判。7 月 10 日，朝鲜停战谈判开始，双方斗争的焦点集中在军事分界线如何确定的问题上。朝中方面提出，以“三八线”为停战分界线，美方则要求，朝中军队后退 30—60 公里。为转移视线，美方在中立区对朝中代表团挑衅，并在前方发动夏季攻势和秋季攻势，中国人民解放军遵照中央军委的指示，击退 25 万美军，迫使美方回到谈判桌上来。10 月，在板门店谈判中，美方又在遣返战俘问题上节外生枝，设置障碍，企图通过在战场上强化战争压力获得有利的谈判条件，迫使朝中双方就范。我军立足于打，以打促谈，先后发起多次强攻，击退美军在金化以北上甘岭的军事冒险行动。终于，1953 年 4 月 26 日，由于战场上的连续失败，美军与朝中恢复了谈判，并最终就战俘遣返问题达成协议。

援越抗法战争中的军事谈判是对抗美援朝时期形成的军事谈判模式的一次再实践。为谋求印度支那问题的和平解决，1954 年 4 月 26 日至 7 月 21 日，以周恩来总理兼外长为首席代表的中国代表团出席日内瓦会议，周恩来的军事秘书雷英夫作为军事顾问也参加会议。在讨论恢复印度支那和平问题时，越、中、苏三国代表主张印度支那全境停火，政治解决印度支那问题；法、美等西方国家则坚持只讨论军事停火，不讨论政治问题，而军事停火则只讨论越南停火问题，拒绝承认印度支那三国的民族权利。谈判开始时，法、美、南越、老挝等方面气焰嚣张。周恩来会后召集代表团成员，让军事顾问雷英夫介绍越南战场上的形势，商讨对策，认为凡文事者必有武备，在战场上得不到的东西，谈判桌上也得不到。必须打好奠边府这一仗，谈判才有可能成功。代表团根据中央的方针，力劝越方务必歼灭奠边府之敌。1954 年 3 月 13 日至 5 月 7 日，越南人民军在中国顾问团的协助下，发动了震惊世界的奠边府战役，摧毁法军司令部，生俘法国守军司令。该战役的胜利，沉重打击了法、美、英、南越和老挝代表的嚣张气焰，使他们不得不老老实实地与中、越、苏达成谈判议程的协议。双方就军事停战和撤军问题又进行了实质性谈判。

四是这一时期中国的军事外交有对舆论运用的出色表现。

外交从来不允许舆论的缺席，军事外交同样如此，更何况毛泽东是舆论运用的高手。为了说服苏联签订一个新的中苏同盟条约，以替代1945年苏联与国民党政府签订的条约，毛泽东在得知苏联还未有此意愿的情况下，在访苏期间约一个星期呆在别墅里不曾出门，从而造成外界的议论，传言他被斯大林软禁；另一方面，毛泽东有意向苏方透露，中国最近准备与英国和其他英联邦国家谈判建交问题。与此同时，美国政府经过内部争论决定采取拉拢中国、离间中苏的策略。为此杜鲁门曾经以总统名义发表声明，承认中国对台湾的主权，国务卿艾奇逊则发表长篇演讲，讲述俄国在历史上对中国的侵略和伤害，声称台湾不在美国的远东防御线以内。美国的用意是极为明显的，目的就是破坏中苏关系，阻止条约签订。在这种舆论夹击下，斯大林闻此只得让步，同意毛泽东通过媒体向外界公开他此行的目的是解决中苏友好同盟条约问题。

这一时期，军事外交重点围绕抗美援朝、援越抗法等重大军事行动展开，并在朝鲜战争结束后与美国进行了巧妙的军事外交，通过1954年对沿海岛屿的解放行动试探美蒋《共同防御条约》的有效性，通过1958年炮击金门、马祖，从而有效维护"一个中国"的大局。1960年7月，苏联突然决定撤走在华全部苏联专家，撕毁数百个协议与合同，中止两国所有的合作项目，由此两国矛盾公开化，双方军事关系走向了另一个极端。

二、“两条线”战略下的军事外交

中苏关系和中美关系构成了这一时期中国对外关系的两条主线；革命外交是这一时期对外关系的鲜明特征。

20 世纪 60 年代—70 年代初的中苏关系不同于 50 年代。50 年代，中苏关系从结盟到合作，度过了中苏关系的蜜月期，此一时期中苏军事外交是以党际关系为基础的模式；进入 60 年代，中苏关系从对抗到冲突乃至兵戎相见，是中苏关系的抗争期，中国在对外关系的处理中更多地加入了对国家利益的考量，中苏关系从亲如兄弟的战略联盟转而成为势不两立的战略对手，可谓在这前后两个年代里经历了一个极端到另一个极端的大起大落。与此同时，美国继续采取敌视中国的政策，中美对抗依旧存在。由此，中国的国家安全战略进入到了“两条线”时期，反帝与反修两面备战。这一国家安全战略的调整及中国对自身的革命的社会主义国家身份的认识，决定了我军军事外交由主要发展与苏联、东欧等社会主义阵营国家的军事关系，转向支持第三世界国家人民的反帝反殖武装斗争和革命起义，争取获得更多亚非拉民族国家的支持，军事外交的重点由此发生转移。

（一）战略环境判断

20 世纪 60—70 年代，科技革命对世界政治和经济产生了重要影响。无论是从世界贸易的增长，还是国际投资的迅速增长来看，都表明资本主义经济处于发展的“黄金时期”。但在资本主义政治经济发展不平衡规律的作用下，经济实力出现了不利于美国的变化。与此形成鲜明对比的是，这一时期第三世界开始崛起，60 年代末，亚非拉独立的国家已达上百个，同第二次世界大战相比，全世界的主权国家增加了近 2 倍。据此，毛泽东认为：“我们现在正处于世界革命的一个新的伟大时代。亚洲、非洲、拉丁美洲的革命风暴，定将给整个旧世界以决定性的摧毁性打击……美帝国主义和其他一切害人虫已经准备好了自己的掘墓人，他们被埋葬的日子不会太长了。”[①] 显然，对这一时期国际局势的分析，毛泽东是立足于世界无产阶级的革命斗争，争取世界社会主义的早日实现。毛泽东的这一判断“既有肯定社会主义力量大发展的一面，又存在对社会主义力量估计过高的一面”；“既有对世界革命前途充满乐观的一面，又有对国际局势的困难估计不足的一面。”[②]

随着中苏在时代特征、革命、战争与和平等问题上的明显分歧，1962年新疆伊犁事件后，中苏两党之间的矛盾导致两国关系逐渐恶化。1963年7月，苏联与蒙古签订了针对中国的秘密军事协定，并开始向中苏、中蒙边境地区部署兵力。中苏关系的恶化和双方军事冲突的发生，使中国在同美国进行军事斗争的同时，不得不同“修正主义”的苏联进行军事斗争，“反修”成了这一时期又一重大任务，这是“两条线”军事战略中的一条。同时，来自美国的威胁依然严峻，突出表现在两个问题上：一是美国插手台湾问题，武装干涉中国内政；二是美国武装侵略越南，威胁中国安全，并多次侵入我国领空。坚决抗击美帝国主义的霸权主义和侵略政策，成为“两条线”军事战略的另一条。反对美帝国主义对中国的侵略政策及和平演变政策，是这一时期中美关系的主要方面，也是这一时期形成的“两条线”军事战略中的一条。虽然在1964年之前，中国共产党还只是在内部将中苏两党两国的斗争定性为敌我性质，但当时苏联对中国的威胁至少在中国看来还未成为除美国之外的威胁中国国家安全的另一个敌人。但1964年之后，毛泽东对中国国家安全的判断已经由局部威胁转变为全面威胁，他对于苏联可能派兵打中国已经

① 《人民日报》，1966年11月4日。

② 李宝俊：《当代中国外交概论》，中国人民大学出版社，1999年12月第1版，第117页。

有所预言。他在这一年的2月会见金日成时就指出：苏联在压中国屈服的各种措施都不能奏效后，“还有打仗”这一条。之后，毛泽东在会见外宾时也多次提到“赫鲁晓夫会不会打我们”，“派兵占领新疆、黑龙江，打进来，甚至内蒙古”。尽管毛泽东认为苏联大规模进攻中国不大可能，但他还是明确表示要有所准备。原先中国认为自己的北部有苏联作自己强大的支持，而今，这一安全支撑转而变成了强大的安全威胁，形势这样的急转之下，对中国国家安全的判断陡然间进入到了危机四伏的状况中。

（二）战略选择

20世纪50年代中期的各殖民地半殖民地国家民族解放运动的蓬勃发展，已经使毛泽东充分认识到亚非拉新兴国家在保卫世界和平中的巨大作用，强调在加强社会主义阵营内部团结的同时，注意发展同亚非拉各国及一切爱好和平的国家和人民的团结。在这一认识的基础上，1957年1月27日，毛泽东提出了“两类矛盾”和“三种力量”的观点。他指出：“两类矛盾，一类是帝国主义跟帝国主义之间的矛盾，即美国跟英国、美国跟法国之间的矛盾，一类是帝国主义跟被压迫民族之间的矛盾。三种力量，第一种是最大的帝国主义美国，第二种是二等帝国主义英、法，第三种就是被压迫民族。”[①]到了60年代，国际形势呈现“大动荡、大分化、大改组”的特征，毛泽东又提出了“两个中间地带”的观点。第一个中间地带是指亚、非、拉，第二个中间地带是指欧洲、加拿大、澳洲、新西兰和日本。1964年7月，毛泽东在一次会见日本社会党人士的谈话中指出：“整个亚洲、非洲、拉丁美洲的人民都反对美帝国主义。欧洲、北美、大洋洲也有许多人反对美帝国主义。帝国主义者也反对美帝国主义。戴高乐反对美国就是证明。我们现在提出这么一个看法，就

① 《毛泽东选集》第5卷，人民出版社，1977年版，第341页。

是有两个中间地带，亚洲、非洲、拉丁美洲是第一个中间地带，欧洲、北美、大洋洲是第二个中间地带。日本的垄断资本主义也属于第二个中间地带。”[①] 同时，毛泽东还相应地提出两个敌人——“两个大纸老虎，美国和苏联”。

在这一判断下，毛泽东提出要进行三线建设。周恩来对“三线”的解释是：“除了攀枝花（位于西南川滇交界处）以外，我国周围各省都是第一线。东南沿海，舟山上最前边，东南几省是第一线。对东南亚来说，南边是第一线。对印度来说，西藏是第一线。对修正主义，西北、东北各省相互来说又都是第一线。比如，西藏有事，内地都是三线。真正的三线是青海、陕南、甘南、攀枝花。”[②]

中国外交总方针进行了重大调整，1960 底至 1961 年初，毛泽东明确提出了反帝、反修“两条战线”和“两条统一战线”的对外战略指导思想。在军事上，中央军委于 1960 年 2 月制定了以美国为主要作战对象的“北顶南放”军事战略方针。1964 年 6 月，毛泽东在中央政治局会议上首次正式提出对苏防卫作战问题，北部边界不设防的状况开始有所改变。60 年代中期以后，中国军事战略方针实际上调整为准备抗击敌人从四面八方进攻，主要战略方向开始由南转北。1969 年，中国共产党的第九次全国代表大会提出加强战备，全党、全军和全国人民都要有大打、早打、甚至打核战争的思想准备。

事实上，随着 20 世纪 50 年代后期以来亚洲、非洲、拉丁美洲民族独立运动的高涨，以及中苏之间在时代、和平共处、和平过渡等问题上发生分歧，国际共运中路线斗争的展开，中国在不指名批判赫鲁晓夫的同时，也愈加热情地支持第三世界国家的反帝反殖民武装斗争和革命起义，争取获得更多亚非拉民族国家的支持，反对

---

① 《毛泽东选集》第 5 卷，人民出版社，1977 年版，第 342 页。

② 中央文献研究室编：《周恩来传》，北京：中央文献出版社，1998 年版，第 811 页。

并干扰苏联的缓和方针。这些都决定了这一时期，中国军事外交的重点的转移。

（三）主要的军事外交行动

在“两条线”战略的指导下，我国军事外交开始以积极支持和大力援助第三世界国家的民族独立和解放运动为重点。其援助的主要对象，一个是对印度支那三国人民的抗美救国斗争，提供了大力的军事援助；另一个是对亚非拉各国争取民族独立和解放的运动开展了一系列军事援助，打破了美苏对华的军事封锁。除了人力上的援助外，还给予了武器装备的援助，由一般的轻武器到大型火炮、坦克等重型武器装备。援助绝大部分是无偿的。对于中国提供军事援助的原则，周恩来在1964年访问亚非国家时就宣布了中国对外提供经济技术援助的八项原则：

> 中国政府一贯根据平等互利原则对外提供援助，从来不把这种援助看作是单方面的赐予，而认为援助是相互的；
>
> 严格尊重受援国的主权，绝不附带任何条件，绝不要求任何特权；
>
> 帮助受援国逐步走上自力更生、经济上独立发展的道路；
>
> 中国政府提供自己所能生产的、质量最好的设备和物资；
>
> 中国政府对外提供任何一种技术援助的时候，保证做到使受援国的人员充分掌握这种技术。①

1. 进行援越抗美斗争

中国援越抗美军事行动，是新中国成立以来继抗美援朝后又一

---

① 《周恩来年谱（1949—1976）》中卷，北京：中央文献出版社，1997年版，第611—612页。

次大规模地援助邻国抵抗侵略的军事行动。中国人民解放军的援越部队发扬了国际主义精神，与越南人民一同战斗，保卫了越南北方的领空、领土安全，打破了美国对越北方交通线的封锁，保证越南北方运输线的畅通，援越物资及时运往各地。对此，胡志明用“恩深、义重、情长”来表达对中国援助的感激之情。

1962年夏，中越领导人在北京研究了美国武装干涉南越的新局势和美国袭击北越的可能性后，中国决定立即向越南提供可装备230个步兵营的武器。当时援助越南的武器有56式冲锋枪、半自动步枪和班用机枪。这些武器在当时解放军多数部队还未装备之时就无偿地优先送给越南人民军。[①] 1964年8月，美国借口“北部湾事件”开始大规模轰炸越南北方，战争升级。应越南政府请求，中国向越南提供了一切可能而有效的援助。1965年6月，在周恩来的领导下，中国成立了有总参领导参加的“中共中央、国务院支援越南小组”，统一协调指导中国援越工作。[②] 1965年6月，中国军方开始向越南派出防空、工程等部队。从1965年6月至1973年8月，中国先后派出了高炮、工程、铁道、扫雷、后勤等部队总计32万余人，其中工程部队17万人、防空部队15万人。从1969—1972年，中国政府签订并执行了40多个对越提供无偿经济和军事援助的协议。[③]

中国援越部队在越南北方的战斗大致分为两个阶段：第一阶段，1965年6月至1970年7月，是越南人民抗美战争最激烈最艰难的时期。中国先后派出支援部队32万余人，担负抢修抢建公路、铁路、机场、通信设施工程任务，以及防空作战、后勤保障及运输等任务。第二阶段，1972年5月至1973年8月，中国抽调汽车部队在两国边

① 余雁：《五十年国事纪要。军事卷》，湖南人民出版社，1999年版，第495—486页。

② 同上书，第504页。

③ 王泰平主编：《中华人民共和国外交史（第二卷）1957—1969》，世界知识出版社，1998年版，第43页。

境地区担负援越运输任务，派出扫雷部队帮助越南扫雷，并抽调部队和民兵为越南铺设输油管线。[①]

除了对越南的人力援助，中国还对越南进行了大量武器装备和物资的援助。毛泽东要求：凡是越南南方提出的需要，我们有可能办到，就一定要满足。有些我们有的，越方没有想到，我们要主动提出，如蚊帐、雨具、医药、急救包。1973 年 1 月，《关于在越南结束战争、恢复和平的协定》在巴黎签订，宣告美军将撤出越南南方。1975 年 5 月 1 日，越南南方完全解放。至 1976 年，中国停止对越南的无偿军事援助。在整个越南战争期间，中国共援助越南各种枪支 177 万余支、火炮 3 万余门、坦克和装甲车 810 辆、飞机 165 架、艇船 117 艘、汽车 1.5 万余辆、地空导弹系统 3 套、导弹 180 枚、雷达 260 部、无线电机 3.2 万部、有线电机 4.9 万部、工程机械 4834 部、舟桥 15 套、枪弹 10.4 亿发、炮弹 1660 万发、地雷 19 万个、炸药 1.5 万吨，及其他装备器材和军需物资。此外，还供给越南 500 万吨粮食、200 万吨汽油，以及供越南南方斗争使用的 6 亿美元的现汇。中国援越的全部费用按当时的国际价格计算达 200 多亿美元。[②]

2. 进行援老抗美军事行动

老挝是这一时期中国重点军事援助的国家之一。

日内瓦会议后，法国殖民主义者撤出老挝，美国则乘虚而入，在印度支那发动了一场镇压老挝人民争取民族独立和解放的战争。为了长期坚持抗美救国斗争，并夺取最后胜利，老挝人民党和王国政府请求中国给予军事、物资援助并帮助修建公路。为了支持老挝人民的抗美救国斗争，中共中央和中国政府决定从物资上和军事上

---

① 《中国人民解放军军史》编写组：《中国人民解放军军史》第 6 卷，军事科学出版社，2011 年版，第 71—72 页。

② 同上书，第 89 页。

给予大力支持。从1959年起，在向老挝爱国部队提供大量武器装备援助和帮助训练军事技术人员的同时，1962—1978 年还派出工程、地面警卫、防空和后勤部队及民工大队，共11万人，无偿援助老挝修筑公路800余公里。其间，1962—1978 年，中国无偿为老挝修筑了7条沥青路面公路。1969 年3月至1973 年11 月，先后派出1个大队和3个支队，担负援老筑路中的防空作战任务。在艰苦的施工和对空作战中，援老部队顽强奋战，许多人员负伤致残，有269人牺牲，其中210人长眠在老挝孟赛和班内舍的烈士陵园。

对于向老挝提供的军事援助，毛泽东、刘少奇、周恩来等中国领导人有过专门的指示，要加强对老挝人民的援助，老挝现有爱国武装力量的后勤供应中国包下来，将来扩大多少部队，中国相应地给多少物资。依照这一指示精神，中国由原来的不定期援助改为每年安排一次，并尽力组织援老物资的生产和运输。至1966年底，援助老挝的装备物资总金额约为人民币5500余万元。也正是在中国的援助下，老挝爱国武装力量，由单一的步兵发展为拥有炮兵、工兵、通信兵等专业技术兵种的正规部队。据统计，在老挝抗美救国斗争期间，中国向老挝无偿提供的武器装备物资援助主要有：各种枪11.5万支、火炮2780余门、坦克和装甲车34辆、各种枪弹1.7亿发、炮弹267万余发、手榴弹92万枚、地雷25.4万个、无线电机2530部、有线电机2654部、汽车773辆、炸药958吨、军服257万套、主副食品771吨，为老挝人民取得抗美救国胜利作出了重要贡献。①

对于中国的军事援助，老挝人民革命党和老挝人民民主共和国政府给予了很高的评价。1974年10月10日，老挝人民解放军最高指挥部参谋部在写给中国人民解放军总参谋部的信中说："中国人民

① 《中国人民解放军军史》编写组：《中国人民解放军军史》第6卷，军事科学出版社，2011年版，第90页。

的援助，是在真正的无产阶级国际主义基础上的援助。”老挝人民革命党代表团在老挝的烈士陵园向中国烈士献花圈时表示：“对于中国崇高的国际主义精神，我们子孙后代将永远铭记在心。”①

3. 对阿尔巴尼亚的军事援助

本着“只要阿方需要、中国又力所能及的，则尽力满足；能部分满足的，则部分满足；暂时不能提供的，以后提供；中国没有的，则向阿方解释清楚”的原则，根据中阿双方签订的军事援助协议，在1961—1978年的18年间，中国向阿尔巴尼亚提供的武器装备物资援助主要有：各种枪支75.2万挺、火炮1.1万余门、坦克和装甲车890辆、飞机180架、艇船46艘、地空导弹系统2套、导弹224枚、鱼雷196条、汽车4230余辆、各种枪弹15.64亿发、炮弹822万发，以及通信、工程、防化、测绘、气象、军训、指挥作业器材等。此外，中国还援助阿国建设了空军机场、海军基地等。

4. 对非洲地区的军事援助

非洲是接受中国军事援助数量较大的地区，而坦桑尼亚又是非洲地区的重点。1964年，中国开始向坦噶尼喀和桑给巴尔分别提供军事援助。1967年后，中国对坦桑尼亚联合政府统一提供军事援助。1968—1970年，中国除向坦桑尼亚无偿提供武器弹药、坦克、飞机、艇船、汽车及通信和工程器材外，还以贷款方式援建海军基地和机场各一个。1972年，又无偿提供一个机场的全套飞行保障设备。这套设备计有车辆67辆、雷达2部，以及养场机械、各种器材870余项。

① 《中国人民解放军军史》编写组：《中国人民解放军军史》第6卷，军事科学出版社，2011年版，第84页。

5. 中印边境自卫反击作战中的军事外交

1959 年发生的西藏风波使中印关系骤然紧张起来。8 月 9 日，印军再次越线建卡，占据了朗久地区一个叫马及墩的小村子。25 日，中国军队行至马及墩，与印军遭遇，随即发生枪战。双方战斗约 1 小时，印军被击毙 2 人后退回朗久，8 月 27 日又撤出朗久，退往“麦克马洪线”以南。朗久事件发生后，印度在边界问题上开始推行“前进政策”，不断蚕食占领中国领土，中印关系迅速逆转。中国政府从维护和平及两国关系出发，始终保持克制和友好。但印方却将中方的这一善意视为软弱可欺，集结大批军队侵占中国领土，袭击中方边防部队。在这种形势下，中国军队被迫于 1962 年 10 月 20 日发起反击，粉碎了印军的攻势。11 月 20 日，在军事态势对中方极为有利的情况下，中国政府宣布在中印边界全线停火，并从 1959 年 11 月 17 日的实际控制线后撤 20 公里。中国军队将缴获印军的大批武器、车辆及其他军用物资全部交还印度，优待印军俘虏，并将他们于 1963 年 5 月 26 日前全部释放回国。这一战后军事外交行为体现了中国对中印传统友谊的珍重，表达了谋求和平解决争端的诚意，确保了这一时期中国在这一主要战略方向上不再受到干扰。

6. 与缅军的军事合作

1960 年下半年，中国和缅甸展开联合勘界立桩工作，受到逃缅国民党残部干扰破坏。为确保勘界工作顺利进行，中国军队于 1960 年 11 月 22 日至 1961 年 1 月 20 日和 1961 年 1 月 25 日至 2 月 9 日，分两阶段入缅作战，与缅甸国防军联合清剿逃缅国民党残部，取得了胜利。[①] 这一任务的完成是中缅两军信任与合作的结果。

---

① 参见韩怀智、谭旌樵主编：《当代中国军队的军事工作》(上)，中国社会科学出版社，1989 年版，第 376—379 页。

7. 对外国军事人员的培训

培训外国军事人员是这一时期中国军事外交的重要组成部分。进入60年代，要求中国承担培训任务的国家迅速增加，外训工作有了较大发展。到了1978年，人民解放军先后有100多个单位承担了外训任务，包括院校、部队、医院和工厂；先后为40多个国家培训了军事人员，派出军事专家6000余人，接受外军学员8000余人；培训对象有军事指挥人员、政工人员，也有各类专业技术人员；军事训练内容由步兵轻武器的使用和基本战术，发展到陆、海、空军装备的专业技术和合成军队的战役战术。

（四）小结

纵观这一时期的中国军事外交，与国际形势呈现的“大动荡、大分化、大改组”的特征相呼应，与中苏关系从兄弟到敌人的极端变化相关联，无论是从战略环境的判断，还是对自身身份的定位，作为希望与世界各国和平共处并因此获得一个和平环境以求得自身建设有所发展的中国而言，不失为一次措手不及的风雨考验。正是在这场世界历史和中国历史的考验中，中国军事外交在这一时期呈现出以下主要特点：

1. 国际政治与国内政治交织在一起，相互影响、相互激荡

50年代初期，中国国内的政治生态比较正常，党内的民主集中制得到了较好地贯彻执行。在对外关系上执行了“和平共处”五项原则的外交路线。但是，随着国内反右运动的开展，国家政治生活出现了一些变化。从军事外交总体形势来看，这一时期的国际战略和国内政治均受到“左”倾思想路线的影响，国际政治斗争影响国内政治，国内政治映射国际政治，对外战略的制定与国内政治斗争的升级相联系，相互作用并产生此起彼伏、推波助澜的作用，这些都不同程度地对军事外交产生着影响。

这一时期的中国内政与外交始终是在毛泽东对内忧与外患的思考下交错展开的。毛泽东在考虑将反帝的外交战略调整为反帝反修的外交战略的同时，对内则做出了国家军事战略方针的调整，由单一对美转变为既对美又对苏，同时为防止国内出现修正主义倾向，对内开始酝酿一场政治大革命。这一考虑在中苏边界谈判中有着一定的表现。针对中苏边界谈判，毛泽东将中国代表团的谈判底线确定为"历史上中俄边界条约是不平等条约的问题必须提出，只要苏方承认这一点，那么，3.5 万平方公里的争议领土中方可以都不要了"。对这样的底线，毛泽东的考虑是一方面进行谈判以缓解边境紧张局势，为他计划中的那场政治大革命的启动提供国际环境；另一方面，料苏联难以认同"不平等条约"的定义，国内则籍此揭露赫鲁晓夫的反华嘴脸。之后的历史也证明，毛泽东确在与苏方谈判过程中，以对外谈算领土账的方式，在刺激赫鲁晓夫的同时，也是要触动一下中央领导层中有向苏联修正主义妥协的领导层，比如刘少奇、周恩来等。另一层打算则是通过领土边界的谈判对苏联保持一定程度的压力，利用中苏间的紧张局势，调动国内一切积极因素，激发起国内对所谓的中共党内赫鲁晓夫修正主义代理人的义愤，从而以更高的政治热情投入到这场政治大革命中去。然而，毛泽东试图推进国内政治大革命的愿望付诸现实，但中苏边界的谈判却变得渺茫，中苏军事同盟也在这一事件的推动下无可挽回地走向名存实亡。

2. 在以革命为主题的国际关系路线和国内政治的指导下，超出国情所及的对外军事援助，其收效引人深思

革命是这一时期国际关系路线和国内政治的主题，反映在国际政治领域表现为：一是中共以世界革命路线的"领导中心"进行自我设定，认为"世界革命领导的中心转移到我国"，"马列主义的旗帜，赫鲁晓夫在二十大就丢开了，从莫斯科宣言开始，是我们把马列主义的旗帜更高地举起来了”，因此，积极支援第三世界国家人民进行民族解放的革命运动；二是由于中苏两国处于不同的历史阶段，政治、经济、文化的发展致中苏所持的对时代问题的认识产生分歧，苏联提出“和平过渡”路线，而中国领导人依然坚持列宁所创立的“帝国主义和无产阶级革命”的时代学说，认为当前的时代特征仍旧是战争与革命。

这一时期中国在60年代对越南、老挝、朝鲜、阿尔巴尼亚等国的援助是积极而真诚的，大量的对外军事援助都是无偿的，况且这一时期中国自身的经济建设也处于极为艰难时期，可以说付出的代价是巨大的。

但是，反观其结果，中国建立国际统一战线的努力并没有收到应有的效果，世界革命外交的失利在毛泽东对1965年3月陈毅外长的一次出访报告上做的批语中有所表露。一些亚非国家的革命斗志与预计的不符：在反对美国问题上，他们“同情越南人民的反美斗争，但对越南人民能否打败美国缺乏信心，均认为以和平解决为上策”；在认同中国在反帝统一战线中的地位上，“对召开第二次亚非会议一般都不积极，对会议的基调、开法、会址等也是态度各异”；在中苏论战方面，“普遍认为中苏争论削弱了世界反帝力量，不分是非地要求中苏和解”；在中国援助方面，“巴基斯坦要求我给予有力的军事支援，但又怕我支援‘过于有力’”；总的看来，“对我采取反帝、反修立场，以真正国际主义的态度和方式支持并在经济上援助新独立国家和民族解放运动表示钦佩、重视，但又认为过于革命，不讲究策略，怕引起中美大战……”[①] 一些国家由于中国对外战略的坚决姿态反而与中国拉开了战略上的距离，包括越南在内的很多受

① 毛泽东：“对外交部关于陈毅出访五国概况汇报的批语”，载《建国以来毛泽东文稿》第11册，中央文献出版社，1990年版，第468—469页。

中国援助的社会主义国家在处理中苏关系问题上反而倒向苏联。

3. 在军事外交中缺少法理意识，并因此陷入战略被动

军事外交中的法理意识和法制精神的秉持不仅是一国合法合理地处理军事外交事务的必要准则，而且还对一国国际形象和国家声誉产生重要影响。

如果说新中国成立后在外交上完成的第一件大事就是将中国与苏联的战略同盟关系以法律形式确定下来，坚持让斯大林做出让步，重新签订《中苏友好同盟互助条约》，从而为新中国废除一切不平等条约开启了大门，坚持的是对旧条约不承认也不否认的方针，体现出一定的法理意识，那么中苏边界问题的政治化则暴露出中国政府处理这一问题的法制精神的缺失。在1958年之前，由于中苏两党虽然分歧加深，但始终强调团结互助合作，因此，中苏两国边境地区比较和睦。在这种氛围下，若俟条件成熟后，中苏应能够找到和平解决领土争端的途径。但是随着两党关系的实际破裂，中苏边界纠纷就从中苏关系的暗流中凸显出来。1964年2月25日，中苏启动了第一次边界谈判。中方确定的谈判方针是：肯定沙皇俄国同清政府签订的界约是不平等条约，以分清历史是非；为照顾现实情况，同意以这些条约为基础谈判解决边界问题，条约割去的领土不要求收回，但条约规定属于中国而被沙俄和苏联占去和划去的领土原则上要无条件归还中国，个别地方归还困难，可通过平等协商进行适当调整。这对于具有成熟法制观念的苏联代表团而言，如果谈判的协议是建立在"不平等条约"基础上，那么接受这一立场就意味着中国拥有在未来重新审理两国边界问题的权利，一旦两国关系恶化，这将成为中国要求收回被割让领土的法律依据。在这种情况下，真正解决问题就变得渺茫了。

随之而来的是苏方体会到中方对历史旧帐的纠结有不排除诉诸武力的可能，正是在这一猜忌下，苏联在中国提出不平等条约问题后开始加强与蒙古的军事合作，并于1964年边界谈判破裂后，以中国收复国土为由，开始加紧向远东地区增兵。中国北方战略环境一时间紧张起来。事过境迁，1991年5月16日，中苏国界东段协定的内容实际与1964年中苏第一次边界谈判时双方工作小组成达的初步协议草案基本相同。只是，这一协定已经由于人为因素晚了近30年。

三、"一条线"战略下的军事外交

对战略环境的判断是做出正确战略决策的前提，有时战略环境显现的特征是明晰的，但有时尤其是在冷战时期的70年代，中美苏三国力量间关系错综复杂、相互牵制又相互利用，做出主要矛盾和次要矛盾的决断是需要超凡的战略洞察与外交智慧的。

（一）战略环境判断

客观地讲，对这一时期战略环境的判断，既是基于中国共产党对国际战略环境，尤其是美苏关系观察的结果，也是美国对中国的战略威胁的判断结果，从这个意义上说，"一条线"战略的形成过程也是中美战略互判的过程。

60年代后期，美苏冷战中呈现出苏攻美守的战略态势，美国陷入越战泥潭，急欲脱身却不得。就中国方面而言，中苏论战加剧，苏联在中国边境地区陈兵百万，对中国安全构成巨大的安全压力。1966年之前，中苏边境大体保持军事优势，双方军力都较少。1969年3月"珍宝岛"事件后，两国关系迅速滑向战争边缘。苏联领导人和军事首脑不断放出战争威胁言论，同时进行军事部署。具体行动包括：在中苏、中蒙边境增修空军基地和导弹基地；不断在边界进行军事演习；向边境大批"移民"并发给边境居民武器；增加在中苏边境和远东的驻军，1970年底时已有40个现代化的师，其中驻蒙苏军增加到8个师。[①] 1969年8月13日，中苏在新疆的交界处发生了“铁列克提事件”。与此同时，西方报刊报道，苏联外交官正向西欧和东欧各国进行频繁的口头试探，要它们对远东发生核战争的可能性有所准备。[②] 1971年5月，苏联又向中蒙边界增兵，使总兵力达到44个师，迫使中国也大量增兵。[③] 与此同时，苏联也不忘记从外交上孤立中国，1969年上半年，苏联先后派出20多个代表团到中国周边国家游说建立“亚洲集体安全体系”。同年6月8日，勃列日涅夫在莫斯科的各国共产党工人党会议上对毛泽东和中共进行言论攻击，并再次鼓吹建立“亚洲集体安全体系”。苏联还设法扩大它同亚非社会主义国家的联系，甚至将触手伸向台湾。

与苏联方面形成对比的是，美国政府多次向毛泽东释放善意信号。“珍宝岛事件”以前，美国对华政策存在两面性，一方面认为中国是比苏联更大的威胁，另一方面认为中苏分裂后，中国客观上成为制约苏联的力量，可以对其加以利用。[④] 在文革开始后，美国认为此时的中国是非常危险的，至1967年，美国政府内主流意见发生变化，美国情报机构认为文革削弱了中国参与越南事务的能力，对邻国不构成威胁，中国在战略上更趋防御性。1967年10月尼克松在《外交季刊》发表“越南战争后的亚洲”一文，认为“从长远的观点来看，我们实在不能永远将中国置于国际大家庭之外，……我们

---

① ［美］亨利·基辛格：《白宫岁月——基辛格回忆录》第一册，陈瑶华、方辉盛译，世界知识出版社，1980年版，第220—221页。

② 中共中央文献研究室编：《周恩来年谱（1949—1976）》（下），北京：中央文献出版社，1997年版，第339页。

③ 官力：“通向缓和的崎岖之路”，姜长斌、（美）罗伯特·罗斯主编：《从对峙走向缓和：冷战时期中美关系再探讨》，世界知识出版社，2000年版，第445页。

④ ［美］亨利·基辛格：《白宫岁月——基辛格回忆录》第一册，陈瑶华、方辉盛译，世界知识出版社，1980年版，第253页。

的目标应该是促使中国发生变化”。[①] 1969 年 5—6 月，随着中苏在新疆边界两次冲突的发生，当基辛格发现新疆事件地点离苏联铁路线终点只有几英里，离最近的中国铁路终点有几百里后，美国政治家和战略家做出了中国不是扩张主义国家的结论。同中国进行建设性的对话成为愈来愈多的美国政治家的主流意见。1969 年的铁列克提事件后，尼克松在第二天召开的讨论中美苏关系的国家安全委员会会议上，提出了基辛格称为“革命性的理论”的结论：在中苏冲突中，“苏联是更具侵略性的一方，如果听任中国在一场战争中被苏联摧垮，那是不符合我们利益的”[②]。中共九大的召开及其报告所阐述的内容，则更进一步地使美国方面相信中国也有和解的倾向性需要。基辛格最终得出结论：美国应该抓住中苏对抗加剧提供的机会，主动但谨慎地改善对华关系，以达到同时缓解中苏对美“威胁”及在美苏中三角格局中占据主动地位的目的。基于这一结论，1971 年 2 月，在中美秘密接触已有相当进展的背景下，尼克松批准的《国家安全研究第 106 号备忘录》确认了美国对华的短期和长期目标。报告认为：任由世界上最强大的国家和世界上人口最多且其自身实力也在增长的国家继续相互对抗，既不可取，也隐含着潜在的危险。[③]

中国对美国方面的判断是较为准确的。在尼克松于 1967 年决定参选总统并在《外交季刊》上阐述自己的对华外交新理念时，毛泽东和周恩来就已经注意到了美国对华政策可能调整的迹象。而在 1969 年初尼克松就职以前，中国领导人已经充分注意到美国在卷入

---

① Richard Nixon, “Asia after Vietnam”, *Foreign Affairs*, Vol. 46, No. 3, October 1967. p. 121.

② ［美］亨利·基辛格：《白宫岁月——基辛格回忆录》第一册，陈瑶华、方辉盛译，世界知识出版社，1980 年版，第 233 页。

③ “国家安全研究第 106 号备忘录”，《冷战国际史研究》（第四辑），世界知识出版社，2008 年版，第 380 页—383 页。

越战的同时尽力避免扩大战争规模的事实。1970年12月18日，毛泽东会见了他的老朋友埃德加·斯诺，放出了愿意与美国和解的最直接的信息："外交部要研究一下，美国人左、中、右都让来。……如果尼克松愿意来，我愿意和他谈。谈得成也行，谈不成也行；吵架也行，不吵架也行；当旅行者来也行，当作总统来谈也行。总而言之，都行。"[①] 最终，对于国际环境的判断通过1969年在毛泽东指示下，由陈毅、徐向前、聂荣臻、叶剑英四位元帅对国际问题研究的两份报告体现出来：

第一，目前国际上客观存在着中美苏大三角关系；第二，中苏矛盾大于中美矛盾，美苏矛盾大于中苏矛盾；第三，美苏争夺大于勾结，矛盾不可调和；第四，在可预见的时期内，美帝、苏修单独或联合发动大规模侵华战争的可能性都还不大；第五，在目前美苏都争着打"中国牌"的情况下，中国处于战略主动地位；为防止苏修对我发动大规模战争，中国应该从战略上打"美国牌"。[②]

这些构成了对中美苏三角关系的基本战略判断。这里就清楚地表明三角关系中的两对矛盾，哪一个是主要矛盾，哪一个是次要矛盾？美苏哪一个对中国的威胁更大？对这些问题的基本判断都将中国领导者在战略推理和政策选择中引导向联美抗苏的决定上来。

对这一时期的战略背景，邓小平在1985年9月14日会见奥地利总统时指出：

> 那时苏联在各方面都占优势，美国加上西欧都处于劣势，是很大的劣势。我们当时面临的形势是：从美苏力量对比来看，苏占优势，而且张牙舞爪，威胁中国。我们的判断是，苏联处于进攻态势，而且是全球性进攻，战争的危险主要来自于苏联。

---

① 尼克松：《尼克松回忆录》中册，商务印书馆，1979年版，第232页。

② 参见熊向晖：《我的情报与外交生涯》（增订新版），中央党史出版社，2006年，第186—204页。

为了避免战争，毛主席提出从日本经欧洲到美国的“一条线”战略，以对付苏联的挑战。[①]

（二）战略选择

基于对国际环境的判断，毛泽东和周恩来于1973年2月17日在与基辛格的谈话中指出，要美国带头组织一个反苏同盟，从日本经中国到巴基斯坦、伊朗、土耳其和西欧，连成一条线。这些国家中不少是苏联的邻国，是苏联地缘政治企图的现实和潜在的受害者，毛泽东的战略目标就是将这些国家联合起来共同同苏联的扩张主义作斗争。之后，1974年1月5日，毛泽东在与日本外相大平正芳会谈时再次提到“一条线”，首次提出“一大片”，即美国、日本、中国、巴基斯坦、伊朗、土耳其、阿拉伯世界、欧洲都要团结起来，一大片的第三世界国家要团结”，共同抵制苏联扩张。[②] 毛泽东做出这样的国际战略表述，其主旨是要团结包括美国在内的国际上一切可以团结的力量，共同反对苏联霸权主义。“一条线”所划就的国家是中国的可靠力量，其策略目的是坚定这些国家的反苏立场；“一大片”是中国可以争取的对象，其策略性在于可以争取其立场站到反苏的方向上来，至少可以使其保持中立。这“对于团结世界人民反对霸权主义，改变世界政治力量对比，对于打破苏联霸权主义企图在国际上孤立我们的狂妄计划，改善我们的国际环境，提高我国的国际威望，起了不可估量的作用”。[③]

在“一条线”和“一大片”战略的指导下，中国人民解放军把军事外交的重点自然放在“一条线”和“一大片”所囊括的国家

① 中央文献研究室编：《邓小平思想年谱》，中央文献出版社，1998年11月，第334页。

② 外交部香港特别行政区特派员公署：《中国当代外交史》，人民网—港澳频道，2010年7月9日。

③ 《邓小平文选》第2卷，人民出版社，1994年版，第160页。

上，为联美抗苏战略提供军事外交的支持与配合。这里需要指出的是，随着研究的深入，越来越多的学者认为：联美抗苏的战略动机并非只是为了对付苏联威胁，解决台湾问题、实现中美关系正常化，以及尽快结束越南战争也是毛泽东决定解冻中美关系的相互联着的重要动机。

(三) 主要的军事外交活动

这一时期与军队建设的整顿相衔接，中国军事外交工作从机制上也得以进一步理顺。1975年3月和1978年8月，两次召开全军外事工作会议，肃查了军队外事工作中存在的问题，在总结前期工作两个方面的经验和教训的基础上，确立了军队外事工作的管理体制，为军事外交的拓展奠定了良好的体制基础。

1. 中美军事外交

斗争与合作并存是这一时期中美军事外交中的主要特点。

(1) 中美在《上海联合公报》发表前后的军事外交

依照美台《共同防御条约》，美国在台湾、澎湖列岛及其附近地区部署有陆、海、空军，并以军事力量支持国民党在台湾的统治。中美之间关系的缓和在当时中美苏微妙的三角关系中本身就已经构成了对第三方即苏联的威胁，因其在当时中美战略判断中所具有的重要意义，而中美关系的缓和又必然涉及到台湾问题，因此，中美关系中的台湾因素始终是中美关系发展一个不可回避的问题。事实上，在《上海联合公报》发表前，在1955—1967年中美大使级会谈达133次。中国始终坚持的原则是大问题不解决，小问题就不解决。这里的大问题就是台湾问题，小问题则是中美互派记者及在经济、科持、教育、人员、文化交流等。中国对美国政府的一贯要求主要是承认只有“一个中国”，美国与台湾断交、废约、撤军。而美国政府的立场则是拒绝接受中国政府的“断交、废约、撤军”，先不承认一个中国，后来提出承认“两个中国”。这种巨大的立场分歧要求中美双方在这一问题上需要进行一定的妥协。在美中各有所需的战略交往的情况下，毛泽东于1971年4月邀请美国乒乓球队访华时，决定在美国没有明确承诺接受中方关于台湾问题的立场以前举行中美最高级会谈，邀请尼克松访华。1972年，美国正式承认了“一个中国”原则。2月14日，尼克松总统访华，中美双方发表了《上海联合公报》，中国要求“全部美国武装力量和军事设施必须从台湾撤走”，美国表示“逐步减少它在台湾的武装力量和军事设施”，并与印支战争相挂钩。这是中美军事关系的重要起步。中美之间在战略层面上的军事交往在发表《上海联合公报》前就已经展开，这其中就包括：

美国间接地私下地鼓励其盟国抛弃台湾，承认中国；

美国拒绝苏联倡议的“亚洲集体安全体系”；

美国含蓄地警告苏联不要对中国发动战争；

美国着手拟定应付中苏战争的秘密计划；

在美苏关系中美国尽可能地拒绝赋予这种合作以针对中国的意味；

美国用“一个半战争”战略取代“两个半战争”战略；

双方同意不让印度支那问题上的敌对妨碍战略合作；

美国承诺从印度支那彻底撤军；

中国承诺不以武力威胁美国的所有盟国；

在《上海联合公报》中明确反对第三方在亚洲谋求霸权的企图；

开展军事情报交流。

随着联美抗苏战略的逐渐形成，1973年后，在台湾问题僵局中，毛泽东做出了“台湾事小，世界事大”的正确选择，没有因为在台湾问题上的失望和不满发展到危及中美战略合作的地步，避免了中国与两个超级大国同时为敌从而陷入严重国际孤立和不安全处境中，当然需要付出的代价是容忍美国事实上继续玩“两个中国”游戏。美国采取的举措则是坚持“两个平衡”原则：一个是在改善与“共产党中国”的关系与安抚“中华民国”之间保持平衡，另一个是在改善对华关系和缓和对苏关系上保持平衡。从 1973—1978 年期间，由于客观情势上美苏关系最为缓和，因而也决定了美国对联华制苏的需求相对最弱，对于毛泽东来讲，与美国谈台湾问题的外交筹码是较少的。

在《上海联合公报》发表后，主要的军事外交包括：一是双方军事高层开始接触。1972 年 2 月，美国总统尼克松访华，主持中央军委工作的叶剑英与随访的美总统军事顾问斯考克罗夫特将军举行会谈。二是延续基辛格第一次访华前就已经开始的情报交流。情报的供给，美国较为主动，不定期地将认为中国感兴趣的或者是苏联针对中国的军事部署如苏军在中国边境的部署等方面的情报提供给中国。每当美国将采取可能影响两国关系的重大军事外交决策时，美国都会事先向中国方面进行通报和解释，甚至征询。譬如在美军于 1973 年 10 月为阻止苏军进入中东以拯救被围的埃及第三军而宣布全球美军警戒，事发当天，基辛格专门向中国相关部门通报此事并加以解释。二是在 1973 年越战结束后签署《巴黎和平协定》后不久，美国国防部特别小组开始秘密制定中苏战争中美国大规模援助中国并参战的计划和行动预案。三是《巴黎和平协定》签署后，1973 年 2 月初，尼克松批准向中国出售包括 4 架飞机在内的 8 套惯性制导系统。1976 年 10 月，福特批准向中国转让 2 台具有军民两用性质的高性能计算机。这一时期，虽然中方对购买美国的军用高技术表现出较高兴趣，但美国方面并不积极，总体来看，直到 1973—1976 年间，中美在军用高技术交流方面成果较为有限。较少的军火采购就是最好的说明。基辛格将其称为“奇特的伙伴关系”[1]。

1974年8月，刚上任的福特致信毛泽东，称对他来说没有比美中关系“加速正常化”更优先的问题了。他于1974年10月25日签署了国会通过的“终止总统使用美军保卫台湾和澎湖列岛的权力法案”，撤销了美国国会1955年1月通过的“关于防卫台湾的决议案”。1975年12月，福特总统访华期间向邓小平承诺，他会在1976年连任后，着手按日本方式解决美中关系正常化问题。越战结束后，驻台美军明显减少，到1975年底时，已减至1000余人。1978年5月，美国国防部官员首次访华，向中方做了苏联相关军事情报的通报。1978年12月15日，美国政府就美中建交发表声明：1979年1月11日美国将通知台湾，与之结束外交关系，美台《共同防御条约》将按照规定予以中止，将“在4个月内从台湾撤走全部余留的军事人员”。第二天，中美发表联合公报，宣布两国自1979年1月1日起互相承认，并建立外交关系。3月1日，互派大使，建立大使馆，并互设武官处，互派武官。但在紧接着的4月10日，卡特政府又签署批准了严重干涉中国内政的《与台湾关系法》。

（2）中美在第三次印巴战争中的军事合作

在第三次印巴战争中，中美在战争中的默契与合作是以美苏交涉的形式完成的，从而避免了巴基斯坦的西部也被肢解。

然而，战争的主角——印度背后是苏联的帮助。苏联的目的很明确：一是对在中美秘密接触中扮演了中间人角色的巴基斯坦给予惩罚，二是向国际社会揭示巴基斯坦的友邦——中国的“软弱”。而印度之所以在这个时候将支持孟加拉人的分离运动付诸战争行为，是基于几方面的考虑：一是美国陷于越南战争泥淖，无暇顾及这边

① ［美］亨利·基辛格：《白宫岁月——基辛格回忆录》第四册，陈瑶华、方辉盛译，世界知识出版社，1980年版，第30—31页。

的战火，也无力帮助巴基斯坦，这就将美苏两个超级大国直接交火的可能性降至最低；二是苏印于1971 年8 月9 日签署了为期20 年的《和平友好合作条约》，条约中的内容已经明白无误地表明，如果中国动武，苏联则一定会采取行动；三是中国国内政治因“文革”、林彪事件而处于内乱状态，周边的“三北”地区面临苏联的军事压力，而在 10 月的时间里，冬季严酷的地理因素也使中国出兵的困难极度增加。

帮助孟加拉人从巴基斯坦分离出去只是印度战争目标的第一步，其最终目标是要完全肢解巴基斯坦。11 月中旬，在结束了东巴战事后，印度为实现这一目标已经将其主力迅速西移至印巴边境准备开火。12 月 10 日，美国与中国进行了军事外交沟通，征询中方意见是否同意美国在安理会上打算提出的印巴就地停火并进行谈判的动议。12 月 11 日，尼克松致电柯西金，要求苏联对印度进一步施加压力，促印停火并要求其进行谈判，否则可能会发生双方都不愿意看到的后果。为显示美国在此事上进行军事干预的可能，尼克松命令西太平洋上的一支航空母舰特遣舰队经马六甲海峡进入孟加拉湾。中国回电表示同意美国的动议。随即，美国在安理会上提出了就地停火的提案，并立即获得中英法三国的支持。苏联迫于中美英法的联合压力，特别是美国的军事压力，接受了这个动议。

2. 积极参与国际军控与裁军

1971 年 10 月 25 日，第 26 届联合国大会通过了关于恢复中华人民共和国在联合国的一切合法权利的提案，同时通过的还有将国民党集团代表从联合国及其所属机构驱逐出去的提案。随着中华人民共和国恢复了在联合国的合法席位，自 1972 年 1 月，中国向联合国军参团派出代表，成为中国军事外交逐步参与联合国事务的重要一步。之后，中国开始派有关代表团参加联合国专门讨论裁军问题的特别会议、“联合国裁军与发展的关系”等国际会议，提出了“关于综合裁军方案的建议”等文件，强调所有国家不分大小强弱，也不论是否拥有核武器，都应当有同样的发言权，都有参加裁军问题的审议和解决的权力。通过对这一平台的运用，在国际裁军和军控问题上，中国共产党揭露了美苏两个超级大国“假裁军、真扩张”的意图，另一方面又通过这一平台支持了中小国家关于建立无核区与和平区以为自身提供安全保障的主张。1971 年，斯里兰卡等国在联合国大会上提出有关决议草案，要求把印度洋地区定为永久和平区，中国明确表示支持。1973 年 8 月，我国还通过了《拉丁美洲禁止核武器条约》第 2 号附加协定书，保证不对拉丁美洲无核区使用或威胁使用核武器，受到了拉美国家的赞誉。①

3. 军事外交关系的拓展

这一时期也是中国军事外交关系的拓展期。在 16 个发展中国家中设立了武官处，占这一阶段中国在外新开设武官处总数的三分之二。土耳其、苏丹、阿尔及利亚、赞比亚、墨西哥、秘鲁、扎伊尔、泰国等发展中国家在华开设了武官处。中国先后同意大利、加拿大、英国、联邦德国、比利时和日本等国建立了军事关系。70 年代中期以后，中国与西欧国家的高层军事交流迅速增多。

在建立和拓展军事外交关系的基础上，通过军事外交服务于中国国防现代化建设，从国外购得少量的先进军事装备。这其中包括：1972 年从苏联购买 8 架米－8 直升机，1973 年 12 月从法国购买 13 架“超黄蜂”直升机，1975 年 12 月与英国签约采购斯佩式航空发动机专利和 50 台该型发动机，1977 年 7 月决定从德国进口奔驰 2026 型 5 吨越野车 1000 辆。

---

① 孔繁政、陈政勇主编：《中国人民解放军军事统战与军事交往》，解放军出版社，2004 年版，第 260 页。

4. 继续对越南、老挝、阿尔巴尼亚等国的军事援助

进入 70 年代，中国一如既往地发扬国际主义精神，对越南等国实施着尽其所能的军事援助。1971 年 11 月，中国代表团团长乔冠华在联合国大会上进一步阐述了中国的对外援助政策：“我们提供援助，从来严格尊重受援国家的主权，不附加任何条件，不要求任何特权。对于正在进行反侵略斗争的国家和人民，我们提供无偿的军事援助。”

越南战争期间，中国许多新型装备研制成功后，中国人民解放军还没有开始配备使用，就优先提供给越南进行武器装备的援助。1972 年，中国援助越南枪 18. 9 万支、炮 9166 门、车辆 8558 台、工程机械 380 部。当越南提出的要求超过了中国当时的生产能力时，中国政府不仅运用人民解放军的库存，甚至抽调现役装备满足越南的急需。1971 至 1972 年间，属于生产不能满足越南要求而从库存和部队中抽调援越的主要武器装备有：飞机 14 架，“红旗 2 号”地空导弹 3 个营的地面设备及导弹 180 枚，警戒雷达 2 部，水陆坦克 20 辆，舟桥 2 套，大口径加农炮 204 门，炮弹 4. 5 万发。在 1971—1973 年间，每年援越物资的金额超过 30 亿人民币，达到中国援越以来的最高水平。从 1972—1974 年，中国先后同越南签订了 7 个军事援助协定和议定书。1972 年，美国对越南实施了全面海上封锁，中国政府于当年 7 月向越南派出海军扫雷工作队，在一年多的时间里，扫雷航程达 2. 7 万多海里，清扫面积达 200 多平方公里。中国还通过 5 条野战输油管向越南输送汽油和柴油近 130 万吨。为保证军援物资及时运到，1972 年 6 月至 1973 年 12 月，根据越方要求和中越两国政府《关于中国派汽车把中国援越物资运到越南境内》的正式换文，中国人民解放军抽调 3 个汽车团 2100 余辆汽车，分 5 路运入越南物资 62. 3 万吨，总行程为 3545 万公里，运输费用全中由中国承担。1972 年 9 月，中越双方商定改建广西凭祥到中越边境 7 号界

碑至越境公路，增辟新的汽车运输线。另外，为了适应越南南方抗美斗争需要，中国还在海上开辟了一条沿海的秘密航线，把海南岛作为运送物资的中转站。还使用大量外汇开辟了一条通过柬埔寨到达越南南部的交通线，把中国援助的武器、弹药、粮食、医药等物资直接运给越南南方人民武装力量。这条线后来成为越南战争中敌对双方斗争的焦点之一。[①]

1973年1月，《关于在越南结束战争恢复和平的协定》在巴黎签订，宣告美军撤出越南南方。1975年5月1日，越南南方完全解放。到1976年，中国停止了对越南的无偿军事援助。在整个援越过程中，中国援越的总费用按当时的国际价格计算达200多亿美元。

对老挝的军事援助一直持续到1978年才陆续结束。在艰苦的施工和对空作战中，援老部队中有许多人负伤致残，有269人牺牲，其中有210人长眠在老挝孟寨和班南舍的烈士陵园里。70年代也是中国对阿尔巴尼亚进行军事援助的一个高峰期。

1971年之后，要求中国提供军事援助的国家，又增加了孟加拉国、尼泊尔、斯里兰卡、埃及、津巴布韦、加蓬、苏丹、乌干达、赞比亚、索马里、卢旺达等几十个国家，至1978年，已达60多个国家。与50—60年代相比，这一时期援外武器装备的品种增加了1倍多，数量增加了5—10倍。[②] 除人员、物资、武器装备的援助外，外训工作也是这一时期军事援助的一个重要方面。这一时期，中国人民解放军培训了来自朝鲜、巴基斯坦、越南等近40个国家（地区）的近1万名军事留学生。

---

① 《中国人民解放军军史》编写组：《中国人民解放军军史》第6卷，军事科学出版社，2011年版，第88—89页。

② 同上书，第86—87页。

（四）小结

新中国成立后，在经过一系列成功与挫折后，始终以实事求是的态度检省实践，以求更上层楼，纵横捭阖，维护和平。反对霸权主义、坚持和平共处的基本原则，坚持维护国家利益和维护人类共同利益的统一、坚持“伐战”与“伐交”相统一、坚持自立更生与积极借鉴相统一等原则没有改变，但随着客观条件的变化，中国对军事外交又有了更为深层的认识，不变之中也在主动积极地做出一些调整。

1. 始终坚持国际主义精神，反对霸权主义。

坚持国际主义是自新中国建立以后，中国政府所一直秉承的军事外交的价值标准。无论面临70年代多么大的安全压力、多么复杂的国际形势，中国政府对所秉承的弘扬国际主义、反对霸权主义、不干涉他国内政等原则作为中国军事外交的道德标准一直坚定恪守。这一点在中美军事外交中如何解决和对待越战问题上表现尤为明显。在越南战争问题上，虽然中美双方都将印支战争与台湾问题挂钩，但就其动机而言，中方认为，只要美国还呆在印支，即使解决了与台湾问题有关的问题，中美两国关系正常化也是不可能的。在会谈中，中国领导人尽力去说服美国尽速撤出印支。无论是从中国政府最初决策的意图上考察，还是对其实际行动的考察，在中美军事外交中中方非常坚定地将印支战争问题放在了台湾问题的前面。如毛泽东所说：“台湾不慌，台湾没打仗，越南在打仗，在死人啊！我们让尼克松来不能就为自己。”正是在这样一种国际主义精神的指导下，1972年3月，周恩来去河内通报尼克松访华情况时，向越南方面承诺：“如果印支问题不解决，中美关系的正常化是无法实现的。”[①] 并表示，中国已向尼克松说明，只要侵越战争不停，我们一定要支持你们打到底，取得胜利需要多久，我们就支持多久。即使美军走了，它的傀儡还在打，我们仍支持印支三国人民。[②] 历史证明，中国政府切实兑现了支持印支人民打到底的承诺，并将对越南和印支三国的革命援助一直持续到 1975 年越南完成统一、老挝、柬埔寨革命成功。越战的最后两年，即 1971 年和 1972 年以及停战协定签署、美国完成撤军的 1973 年，中国对越援助在原有基础上又有所增加，这三年成为中国援越最多的时期。

2. 开始重新思考并调整国家利益在对外军事关系中的现实地位

中国革命外交的挫败一直延续到 70 年代。最为典型的例子便是对越南和阿尔巴尼亚的军事援助。

回应中国人民和人民解放军在自己的生活供应和武器装备供应都很艰难的情况下仍以支援越南人民和越南军队为重要任务的是越南在 1975 年取得胜利后，在对华政策上表现出极端实用主义的两面手法。越南一方面要求中国加大军事援助的力度，另一方面在苏联的支持下在印度支那推行扩张政策。对越南地区霸权主义问题进行分析还需从 50 年代日内瓦会议前夕说起。会前，在中国领导人对老挝情况不甚了解的情况下，接受了越南党关于将老挝人作为越南少数民族对待、印支三国问题一体解决以建立一个革命的印度支那联邦的方案。周恩来通过与各方代表多方接触才认识到这实质上是越南的地区扩张主义的行为表现。这是中国第一次意识到在印支坚持不干涉内政原则与支援世界革命之间的冲突。

① 云水：《出使七国纪实——将军大使王幼平》，世界知识出版社，1996 年版，第 138—139 页。

② 王立：《回眸中美关系演变的关键时刻》，世界知识出版社，2008 年版，第 85 页。

对此，中国政府首先坚持不干涉内政的原则，即建议对这一问题的解决办法是严格建立在越老柬是三个独立国家的基础上，对于越南统一的建议大多数国家都同意采取政治解决的和平统一方案。但后来由于美国的干预，和平统一希望成为泡影。因此，越方领导人对中国在日内瓦协议中的妥协一直耿耿于怀。更何况，中共一直与老挝人民革命党和柬埔寨共产党保持联系，而这是越南党一直反对的。再加上越战升级时中美之间的战略默契、在越美谈判问题上中越间的分歧等，越南更是对中国政府心存介蒂。以上种种因素均刺激了越南最终联苏反华的举动。于是，当越南亲苏举动达到顶点时就于1977年5月在国内发动了大规模的排华行动，并开始在中越边境进行武装挑衅，修筑工事，制造事端，导致中越关系急剧恶化。1977年5月12日，中国政府照会越南政府，鉴于越南政府坚持反华立场，中国停止对越经济和军事援助。之后，苏越签订了带有同盟条款的《越苏友好合作条约》，一个多月后，越南大规模入侵柬埔寨。由此，越南从中国长期军事和经济援助的盟友走向敌人。

当然，革命外交的受挫也使得毛泽东开始对革命外交政策进行反思，在实际行动上做出了更加强调中国的国家利益从而明显减少无偿外援的调整。

总结一下存在于六七十年代中突现的昔日的社会主义阵营中出现的裂罅与斗争，会发现形成的是一幅国际主义、国家利益、霸权主义与世界革命四重光影交织在一起的复杂画面。除了由于个别社会主义国家搞世界霸权或地区霸权的原因而导致控制与反控制的激烈斗争，最终导致国家关系走向破裂的情况之外，还存在一些普遍性的因素：一是社会主义国家建立后，革命党向执政党转变的区间较长，思维模式依旧处于革命思维状态中，在对国际生存环境的判断上无法实现“同频共振”，这影响到对对外关系包括军事外交关系的理性判断；二是同资本主义国家同期存在的现状不同，那些依靠革命而掌握政权的社会主义国家是次递地完成的，对时代特征和国际环境的判断存在步调不一致的“拖拍效应”，例如，当苏联对时代特征的判断是应当走向缓和时，中国共产党的判断则仍强调革命的主旋律，而当中国的判断是要改变原有意识形态为划分外交关系的原则时，阿尔巴尼亚则仍持有革命外交的理念；三是社会主义国家间的关系由于共产国际的存在，衍生出从行为到思维的运转模式，这里主要是国际主义精神的高扬与国家安全和利益的维护之间存在的结构性矛盾，正是这一矛盾引发了在不同时代环境下国际主义的具体表现形式，以及国际主义与国家安全利益之间的相互联系性与激烈的冲突性，究其一点还是教条地对待和运用马克思主义世界革命的理论问题。

3. 坚持原则的坚定性与策略的灵活性的统一，在恪守原则底线中确保了军事外交策略上的进退有度

军事外交是战略，也是艺术，更是科学。在变化了的国际形势下对国家根本利益的认识决定了是否能够实事求是地适时调整军事外交的目标、重点和任务，真正地把握军事外交的基本规律并科学地运用之。只有在重大问题上坚定不移，但在具体问题上又适时调整策略，表现出一定的灵活性，军事外交的战略才能得以科学实施。

确保中国国家核心利益不容侵犯是中国处理外交问题的坚定的原则底线。无论面临多么大的安全压力、多么复杂的国际形势，中国政府所秉承坚持国际主义、反对霸权主义、和平共处五项基本原则作为中国军事外交的价值标准一直坚定恪守。这一点在上世纪70年代中美军事外交中如何解决和对待越战问题上表现得尤为明显。在越南战争问题上，虽然中美双方都将印支战争与台湾问题相挂钩，但就其动机而言，中方认为，只要美国还呆在印支，即使解决了与台湾问题有关的条件，中美两国关系正常化也是不可能的。在极为不利的客观条件下，一个选择和利益的结果是结束中国与两个超级大国同时为敌的严重孤立和不安全处境，代价是容忍美国事实上继续玩“两个中国”游戏和祖国分裂局面的继续；另一个选择和利益是最坚决地维护中国在主权和统一问题上的尊严，代价是同时与两个超级大国为敌和祖国分裂的持续。对毛泽东来说，没有第三选项。此举同列宁在政权建立初期以暂时的忍让换来和平喘息之机有着同样重要的战略意义，毛泽东做出的“台湾事小，世界事大”的判断经过历史的证明是富有战略弹性的选择，是正确的选择，与当时国家的生存安全这一核心利益相比，国家的统一是一个可以在时间上有所调整的问题。

当然，中国恪守中国国家核心利益不容侵犯这一底线的同时，也强调策略上的灵活性。譬如，中国在中东问题中对与以色列关系的处理。鉴于多数伊斯兰国家和所有阿拉伯国家对以色列持有强烈的敌视态度，而以色列则与美国为首的西方保持着密切关系，中国在道义上一直支持阿拉伯有关国家针对以色列的政治和军事斗争。但是，以色列却始终没有以同样的态度对待中国，坚持不承认台湾，只承认中华人民共和国。以色列第一任总理本·古里安早在肯尼迪执政时期就多次私下劝说美国改善对华关系以遏制苏联。[①] 中以两国领导人都清楚两国关系的非正常状态并非两国利益冲突的结果，而是受意识形态冷战和阿以关系影响下的结果，双方均没有威胁到对方国家的核心利益。正是基于对“国家核心利益”这一外交底线的考虑，毛泽东对以色列采取了进退有度的外交选择。其外交弹性表现在在朝鲜战争爆发后，由于以色列支持美国的立场和阿以之间的尖锐矛盾，毛泽东做出一定时期内不承认以色列、不与以色列建交的方针，但没有做永不承认、永不建交的承诺；中国支持阿拉伯国

① 达州：《戴维·本－古里安与中国——一段鲜为人知的往事》，《世界知识》，1992 年第 4 期，第 24 页。

家收复被占领土的正义斗争，但从不支持阿拉伯激进派消灭以色列国的目标[①]，这些都为之后确立与以色列的军事外交关系发展打下伏笔。

① 闻兆祥、王小庄：《毛泽东关于支持阿拉伯国家反对以色列扩张主义斗争的思想》，载外交部外交史研究室编：《毛泽东外交思想研究》，世界知识出版社，1994年版，第279页。

第四章

1979—2009 年：发展外交中的中国军事外交

“如果说中国是一个和平力量、制约战争的力量的话，现在这个力量还小。等到中国发展起来了，制约战争的和平力量将会大大增强。”

——邓小平

1979 年，邓小平复出，并着手对包括军队建设在内的国家建设进行了一系列的设计与改革。期间，他以国家领导人的智慧、魄力与魅力引领中国走出了完全以意识形态定夺国家间关系的窠臼，将中国未来发展的方向由革命导向建设。在这一过程中，他自身也完成了个人历史角色的更迭——“革命者、建设者、改革者”①。尽管多数学者对邓小平时代所定义的时间结点是邓小平的辞世，但实质上，包括中国军队建设在内的中国国家整体建设布局依旧是在有条不紊地按照邓小平时代所设计的蓝图循序进行着。所以，从这个意义上来说，1979 年以后的 30 年时间对中国发展而言具有重要的蓄势

① ［美］傅高义：《邓小平时代》，冯克利译，香港中文大学出版社编辑部、生活·读书·新知三联书店出版社译校，北京：生活·读书·新知三联书店，2013 年 1 月版，第 33 页。

意义，既是一个转折的年代、改革起步的年代，也是一个过渡的年代、发展的年代。从外交的视角来看，将其视为为中国力量的发展提供环境保障并实现中国与世界关系的进一步发展作为其主要特点有其合理性。依照外部环境的变化，这30年以谋求中国发展为主题，阶段性地发生着一系列改变，本章对军事外交的分析亦循此脉络进行。

一、转折时期的中国军事外交

所谓的“转折时期”，即毛泽东时代向邓小平时代的转折，是“一条线”战略向以经济建设为中心的战略转变。这种转变贯穿于整个20世纪80年代。

（一）战略环境判断

在邓小平复出时的中国战略环境中，苏越合作有增无减，中国与苏越两国的关系都已经严重恶化。从邓小平复出后13个月的出访中，我们不难看出，期间，邓小平只访问了一个共产党国家——朝鲜，其他7个全是非共产党国家。他首先在前3次的出访中访问了与中国接壤并一直与中国关系良好的几个国家。之后，他又出访了日本和美国。而西欧则是邓小平在1975年访法时就已经使其成为为中国现代化提供帮助的重要地区之一，使得中欧合作有了保障。这一出访路线实际上很形象地描绘出邓小平基于对战略环境的判断而可能采取的对外关系的思路端倪，其中突现两大关键词：安全和现代化。战略需要长远的视野和敏锐的洞察力，邓小平复出之初面对的安全环境确实存在着来自苏越的安全威胁。

1975年美国从越南撤军后，苏联和越南趁机填补了美国撤军后留下的空白。越南允许苏联使用美国在岘港和金兰湾建造并留下来的现代化军港，这将使苏联军舰能够自由出入印度洋到太平洋的整个地区。苏越勾结并从地缘政治上包围中国的威胁一步步逼近。早在1975年8月，西贡陷落3个月后，邓小平对来访的红色高棉领导人乔森潘说："一个超级大国（美国）被迫撤出印度支那后，另一个超级大国（苏联）就会乘虚而入……把摩掌伸向东南亚……企图进行扩张。"[①] 在威胁环伺之下，邓小平决定实行战略反攻。1979年2月17日至3月16日，中国人民解放军完成了一场"速决战"，向越南和苏联证明继续扩张将付出难以承受的代价。此后，至少有14支师级部队被选派轮流驻守于中越边境附近老山的中国一侧，继续教训越南人膨胀的野心。中国此举在东盟国家中赢得了国家威望，这些国家相信"中国会像帮助柬埔寨和泰国那样帮助他们"[②]。

接下来提出中苏关系正常化的三个条件，逐步减轻与苏联的紧张关系，加强与美国的军事合作，在这一系列的军事与外交的共同努力下，邓小平做出了"和平与发展是时代主题"的科学判断。

邓小平对时代主题的判断改变了之前列宁、斯大林、毛泽东所一贯坚持继承并发展的马克思主义理论关于战争与革命的逻辑推演：战争引起革命，革命制止战争，利用战争的大好形势推进革命形势的发展并加以利用，是世界革命和各国革命的重要条件和历史经验。然而，冷战期间，资本主义国家间矛盾并没有激烈到频频爆发战争的地步，反倒是社会主义国家间爆发了一系列战争，映衬出资产阶级的团结和强大，无产阶级革命的时机始终未能到来。在新的形势下，邓小平做出了深刻分析：

> 这几年我们仔细观察了形势，认为就打世界大战来说，只

---

① ［美］罗伯特·罗斯：《印度支那的症结：中国的越南政策（1975—1979）》，纽约：哥伦比亚大学出版社，1988年版，第74页。

② ［美］傅高义：《邓小平时代》，冯克利译，北京：生活·读书·新知三联书店，2013年1月版，第515页。

有两个超级大国有资格，一个苏联，一个美国，而这两家都还不敢打。首先，美苏两家原子弹多，常规武器也多，都有毁灭对手的力量，毁灭人类恐怕还办不到，但有本事把世界打得乱七八糟就是了，因此谁也不敢先动手。其次，苏美两家还在努力进行全球战略部署，但都受到了挫折，都没有完成，因此都不敢动。①

一方面是美苏两个超级大国间的力量制衡，另一方面是全球和平力量的发展对战争本身形成了战略牵制。邓小平判断：时代主题已经发生了转换，世界大战一时打不起来，和平与发展是时代的主题，而非战争与革命，尤其是中国在这一时代潮流中担负着“中国的发展是和平力量的发展，是制约战争力量的发展”的积极任务，争取一个较长时期的和平，以为中国改革开放和社会主义现代化建设提供良好的国际环境。

（二）战略选择

因应改变了的国际环境的判断，中国共产党改变了六七十年代以来的“一条线”的战略，审时度势，及时调整了中国的外交战略，在两个超级大国的对峙夹缝中尽力谋求战略主动：

一是确立了不结盟或建立战略关系的独立自主的外交政策新原则。按照这一原则，中国将根据国际法准则和事情本身的是非曲直，独立自主地做出判断，决定自己的立场和政策。

二是在和平共处五项原则的基础上，建立国际政治、经济新秩序。在新的历史时期，不以社会制度和意识形态异同决定国家关系亲疏、好坏，而以和平共处五项原则作为处理国与国关系的指导

① 中央文献研究室编：《邓小平文选》第3卷，北京：人民出版社，1993年版，第127页。

原则。

三是加强同第三世界的团结与合作，共同维护和平，促进发展。提出了“和平友好，互相支持，平等互利，共同发展”的四项原则，进一步改善和发展了中国同第三世界国家的关系。之后，又根据新的情况提出了“平等互利，讲求实效，形式多样，共同发展”四项原则，使中国同第三世界国家建立了更为广泛的友好合作关系。

四是反对霸权主义和强权政治，维护世界和平、促进人类进步。针对80年代以来霸权主义呈现出的全球性、地区性的特点，提出霸权主义和强权政治是国际形势紧张动荡的根源，对此，邓小平指出：“反对霸权主义这个任务，每天都摆在我们的议事日程上”，要始终把它“作为一项严重的任务摆到我们国家和全国人民的日程上面”。①

这一时期，党中央提出了新时期军事战略方针，为新的历史条件下军队建设指明了方向：

党中央把经济建设摆到社会主义现代化建设总体布局的中心位置，决定了军队工作必须服从并服务于国家经济建设大局这个中心。围绕以经济建设为中心的党的基本路线，根据对国际形势的新认识、新结论，军队建设的指导思想也发生了战略性的根本转变。1985年，中央军委扩大会议确立了新时期的军事战略，即：从立足于早打、大打、打核战争的临战状态，转变到新时期以应付和打赢局部战争为主的方针。要充分利用今后较长时期的和平环境，抓紧时间，有计划、有步骤地进行以实现现代化为中心的国防建设，提高军队素质，增强我军在现代战争条件下的自卫作战能力。作为国家军事战略和外交战略的共同组成部分，从70年代末到80年代末，是中国人民解放军服从服务于外交整体大局的对外军事交往时期。这一

① 中央文献研究室编：《邓小平文选》第3卷，北京：人民出版社，1993年版，第56页。

时期不结盟的安全战略使中国在美苏的军事对峙间寻求合适的战略位置，与美苏之间均保持适度距离。一方面拉开与美国的距离，不与之搞针对苏联的联盟；另一方面，有意识地缩短与苏联的距离，但决不重返苏联的“大家庭”。同广大第三世界国家的军事友好关系得到巩固，同以美国为首的西方发达国家的军事交往得以迅速拓展。

（三）主要的军事外交活动

历史地考察，中美两国之间从不存在实质性的利益冲突，毛泽东与尼克松的会面打开了中美外交关系的大门，邓小平则在此基础上从中美军事交流与合作的角度进一步深化了两国关系的政治意味；同时，邓小平对外关系去意识形态化主张也为中苏关系正常化提供了可能的机会之窗。因此，中美苏（俄）大三角关系的经营和周折占据了这一时期中国军事外交的重要篇幅，中国逐渐开放的态度，以及与愈来愈多国家的军事外交，则为之后中国军事外交全方位、多层次、宽领域的军事外交格局做好了积极准备。

1. 中美军事外交

自 1979 年中美两国正式建交和苏联入侵阿富汗后，中美两军开始由 70 年代主要以“美国如何支持中国抗击苏联，和中国如何跟美国在朝鲜、日本和印度支那地区政策配合”[①] 为主要内容的军事交往转向探讨并实施军事合作。中美军事交往在这一时期出现了三个阶段，第一阶段是 1980—1984 年的接触期，第二阶段是 1985—1988 年的高潮期，第三阶段是 1988—1989 年的低潮期。这一时期中美军事关系达到了一个新的高度。两国间的军事关系主要内容：以高层互访为主、代表团访问为辅的军事交往、以军事技术合作、军事情

① Harry Harding, “A Fragile Relationship: The United States and China Since 1972”, Washington D. C, The Brooking Institute, 1992, p. 88.

报合作为主要内容的军事合作等军事外交。

（1）中美高层互访和代表团访问

两国军方高层人士的互访构成了两国军事交流的重要内容。

1980 年两国国防部长布朗和耿飚实现互访，中国人民解放军副总参谋长刘华清也访问了美国。在会见美国防部长布朗时，双方探讨了“假如苏联从中东向印度洋和东南亚方向扩张，中美两国对苏联威胁作出有效反应的具体方式”。[①] 互访中双方就训练和后勤方面的交流达成了协议，美国宣布放宽对中国的技术出口限制。中国代表团登上了美国海军 CV －61“突击者”号航空母舰。这是中国人民解放军和科技人员首次踏上航母。刚刚走出国门的中国军方领导人，看到美国先进的武器装备后，了解到了中国与美国的差距。刘华清在其回忆录中称，“上舰后，其规模气势和现代作战能力，给我留下了极深的印象”。回国后，刘华清多次建议海军发展航母。

1981—1982 年间，中美关系由于美国售台武器问题而遇到困难，军方的交往也受到影响。1983 年 9 月温伯格访华，此举恢复了由布朗访华开始的中美双方军方的高层对话，增进了双方的了解和信任，同时，它还为两国军方关系的拓展建立了一种框架，之后的两军各军兵种之间的交流以此为起点陆续开展起来。访问期间双方讨论了两军进行军事技术合作的问题，为今后这种合作的实践打下了交流基础。温伯格一行还访问了西安、上海，观看了北京卫戍区组织的军事表演，参观了西安附近的飞机发动机工厂和上海附近的东海舰队基地。

作为对温伯格访华的回访，张爱萍于 1984 年 6 月访问了美国，这是中华人民共和国的国防部长第一次访问美国，两国的军事合作可谓“更上层楼”。张爱萍与温伯格在之前北京会谈的基础上举行了

---

① ［美］傅高义：《邓小平时代》，冯克利译，北京：生活·读书·新知三联书店，2013 年 1 月第 1 版，第 520 页。

多次会谈，就加强两国防务、军事技术合作等重要问题达成一致意见。双方的第二次会谈在五角大楼的参谋长联席会议作战指挥室举行，而这里对美国的盟国都没有开放过。张爱萍一行会见了里根（Ronald Wilson Reagan）总统、国务卿舒尔茨（George Shultz）、参谋长联席会议主席维西（John W. Vessey Jr.）等。6 月 12 日，里根签署了同意中国享受“对外军事销售待遇”的文件，此后中国可以用现金购买美国武器。张爱萍还访问了得克萨斯州、华盛顿州和加利福尼亚州的一些军事基地[①]。6 月 13 日，张爱萍和温伯格签署了两国军事技术合作协议，为两国将来的军事技术交流与合作确立了基木原则。作为两国有史以来第一个军事技术合作的协议，其中提到的主要是三个项目：生产反坦克导弹以对付中苏边境的大量苏联坦克、大口径炮炮弹的生产、改造中国原有的歼 -8 战斗机的电子系统。双方还签署了一项和平利用空间技术协议，为后来中国发射“亚洲 1 号”通讯卫星起到了启动和保障作用。中国军事代表团在美国访问 18 天，除华盛顿外，还访问了 5 个州、参观了 4 个军事基地、1 所军事院校和与军工有关的 8 家大公司。

在两国国防部长互访后，两国军方的各个方面领导人的互访更加频繁。包括：

1984 年 8 月，美国海军部长莱曼（John Lehman）访华，他同海军司令刘华清、国防部长张爱萍就双边防务问题进行了会谈。莱曼还到外地参观了中国的海军基地。11 月，由中国海军副参谋长陈裕铭率领的中国海军代表团访美，就中国水面舰队现代化问题进行了一个月的考察。[②]

1985 年 1 月，美国参谋长联席会议主席维西上将、美国太平洋司令部司令克劳（William J. Crowe Jr.）海军上将访华，这是当时

---

① 陶文钊：《中美关系史》，上海：上海人民出版社，2004 年版，第 158 页。

② 刘连第、汪大为编著：《中美关系的轨迹——建交以来大事纵览》，北京：时事出版社，1995 年版，第 173 页。

访问中华人民共和国的最高级别的美国军官。中国人民解放军总参谋长杨得志与维西进行了会谈，张爱萍也会见了维西一行。我国领导人在会见维西时表示，希望在里根总统的第二任期内，美国政府能够采取切实步骤和进一步行动，履行 1982 年 8 月 17 日发表的《中美联合公报》，使两国关系获得健康的发展。1 月 14 日，美国国务院发言人说，自温伯格访华以来，美中两国一直在制定一项"进行逐步的有分寸的军事合作计划"。两国一直在讨论加强中国沿海地区防务能力，特别是反潜战能力的办法。15 日，美国国防部发言人在新闻发布会上说，维西访华"表明两国都决心继续发展两国军队之间的关系"，美国"确实继续同中国讨论如何加强中国的防务，特别是在反坦克、防空及指挥和控制方面讨论如何加强中国的工业基地和设施"。[①] 1 月底，美国负责工程的海军部长助理佩斯利访华，讨论向中国海军出售武器和先进防务技术的具体项目问题。10 月初，美国空军参谋长加布里埃尔上将率美国空军代表团访华。加布里埃尔与中国空军司令王海就两国空军的合作进行了会谈。由此，两国的高层互访已扩及陆海空三军。11 月，海军司令刘华清访美，并与海军作战部长沃特金斯进行会谈，会见了海军部长莱曼和其他美国国防官员。

1986 年 4 月，美国海军作战部长沃特金斯访华，与刘华清继续商谈两国海军的合作。5 月，中国人民解放军总参谋长杨得志访问了美国，作为对维西将军访华的回访，也是中国人民解放军总参谋长对美国第一次访问。杨得志和温伯格就国际局势和共同关心问题交换了看法，并会见了布什副总统，访问了美国著名的西点军校，参观了夏威夷等地的军事设施。10 月，美国国防部长温伯格在 3 年后重访中国。邓小平会见了温伯格，尤其对中美关系总的发展感到

① 刘连第、汪大为编著：《中美关系的轨迹——建交以来大事纵览》，北京：时事出版社，1995 年版，第 173 页。

满意。邓小平对温伯格推动两国关系，尤其是两军关系的发展所做出的努力表示赞赏。邓小平指出，双方关系还有很大的潜力，希望双方共同努力，使两国的经济、贸易关系和技术转让有更大的发展。温伯格与张爱萍就全球性和地区性问题以及美向中国转让技术、军售和美舰访华等问题进行了会谈。温伯格还作为第一位美国来访者在国防大学发表了演讲。10 日，温伯格参观了西昌卫星发射中心。在结束访问时他告诉记者："这个中心的确具有发射卫星的能力，而且还有很大潜力。这个中心还在进一步改善设施，以便执行中国自己的空间计划，并发射（外国的）商业卫星。这些给我留下了非常深刻的印象。"与此同时，中国人民解放军总后勤部长洪学志率领解放军后勤代表团访问了美国。11 月，美国陆军参谋长威克姆（John Wickham）访华。

1987 年 3 月，美国海军陆战队司令凯利（Paul Kelly）访华；4 月，中国人民解放军空军司令王海访美；5 月，中央军委副主席杨尚昆访美；6 月，美国太平洋司令部司令海斯（Ronald Hays）海军上将对中国进行了 10 天访问，与中国同行讨论了舰队互访和苏联加强在太平洋军事力量的问题；9 月，美国空军部长奥尔德里奇（Edward Aldrich）访华，还率团访问了西藏。1988 年美国新任国防部长卡卢奇（Frank Carlucci）访华。卡卢奇的访问使中美两国的军事交往在美国国防系统领导人更换的情形下始终保持着连续性。10 月 26 日，美国海军作战部长特罗斯特（Carlyle Trost）来华访问，并参观了青岛海军基地和中国核潜艇部队。

即使将这一时期放到新中国成立迄今的历史时段来考察，仍不失为中美军事关系的"蜜月期"，中美军事领导人从来没有像这样频繁地互访、密切地交流与对话，正如 1987 年 3 月 18 日，美众议院军事委员会防务小组举行听证会进国防部负责国际安全事务的国防部长助理阿米蒂奇（Richard Lee Armitage）作证时所总结的那样：

> 美中的防务关系是以高级官员互访对话、军事交往以及技术合作为特点的，这种关系的发展虽然缓慢，但却是稳步的。改善美中关系“符合美国和中国的基本利益，并大大有助于亚太地区和世界的和平与稳定。中国在地区威慑因素，进而在世界威慑因素中起着越来越大的作用。从长远看，中国将继续是东北亚地区的一个稳定因素”。[①]

代表团访问是中美军事交往的另一形式的交流。这 10 年间，中国赴美国访问的高级军事代表团有 9 个，同期美国访华的高级军事代表团达 15 个。[②] 中美两军间的代表团互访早在 1980—1981 年时就在训练和后勤方面展开。但在 1983 年 9 月温伯格访华以后，两军间的交往实现了机制化。随同温伯格访华的美国陆军训练部副主任在会见国防部外事局局长张彤时讨论了 1984 年开展的一系列两军代表团交往计划，并达成一致意见。1984 年，中国军事训练代表团和后勤代表团分别于 4 月和 5 月访问了美国，美军代表团于 10 月和 11 月访问了中国，各代表团中都有各军种的代表。1985 年 8 月美国陆军训练部主办了“中国人民解放军军事训练研讨会”。1986 年 11 月 5 日，美国第七舰队在太平洋舰队总司令的率领下访问了青岛港。12 月 1 日，美国国防部质量保障代表团访问了中国。同在 12 月，中国人民解放军医务代表团和第一个空军维修保养代表团访问了美国。1987 年的功能性交往包括美国联合中级管理人员 1 月访华、美国空军后勤部司令 2 月访华、由美国陆军部副部长率领的美国系统分析小组 3 月访华、美国海军训练代表团 4 月访华。

---

① 刘连第、汪大为编著：《中美关系的轨迹——建交以来大事纵览》，北京：时事出版社，1995 年版，第 220—221 页。

② 李俊亭、杨金河主编：《中国武装力量通览（1949—1989）》，北京：人民出版社，1990 年版，第 447—463 页。

（2）中美军事技术合作

始于这一时期，但也止于这一时期的中美军事技术交流是这一时期中国对外军事交往中极为重要的内容。后来，这一军事交流因1989年春夏之交发生的“政治风波”戛然而止。这一时期，美国对华军售分属两个领域：军民两用的技术和设备是由商业部颁发许可证的；军用的物品和技术属于对外军售项目，列入国际军火清单控制范围，由国务院颁发许可证。后一类物品可以直接通过商业渠道由中国直接向持有许可证的公司购买，也可以通过对外军售部门办理，建立在政府对政府的基础之上。

1979年8月底，当邓小平会见美国副总统蒙代尔时再次谈到高技术转移的问题，蒙代尔回答说，美国准备了一份能向中国但不能向苏联出售的技术的清单。[①] 1980年1月，美国国防部长布朗访华，这是美国第一个高级军事代表团访问新中国。这次访问主要讨论了苏联在1979年12月入侵阿富汗后的一系列安全问题，同时也是帮助推动此前蒙代尔曾经提到到的技术转移的进程。布朗的访华标志着中美两国军事技术合作关系的正式展开。

布朗访华后，国务院宣布了六大类可以向中国出售的辅助性军事设备。1980年4月，美国决定把对中国出口的限制从“Y”类（同以苏联为首的华约国家为一类）改为“P”类，允许中国购买运输机、远程通信装备和军用直升机。1983年6月21日，美国商务部长鲍德里奇（Malcolm Baldrige）宣布，美国政府又决定将中国从“P”类升至“V”类（即友好的非同盟国），并宣布对中国的出口实行“宽区”政策，即中国从美进口的大部分物品进入自动获准的“绿色区域”。但他同时又指出，尽管中国被列入与西方盟国同类的国家，但不一定会享受到同样的待遇。中美达成了一系列军事技术

① Memcon, “Summary of the Vice President’s Meeting with People’s Republic of China Vice Premier Deng Xiaoping”, 8/27/79, vertical file, China, Jimmy Carter Library.

合作项目，例如旨在改进中国导爆和起爆剂生产的项目，价值 2200 万美元；由休斯飞机公司向中国提供 4 部旨在改进中国火炮定位雷达的项目，价值 6250 万美元；向中国提供旨在提高中国空军机动能力的 24 架 S－70C“黑鹰”直升机项目，价值 1.4 亿美元；向中国提供旨在增强中国海军反潜能力的反潜鱼雷项目，价值 800 万美元。①

1983 年 9 月温伯格访华期间，双方重新讨论了两军进行军事技术合作的问题。两国的参谋人员就两军的技术合作多次进行商谈。中方希望达成一项协定，使他们能直接与美国的厂商打交道，与之谈判转让条件；美方希望通过某种系统或项目进行两国的技术交流，将技术交流建立在政府与政府关系的基础之上。最后，双方同意签署一个会谈纪要，明确记载各自的观点。后来又经过多次磋商，双方终于在 1984 年 3 月下旬达成协议，向中国转让火炮、反坦克武器和防空武器。在美国国内，国务院、国防部、参谋长联席会议和各个具体的军事部门还要相互协调立场，并及时向国会进行通报。在讨论过程中，中美双方技术层面的官员又进行了多次互访。最后大致确定，向中国出售的武器和转让的技术属于以下四个方面：反坦克、火炮、防空、地对舰和反潜艇战。

1984 年 6 月，中国国务院副总理兼国防部长张爱萍访美，两国就将中国列入美国对外军售计划达成协议，美方答应向中国提供喷气截击机的先进航空电子设备，并为中国训练飞行员。中方则同意向美国出售一批歼－7 战斗机（仿苏联米格－21 型飞机），供美军演习使用。美国还原则上同意向中国出售“陶式”反坦克导弹、“霍克”防空导弹，以及提供炮兵使用的火箭增程弹、高爆炸药和穿甲弹等的生产技术。8 月，美国西科尔斯基飞机公司同中国签订了出

① 刘中刚：“往来与曲折——新中国成立后中美军事交往实录”，载《党史纵览》，2003 年第 3 期。

售价值1.4亿美元的24架S－70C型直升飞机合同。

1985年，中国海军代表团访问美国，美方同意向中国出售声纳、鱼雷、船用柴油发动机和舰载反导弹火炮。同年9月，中美达成一项重大军售协议，美方向中国出售价值9800万美元的生产线，合作改进大口径火炮性能。[①] 11月，美中贸易全国委员会组织的由18名美国防工业总经理组成的代表团对中国进行了为期两周的访问，其中包括波音、福特、休斯飞机公司、洛克希德、马丁－玛丽埃塔、罗克尔国际公司等大公司。

1986年，美国同意向中国出售价值5.5亿美元的航空电子和火控系统，用于中国歼－8型战斗机的改进，使其作战性能与苏联米格－23相当，这是中美建交后最大一笔军事合作项目。[②] 歼－8战斗机是中国自行设计和制造的双引擎、三角形机翼的高空拦截机，用于对付苏联轰炸机的威胁。纽约长岛的格拉曼公司得到了这项合同，项目的金额约为5亿美元，预计要6年完成，包括机载雷达、导航设备、电脑系统等。主管此事的美国官员在参院外委会作证时说，这一项目在提交总统和国会之前，国务院和国防部对有关的各个方面进行了彻底研究，认为它与美国的政策目标和转让考虑是完全吻合的。他说："中国防空能力的这种有限的升级将增强中国保卫领空的能力。而且，由于这个项目能增进中国反对外来威胁的安全，它是符合美国的国家安全利益的。"[③] 另外，中美双方还就出售或合作生产"陶式"反坦克导弹、改进型"霍克"防空导弹、轻型反潜艇鱼雷等项目进行了磋商。

① 熊志通：《中国与美国——迈向新世纪的回顾》，郑州：河南人民出版社，1995年版，第306页。

② 刘中刚："往来与曲折——新中国成立后中美军事交往实录"，载《党史纵览》，2003年第3期。

③ 熊志勇：《美国与中国——迈向新世纪的回顾》，郑州：河南人民出版社1995年版，第306页。

1987 年 1 月，美国国防部发表的一份声明说，美国政府准备向中国出售价值 6200 万美元的四组跟踪火力炮兵雷达和无线电设备。这套设备能使中国军队从对方炮弹的轨道测出对方炮兵群的位置。中国的军事人员还在俄克拉荷马州的塞尔要塞进行操作训练。在反潜战力方面，双方进行了联合生产鱼雷的讨论。美国向中国出售了 4 枚 MK－46 Ⅱ型鱼雷供试验和评测。10 月，由于伊朗形势紧张，美国指控中国向伊朗转让“蚕”式导弹，暂停了对中国的高技术出口审议。经过数月，审议恢复。

1988 年 3 月吴学谦外长访美时，舒尔茨通知吴学谦，美国已经恢复审议对中国的高技术出口。1988 年 7 月，舒尔茨访华时，双方就中国出口导弹问题进行了讨论。中国表示，除沙特阿拉伯外，中国没有向其他国家出售导弹。9 月，卡卢奇国防部长访华时，双方讨论了这个问题。邓小平在会见卡卢奇时强调，中国是个守信用的国家，是个负责任的国家。卡卢奇在离京前的记者招待会上表示，他相信中国会以“负责任的方式行事”，美中两国将在歼－8 战斗机的航空电子设备、弹药改进、雷达系统以及鱼雷等方面进行技术合作。

就在卡卢奇访华期间，美国政府宣布，它将通知国会和盟国，美打算有条件批准使用中国火箭发射美国休斯飞机公司为澳大利亚制造的通讯卫星及一颗名为“亚洲卫星”的卫星。12 月 22 日，中国政府外交部发言人说，中美两国政府最近正式签署了《关于卫星技术安全的协议备忘录》、《关于卫星发射责任的协议备忘录》，并草签了《商业发射服务的国际贸易问题协议备忘录》。1989 年 1 月 26 日，中美两国政府就中国运载火箭发射美国制造的卫星事宜正式签署了有关商业发射服务贸易问题的协议备忘录。这样，中美之间就中国发射美国制造的卫星的一切法律事宜均已完成。

在整个 80 年代的中美两军交往中，美国对华技术出口的限制逐步放宽，对华武器销售虽然缓慢，但数量也在增加。而美国对台湾的武器出口在数量上则在逐年减少。中美两军关系平稳上升。这种合作势头一直持续到80年代末。不过，对于这种状态，张爱萍上将在担任国防部长期间，在谈及国防工业改革时，曾提出他的担忧——“我们这个大国能靠买武器过日子吗?”1989年春夏之交发生的“政治风波”后，美国对华实施制裁，1989年6月，布什宣布暂停中美之间的一切武器销售和商业进出口、暂停中美军事领导人之间的互访；美国国防部长切尼发表声明，决定暂停原计划的中国海军司令张连发和国防部长秦基伟的访美安排；美国国防部称，终止中美政府间军售和商业性军售，暂停中美军事技术合作项目，中断中美两国军事人员互访，暂时中止美军方对中国驻美武官处人员的邀请活动，抑制中国武官处的邀请活动。中美之间的军事关系骤然降至冰点。

2. **中苏军事外交**

这一时期对于中苏关系而言是一个从恶化到正常的转折时期，既富有戏剧性，更具有变化的深刻性，由于中苏关系本身所具有的其他任何国家都无法超越的广度、深度和复杂程度，作为并没有中断过的中苏两国关系，如何在从同盟到对抗这两个极端之间寻找到一种处于中间的稳定状态，是将进入80年代的中国在国际关系中所要考虑的一个重要问题。1979年恰逢《中苏友好同盟互助条约》30年的期限已满，中苏双方以此为契机开始就国家关系问题进行谈判。

1979年，外交部经过讨论提交了《关于不延长中苏友好同盟互助条约的请示》，于3月24日获得邓小平批准。4月初，邓小平做出明确指示，不再延长名存实亡的中苏条约，但应为解决两国间悬而未决的问题和改善中苏关系举行谈判，签订相应文件。[①] 当

① 黄华：《亲历与亲闻——黄华回忆录》，北京：世界知识出版社，2007年版，第209页。

天，五届人大常委会第七次会议通过决议，决定《中苏友好同盟互助条约》“期满后不延长”。[①] 基于这一历史背景，两国实现关系正常化之前，这一时期的中苏军事外交主要围绕解决中苏关系中存在的“三个障碍”展开。谈判从1979年10月17日的中苏副外长级谈判开始至1988年6月止，双方共进行了12轮谈判。1982年3月24日，苏联领导人勃列日涅夫在塔什干的一次授勋大会上阐述苏联对亚洲政策时，其中有关对华政策部分被认为是苏联改善对华关系的最积极的表态。同年8月，中国方面通过外交渠道向苏方建议，就消除两国关系的障碍进行磋商。1985年3月，戈尔巴乔夫在他当选为苏共中央书记的中央全会上表示，苏联希望“同中华人民共和国的关系能有重大的改善，并且认为，只要双方都愿意，这是完全可能的”。[②] 1986年7月28日，戈尔巴乔夫又在海参崴发表讲话，宣布：

> 关于从蒙古撤军问题，苏联“正同蒙古人民共和国领导人一起研究关于相当大一部分苏联军队撤出蒙古的问题”；关于中苏关系，苏联在各个领域发展同中国的合作，理解与尊重中国的国内政策，也愿意谈判解决黑龙江地区的边界遗留问题，“而边界线的正式走向可以以主航道为界”；关于撤退中苏边境的苏联军事力量问题，“苏联认为彻底削减亚洲的武装力量和常规武器并使之达到合理的限度具有重大意义”，“苏联愿意同中华人民共和国讨论旨在相应降低陆军水平的具体步骤”；关于柬埔寨问题，苏联承认高棉人民遭受了极大的牺牲，但同东南亚问题一样，“这里的许多事情取决于中越关系正常化”；关于从阿富汗撤军，苏联“愿意应阿富汗政府的请

① 《第五届人大常委会第七次会议决议不延长中苏友好同盟互助条约》，1979年4月3日，《我国对外关系文件选编·1979》，新华通讯社，第164页。

② 《参考资料》，1985年3月12日（下），第15页。

求使驻在这个国家的苏联军队回国”。[1]

戈尔巴乔夫的讲话回应了中国方面关切的几乎所有基本问题。其中最能反映苏联领导人对中苏关系根本性认识的一句话是：“首先我们是邻国，我们之间有世界上最长的陆地边界，因此就决定我们和我们的子孙后代要‘世世代代’生活在一起。”针对戈尔巴乔夫的这个讲话，邓小平明确表示：如果消除了越南侵略柬埔寨这个障碍，愿意破例到任何地方同戈尔巴乔夫见面。此后，1987 年 1 月，苏联宣布将驻扎在蒙古的一个摩托化步兵师及其他部队撤回苏联；1987 年 2 月，苏联在中苏边界谈判中作出某些让步；1988 年 4 月，苏联在日内瓦有关会谈中同意把阿富汗的全部苏联军队撤走；1988 年 5 月，第一批苏军撤出阿富汗。1988 年 6 月，中苏两国特使在北京提出中苏就柬埔寨问题举行专门磋商。12 月，中苏两国外长在莫斯科就柬埔寨问题、双边关系及其他问题进行了广泛讨论，苏联表示愿意早日解决问题，同中国建立新型关系。1989 年 1 月 6 日，越南外交部宣布，越南军队至迟到 9 月从柬埔寨撤出全部军队。1 月中旬，丁儒廉秘密访问北京。其间越方明确承诺，根据解决柬埔寨问题的框架协议，越军将于 1989 年 9 月底全部撤出柬埔寨，中方则表示接受这一时间表。[2]

1989 年 2 月 6 日，中苏双方同时发表了《中国苏联两国外长关于柬埔寨问题的声明》，并宣布戈尔巴乔夫将于 5 月 15—18 日访华。5 月 16 日，戈尔巴乔夫与邓小平举行会谈，邓小平在会谈开始即宣布中苏关系正常化了。

---

① 《参考资料》，1986 年 7 月 30 日，第 30—38 页。

② 王泰平主编：《新中国外交 50 年》（上），北京：北京出版社，1999 年版，第 205 页。

3. 中国与英、法等西方发达国家的军事外交

这一时期，随着中国对外军事交流的拓展，中国与美、英、法、意、澳等西方军事强国建立了军事合作关系。除先后向荷兰、卢森堡、葡萄牙、新西兰、西班牙、挪威等欧洲国家派了武官或军调员外，还派出高级军事代表团到欧洲国家访问。尤其是在军事技术引进方面，中国主要通过四种方式引进装备：引进生产线、引进国外技术和购买零部件用以研制新型号或改进现有武器装备、引进少量武器装备填补军队武器装备空白、进行技术合作以改进武器装备或设计生产新的武器装备。80年代，中国国产直-6、直-7等直升机型因性能落后而下马，而海军又急需性能先进的中型直升机。中国从法国引进了“超黄蜂”直升机及其技术，还仿制改进了直-8型直升机。该型直升机是中国引进技术开发的第一种进入部队装备序列的中型直升机，性能较为出色，已发展出客货运输、军用运输、反潜和扫雷等型号。之后，中国又引进了法国“海豚”直升机及透博梅卡公司的“阿赫耶”发动机，并签订转让生产许可权合同，在国内生产直-9型直升机。还从法国引进“海响尾蛇”舰空导弹系统，1988年仿制成功，定名为HHQ-7，中国海军目前部分主战舰艇就装备了这种型号的防空导弹系统。1985年，中国还从意大利购买了40枚A244S型“白头”轻型反潜鱼雷及发射架，填补了人民海军轻型鱼雷的空白，随后仿制出ET51型鱼雷。[①]

除了军事技术上的交流，这一时期，中国军队还开始向英国、澳大利亚等国派出各种专业的留学人员，进一步深化了军事交往的程度。另外，按照国际惯例，中国军队先后成立了国际战略学会、中国国际战略研究基金会、中国国际友好联络会等对外交往的学术单位，使军事外交形成多轨并行的交流氛围。

---

① 杜朝平：“中欧军事技术合作回顾与展望”，载《兵工科技》，2004年第3期。

4. 中国同周边和发展中国家的军事外交

中国与周边和发展中国家的军事外交取得新成就，尤其是与周边国家间的睦邻友好关系处于建国以来军事外交历史中的最佳状态。与朝鲜的军事友好关系继续发展，中国人民解放军为加强中朝友好合作推动朝鲜半岛局势缓和与稳定做出了积极努力。这一时期，双方军事代表团互访频繁，军事高层互访达到20次之多。中国与巴基斯坦建立了牢固的友好合作关系，两国军事高层互访频繁，在战略上形成相互配合的默契，在越南入侵柬埔寨、苏联出兵阿富汗等直接威胁中巴两国安全的国际问题上进行了充分的沟通。这期间，两军军兵种司令以上互访就达11次之多。中国同孟加拉国的军事关系一直保持得十分密切友好。两国在1980年7月，互派了武官。这期间，先后访问中国的孟加拉国的三军领导人率领的军事代表团有7个，中国军方领导人率领的访问孟的军事代表团有8个。中孟两军在装备、情报、军训、院校等方面进行了卓有成效的合作。[①] 这一时期，发展中国家始终是中国军事外交的一个重要方面，在南南合作方面开辟了新的军事合作途径，为中国营造改革开放的和平环境提供了重要支撑。

随着中苏关系正常化，1989年1月，越南外交部宣布，将于9月前从柬埔寨撤出全部军队。这一年10月，邓小平在一次谈话中指出：中国愿意改善同越南的关系，但越南必须干干净净、彻彻底底的从柬埔寨撤军。只有做到这件事之后，才能说结束过去。之后，越南领导人利用各种场合多次表达改善越中关系的愿望，中越关系正常化提上日程。

---

① 孔繁政、陈志勇主编：《中国人民解放军军事统战与军事交往》，北京：解放军出版社，2004年版，第272页。

5. 参与国际军控与裁军进程

对于国际军控与裁军，中国一度持怀疑态度，尤其是在美苏对抗趋向缓和时期，中国方认为这一做法是两个超级大国限制广大第三世界国家发展自身力量的工具。因此，在 1979 年以前，中国对裁军问题一直不是很积极，通过这一平台揭露美苏两个超级大国假裁军、真扩军的本质。1963 年，中国政府就发表过声明，主张全面、彻底、干净、坚决地禁止和销毁核武器。1978 年 9 月 6 日，邓小平会见日本客人谈到中国参加裁军会议的问题时说：过去的裁军会议我们都没有参加，我们对它没有兴趣。但世界各国都希望我们参加，今年我们参加了，无非是讲一讲我们的观点，揭露假裁军、真扩军的本质。这个会是联合国范围的，我们参加，至于世界裁军会议，我们不参加。[①] 但是在改革开放之后，中国对国际军控与裁军的看法有所改变，政策上逐步进行调整，开始谨慎地参与国际多边裁军，主要目的在于停止美苏之间的军备竞赛，推动国际安全形势走向缓和，为中国的经济发展提供一个较为和平的外部环境。这一时期的主要参与内容：

在 1979—1980 年间，中国先后开始参加联合国裁军审议委员会和日内瓦裁军谈判委员会的工作，积极促成各项裁军问题的谈判和达成有关公约。

1982 年，中国在联合国第二届裁军特别大会上提出，美苏两国应停止试验、改进和生产核武器，并率先大幅度削减其各种类型的核武器和运载工具。中国“两超率先”的政策主张得到国际社会的广泛赞同。

① 外交部档案馆编：《伟人的足迹——邓小平外交活动大事记》，北京：世界知识出版社，1998 年版，第 180 页。

1983 年，中国外交部首次派遣专职裁军事务大使常驻日内瓦，参加裁军谈判委员会的各项工作，标志着中国参加国际军控裁军进入实质性阶段。

1984 年第 39 届联大期间，中国第一次提出了自己的裁军提案——《防止外层空间军备竞赛》，改变了中国从 70 年代初参与联合国的裁军活动到 80 年代中期的十多年间没有提出任何裁军提案的历史。

1985 年，中国向世界宣布减少军队员额 100 万，可谓是 80 年代世界范围内最大规模的裁军行动，中国国防工业也开始了“军转民”的进程。

1986 年，中国宣布不再在大气层进行核试验。同年 9 月，中国在第 41 届联合国大会上首次单独提出两项有关核裁军和常规裁军问题的重要议案，突出强调了美苏在裁军方面应担负“特殊责任”，必须“率先裁军”的原则，获得联合国大会分别以协商一致和绝对多数票通过。

1987 年，中国签署了《南太平洋无核区条约》的有关附加议定书。

在这一时期，中国还重新审查了过去没有参加的相关公约，并在此基础上加入了《禁止或限制使用某些被认为具有过分伤害或滥杀滥伤作用的常规武器公约》、《禁止细菌（生物）及毒素武器的发展、生产及储存以及销毁这些武器的公约》等重要军控条约。

中国虽然没有在这一时期加入《核不扩散条约》，但声明中国不“主张或鼓励扩散核武器”，强调中国将坚持三条原则，即不主张核扩散，不搞核扩散，不帮助别国发展核武器。总体来看，这一时期中国在多边军控和裁军领域的立场发生了一系列变化，“70 年代是鄙视不参与，80 年代变为有选择参与，而 90 年代则是全面参与。似乎是为了向世界显示其巨大转变，中国从 1982—1992 年的 10 年间加入了其过去鄙视和谴责的12个多边军控和裁军公约中的9个。"①据统计，在70年代初期，中国加入或签署的军控条约占其可参加数量的10%—20%。到90年代，这一比例上升到85—90%。即虽然有些条约限制了相对军事实力的发展，中国还是签署了绝大部分其可以加入的此类条约。②

如图4—1，从60—90年代，中国加入或签署军控条约比例的变化。

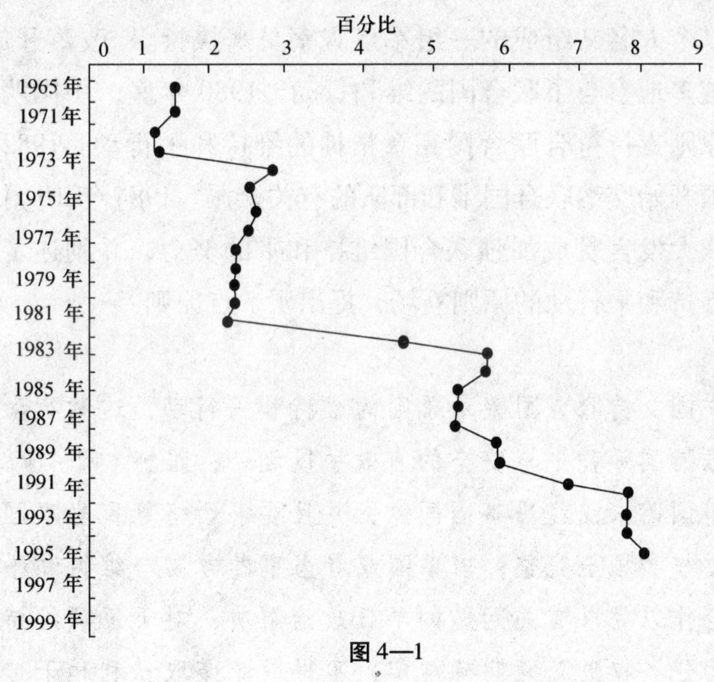

图4—1

资料来源：江忆恩："中国参与国际体制的若干思考"，载《世界经济与政治》1999年第7期。

① ［美］伊莉莎白·埃克诺米等主编：《中国参与世界》，华宏勋等译，北京：新华出版社，2001年版，第76页。

② ［美］江忆恩："中国参与国际体制的若干思考"，载《世界经济与政治》，1999年第7期。

6. 参加联合国维持和平行动

维和，即应希望（至少在当时希望）和平的争端方请求，或经争端各方同意，没有利害关系且无威胁的第三方采取的行动。其目的在于抑制危机、保持国际分界线（可能在缓冲区内）的稳定和冲突解决。联合国维和行动是联合国在特定的国际环境下，为维护国际和平及地区安全而创立和发展起来的一种特殊军事手段。直到20世纪90年代，联合国维和行动才由相关国家组成的一小支国际部队，或是以个人名义组成的一组军事观察员来执行。[①] 改革开放后，我国越来越多地参与了联合国的维和行动。1980年底，中国明确表示肯定和原则支持符合联合国宪章精神的维持和平行动。1982年1月起，中国开始交纳联合国维和部队的有关摊派。1984年10月，中国代表在联大发言赞成加强联合国维持和平的努力，并阐述了中国对联合国维持和平行动的原则立场，提出了7点原则：

> 中国支持联合国宪章原则的维持和平行动，这种行动是联合国维持国际和平与安全的有效手段之一；维持和平行动必须由当事国请求或经当事国同意，并且要求严格尊重当事国的独立、主权和领土完整；当事国或者当事各方要与维持和平行动努力合作以寻求有关问题的早日政治解决；对于每项维持和平行动的任务权限必须明确规定，不得以此谋取私利和干涉别国内政；维持和平行动的授权归安理会；对于维持和平行动的费用要贯彻公平分摊、合理负担的原则；为加强维持和平行动，拟定指导方针或采取实际措施是必要的。

① ［英］杰夫·贝里奇、艾伦·詹姆斯：《外交辞典》，高飞译，北京：北京大学出版社，2008年版，第214页。

1986 年，中国政府派人前往中东实地考察了“停战监督组织”。1988 年，中国成为联合国维持和平行动特设委员。1989 年，中国首次派人参加维持和平行动，向联合国纳米比亚过渡时期及组团派遣了 200 名选举监督员。

（四）小结

历史正迅疾而悄然地向世界历史转变，中国人在对‘中国与世界’问题进行思考的同时，也在思考着中国军队与世界各国军队的关系。改革开放后的中国军事外交添加了更多现实主义，摆脱了以意识形态界定国家间关系的思维窠臼，努力实现国家利益与维护全人类共同利益的统一，其变化是显著的。

一是在军事外交的实践中寻求国际责任与国家实力间的平衡。

邓小平强调中国作为国际社会的一员应当负一定的国际责任，要求中国为世界贡献力量时要坚持独立自主的根本原则。从中国自身的发展需求与建设现状出发，邓小平提出中国担负国际责任时应当坚持几项原则，譬如，“不当头”原则、与发展水平相适应原则、“与第三世界站在一起”的原则等。这些原则之间有着一种必然的逻辑关系：中国属于第三世界国家中的一员，属于发展中国家，生产力还比较落后；这一现状决定了中国在强调担负国际责任的必要性的同时，也强调了中国担负国际责任的有限性，必须担负与自身实力相称的国际责任；担负国际责任是否与争夺领导权相联系？邓小平给出了否定的回答，他在首要原则里就强调了“不当头”原则，当头就搞坏了名誉，就成了霸权主义。对此，在 1982 年，他有过一段精辟的分析：“人们说，中国在第三世界处于特殊的地位。我们说，中国只是第三世界的一员，作为第三世界的一员，要尽到我们的责任。很多朋友说，中国是第三世界的头头。我们说，头头可不能当，头头一当就坏了。搞霸权主义的名誉很坏，当第三世界的头头名誉也不好。这不是客气话，这是一种真实的政治考虑。”[①]

从历史视角来看，邓小平在国际责任与国家实力的权衡中坚持现实主义路线是其在新的历史条件下继承毛泽东国际关系思想的必然结果，也是其对毛泽东国际主义思想进一步发展的必然选择。作为第三世界国家的一员、国际社会的一员，在尽到国际责任的同时，避免当“第三世界的头头”。因为历史的教训已经极为深刻了，为了确立在国际共运中的领导地位，中国一度采取了错误的外交政策，无论是从国际环境上来看，还是从国内建设上来看，中国都受到了极大的损害，这是对毛泽东国际主义思想在新的历史条件下的发展。当然，这并不意味着中国在对外关系上从此就失去了自己的政治立场和价值判断，反对各种形式的霸权主义，无论是帝国主义的霸权，还是社会主义的霸权，这样的政治道义是中国一直恪守的，这样一种“真实的政治考虑”主要来自于曾经的实践，是对毛泽东国际主义思想的继承。但是“不当头”并不意味着无所作为，还要“有所作为”，那就是建立国际政治新秩序，在国际问题上要有所作为。这些就构成了邓小平对国际责任与国家实力的辩证统一，有所坚持但也有所改变，有所不为但也有所作为，从而形成了作为的必要尺度，这个尺度在积极方面表现为主动参与，在理性选择上则表现为量力而行。这其中体现的是一种自觉的限制，即对参与国际社会的程度的自控。

这一特点充分地体现在中国对军事援助政策的调整上。这一时期，中国对外军事援助呈现收缩态势，其战略重点调整到反对霸权主义、维护世界和地区和平稳定上来。在援助对象上减少了对亚非拉一些左派政党和反政府力量的军事援助。在军事援助的方式上，中国不再囿于“不作军火商”的限定，改变了之前单一的无偿援助的方式，采取了无偿、收取成本费、贷款或延期付款等多种方式。

① 《邓小平文选》第2卷，人民出版社，1983年版，第416页。

无偿军事援助的国家开始逐步减少，采用其它方式的国家则开始增多。伴随着军事援助的整体性减少，军贸活动开始活跃起来。

二是推进外交改革，在中美苏大三角战略关系中掌握军事外交的主动。

处于发展过程中的大国与中小国家交往时坚持既定原则、保持军事交往中的主动具有普遍性，但要与冷战时期的美苏两个超级大国坚持从国家利益出发，在斗争与合作中掌握主动，使军事外交向既定目标发展实为不易。历史上就曾有许多转型中的发展中大国因为采取的策略不当，最终不是成为大国的政治依附，就是被孤立于大国体系之外。邓小平领导的中国却在这一时期的中美苏大三角战略关系中掌握了军事外交的主动，始终坚持外交原则，既捍卫了国家利益，又融入了国际社会，创造了中美苏大三角战略的特例。其重要原因在于邓小平基于对世界战略形势判断务实推进的外交革命，其主要内容包括：外交政策的非意识形态化，独立自主不结盟政策的确立以及指导方针的根本性转变。这些转变包含着对国家利益的判断和认识，用发展的利益取代了革命的利益，用和平与发展的时代主题取代了战争与革命的主题，用彻底的和平共处和不干涉内政的原则发展了新国际主义原则，这就使中国规避了经典马克思主义所强调的国际主义原则与涉及他国内部事务的结构性矛盾。正是这些外交革命所产生的原则，使得此一时期中国政府为避免美国打“中国牌”或者苏联打“中国牌”，在推进中美关系发展的同时，也能将与苏联关系正常化提上历史日程，这一切都做得循乎逻辑，有理、有利、有节。

虽然美苏冷战在这一时期有加剧的趋势，中国所确立的“独立自主的不结盟”的外交政策非但没有成为这一时期实现美中苏关系同步发展的障碍，反而成为处理中美、中苏关系的筹码，使中国方面获取了更多的回旋余地。譬如，80年代初，当中国领导人决定推动中苏关系正常化时，这一决定又是“与美国拉开距离”联系在一起的。但实质上中美关系并未因此而受到影响，在经历了一段时间的动荡后，中美关系从1983年秋季开始稳定下来，尤其是在军事领域的合作出现了跃进式的发展。可以说，正是由于中国对苏联政策的调整，使得美国不得不在对华关系上采取更为积极的态度，从而使中国在中美关系中掌握更多主动；中美关系的发展又使得中国处理对苏关系时处于一个更为有利的地位，使得中苏之间因中方提出以“三大障碍”的消除为前提的关系正常化的恢复获得更多谈判筹码。正如有学者指出的那样：“由于特别的地缘政治原因，中美俄之间一直存在一种特殊的相互关联性，此不仅表现在双边关系的发展常常以第三国为考虑出发点或归宿……而且表现在双边关系的变化自然而然会对第三国产生影响，也就是说，即使三国之间的双边关系并不以第三国为目标或对象，这种关系也会对第三国和它们的相互关系发生作用。”①

三是在国防和军队现代化建设中充分发挥军事外交的服务功能。

邓小平复出后的出访是他在这一历史时期最受人瞩目的第一次，但同时又是他最后一次出访。因为在1979年结束访美之后的18年里，邓小平再也没有迈出过国门。而当他出访完日本和美国后，他曾对翻译施燕华说，通过这次访问，他已完成了自己的任务。这个任务就是基于当时的中国国家安全环境的需要和为中国现代化争取帮助的需要，邓小平认为自己有责任改善与邻国的关系，并向日本和美国进一步敞开国门。之后的历史事实证明，包括国防和军队现代化建设在内的国家现代化建设目标的推进与实现无不与他复出后的出访息息相关，中国国家和军队从外交关系中获得了一定的现代化技术的帮助。尤其是在美苏对峙时期，中国与美国关系的改善产生了一定的辐射效应，在与美国加强军事往来的同时，中国也先后

① 沈志华主编：《中苏关系史纲——1917—1991年中苏关系若干问题再探讨》（增订版），北京：社会科学文献出版社，2011年1月第1版，第6页。

与英、法、意、澳等西方军事强国建立起军事合作关系。然而，军事外交对国防和军队现代化建设的服务功能的发挥是有限的。由于中美军事合作是基于对付苏联威胁的背景之上，加之美对台军售的负面因素的存在，美方对中美军事合作始终存有戒心，对华军事技术交流始终是有限制的，对于有助于提高中国军队整体作战能力及稍具战略性的武器现代化合作项目往往也是口惠而实不至，如“和平珍珠”歼－8Ⅱ型战斗机改造项目，美方故意为关键性技术和电控系统的转交模糊最晚时限，费用也是一再上升，其合作完全失去了信誉基础，1990 年中方被迫宣布中止这一合作。

四是确立了中美军事外交中涉及台湾问题的基本原则。

1979 年 1 月 1 日，《中美建交公报》公布后不久，4 月 10 日，美国国会又通过了以调整美国与台湾的贸易、交往和其他领域的关系为主要内容的《与台湾关系法》，法案要求美国向台湾提供必要的自卫武器，并宣布，以和平手段以外的任何方式解决台湾问题都将引起美国的严重关切。但是它违背了与中国谈判的精神，也违背了 1972 年的《上海公报》精神。虽经多次试探，中国方面始终对美国对台售武保持强硬态度，1982 年 8 月 17 日，中美在进行了具体谈判的基础上签署了《关于美国对台售武的中美联合公报》，即《八一七公报》，协议明确对美国售台武器做出限制，表示美国“无意侵犯中国的主权和领土完整……无意执行‘两个中国’或‘一中一台’的政策”。公报还规定，向台湾出售武器“在性能和数量上将不超过中美建交后近几年供应的水平……美国愿意逐步减少对台湾的武器出售，并经过一段时间达成最后的解决”。至此，1982 年的《八一七公报》、1972 年 2 月 27 日的《上海公报》和 1979 年 1 月 1 日的《中美建交公报》一起，成为中美军事外交中涉及台湾问题的 3 个基础性文件。

五是开启中国军事外交中的海军外交。

海军是国家武装力量的重要组成部分，海军外交是指海军根据国家外交斗争需要和对外军事交往的具体要求，利用其活动具有国际性的特点，参与和支持国家政治外交的活动。

作为国际性军种，海军舰艇编队出访是海军外交的传统形式，也是最主要的形式。海军舰艇编队出访分顺访和专访两种。顺访一般发生在海军舰艇执行任务过程中，主要是为了对舰艇进行适当的维修、补给和人员休整，没有特别的外交意义，但接待规格和热情程度也能反映两国的关系。如1984年我国首次进行南极考察的海军舰艇在往返途中对阿根廷和智利就进行了顺访。舰艇专访是指为专门目的而对他国进行的访问，常常以友好的面目出现，是舰艇出访的主要形式。或者是向被访问国表示纯粹的友好态度；或者是以友好的形式向被访问国表示一定的威慑意图；或者是在向被访问国表示友好的同时隐含某种模糊的目的；或者是向被访问国的敌对国家表示现实的威慑。1956年6月20日，苏联"季米特里·巴热尔斯基"号巡洋舰和"智谋"号、"启蒙"号雷击舰组成苏联海军友好访华舰队，在太平洋舰队司令员切库洛夫中将率领下首次访问上海。1980年9月，英国皇家海军3艘军舰访问上海。1986年11月5日，美国第七舰队的"里夫斯"号巡洋舰、"奥尔登多夫"号驱逐舰、"伦兹"号护卫舰在太平洋舰队总司令的率领下访问了青岛港，这是美国舰队第一次访问中华人民共和国的港口，也是中美两军第一次大规模的面对面接触。3000名美国海军将士身着军服访问了青岛市。太平洋舰队总司令在记者招待会上说，中国的经济发展和军事现代化对全球关系，特别是对亚太地区的关系起着稳定的作用。中美合作是维持稳定的一个关键因素。美国舰队访华10天后，中国人民解放军海军后勤代表团访问了美国。这一时期相继还有法国、意大利、瑞典、巴基斯坦、加拿大、阿根廷、葡萄牙、哥伦比亚等十几个国家的海军的60多艘舰艇也先后到访中国。

整个80年代，中国海军走出国门，开始了海军外交诸多的首次航行。1985年11月至1986年1月，中国海军有了属于新中国海军的第一次舰艇出访。中国132号导弹驱逐舰和X615型远洋油水综合补给舰组成的导弹驱逐舰编队先后出访了巴基斯坦、斯里兰卡和孟加拉三国。之后的1989年4月，中国远洋训练舰“郑和”号单舰横渡太平洋进入西半球，对美国夏威夷进行访问，这是中国海军军舰首次访问美国。

二、磨合时期的中国军事外交

从邓小平为中国设计了改革开放道路起始，整个80年代，中国在各个领域渐次打开了开放的大门，在国内建设中努力探索适合中国国情和时代要求的中国特色社会主义道路，在与世界的交往中中国努力寻找与中国外交价值相连接、与中国基本国情和实力相符的国家身份，在与世界其他各国的交往中探索既通过维护世界和平发展自已，又通过自身发展维护世界和平的科学规律，寻求与各国互利共赢和共同发展的利益交汇点。然而，步入90年代，受任于1989年危难甫定之际的江泽民入主中枢，以其为核心的第三代领导集体发现国际形势极其错综复杂，国际政治的冷战结束，经济热战正酣，冷战思维犹存，霸权主义和强权政治依然存在，多极化在曲折中发展。正是在这样极为艰难的时代背景下，中国共产党把握全局，处变不惊，不仅惊人地保持了持续的团结稳定，而且为中国的长治久安、国家民族的繁荣昌盛奠定了坚实的基础，在与世界各国交往的磨合中相互了解，在解决问题中有所发展，这10年是一个世纪的收尾之年，更是一个新世纪的开启之年，其承上启下的战略意义不言而喻。

（一）战略环境判断

进入20世纪80年代末90年代初，随着东欧剧变，苏联解体，两极对抗格局瓦解，冷战结束，国际关系格局发生了深刻变化。而国内发生政治风波，给中国正在推进中的改革开放带来冲击，学者何新这样概括这一时期的国内国际形势："方历动乱，国本震撼，人心动摇，位弱民疑。外遭制裁，内有妖佞。上有强藩，下有蠹吏。经济失调，思想混乱。"[①] 以美国为首的西方国家在江泽民执政之初寄希望于以政治、经济以及意识形态的诱导从而催化一位戈尔巴乔夫式的"改革"人物，通过各种渠道和媒介送来许多"改革"建议和方案。此番图谋遭到失败后即掀起反华浪潮，从政治、经济到军事、文化领域对中国实施了一系列封锁和围堵。尤其是在军事方面，1991 年的海湾战争，是冷战结束之际爆发的一场大规模局部战争，对冷战后的国际形势和国际战略格局产生了非常深远的影响。这场战争引起了中国的高度关注，从中得到多方面的启示。其中最主要的有两点：一是世界大战虽然可以避免，但是世界并不太平，局部战争和军事冲突将成为主要军事斗争形式。那些由于民族、宗教、领土等争端引发的地区矛盾或冲突，往往被列强视为谋求地区控制权或全球霸权的契机。而外部势力的插手又使这些矛盾和冲突难以平息，成为久治不愈的"溃疡"。中国作为坚持社会主义制度的最大发展中国家，不能不对此提高警惕。二是以信息技术为核心的现代高新技术广泛运用于军事领域，正在引发一场前所未有的军事变革，深刻改变着军队的组织结构、作战方式乃至战争形态，特别是拥有技术优势的一方，明显地掌握着更多的战场主动权。海湾战争初步展示了现代高技术战争的某些特点。面对世界军事领域中的深刻变革，中国在军队现代化条件下作战能力不足的问题越发显得突出。

但与此同时，经济全球化的迅猛发展，使国家间的相互依存大大增加，世界大战的可能性日益缩小；大国关系在发生深刻的变化，冷战时期那种非友即敌、你死我活的"零和关系"越来越没有市场，

---

① 何新：《全球战略问题新观察》，北京：时事出版社，2003 年 1 月第 1 版，第 1 页。

取而代之的是“非敌非友”、“亦敌亦友”的非“零和关系”，“双赢”、“共赢”的概念产生；国家利益逐渐取代意识形态成为国际关系的主导因素；尽管单边主义有所发展，但多极化的潮流不可阻挡，对单边主义构成有力的制约。冷战后的世界总体表现为合作与对抗并存，对话与对立同在，但合作与对话的因素在不断增加。传统安全与非传统安全交织，非传统安全问题日益突出。随着中国国力的增强和中国国际角色的转变，在邓小平国家安全观的基础上，第三代领导集体进一步提出“树立以互信、互利、平等、协作为核心的新安全观”[①] 的思想。1997年3月，中国在东盟地区论坛信任措施会议上正式提出了适合冷战后亚太地区各国维护安全的“新安全观”。同年4月23日，江泽民主席第一次向全世界阐明了中国关于维护整个世界安全的基本主张。1999年3月26日，江泽民主席在日内瓦裁军谈判会议上发表了《推动裁军进程，维护国际安全》的讲话，第一次全面阐述了以互信、互利、平等、协作作为核心的新安全观。在随后的一系列双边、多边外交活动中，这一观念得到丰富和完善，并转化为具体的成果，包括建立上海合作组织、发展中俄新安全合作关系，发表中国与东盟国家的《关于非传统安全领域合作联合宣言》等。综合而言，中国的新安全观的基本内容是：顺应冷战后世界发展的大趋势，站在21世纪的战略高度，从国家的根本利益出发，以和平共处五项原则为基础，以互信、互利、平等、协作的新安全观为核心，协调、兼顾政治、经济、国防、科技、信息等综合安全利益，运用多种手段维护国家的长治久安和营造可靠、长期稳定的国际和平环境，实现中华民族的伟大复兴。中国第三代领导集体的新安全观，在安全主体上是主权安全，在安全内容上是综合安全，在安全途径上是合作安全。

① 江泽民：“共同创造一个和平繁荣的新世纪”，《江泽民文选》第3卷，北京：人民出版社，2006年8月第1版，第475页。

这为如何通过国际间的相互交往更好地实现国家安全的新途径提供了积极的回答，合作是主线，互信是思想基础，互利是物质基础，平等是政治基础。

（二）战略选择

这一时期，在军事外交领域，中国遭受到西方国家的重重围堵，外国军事代表团来华数量锐减，中国许多军事出访团组遭到拒绝，美国等西方国家甚至暂停对华军事交往，中止对华军售，中断军事技术交流，利用各种方式、渠道对中方施加压力。

在这种情况下，中国在外交上采取了“冷静观察，稳住阵脚，沉着应付，韬光养晦，有所作为”对外关系方针。在国防战略上坚持的是积极防御的军事战略方针：基于两极对抗结束后世界主要战略关系的调整变化，中央军委对中国军队的战略指导思想进行了重大调整，确立了新的军事战略方针。江泽民指出：“军事战略归根结底是治国之道。任何一个国家要治理好，军事不搞好是绝对不行的。因为军事战略必须跟整个国家的政治、外交、经济密切协调。如果军事战略错了，损失是很大的。”① 1993 年 1 月中央军委召开扩大会议，在江泽民的主持下确立了新时期军事战略方针，提出把军事斗争准备的基点放在打赢现代技术特别是高技术条件下的局部战争上②。这是继 80 年代由准备早打、大打、打核战争转到重点应付局部战争和突发事件之后，对军事战略方针所作的又一次重大调整。江泽民指出：我们要继续实行积极防御的军事战略方针，不仅是继承中国军队的传统，而且也符合中国的国情、军情。③

① 江泽民：“在全军军事工作会议上的讲话”，1990 年 12 月 1 日。

② 中国人民解放军总政治部宣传部：《江泽民国防和军队建设思想学习纲要》，北京：解放军出版社，2003 年版，第 27 页。

③ 中共中央文献研究室编：《江泽民论有中国特色社会主义》（专题摘编），北京：中央文献出版社，2002 年版，第 451 页。

基于这样的外交方针和军事战略方针，中国军事外交在西方继续冷战思维、继续对中国施压的形势下纵横捭阖，克服重重困难，不仅突破了西方国家的战略围堵，而且在军事外交领域取得了令人瞩目的进展，全方位的军事外交正是在这样一个极为困难的时期启动并有所发展的，为之后中国开展全方位、宽领域、多层次的军事外交奠定了坚实基础。

（三）军事外交的主要内容

这一时期的国际形势可谓风云变幻，这对改革开放中的中国不亟为一场严峻的考验，同时也考验着中国处理包括军事关系在内的对外关系的能力与智慧。

1. 中美军事外交

虽然80年代中美军事关系经历了一段时间的“蜜月”期，但随着东欧剧变、苏联解体，冷战格局被打破，美国成为一超独霸，维系这种合作交往的政治基础本就脆弱，更因这一变化而瓦解，失去了基础和方向。中美军事外交亦发生了一连串震荡与波折，可谓一波未平一波又起，作为冷战结束后对中国对外关系中最为重要的双边关系，中美军事关系面临着一系列的挑战和考验，在20世纪90年代末的10年间跌宕起伏，出现恢复、升温、受挫、再恢复、再受挫的曲折发展过程，乍暖还寒中中美两军在多个领域开始了新的磨合。受到美国因为国家领导人变更而出现的对外关系理念和政策变化的影响，中美军事外交也出现了明显的阶段性。

1989年春夏之交发生的“政治风波”一度使得中美军事交往陷入停滞。随着1991年海湾战争的爆发，美国国防部官员为了取得中国在安理会内的支持，逐渐恢复了与中国武官的接触与磋商。1993年10月，美助理国防部长傅立民（Chas W. Freeman）应邀访华，从而结束了长达4年的高层接触禁令。

1994年10月16日，美国国防部长佩里（William Perry）作为中美军事关系解冻以来访华的第一位美国国防部长，对于中美两军关系的新发展具有标志性意义。除了同中国国防部长迟浩田会晤外，这位五角大楼的首脑还受到了中国最高官员——中国国家主席、中共总书记江泽民，国务院总理李鹏和外交部长钱其琛的接见。佩里访华期间在国防大学发表了有关安全问题的演讲，他还与中国一些军方领导人保持着私人关系，他认为“这将是发展良好关系的有利条件。中国人对他们所说的老朋友是很重视的”。① 佩里在与中国国防部长迟浩田会见时主要讨论了北朝鲜问题、不扩散核武器问题、中国停止出售地对地导弹、增加中国军事预算和政策透明度、军转民项目和人权问题等。10月，美国国防情报局（DIA）局长和太平洋舰队来华进行了工作访问。11月，中国国防大学副校长马伟志访美。1995年3月，国防大学校长朱敦法访美。中美建立了军转民合作联委会，并举行了首次会议，双方达成了《指导国防工业军转民联合委员会工作的原则声明》、《关于停止生产用于核武器裂变材料的联合声明》和《关于导弹扩散问题的联合声明》等三个与军事有关的文件。

1995年至1996年上半年，中美关系因李登辉访美跌入建交以来的最低点，美两支航母编队在我军台海演习期间驶近台湾海峡，两军一度滑至对抗的边缘。1996年美日强化安全同盟，包含明显针对中国和介入台湾、南海的意图，引起中方的强烈反应。

1995年3月20—21日，美国太平洋舰队巡洋舰“邦克山”号抵达青岛访问。3月29日，美国国防部长佩里在五角大楼会见了来访的中国人民解放军总参谋长助理熊光楷一行。4月27日，中央军委副主席刘华清会见了来访的美军太平洋司令部总司令马克上将

---

① ［美］吉姆·曼：“美国同中国军方接触引起亚洲一些国家高度的关注”，《洛杉矶时报》，1994年10月12日。

（Richard Mark）。10 月 18 日，中央军委副主席、国防部长迟浩田会见了美国国防大学校长罗·基中将一行。11 月 15—17 日。助理国务卿约瑟夫·奈（Joseph Nye）访华。

1996 年 1 月 29 日—2 月 9 日，解放军总后勤部长助理温光春率军事代表团一行 6 人抵达美国访问，期间访问了美军的基地，与美军进行了后勤训练及教育等方面的交流，研讨了中国军队后勤现代化目标。6 月 25 日，美国国防部副部长斯洛利姆（Walter Slocum）访华，主动在李登辉访美后做出修补双边军事关系的表示，这标志着双方军事关系开始步入新一轮的恢复期。就在他访华的前一天，美国总统批准了暂停 1989 年以来的对华防务技术出曰的禁令，允许向北京出售美国制造的通讯卫星。同年 12 月，中国国防部长迟浩田上将率领庞大的军事代表团访问美国，并决定建立两国国防部长磋商机制。

1997 年 3 月中国人民解放军副总参谋长隗福临访问美国；同年 5 月，美国参谋长联系会议主席沙利卡什维利（John Shalikashvili）访问中国，同年 8 月中国总参谋长傅全有上将访美。同年 12 月，美国太平洋总部司令普吕厄上将（Joseph W. Prueher）与中国人民解放军副总参谋长熊光楷几乎是同时进行了互访。熊光楷访美期间还与美国国防部副部长斯洛利姆草签了《关于建立加强海上军事安全磋商机制的协议》。

1998 年 1 月，美国国防部长科恩（William Cohen）作为中美建交以来第五位在职的国防部长访华，中国军方安排他与 14 名随从参观了北京附近的一处重要的军事基地。此举无疑是向美方证明了中方在进行双边军事交往上的诚意，以及在扩大军事透明度上的努力。美方也由衷地评价说中方在提升透明度方面做出了十分友好的姿态。访华期间，两国国防部长还正式签署了《中美两国国防部关于建立加强海上军事安全磋商机制的协议》。作为中美两军之间签署的第一个有关军事安全磋商机制的协议，该文件标志着中美两国两军关系取得实质性进展，有助于双方武装力量在海上避免发生意外事故、误解或误判。

1998 年 6 月底—7 月初，克林顿总统访华时，与中方达成互不将各自控制下的战略核武器瞄准对方的协议备忘录，双方还就两军进行人道救援行动、协议展开沙盘演习、派员观摩演习、合作解决环境灾害等议题达成了具体的协议。

1997 年 3 月，中国舰艇编队访问美国夏威夷和圣迭戈，实现了对美国本土的首访。至 1998 年底，共有美舰 5 批 9 艘次访华，美国成为派军舰访华最多的国家。1997 年以来美国防大学每年有 4 个将官班和一个校官班来华访问。中国方面也对军事留学持积极和肯定态度。从 1997 年开始，中国人民解放军已派出数批校级军官团在哈佛大学肯尼迪政治学院短期进修。中方允许美舰在中国政府恢复对香港行使主权后继续访港停泊。1997 年美国第七舰队首访回归后的香港，并与解放军驻港部队接触。由此可以看出，在这一时期，中美军事关系已在一定战略认同的基础上走向成熟，两军关系已恢复为两国关系中的积极因素。

1999 年是中美两国和两军关系的多事之秋。首先是美国对“国家导弹防御系统”（NMD）和“战区导弹防御系统”（TMD）的调整。1 月 20 日，美国国防部长科恩宣布，美军将调整 NMD 和 TMD，要求增拨 66 亿美元用于研究发展 NMD，以使今后 6 年用于 NMD 的经费增至 105 亿美元，为原计划的近 3 倍。中国考虑到，美国导弹防御计划的调整，必将对国际安全形势和全球及地区战略平衡产生广泛深远的影响，同时有可能带来新的一轮世界军备竞赛，因此明确表示反对，这样就在中美关系中投下了阴影。其次，美国部分参议员一手炮制了《考克斯报告》，该报告指责中国在过去的 20 年中通过“偷窃”手段获得了美国军事技术中某些最机密的部分（包括核武器设计技术等），因此提出了限制向中国出口的 38 项措施。一波未平一波又起，不久美国又炮制了与其类似的“李文和案”。随后

5 月 8 日，美国轰炸了中国驻南联盟大使馆，对此中国方面于 5 月 10 日向美国提出了最强烈抗议，并提出以下三项措施：“（1）推迟中美两军高层交往；（2）推迟中美防扩散、军控和国际安全问题磋商；（3）中止中美在人权领域的对话。”对此，美方也迅速做出了反应。5 月 25 日，美国国防部发言人宣布取消原定于 6 月的科恩访华。6 月24 日，美国政府官员透露说，美国政府正在考虑缩小与中国进行军事交流的规模。不久，美国众议院又通过了一项法案，要求国防部大幅缩小同中方军事交流的规模。

当然，这一时期，在中美两国领导人和两军共同的努力下，两军关系也取得了一些建设性进展。首先中美在军事安全领域达成了一系列协议。1998 年 1 月签订的“海上军事活动磋商协定”是中美之间最重要的一项信任措施。这项协定旨在推动双方防务对话，以避免中美两国海军和空军在彼此距离较近的区域内发生误会。双方的工作组会谈讨论了一系列问题，例如双方舰艇和飞机之间的通信问题。对于中美两军来说，这是一个紧急的问题，在这以前，双方在行动过程中极少进行直接的联系。1998 年克林顿访华时，双方签订了一项双边协议，协议规定不将对方作为自己战略核武器的目标。1998 年美国的《东亚太平洋安全战略报告》称这一协议是“一项意义重大的象征性举动，这一举动能够让双方都放心，并能够重建我们之间的建设性关系”。1998 年美国国防部长科恩和中国中央军委副主席张万年签署了一项允许双方在环境合作方面进行军事交流的联合声明。

其次，开始着手建立双边信任措施。1997 年开始的双方高级防务官员之间的年度防务双边协商会谈代表了一个重要的建立信任措施。中美防务界人士不断扩大了访问的范围，对彼此的防务设施进行了参观。防务人士在参观彼此设施时听取了对方对自己的军事学说、法律、医疗和其他方面的简要介绍。双方进一步的交流是通过两军教育机构进行的。克林顿 1998 年访华时，双方同意派遣观察员参加对方的某些军事演习。随后，中国防务代表参观了美国代号为“环太平洋”的演习和代号为“制服雷电”的军事演习，而美国一个高级代表团也参观了中国人民解放军在中国南京军区进行的一次军事演习。中美两国元首还在1998年5月建立了两国直接联系的热线。克林顿政府还认为双方在环境和人道主义问题上的双边军事合作是潜在的建立信任措施。美国《东亚太平洋安战略报告》认为“通过这一机制双方能够建立信任，双边之间的信任可能会缓和紧张关系，增进对不同文化的了解”。[①]

2. 中（苏）俄军事外交

1989年5月16日，苏共中央总书记戈尔巴乔夫应中国国家主席杨尚昆邀请，对中国进行正式访问，在同邓小平的会谈中，邓小平提出“结束过去，开辟未来”，认为中苏之间以往的意识形态的论争并无多少实质意义，对中国来说最重要的是尊严和安全，未来的中苏关系应建立在彼此相互尊重和互不威胁的基础上，中苏关系有很大的发展空间，双方要“多做实事，少说空话”。[②] 5月18日，双方发表了《中苏联合公报》。公报内容为后来中苏关系稳定发展并在之后向中俄关系平稳过渡奠定了基础。

1990年4月23—26日，中国总理李鹏正式访问苏联，并在访问期间签署了6项有助于中苏关系实质性发展的文件，其中包括《中苏关于和平利用与研究宇宙空间方面进行合作的协定》和《关于在中苏边境地区相互裁减军事力量和加强军事领域信任的指导原则协定》等。这一年，中国还与苏联签署了购买26架苏－27战斗机的合同，拉开了中俄军事技术合作的序幕。之后，又进购了苏－30战斗机、“现代”级驱逐舰、“基洛”级潜艇、S－300型系列防空导

① 《东亚太平洋安全战略报告》，美国国防部，1998年11月23日。

② 邓小平：“结束过去，开辟未来”，1989年5月16日，中央文献研究室编：《邓小平文选》第3卷，北京：人民出版社，1993年版，第291—295页。

弹、TOR－M1防空导弹等一批比较先进的武器装备。[①]

1991年5月15—19日，中共中央总书记江泽民应邀访问苏联。访问结束时发表了中苏第二个联合公报，声明各国“有权根据自己的特点选择社会制度、意识形态、经济模式和发展道路，这方面的差异不应妨碍各国之间的正常关系和合作”。[②] 双方外长还签署了《中苏国界东段协定》，将中苏边界谈判达成的一致意见用条约的形式确定下来。江泽民访苏三个月后，苏联发生了“8·19事件”。12月21日，除波罗的海沿岸三国和格鲁吉亚外，其他原苏联11国成立了独立国家联合体。四天后戈尔巴乔夫发表电视讲话，宣布辞去苏联总统职务，苏联最终解体。12月27日，中国宣布承认俄罗斯联邦。

1992年1月31日，李鹏总理在出席联合国大会期间，会见了俄罗斯总统叶利钦。叶利钦表示，俄罗斯重视与中国的关系，保证尽快审批中俄已经签订的东部边界条约。2月，中国人大和俄罗斯议会分别批准了中俄东段边境条约，随后，双方恢复了边境地区裁军和建立信任措施的会谈。6月，中俄联合边境勘察委员会开始运作。这一年，中俄国防部长进行了互访。12月18—19日，叶利钦总统访华，中俄发表了《相互关系基础的联合声明》，双方在声明中表示，尊重对方人民选择各自发展道路的自由，以及在处理双边关系中坚持和平解决争端、不参与针对对方的政治和军事联盟，不与任何第三国签署任何有损于对方主权和安全的条约和协议等。俄方还明确保证，在台湾问题上继续坚持“一个中国”的原则。[③]

1993年11月，中俄政府签署了《两国国防部军事合作协议》。

1994年，两国发表《关于互不首先使用核武器和互相不将战略

---

① 李承红：“中俄军事技术合作：回顾与展望”，《俄罗斯研究》2004年第4期。

② 田曾佩：《改革开放以来的中国外交》，北京：世界知识出版社，1993年版，第308页。

③ 《人民日报》，1992年12月19日。

武器瞄准对方的联合声明》，在之前建立信任措施和边界地区裁减武装力量的基础上逐步解决了长期悬而未决的勘界划界问题，为双方军事关系的全面发展铺平了道路。7 月，国防部长迟浩田访问俄罗斯，签署了中俄两国政府《关于预防危险军事活动的协定》。9 月，中俄又签署了《关于互不把核导弹瞄准对方的协定》，重申互不首先使用核武器。

1995 年，中央军委副主席刘华清访俄，与俄罗斯签署了一系列军事技术合作协定，中俄军事技术合作取得了突破性进展。

1996 年，中国国家主席江泽民和俄罗斯总统叶利钦在上海正式宣布建立中俄“平等信任的、面向 21 世纪的战略协作伙伴关系”。中国人民解放军总参谋长傅全有访俄，与俄方签署了两国国防部关于武器装备和军事技术合作的协定，进一步推动两军军事交流向更深层次发展。

3. 中国同周边和发展中国家的军事外交

从地缘战略上来看，邻居是既成事实，而且是不容改变的客观事实。农耕时代中华传统外交文化中的“远交近攻”策略显然已不适用。在全球化潮流下，只有实现区域的深度整合才能抗击风险，实现发展的双赢，“与邻为善，与邻为伴”是中国经营周边环境的外交方针，在这一方针指引下，这一时期中国与周边国家的军事外交得到了很好的发展，成效显著。1990 年，中蒙恢复两军关系，中印之间恢复军事团互访。1992 年，印度、马来西亚、越南的国防部长和印尼武装部队司令相继访华，使得 1992 年成为中国军事外交颇为繁忙的一年。1996 年，中国军队与柬埔寨、菲律宾军队实现了高层军事交往。1999 年，韩国国防部长实现了中韩建交后的首次来访。这一年，中越边界谈判取得进展，12 月，两国在河内签署《中越陆地边界条约》，宣告中越之间的陆地边界问题得到解决。

在与发展中国家原有的良好关系的基础上，中国与发展中国家军队进一步加大交往力度。1990年，中国国防部长秦基伟访问埃及、约旦，成为新中国成立以来中国国防部长对西亚、非洲的首次访问。1994年，国务委员兼国防部长迟浩田访问巴西、智利、乌拉圭，完成了新中国成立以来中国国防部长首次访问拉美。1996年开始，中国军事外交进一步加强了对非洲、拉美、加勒比国家的军事交流力度，仅在1996年一年中，中国军事代表团就访问了上述地区的22个国家，并邀请西亚、非洲和拉美地区16个国家的国防部长、总司令、总参谋长和军兵种司令共26个批次访华。除了军事高层的互访外，中国还向亚、非、拉发展中国家派出援外专家4300多人，接收上述地区国家的军事留学生4200多人。[①]

4. 中国参与国际军控和裁军与国际维和

在无核区问题上，1996—1999年，中国分别签署了《非洲无核区条约》的第一、二号议定书、《东南亚无核区条约》议定书、《禁止生物武器公约》和《禁止化学武器公约》。在核不扩散和核禁试方面，1990年中国首次以观察员身份参加《不扩散核武器条约》第四次审议会；1992年中国正式参加了该《条约》。之后，中国的不扩散政策取得了显著的进步，这反映在它逐步地接受了国际不扩散规范、规则和行为准则的核心要素。

在核禁试方面，过去中国一直都谴责《部分禁止在大气层、外层空间和水下进行核武器试验条约》对核试验的约束，并且一直拒绝正式签署这项条约。1993年中国首次表示愿意参加《全面禁止核试验条约》的谈判，并且在1996年年底缔结该条约。在军控体制中，这个条约对中国核武器库的影响是最大的。因为在全面禁止核试验以后，中国不可能再对自己的核武器进行更新换代了，同时改

① 肖天亮主编：《新中国军事外交》，北京：国防大学出版社，2011年1月版，第95—96页。

进现有的核武器也是非常困难的。而美国则可以通过先进的计算机模拟技术继续发展其核武器，但中国目前尚未掌握这方面的技术。江忆恩采访了中国的核武器专家和军事官员，他们对中国签署《全面禁止核试验条约》的共同回答是，该条约得到大多数国家的赞同，并且认为它是核不扩散条约的支柱，因此中国没有其他选择。中国即使在核武器更新即将被冻结的情况下，还是遵守规范，加入了该条约，这说明中国采取的还是非零和的战略，比较倾向于合作。[①]

这一时期，中国逐步参与到国际维和行动中去。1990 年 4 月，中国首次向“联合国停战监督组织”派出军事观察员。之后，中国军队先后向“联合国停战监督组织”、“联合国伊拉克－科威特观察团”、“联合国柬埔寨临时权力机构”、“联合国西撒哈拉公民投票特派团”、“联合国莫桑比克行动”、“联合国利比里亚观察团”、“联合国塞拉利昂观察团”和“联合国塞拉利昂特派团”等多项联合国维和行动派出军事观察员、军事联络官和军事顾问共 522 人次，派出工程兵部队两批 800 人次。

（四）小结

从生存到发展，军事外交的历史主题已然发生了变更。中国从一个相对封闭、缺少活力的国家，正逐渐转变为更为活跃的国家；中国军队也从传统的看家护院式的军队，逐渐转变成为走出国门，更多地参与到国家与国家间军事关系建构中的军队。

一是逐步确立层次明晰的军事外交关系图谱，军事外交战略凸显系统性。

中国把新时期外交工作的布局概括为：“大国是关键，周边是首要，发展中国家是基础，多边是重要舞台。”从而形成了一个包括军

---

① 肖天亮主编：《新中国军事外交》，北京：国防大学出版社，2011 年 1 月版，第 95—96 页。

事外交关系在内的层次分明的外交战略图谱。

在这一整体布局下，中国在处理这一时期与主要大国的军事外交关系时，始终保持着理性、克制和发展务实的态度。由于大国间的战略关系在全球化的浪潮下愈益彰显其“牵一发而动全身”的特点，为确保中国获得整体有利的和平发展的战略环境，中国将妥善处理好与大国的外交关系作为外交事务的关键。在极为复杂多变的国际环境中，中美关系的战略意义不言而喻，但恰在这一时期，中美军事外交关系起起伏伏，其结构性矛盾已经初现端倪，以继续对台军售为主要表现的美国继续强化与台湾的实质性军事合作、基于政治互信的缺乏而跟踪中国舰艇、以中国为假想敌的军事遏制等成为中美军事外交推进的主要障碍，而以消除这些障碍为前提的中美军事关系的发展也以冷暖交替、停而不断形成了其常态化特征。这些问题的解决极大地考验着中国政府军事外交的战略智慧和胆略。另一方面，在这一时期，中俄（苏）军事关系的发展取得了显著成绩，总结中苏军事关系向中俄军事关系顺利过渡的成功做法不难发现，其重要的一点在于中国排除了意识形态因素，始终坚持和平共处五项原则。在江泽民于1991 年5 月访苏期间，两国发表了联合公报声明，各国“有权根据自己的特点选择社会制度、意识形态、经济模式和发展道路，这方面的差异不应妨碍各国之间的正常关系和合作”。[①] 苏联解体后，通过外交努力，使处于内忧外患局面中的俄政府愿意继承中苏关系的一切积极成果，保持同中国的睦邻友好关系，实现了中苏关系向中俄关系平稳顺畅地过渡。

到20 世纪80 年代末，在邓小平全方位、非意识形态化、非对抗性为主要特点的周边外交思想指导下，中国在周边地区已没有一个公开的敌对国家，社会主义现代化建设需要的良好的周边安全环

① 田曾佩：《改革开放以来的中国外交》，北京：世界知识出版社，1993 年版，第308 页。

境已经开始形成。冷战结束后，以江泽民为核心的第三代领导集体在继续邓小平周边外交思想的基础上，把周边外交作为中国外交的重点，开始实施“伙伴”外交，提出与周边国家的新型国家关系“应该建立在和平共处五项原则基础上，成为不对抗、不结盟，睦邻友好、互利合作、共同繁荣的好邻居、好伙伴、好朋友”。[①] 中国与周边国家军事外交关系得到了显著发展。

与此同时，中国通过军事外交援助等形式不断推进中国与发展中国家的军事外交关系，积极主动地参与多种形式的多边合作，加大合作活动的力度，践行“发展中国家是基础，多边是重要舞台”的外交战略。但是，这10年的军事外交实践也显现出大国军事关系渗透周边国家军事关系、周边国家军事关系影响大国军事关系、双边辐射多边、多边限制双边的特点。即使是周边关系，也同样呈现出变动中的发展特点。第一次朝核危机爆发以及在危机应对中中国的朝核政策都充分显现出上述特点，朝鲜是中国重要的周边国家，也是发展中国家，朝核危机的解决不仅影响到中国与朝鲜的关系，也影响着中国与美国的关系，既而牵动着与其他国家的关系。因此，从这个意义上说，中国外交图谱不仅存在横向层次区分，也存在纵向的层次联系。显然，中国在走向世界舞台的同时，也开始构建自身的国家外交关系体系，系统性既是其重要特点，也是其在适应中不断调整的理论起点。

二是以点带面，由双边到多边，在与大国战略性军事外交关系的推进中运用辐射效应。

在极为恶劣的国际环境中，中国军事外交谋求更为宽广的外交环境，以点带面，由双边到多边的这种军事外交关系的建设思路显得较为明显。譬如，正常化之后的中苏关系在顺利过渡到中俄关系后获得了显著发展，并由与大国关系的发展为基点，进一步发展与

---

① 1994年9月3日，江泽民在俄罗斯国际关系学院的演说。

周边国家的军事外交关系，从而使得大国战略关系充分体现其战略性，产生了一定的辐射效应。1994 年 9 月，在中俄签署了《关于互不把核导弹瞄准对方协定》后，两国又将建立信任的措施扩展到了"上海五国"机制中，由双边发展为多边。1996 年 4 月，中、俄、哈、吉、塔五国元首签署了《关于在边境地区加强军事领域信任的协定》，规定建立和增强信任的措施，包括边境地区的军事力量不相互攻击，不举行针对对方的军事演习，限制军事演习的规模、范围和次数，相互通报在边境地区 100 公里内重大军事活动，邀请对方观察适当规模的军事演习，加强边境地区部队之间的友好交流等。1997 年 4 月，"上海五国"举行第二次峰会，签署了《关于在边境地区相互裁减军事力量的协定》，规定各方将边境地区的军事力量裁减到与睦邻友好相适应的最低水平，使之只具有防御性，互不使用武力或以武力相威胁，不谋求单方面军事优势，各方部署在边境地区的军事力量互不进攻，裁减和限制部署在边界两侧各 100 公里纵深的军队和主要种类的武器数量，确定裁减后保留的最高限额，交换边境地区军事力量的有关资料等。

三是化危为机，变被动为主动，在问题和冲突中寻找出路。

1989 年春夏之交发生"政治风波"之后，中国与以美国为首的西方国家的军事交往基本停滞，军事关系陷入了低谷。为了打破西方对中国军事外交关系发展的制裁，以邓小平的 20 字外交方针为指导，中方主动打破僵局，逐步促使西方国家恢复对华军事交往，化"危"为"机"，变被动为主动，将与西方国家的军事外交关系推向新的高度。

这一时期中美军事关系一波三折，备受考验，其主要原因在于美国对中国身份认知的变化起伏。在冷战后半期，美国对中国的身份定位是对付前苏联的"准同盟"，冷战结束后，美国对中国的身份定位一直随着客观情势的变化而变化，往往是"敌人"、"竞争者"。有几起事件对中美关系的发展产生了重要影响：一是 1992 年美决定向台湾出售 150 架 F－16 战斗机；二是 1993 年 7 月的"银河"号事件；三是1994年10月美“小鹰”号航母编队在接近中国黄海行驶时，跟踪中国核潜艇达3天之久，双方都出动了战斗机，几乎造成偶发冲突；四是1994年美国海军学院进行了一次对华海战模拟，结果是假想中的中方获胜，此事披露后，成为西方反华势力鼓吹“中国威胁论”和对华军事遏制的重要论据；五是1995年，李登辉访美，在位于纽约州的康奈尔大学致词中发表了损害了“一个中国”政策的讲话；六是美国对国家导弹防御系统（NMD）和战区导弹防御系统（TMD）的调整；七是美国部分参议员一手炮制的《考克斯报告》以及之后发生的“李文和案”；八是美国于1999年5月8日轰炸了中国驻南联盟大使馆。中美军事关系也经历了受挫、降温，再恢复、升温的过程。

针对这些情况，中国进行了有理有利有节的斗争，在问题和冲突中寻找解决问题的出路，化危为机，每每使美国又逐步回到了正常的对华军事外交的轨道上来。客观上，在中国崛起和美国调整亚太安全战略之际，两国间的固有矛盾和新生问题逐渐出现，这就需要一个相互试探的认识过程。另一方面，两国在军事上极其理性和克制，据美报消息，美方一度向中方保证，其航母编队在演习期间不进入台湾海峡，美航母还在中国潜艇出动后主动后撤100海里，以避免误会性冲突。也正是因为秉承着这样一种态度，中美军事外交关系虽然几经波折，但总体上是处在一个断而不绝的状态，为之后采取进一步的外交举措留有空间。中美相互依存的、既是“对手”又是“伙伴”的关系发展也决定了往往在冲突与问题的背后，双方在摩擦中有了更深层次的了解，因而也就能够在低谷之后迎来高峰。事实上，也正是在台海危机之后，中国军方开始重视危机沟通与处理机制，并在之后的交往中开始建立联系的渠道。1996年下半年到1998年期间，中美军事外交关系的发展进入了新一轮恢复和升温阶段。随着两国元首互访及中美致力于“建设性的战略伙伴关系”，两军关系达到了90年代的高潮。高层军事互访是历史上最频繁、级别最高的。同时，功能性合作也有了更大突破。

四是注重增信释疑，主动开展与有关国家的信任措施建设。

为了增加中国国防的透明度，中国开始系统地阐述我国防御性的国防政策。1995年11月，中国发表了《中国的军备控制与裁军》白皮书，由此开始以白皮书的形式向外界介绍中国的军力发展情况。1998年7月，中国正式发表新中国第一份国防白皮书：《中国的国防》，完整地有步骤地介绍中国的国防政策、军事力量等情况。这些对于增强军事外交中的信任，消除疑虑与误会，展示中国人民解放军和平之师、文明之师、威武之师的形象是十分必要之举。

建立信任与安全措施是安全合作的重要方面，也是国际军控与裁军的重要组成部分，其目的在于消除导致有关各方猜疑、恐惧、紧张和敌视的动因，使用间接手段减少因情况不明和误解引起的偶发性对抗行动，促进军备控制，增进有关国家和地区的安全。这一时期，中国参加了很多双边和多边的信任和安全措施的建设，其中包括：1990年4月，中国与苏联签署了《在边境地区相互裁减军事力量和加强军事领域信任的指导原则协定》；中俄首脑联合发表了关于《互不首先使用核武器、互不将各自的战略核武器瞄准对方》的声明；中国和印度继1993年签订了《关于在中印边境实际控制线地区保持和平与安宁的协定》之后，又于1996年11月签署了《关于在中印边境实际控制线地区建立信任措施的协定》；1996年4月和1997年4月，中国与俄、哈、吉、塔分别签署了《关于在边境地区加强军事领域信任的协定》和《关于在边境地区相互裁减军事力量的协定》。这两个协定分别是亚太地区第一个多边建立信任措施协定和第一个多边裁军协定。中国还应乌克兰、哈萨克斯坦的请求，发表了关于中国向两国提供安全保证的声明。[1] 东盟地区论坛是目前亚

---

① 陈小功主编：《军备控制与国家安全》，北京：世界知识出版社，1998年版，第201页。

太地区唯一官方多边安全对话与合作论坛，中国积极参与该论坛的活动。中国外交部和国防部的代表参加了历届东盟地区论坛外长会议与高官会议，以及在东盟地区论坛框架内的建立信任措施、维和、海上搜救、抢险救灾、预防性外交、不扩散、指导原则等各类官方、非官方会议。而且，中国努力推动上海合作组织的形成与发展，支持和参加亚洲相互协作与信任措施会议（CICA）、亚太安全合作理事（CSCAP）、东北亚合作对话会（NEACD）等多边安全对话与合作进程。另外，中国还与俄罗斯、美国、法国、德国、乌克兰、加拿大、澳大利亚、新西兰等国及周边一些国家和地区组织建立了定期或不定期的安全、防务和军控磋商机制。

五是不断开拓和丰富军事外交的手段和层次。

改革开放初期，中国军事外交以高层互访为主要内容，军事技术与文化交流多以辅助形式出现。进入到磨合期，中国在军事外交视阈逐渐打开的情形下，逐渐成长，开始在实践中尝试多种军事外交的手段和途径，使得中国军事外交在内容上更富有层次性。这一时期，我军不仅扩大海军舰艇编队出访的频率，还积极派空军飞行部队主官出国进行交流学习。据不完全统计，1995 年以后中国军队派出专业技术团组占全年对外交往总数的 50% 以上，其中 1996 年达到 80% 。一些军事科研机构与外国的科研机构建立了稳定的交流机制，并逐渐形成了规模。

三、调适时期的中国军事外交

长大并不等同于成熟，在 1999—2009 的十年间，中国在世界各国的瞩目中正在全方位地成长。如果说在前一个 10 年中，中国处于自身力量发展与世界身份认同的磨合中，那么，在接下来的 10 年中，中国则需要在新阶段对“经济和安全”、“效率和公平”、“权利与责任”、“国内与国际”等多重着力点上寻求平衡，更加关注自身与外在世界的平衡，或者说是国际政治与国内政治的平衡，也关注着自身改革能力与改革需求的平衡。中国学者袁鹏对成长中的中国力量有这样一种描述：

> 当15岁的男孩长成18岁的青年，他自己可能并没有意识到自身变化，但在邻国或者是国际社会的眼中，他已经在综合国力上长得更高、声音更粗并更有国际影响力了，甚至还蓄了一撇军事现代化的小胡子，明显不再是个男孩，而是个成年人了。如果你仍然视自己为一个男孩，随时都会有麻烦等着你。本质上，关于和平发展或是和平崛起的争论只是一个涉及18岁青少年在他自己和他的邻居们眼中的看法问题。[①]

中国在这一时期需要调整自身，无论是具象力量上的，还是抽象思维模式上的，以适应外部世界的看法和需求，同时，它还要努力促使外部世界的机制向有利于自身发展并能正视自己成长的方向改变，这也正是对这一时期冠之以“调适期”的意义所在。而进行正确调适的前提仍然是环境判断、身份认知以及正确的战略力量运用。

（一）环境判断

“和平与发展”作为时代主题始终是中国领导人观察世界大势的出发点。对于自身国际环境的判断在十年期间发布的国防白皮书中有着权威而系统的阐述：“和平与发展”仍然是当今时代的主题，国际安全形势总体基本态势进一步发展，世界和平与安全面临的机遇大于挑战。世界格局处于向多边化过渡的重要时期，国

① ［美］戴维·蓝普顿：《中国力量的三面：军力、财力和智力》，姚云竹译，北京：新华出版社，2009年1月第1版，第219页。

际战略力量对比严重失衡的局面有望改善；世界各主要力量既相互牵制和竞争，又相互协调、彼此借重和务实合作。一些发展中大国和区域集团实力增强，发展中国家整体力量上升；与此同时，经济全球化趋势深入发展，科技进步突飞猛进，国际分工体系深刻变动，全球和区域经济合作生机勃勃，国家间相互依存的利益关系逐步加深。传统安全领域的对话不断增多，非传统安全领域的合作深入发展。各国更加重视通过国际协调合作和多边机制解决发展和安全问题。联合国在国际事务中的地位和作用得到维护和加强。中国所在的亚太地区，安全形势保持基本稳定，区域经济发展呈现前所未有的良好态势，平等、多元、开放、互利的地区合作局面正在形成，多边安全对话与合作逐步深化。中国的安全环境总体有利。[①]

显然，中国对国际安全环境的认识体现出积极乐观的一面，更富有自信、开放与合作。胡锦涛在十一届全国人大三次会议解放军代表团全体会议上的重要讲话中强调，要正确认识和把握国家安全形势发展变化，牢固树立综合安全的观念。

（二）战略选择

在外交战略上，中国外交政策始终紧持维护世界和平、促进共同发展的宗旨，高举和平、发展、合作的旗帜，坚持独立自主的和平外交政策，坚定不移地走和平发展道路，坚持在和平共处五项原则的基础上同所有国家发展关系，努力推动建设持久和平、共同繁荣的和谐世界。在军事战略上，中国军队坚定不移地奉行防御性的国防政策，维护国家安全统一，保障国家发展利益；实现国防和军队建设全面协调可持续发展；加强以信息化为主要标志的军队质量

① 中华人民共和国国务院新闻办公室：《2006 年中国国防白皮书》，2006 年 12 月。

建设；贯彻积极防御的军事战略方针；坚持自卫防御的核战略；营造有利于国家和平发展的安全环境。

在外交战略和军事战略指引下，中国军事外交认真贯彻独立自主的和平外交政策和防御性的国防政策，积极开展对外军事交流，不断拓展对外军事关系，深化对外军事合作，形成了全方位、宽领域、多层次的军事外交格局。

（三）军事外交的主要内容

在 21 世纪复杂变化了的国际环境背景下，中国综合国力实现了举世瞩目的快速发展。尤其是中国作为国际社会的重要一员日益在政治、经济、安全等领域与世界各国和组织进行着从未有过的互动与交流，军事外交作为中国国防力量与外国武装力量加强交流、增强互信、实现合作的重要渠道，为更好地维护国家安全与发展利益进入了一个快速发展时期。

1. 对外军事关系的全方位发展

首先，军事外交在大国战略关系中纵横捭阖。中俄两国的战略伙伴关系深入发展，在两军战略磋商的基础上，2005 年中俄两国战略与安全磋商机制正式启动，将双边的交流协作推向一个新的高度。中美两国在建立信任措施方面也迈出实质性步伐，两国海上军事安全磋商机制与副部长级防务定期磋商机制进一步发展。2007 年，美国国防部长盖茨访问中国期间，双方同意建立国防部直通电话，2008 年直通电话正式开通。

其次，高度重视发展与周边国家的军事外交关系。军事外交致力于维护周边安全，贯彻“与邻为善、以邻为伴”的方针，不但建立了与日本、澳大利亚等国在安全防务上的磋商机制，还发展了同巴基斯坦、印度、蒙古、泰国、越南、菲律宾等周边国家的军事安全关系。2001 年，中泰进行防务安全磋商，并发展为年度磋商机制。2002年，中国与巴基斯坦也开始举行年度防务与安全磋商。同年，中国国防部与吉尔吉斯斯坦和哈萨克斯坦两国国防部开始战略磋商。2004年，中国与蒙古国举行首次防务安全磋商。2005年举办了上海合作组织防务安全论坛，参与了东盟地区论坛安全政策会议，2006年参加了东盟地区论坛安全政策会议，主办了上海合作组织国防部长会议、上海合作组织防务安全论坛及首次"10+1"亚太地区安全问题研讨班等。2007年，中国与印度也开展了防务安全磋商。中国积极改善同印度、朝鲜、蒙古、韩国、泰国等周边国家的军事关系。据统计，仅2001—2002年，中国各级军事代表团应邀对东北亚、东南亚、南亚、中亚地区40个国家的军队进行了成功访问，海军舰艇编队5次访问东南亚；2003年，我与周边国家的军事交往项目占全年军事交往总数的43%。[①]

与此同时，中国还保持着同其他发展中国家的友好关系，2000年，中国军队以"中非合作论坛——北京2000年部长级会议"为契机，加大与非洲国家军事交往力度。军委总部领导先后访问15个非洲国家，密切中非军事关系，展现了以与大国和周边国家的军事外交为重点开展全方位军事外交的态势。

2. 对外军事关系的宽领域发展

不同于改革开放后的军事外交形式，这一时期，中国军事外交进一步拓宽了军事外交的领域，不再囿于原有的高层互访、军事教育交流与合作、军事文艺团体的交流等形式，在联演联训、邀请观摩等形式的军事外交中迈出了关键步伐。中国自2000年起开始了一系列前所未有的尝试。2000年11月，中方首次邀请美国军事代表团观摩中国的军事演习。随后，邀请观摩中国军演的国别范围逐渐扩大，被邀观察员的层次逐渐提高，观摩军演的规模也逐渐扩大。2007年9月，中

① 丁增义："2003年我国军事外交工作"，《解放军报》2003年12月29日。

国邀请35个国家的55名军事观察员观摩沈阳军区的“勇士－2007”军事演习，这是新中国成立以来受邀观摩国家最多的一次。2002年10月，中国与吉尔吉斯斯坦在两国边境地区举行了联合反恐军事演习，这是中国军队第一次与外国军队联合举行实兵演习，开启了中国与周边国家联合军演的先河；2003年10月，中国与巴基斯坦联合举行海上搜救演习之后，又先后与印度、英国、澳大利业、泰国、美国、西班牙等国举行了海上联合搜救演习。① 其中，在2007年，中国军队与外军的联演联训达到了这一时期最高峰。

表 4—1

时间	对象国	性质
2000年11月	美国	邀请美军事代表团观摩军事演习
2002年10月	吉尔吉斯坦	联合反恐军事演习
2003年5月	美国、泰国、新加坡	派出观察员观摩“金色眼镜蛇”演习
2003年8月	俄罗斯	派出观察员观摩首长司令部演习
2003年8月	上海合作组织成员国	多边反恐军事演习
2003年8月	15国军事观察员	邀请观摩实兵军事演习
2003年10月	巴基斯坦	海上联合搜救演习
2003年11月	印度	海上联合搜救演习
2004年3月	法国	海上联合搜救演习
2004年6月	英国	海上联合搜救演习
2004年8月	巴基斯坦	联合反恐军事演习
2004年9月	多国军事观察员、国防大学防务学院国际问题研讨班学员	邀请观察中国“蛟龙－2004”两栖登陆作战演习
2004年9月	16国军事领导人、军事观察员、13国驻华武官	邀请观摩“铁拳－2004”实兵实弹演习
2004年10月	澳大利亚	海上联合搜救演习
2005年8月	俄罗斯	“和平使命－2005”联合军演

① 韩献栋，［韩］金淳洙：“中国军事外交与新安全观”，《现代国际关系》，2008年第2期。

续表

时间	对象国	性质
2005年9月	24个周边及西方主要国家的军事观察员和驻华武官	邀请观摩北京军区“北剑-2005”军事演习
2005年12月	巴基斯坦、印度、泰国	海上联合搜救演习
2006年8月	哈萨克斯坦	“天山-1号（2006）”反恐演习
2006年9—11月	美国	海上联合搜救演习
2006年9月	塔吉克斯坦	“协作-2006”联合反恐军事演习
2006年12月	巴基斯坦	“友谊-2006”联合反恐演习
2007年 3月6—13日	多国	“和平-07”多国海军联合军事演习
2007年 5月11—23日		第二届西太平洋海军论坛多边海上演习
2007年 7月15—31日	泰国	“突击-2007”中泰陆军特种作战分队联合训练
2007年8月	俄罗斯	“团结-2007”联合军事反恐演习
2007年 8月9—17日	上海合作组织成员国	“和平使命-2007”联合反恐军事演习
2007年9月	35个国家的55名军事观察员（首次邀请日本军事观察员）	“勇士-2007”军事演习
2007年9月	西班牙	“中西友谊-2007”联合海上军事演习
2007年10月2—3日	澳大利亚、新西兰	中澳新三边海上联合搜救演习
2007年 12月19—27日	印度	“携手-2007”中印反恐联合训练
2008年7月9—31日	泰国	“突击-2008”中泰陆军特种作战分队联合训练
2008年 12月5—14日	印度	“携手-2008”中印陆军反恐联合训练
2009年7月	俄罗斯	“和平使命-2009”中俄联合反恐军事演习
2009年9月	俄罗斯	“和平蓝盾-2009”海军护航编队联合演习

在参与联合国维和与救援方面，中国军队承担了越来越多的责任。2000 年 1 月，中国首次派遣 15 名民事警察到东帝汶执行联合国维和任务。2001 年 12 月，中国正式成立国防部维和事务办公室，统一协调和管理中国军队参与联合国维和行动的工作。2003 年 4 月，中国首次派遣一支由 175 人组成的工兵连和包括 43 人的医疗分队组成的维和部队赴刚果（金）参加联合国维和行动；2003 年 7 月，中国向利比里亚派遣了一支包括运输连、工兵连和医疗分队在内的共 550 人的维和部队；2004 年 10 月，中国维和警察防暴队 95 人前往海地执行联合国维和任务。截至 2008 年 11 月底，中国有 1949 名官兵在联合国 9 个维和任务区和联合国维和部执行任务。其中军事观察员和参谋军官 88 人；赴联合国利比里亚特派团工兵分队 175 人、医疗分队 43 人；赴联合国利比里亚特派团工兵分队 275 人、运输分队 240 人、医疗分队 43 人；赴联合国苏丹特派团工兵分队 275 人、运输分队 100 人、医疗分队 60 人；赴联合国驻黎巴嫩临时部队工兵分队 275 人、医疗分队 60 人；赴非盟/联合国达尔富尔混合行动工兵分队 315 人。[①] 中国作为联合国安理会常任理事国是这一时期派出维和部队最多的国家之一。

增强军事信息透明。中国根据国际惯例，不断改进中国国防白皮书的形式和内容，增强了政策阐释的权威性、规范性和时效性，提升了释疑力度。2008 年，中国正式建立了国防部新闻发言人制度，通过定期举办新闻发布会、发布书面文告、答复外媒问询等多种手段及时回应国际舆论关切。

海军外交进一步发展。2002 年 5—9 月，中国海军舰艇编队首次进行了环球航行访问，航行 3 万余海里，访问了亚、非、欧、南美、

---

① 中华人民共和国国务院新闻办公室：《中国的国防》，2009 年版，第 92—93 页。

大洋洲五大洲共10个国家，开创了人民海军舰艇编队出访时间最长、航程最远、航经海域最广和访问国家最多的记录。

3. 对外军事关系的多层次发展

这一时期中国对外军事关系逐步出现了清晰的层次区分。就安全合作而言，既有国际层次的，也有地区层次的，也有国家与国家之间双边层次的。这样一种层次区分既是国际环境的现实特征，也是中国构筑战略机遇期的安全与发展环境的战略需要。

从国际层次上看，中国开始积极参与到联合国维和、国际人道主义援助、军控与裁军的进程中来。中国军队在完成国家和人民赋予的抢险救灾任务的同时，积极参与国际灾难救援行动，履行了中国政府对国际社会的承诺。这一时期，中国人民解放军先后10次对14个受灾国（主要有2004年年底遭受印度洋海啸袭击的印度尼西亚、斯里兰卡、泰国、马尔代夫、肯尼亚和索马里，2005年9月遭受飓风袭击的美国和10月发生地震的巴基斯坦，以及2006年5月遭受地震灾难的印度尼西亚等）实施了紧急救灾援助。这些国际救援行动，体现了中国政府和军队参与国际灾难救援的真诚意愿和付出的切实努力，得到了国际社会的普遍赞扬。在参与安全领域国际规则的制定和对话方面，中国参与了《全面禁止核试验条约》、《禁止化学武器公约》、《禁止生物武器公约》和《特定常规武器公约》等一系列重大国际军控谈判，努力推动国际军控与裁军进程。

从地区层次上看，中国对地区多边安全合作更为积极主动。在东盟地区论坛框架下，中国成为多边安全合作的重要力量。2001年9月、10月，中国分别承办了东盟地区论坛军转民研讨会和第四届东盟地区论坛国防院校长会议。2003年，中国提出召开“东盟地区论坛安全政策会议”的倡议，并于2004年11月成功主办首届安全政策会议，从而使东盟地区论坛的框架内增加了一个国防官员交流军事安全议题的重要平台。中国在原有的建设成效的基础上，即1996年签订的《加强边境地区军事领域信任的协议》和1997年签订的《在边境地区相互裁减武装力量的协议》，积极推动“上海五国”机制向区域合作组织方向发展。2001年“上海合作组织”成立后，中国积极有效地推进了其框架下的各种安全合作，为维护中亚的安全建立了地区反恐机构，制定并完善了反恐斗争合作方面的法律文件，举行了联合反恐演习，进行了情报交换。

从双边层次上看，中国军队在与美国、俄罗斯、日本、澳大利亚、英国、法国等国家建立防务安全磋商机制的基础上，逐步拓展到巴基斯坦、蒙古、泰国、越南、菲律宾等周边国家，乃至南非、意大利等国家，开展“面对面”的防务交流和对话，疏通和拓宽了军事互信的渠道。

（四）小结

进入21世纪，国际政治的每一根神经，都与一国国内政治建设息息相关，正处于转型关键期的中国军队，比历史上任何时期都肩负着更为多样的使命与责任，在走向世界军事舞台的同时，不断刷新自己与世界的联系，尝试回答“我是谁”的问题——从2002年3月25日首次进行国际人道主义救援、到中国海军舰艇编队首次进行环球航行、首次举行联合军事演习、首次举行国防部新闻发布会、再到首次出动舰艇参与国际护航，首次运用军事力量撤离在利比亚的海外人员。中国军事外交变化的进行时吸引着世界的目光。

一是军事外交姿态更为积极主动，在军事外交领域实现多个突破。

这一时期的军事外交整体姿态积极主动，尤其在大国军事外交的纵横捭阖中取得显著成效。但中美军事外交又现波折。2001年小布什上台之初就将中美两国关系由克林顿时期的“建设性伙伴”定位为“战略竞争对手”，以“预防性遏制+接触”的政策取代克林顿政府的“全面接触”对华政策，并下令审查中美两军关系及两国商定的两军交流计划。同年4月，中美发生“撞机事件”，使本就处于低谷的两军关系更是滑向冰点。两军之间的军事交流处于冻结状态。这一年“9·11”事件发生后，小布什重新强调建立建设性的中美合作关系，两军关系开始逐渐恢复，美国战略重心转向全球“反恐”，对中国支持的希望为两军关系的改善提供了基础。紧接着10月出现了朝核问题，美国寻求中国的协助，这些使得中美关系峰回路转。之后，中美军事交流不断升温。（如表4—2）

表4—2：中美军事交流大事记1989—2009年

1989年6月5日	美国总统布什宣布对华制裁措施后，中美两军交往中断
1994年8月	中国人民解放军副总参谋长徐惠滋访美。
1994年10月	美国国防部长佩里访华。
1995年	由于美国政府允许李登辉访美，严重动摇了中美关系的基础，中国空军司令员于振武中断了在美国的访问，国防部长迟浩田推迟访美。
1995年12月	中美军事交流恢复，迟浩田部长对美进行正式访问。
1999年5月10日	美国轰炸中国驻南联盟大使馆，严重损害了中美关系。中国外交部发言人宣布推迟中美两军高层交往。
2000年1月24—26日	中美两军恢复交往。熊光楷副总参谋长赴美进行中美第三次副国防部长级防务磋商。
2001年4月1日	中美发生“撞机事件”，美国国防部单方面宣布中止两军交往，两军交往随之停顿。
2001年9月14—15日	中美海上军事安全磋商机制专门会议在美国关岛举行，中美两军交往逐步恢复。
2008年1月13—16日	美军太平洋总部司令蒂莫西·基廷访问中国。
2008年4月10日	国务委员兼国防部长梁光烈上将与美国国防部长盖茨通过两国国防部直通电话进行首次通话。

续表

2008 年 10 月 3 日	美国政府决定向台出售“爱国者－3”反导系统等先进武器，致使原定于 2008 年 10 月举行的中美第十次防务磋商被暂冻结，中美军事关系陷入低谷。
2009 年 4 月 1 日	中国国家主席胡锦涛在伦敦会见美国总统奥巴马，两国元首表示将致力于发展两军关系，推动两军关系继续改善。
2009 年 10 月 24 日—11 月 3 日	应美国国防部长盖茨邀请，中国中央军委副主席徐才厚对美国进行正式访问，因对台军售而受到严重干扰的中美两军关系得到恢复。

虽然中美军事外交中还存在对“对称和互惠”基本准则的认识差异，美军一直对中方存在战略猜忌，台湾问题的存在更成为中美两军建立互信的重要难题，但从总体上看，中美军事外交呈现多样化均衡发展的特点，逐步建立了中美国防部政策会议的交流机制，高层互访不断，以港口访问为代表的军事外交活动愈益频繁、美方还放宽了对华技术出口限制，这些都是在军事外交中主动作用的结果。

在其他军事外交领域，中国军队也突破了多个首次，使得中国军事外交向全方位、宽领域、多层次的格局快速发展。

表 4—3：2000—2009 年

2002 年 3 月	军队首次承担国际人道主义物资援助任务
2002 年 5 月	海军舰艇编队首次进行环球航行访问
2002 年 10 月	首次与外国军队举行联合实兵演习
2003 年 8 月	首次向多国观察员开放实兵演习
2003 年 9 月	首次与外军举行海上联合演习
2004 年 11 月	举办首届东盟地区论坛安全政策会议
2005 年 8 月	签署首部涉外“部队地位协定”
2008 年 5 月	国防部新闻发布制度正式运行
2008 年 12 月	向亚丁湾、索马里海域派出首批海军护航编队
2009 年 4 月	举办庆祝海军成立 60 周年多国海军活动
2009 年 11 月	举办庆祝空军成立 60 周年国际论坛

二是基于中国自身对国际责任的认知，在承担“大国责任”和开放透明中诠释和平发展内涵。

中国邻国和周边大国旨在平衡风险的这一趋势，促成了中国在外交上面临两大困境：一是中国的实力发展容易触发大国对华的“遏制”战略，如美国、印度、日本等；二是中国在发展过程中勇于承担责任的行为本身又容易被较小的近邻解读为权力的扩张，如越南、蒙古国、朝鲜和韩国，从而引发担忧，会与更远的大国结盟以防范中国。事实上，整个新千年，中国都在为走出这两大困境而努力着。因此，在这10年间中国军事外交所采取的具体措施主要有两个方面，一是通过履行联合国体制内的维和、救援等任务，积极承担力所能及的大国责任，另一个则是公开中国的军力建设，并与其他国家的军事部门互动，增加军事透明度，提升信任感。进入2000年后中国不断加大国际维和与人道主义援助方面的投入说明中国政府和军队愈益明确的“大国责任”意识和道义标准，而中国不间断发布的《中国的国防》白皮书、新闻发言人制度的建立，以及于2005年10月在美国国防部长拉姆斯菲尔德访华期间首次向其揭开了中国组建于1966年的第二炮兵部队的建设情况，这些富有诚意，开放务实的态度给予西方依据现实主义逻辑所做出的“中国威胁论”予以有力回击。

三是军事外交实践凸显机制化、多边化趋势。

伴随着全球化的发展历程，国际关系中的多边主义不断发展，多边外交日益成为处理国际事务特别是安全事务的一种重要形式。[①]中国军事外交也加强了对地区多边安全对话机制的参与，积极主动地提出建议、采取行动，为推动地区多边安全对话与合作的发

① 楚树龙：“多边外交：范畴、背景及中国的应对“，《世界经济与政治》，2001年第10期。

展做出了重要贡献。正如美国的中国问题专家所分析的那样，亚太地区有其特有的地缘特点，“亚太地区并没有一个类似欧洲北约的区域集体安全组织”,[①] 而“上海合作组织”的出现则对这一观点作出了有力的回应。在亚太区域性安全合作议题中，上合组织无疑一直都是一个成功而又重要的典范。正式成立于2001年6月的上合组织在其成立的峰会上即宣布要维持和保障中亚的和平、安全与稳定，并通过了《打击恐怖主义、分离主义和极端主义公约》，现实已经证明，作为上海合作组织前身的“上海五国”之一的中国，在推进上合组织维护地区安全功能日趋完善、有效承担解决该地区一系列安全问题的责任方面发挥了不可或缺的作用。不仅仅是上合组织，在实践经验不断丰富的基础上，中国军事外交还不断加大多边对话与合作的力度，实现了由双边向多边的重大转变。同时，为实现这种多边合作的稳定性，使其发挥更充分的战略性作用，中国军事外交更加注重机制性安排，更多地参加联合国框架下的一系列军控裁军机制和地区多边合作机制，同时也积极推动一些多边合作的机制化进程。

四是开始注重军队形象塑造，姿态更为自信开放。

军队形象在改革前后一直没有作为一个重要的军事外交内容加以重视，然而，进入到新世纪，以和平发展作为外交战略的中国充分意识到传播中国人民解放军特有的和平之师、文明之师、威武之师的形象已经成为了一个极为迫切的议题。因此，从对舆论的被动回应到对舆论议题的积极设置，中国军队基于自身能力的提升和维护世界和平与稳定的理念，其军事外交风格愈益具有了自信开放的风格。

依照现实主义对大国崛起的判断，在大国综合国力快速提高中

① [美] 艾什顿·卡特、威廉姆·佩里：《预防性防御：一项美国新安全战略》，胡利平、杨韵琴译，上海：上海人民出版社，2000年1月第1版，第102页。

必然会对世界力量格局、秩序和行为准则产生重大影响。因此，从20世纪70年代以来，当中国的崛起已经成为不可阻挡的历史趋势，中国国力和军力的发展必然会引起世人的关注，并导致对中国实力和意图的重新判断。然而，在全球化背景下，中国的发展离不开与国际环境中其他国家的互动，他国眼中的国家形象和军队形象不可避免地会对中国的发展产生重要影响。以美国为例，冷战结束后，随着中国军力的发展，中国军事形象在美国看来是具有威胁性的，"上升中的威胁"是美国对中国军事形象的定调，而其具有影响力的三个重点则是中国"窃取"情报问题、中国军事现代化问题与海洋力量的发展问题。美国自2000年通过国防授权法案要求国防部每年向国会提交的《中国人民解放军军力报告》则是美国眼中的中国军事形象的直接体现。中国对自身军事形象的定位也在其自1998年起正式发布的《国防白皮书》中有着充分体现，在2000年的《国防白皮书》中还有批评"某些大国"的"霸权主义、强权政治、新干涉主义"的字眼，措辞强硬并在美国引起反弹。而在2002年的《国防白皮书》中，虽然仍然对上述问题持批评意见，但在措辞上已经相对缓和。这样一种变化引起了美国的中国问题专家关注，称这是"中国国防白皮书有史以来最积极的一版"。伴随这一变化的是另一显著变化，白皮书较之前更为详细地介绍了中国的武装力量和人民解放军建设，使用了更多具体数字。在"9·11"事件之后的2005年做的调查显示，在美国担心中国威胁的人数比例有所下降，中国也从美国最大的威胁变成了反恐战争中必不可少的伙伴。而在此之后的军事外交中，中国开始从各方面着手自身军队形象的塑造，打破西方话语垄断下的国际舆论所形成的"沉默的螺旋"[①]。

① "沉默的螺旋"是传播学的理论，该理论认为孤立的恐惧是人的社会本能，因此产生了屈从的压力，这种压力下，强势的一方在意见表达时声音越来越大，而另一方却越来越沉默。

第五章

2010年至今：国际体系转型期中的中国军事外交及其面临的挑战

中国走和平发展道路，其他国家也都要走和平发展道路，只有各国都走和平发展道路，各国才能共同发展，国与国才能和平相处。[①]

——习近平

一、2010—2013年的中国军事外交

（一）2010—2012年的中国军事外交

自2010年始，中国军事外交开始了更高层面的、更加宏大的外交叙事，在之前全方位、宽领域、多层次的外交格局初步形成的基础上，中国军队以和平的军事外交姿态，以更为多样的合作形式、更为开放的态度，在世界需要了解中国和中国军队的时候，以各种方式向世界表达着自己。

从这三年来的国际战略环境来看，可谓是险象丛生。有学者认为，大西洋轴心正在瓦解，而太平洋世纪正在浮现，权力的转移正

① 2013年1月28日下午，习近平在十八届中央政治局就“坚定不移走和平发展道路”进行第三次集体学习时的讲话。

在发生，虽然对其具体情节和未来轨迹还无从知晓。[1] 然而，无论权力的变化是潜移默化，还是风声鹤唳，在这样一个国际政治的每一根神经都与一国国内政治建设息息相关的时代，经历变化的阵痛是国际社会的集体症候。世界在和平与发展中进入深层变化期。世界多极化、经济全球化、文化多样化和社会信息化深入发展，在和平与发展的时代主题下各种政治力量纵横捭阖，围绕国际秩序、综合国力、地缘政治、国际市场、科学技术等展开全方位竞争，国际力量处于深层变化中。国际金融危机影响深远，发达国家经济普遍“下沉”，其经济的下滑引发社会动荡、国家主义、民族分离主义抬头的可能性加大；美国通过“战略再平衡”谋求全球力量“收缩”，聚焦亚太，但中东局势、东北亚局势、欧债危机等局势存在诸多变数，其全球战略调整前景未见明朗；大中东动荡加剧，由此引发的地区性冲突使乱局扩大的可能性增加；粮食安全、能源资源安全、网络安全等非传统安全挑战增大，一系列变量将引起国际安全结构的整体动荡。其变化不可谓不深。

与国际力量的大发展大调整并行发生的是中国的快速发展。2010 年 8 月，日本官方发布报告称，日本第二季度国内生产总值为 1.288 万亿美元，低于中国的 1.339 亿美元。美国一家报纸将中国的这一超越称为“里程碑”，认为“这证明世界其他国家必须重新评估这个新的经济超级大国”。在国际体制方面，中国也进入了更多的领域，世界粮农组织、气候变化、联合国安理会包括联合国本身的改革、世贸组织的谈判中——几乎世界上所有重大事务、重大谈判、重大机制和进程都有中国参与。中国正从国际边缘地带不自觉地走向世界的中心地带。“不管中国对自己的国际定位是否还是传统的发展中国家，但从国际社会的期望来看，中国要承担的国际责任已经

① 王湘穗：《赶超与遏制——中美博奕的历史逻辑》，武汉：长江出版社，2012 年 5 月第 1 版，第 10 页。

大大超出了发展中国家的范畴。”①

就中国内部建设与发展来看，中国的战略机遇期依然是机遇与风险并存。一方面，中国面临着西方经济三高一低乱象——“高失业、高赤字、高债务和低增长”，全球危机给中国形成倒逼机制，以中国为引领者的新兴经济体群体性崛起势头不减，中国可享技术红利，但另一方面，中国也面临着后危机时期国际金融经济乱象丛生、西方转嫁危机意识上升、国际地缘经济变迁引发地区安全、经济高增长背后凸显诸多社会问题等四大风险。

在国际体系转型的战略环境下，中国军事外交作为国家整体外交的重要组成部分，深化对外军事关系，提升与外军的互信合作水平；拓展务实性军事合作，进一步向服务部队现代化建设聚焦；积极稳妥地推进重要领域的工作改革，增强军事外交的生机与活力；加强文化建设，培育具有中国特色的军事外交风格。近两年来，在国家和军队力量增强的情况下，更加注重筹划设计，提高外交艺术水平，更好地维护了国家利益。至 2012 年底，中国已与 150 多个国家开展军事交往，在 112 个国家设立了武官处，104 个国家对华派住了武官。

在运筹大国军事关系中维护国际战略稳定。国际战略格局主要是由大国关系决定的，全球视野下，大国关系是一国外交战略的主要运筹。三年来，中美两国在军事外交领域依旧保持着改革开放以来所形成的曲折变化、断而不绝、摩擦之后交往更进一步的特点。2011 年，中美两国军事高层交往频繁，美国国防部长盖茨年初访华，解放军总参谋长与美军参联会主席在两个月内实现互访。机制性对话与交流按计划开展，2012 年 5 月，在第四轮中美战略与经济对话的战略框架下，第二次中美战略安全对话在北京举行；2012 年

① 郑永年：《通往大国之路——中国与世界秩序的重塑》，北京：东方出版社，2011 年 11 月第 1 版，第 86 页。

9月27日，中美海上军事安全磋商机制2012年度会晤在青岛举行。专业领域交流不断拓展，双方在陆军工程兵、军事医学、军事档案、人道主义救援减灾等领域进行广泛交流，还相互开放了一些重要军事单位。期间，由于美宣布新一轮大规模售台武器计划，两军关系也曾一度陷入低谷。事实证明，尊重和照顾彼此的核心利益与重大关切，切实解决影响双边军事关系的重大障碍是中美两军关系健康稳定发展的前提。

与跌宕起伏的中美军事关系相比，中俄军事关系以双边高层互访和多边高层交流为牵引保持着持续稳定、全方位发展。军委、总部领导成功访俄，两军总参谋部战略磋商、国防部工作对话等机制化项目运行良好，双方战略互信进一步加深。两军在专业领域的交流与合作务实深入。两国防务部门和军队领导人在上合组织成员国国防部长会议、军队总参谋长会议等框架内活动中进行了良好的沟通协调。中俄军技合作正常开展，对于增进两国相互信任、深化双边关系发挥了积极作用。

加强与周边国家的军事交流与合作。中国首先是亚洲的中国。中国的地缘政治重点是亚洲。基于中国自身复杂的陆地和海洋地缘政治环境，处理好亚洲地缘政治是中国崛起成为大国的首要步骤。中国的“周边外交实际上就是亚洲外交”。[①] 中国始终坚持睦邻、安邻、富邻的周边外交政策取向，中国军队致力于加强与周边国家的防务交流与合作。面对周边安全形势的新变化，中国军队把稳定周边作为首要任务，发挥军事外交的独特作用，全方位加强与周边国家的军事交流与合作。军委、总部领导出访了越南、缅甸、尼泊尔、新加坡、印尼、菲律宾、朝鲜、巴基斯坦、印度等国，周边多个国家的防务部门和军队领导人也来华访问；与印尼、日本、韩国、越

---

① 郑永年：《通往大国之路——中国与世界秩序的重塑》，北京：东方出版社，2011年11月第1版，第91页。

南、印度等周边国家举行防务安全磋商，参加上海合作组织成员国国防部长会议、香格里拉对话会、东盟地区论坛安全政策会议，举办上合组织成员国军队总参谋长会议和防务安全论坛、中国－东盟防务与安全对话。① 2010年7月下旬以后，巴基斯坦发生了80年不遇的特大洪涝灾害，中国紧急派遣医疗救援队和直升机救援队赴巴基斯坦参加洪灾救援；2011年，在巴基斯坦、泰国等周边国家遭受自然灾害时，我军派出医疗、直升机等专业力量前往救援，并协助政府有关部门筹措和运输人道主义紧急援助物资。

通过公共外交增进我军软实力。2011年4月，国防部建立了例行记者会制度，从而开始全面定期回应关于军事训练、战备执勤、装备发展、对外关系等多方面军队建设中的敏感问题，发挥了宣示政策、增信释疑的积极作用，扩大了我军国际影响。例行记者会制度的建立，标志着国防部新闻发布的常态化。继续定期发布《中国的国防》白皮书，国防部网站正式运行，中外军队新闻交流与合作逐步开展，外国专栏作家和记者与中国人民解放军的专家学者和普通官兵的接触交流愈益增多。与此同时，注重在涉外军事行动中开展多种形式的公共外交活动。2010年，“和平方舟”号医院船首次赴海外执行人道主义医疗服务任务；三军仪仗队和军乐团分别参加墨西哥、苏里南独立庆典。2011年，解放军军乐团赴美国访问演出，文化交流代表团赴老挝举办中国军队文化活动周，海军“和平方舟”号医院船首次赴拉美国家执行人道主义医疗服务和访问任务。我军官兵与外国民众和官兵近距离交流，广泛互动，展现出过硬的职业素养和昂扬的精神风貌，传播了优秀军事文化，树立了中国人民解放军和平、合作、开放的良好形象。

通过深化联演联训密切军事关系。中外军队联演联训已成为对

① 李宣良、王经国：“日趋务实、活跃、开放的中国军事外交——国防部外事办公室主任钱利华解读2011年中国军事外交”，新华网，2012年1月16日。

外军事交流与合作的常态，也是提高我军训练水平的重要途径。2010 年，人民解放军分别与上海合作组织成员国、巴基斯坦、泰国、新加坡、土耳其、罗马尼亚、澳大利亚等国军队举行了 11 次联演联训。上海合作组织成员国武装力量在哈萨克斯坦南部马特布拉克诸兵种合成训练场举行了代号为“和平使命－2010”的联合反恐军事演习；和罗马尼亚军队在云南昆明举行了代号为“友谊行动－2010”的陆军山地部队联合训练；和秘鲁军队在秘鲁首都利马举行了代号为“和平天使－2010”的人道主义医疗救援联合作业。2011 年，我军与外军开展了 8 次联演联训。这些联演联训突破单一兵种联训的局限，把军兵种联合训练摆在突出位置，加强演训活动的筹划组织，更加贴近实战，取得政治、军事、外交多重效益。兰州军区组织实施的“友谊－2011”中巴反恐联训，在联合指挥层次、跨境情报交流和分队远程机动等方面实现了突破。济南军区组织实施的“利刃－2011”中印尼陆军特种部队联合训练，探索了“总部指导、军区筹划、部队实施”的联训指挥新模式。空军组织实施的中巴（基斯坦）空军联训、中白（俄罗斯）空降兵联训、中委（内瑞拉）空降兵城市反恐联训，推动了我空军训练改革与创新。2012 年，根据《上海合作组织成员国国防部—2013 年合作计划》，上海合作组织成员国军队在塔吉克斯坦举行“和平使命”联合反恐军事演习；“合作精神－2012”中、澳、新人道主义救援减灾联合演练在澳大利亚海滨城市布里斯班举行，这次演练是中国、澳大利亚、新西兰三国首次举行医疗救援领域的实兵演练；中国还与白俄罗斯空降兵成功进行“神鹰－2012”联合反恐训练。

通过履行国际人道主义义务塑造大国形象。2008 年 12 月 26 日，中国海军首次派出护航编队出征亚丁湾，至 2012 年 12 月 21 日，海军已派出 13 批护航编队奔赴亚丁湾、索马里海域，为近 5000 艘次商船保驾护航。目前，中国海军的护航行动已进入有序接替、常态化运行阶段。中国海军以伴随护航、区域护航、随船护卫等方式完成护航任务，并与多国护航力量展开广泛深入的合作交流。至 2012 年 12 月 25 日，中国海军护航编队已与 20 多个国家和组织的 50 多艘军舰通过信息资源共享，在亚丁湾、索马里海域共同构建起一张有效的信息网络。通过护航加强与各国军队的务实合作，先后与美国 151 特混编队、欧盟 465 特混编队、北约 508 特混编队建立了反海盗信息共享机制和指挥官会面机制，与俄罗斯、韩国、美国等国护航舰艇进行联合护航、联合演练。2012 年 2 月 23 日，由中国海军发起和举办了国际护航研讨会，来自不同国家和组织的近百名代表积极参加，将国际护航交流与合作推向新的高度。从信息共享、指挥员登舰访问，到联合护航、联合演习、互派军官驻舰考察，再到护航舰艇出访、召开国际护航研讨会，中国海军以开放的护航理念，开放、自信、合作的姿态，在为世界和平与安全履行国际人道主义义务的同时，也为中国的负责任的大国形象增添了荣誉。

（二）2013 年的中国军事外交

2013 年，中国军事外交在成长。

这一年，中国人民军队接受世界的注目，以大国之器特有的从容走向世界军事舞台，又以中国军事外交多个首次不断刷新着自己与世界的联系：

4 月 16 日，中国政府发表《中国武装力量的多样化运用》白皮书，首次以专题型白皮书亮相、首次阐述武装力量运用的基本政策和原则、首次公开陆军 18 个集团军番号、首次阐述军队要维护中国的海外利益。此举标志性意味在于，中国军事外交已经不仅仅关注于向世界“说什么”，而且开始关注“怎么说”。

“八一”建军节前夕，中国人民解放军陆军第 47 集团军防空旅首次对中外媒体开放，全方位地展示了中国军队装备及训练情况。此举实现了三个突破：首次到京外地区组织此类活动，中国防空部队首次向媒体开放，自集团军番号公布后首次向媒体开放。

10 月 18 日，中国海军三大舰队首次齐聚西太平洋举行代号为“机动－5 号”的远海实兵对抗演习，实现远海训练常态化，首次公开报道了中国海军第一支核潜艇部队。西方舆论关于“中国军事透明度”的声音渐次消解，更多目光聚焦于中国军队的自信前行。

毫无疑问，成长中的中国军事外交正以多种方式显示出有别于以武力崛起的大国军队的内敛气质，在中国和平发展战略的整体框架下，通过军事能力的多样化运用作为维护正义的意志表达，用防御性国防政策实践着中国军人维护地区与世界和平的理念，通过对国际法的尊重和对他国国家主权的尊重诠释着军事行为应有的文明内涵。中国人民军队正义之师、威武之师、文明之师的军队声誉并不仅仅用国际话语表达，更多地是用真实的行动在不同国别的军队间建构而来。中国维和仍在继续，中国护航编队一次次启航，中国的医疗船继续撒播和平。

显然，在外部世界认知与国际力量转移的变化中，中国军事外交的成长还体现在对关键性难题的建设性解答上。随着中美新型大国关系的提出，构建中美“新型军事关系”成为中美两军破解历史上后起大国与守成大国必然冲突这一世界性难题的新实践。中国军队在中美军事外交中始终保持理性务实、谦逊和耐心，秉承“和谐世界”理念，规避冲突、管控危机、寻求合作。7 月 10 日，距“习奥会”成功举行仅相隔一个月，第五轮中美战略与经济对话在华盛顿举行，其间的第三次战略安全对话以及网络工作组第一次会议成为“习奥会”后中美新型军事关系路线图上迈出的第一步。8 月 18 日，常万全总长首次访美，将中美军事交往向机制化方向不断推进，为中美构筑新型军事关系提供了更多制度化保障。之后的中美海上以海上搜救、反恐为主题的联合演习，以及 2014 年中国军队将要参加的由美军指挥的“环太平洋”联合军事演习都成为累积中美信任的实质步骤。

这一年，中国军事外交的成长还体现在中国军队正以极强的学习能力掌握向世界以和平方式表达自己的技能。在世界舞台崭露头角的同时，中国军队也无可避免地置身于现代传媒的聚焦和放大之下。2013年，中国国防部针对钓鱼岛争端中的日本错误言论，美国就网络安全议题对中国军方的无端指责等快速反应，有理、有利、有节地表明中国军事力量的和平运用，从而向世界回答了"我是谁"、"我将以何种方式与你相处"的问题。这些变化和实际行动使得国际社会不再紧盯着中国力量的发展，也开始关注中国力量是以何种模式发展。

2013年，中国军事外交以从容、务实、自信的气质走在前进的道路上。

二、现实与目标之间

在经历了半个世纪的冷战和美国一超独霸的国际格局后，世界将面临着一次全面转型。根据美国国家情报委员会在《全球趋势2025——转型的世界》的报告中判断，到2025年，国际体系将会面目全非。而在这样一个"变化多于传承"的转型的历史周期中[①]，许多研究者认为其最重要的标志正是包括中国在内的新兴大国的崛起，这些转变中最为关键性的转变是这些国家的现代化历程提供了与传统的西方现代化道路不同的新模式。与这些新兴力量的崛起相对应的则是西方国家的相对衰落，在新旧力量的消长中，格局整合中的动荡势所难免。基于对中国当前所处的全球战略环境中的风险与机遇的辩证认知，在理解中国对外战略目标及其实现的根本原则的基础上，藉由分析当前中国军事外交的现实状况与目标之间的距离、军事外交能力与目标之间的距离，以探求适应环境从而创造有

① 王湘穗：《赶超与遏制——中美博弈的历史逻辑》，武汉：长江出版社，2012年5月第1版，第61页。

利于我国的发展环境的军事外交努力。

（一）中国对外战略的目标及其实现的根本原则

在2011年9月发布的《中国的和平发展》白皮书中，中国全面系统地向世界阐明了中国和平发展战略的总体目标、外交方针政策等重要内容：

中国和平发展的不懈追求是，对内求发展、求和谐，对外求合作、求和平。实现国家现代化和人民共同富裕是中国和平发展的总体目标；全面建成惠及十几亿人口的更高水平的小康社会是中国和平发展的中长期目标；实现"十二五"规划是中国和平发展的近中期目标。具体而言，就是通过中国人民的艰苦奋斗和改革创新，通过同世界各国长期友好相处、平等互利合作，让中国人民过上更好的日子，并为全人类发展进步作出应有贡献。这已经上升为中国的国家意志，转化为国家发展规划和大政方针，落实在中国发展进程的广泛实践中。

为实现中国和平发展总体、中期、近中期的战略目标，中国将努力创造和平国际环境和有利外部条件。中国坚持在和平共处五项基本原则的基础上同所有国家发展友好合作。同发达国家加强战略对话，增进战略互信，深化互利合作，妥善处理分歧，探索建立和发展新型大国关系，推动相互关系长期稳定健康发展。坚持与邻为善、以邻为伴、睦邻友好的方针，发展同周边国家和亚洲其他国家的友好合作关系，积极开展双边和区域合作，共同营造和平稳定、平等互信、合作共赢的地区环境。加强同广大发展中国家的团结，深化传统友谊，扩大互利合作，通过援助和投资等方式，真诚帮助发展中国家实现自主发展，维护发展中国家正当权益和共同利益。积极参与多边事务和全球性问题治理，承担相应国际义务，发挥建设性作用，推动国际政治经济秩序朝着更加公正合理的方向发展。深入开展同各国议会、政党、地方、民间等各方面交流合作，扩大人文领域对外交流，增进中国人民同各国人民的相互了解和友谊。

中国仍将坚持奉行防御性的国防政策。中国有广阔的领土和辽阔的海洋，陆地边界 2.2 万多公里，大陆海岸线 1.8 万多公里。中国面临复杂多样的传统和非传统安全挑战，受到分裂势力和恐怖主义等威胁。推进国防现代化是中国合理的国家安全需求，是中国实现和平发展的必要保障。中国军队现代化的根本目的是捍卫国家主权、安全、领土完整，保障国家发展利益。中国国防开支是合理适度的，是与维护国家安全需要相适应的，中国不会也无意同任何国家搞军备竞赛，不会对任何国家构成军事威胁。中国坚持“人不犯我，我不犯人”，致力于和平解决国际争端和热点问题。中国重视加强国际军事交流，推动国际和地区安全合作，反对一切形式的恐怖主义。

实现中国和平发展的对外方针政策包括：推动建设和谐世界，政治上相互尊重、平等协商，共同推进国际关系民主化；经济上相互合作、优势互补，共同推动经济全球化朝着均衡、普惠、共赢方向发展；文化上相互借鉴、求同存异，尊重世界多样性，共同促进人类文明繁荣进步；安全上相互信任、加强合作，坚持用和平方式而不是战争手段解决国际争端，共同维护世界和平稳定；环保上相互帮助、协力推进，共同呵护人类赖以生存的地球家园。

同时，坚持独立自主的和平外交政策。中国人民坚持自己选择的社会制度和发展道路，不允许外部势力干涉中国内政。坚持在和平共处五项原则基础上，同所有国家发展友好合作，不同任何国家和国家集团结盟，不以社会制度和意识形态异同决定国家关系的亲疏。尊重各国人民自主选择社会制度和发展道路的权利，不干涉别国内部事务，反对以大欺小、以强凌弱，反对霸权主义和强权政治。坚持通过求同存异、对话协商解决矛盾分歧，不把自己的意志强加于人。坚持从中国人民的根本利益和世界人民的共同利益出发，根据事情本身的是非曲直确定立场和政策，秉持公道，伸张正义，在国际事务中积极发挥建设性作用。

中国向世界宣示了中国的国家核心利益：国家主权，国家安全，领土完整，国家统一，中国宪法确立的国家政治制度和社会大局稳定，经济社会可持续发展的基本保障。中国充分尊重各国维护本国利益的正当权利，在积极实现本国发展的同时，充分顾及他国正当关切和利益，绝不做损人利己、以邻为壑的事情。中国把中国人民的利益同世界各国人民的共同利益结合起来，扩大同各方利益的汇合点，同各国各地区建立并发展不同领域不同层次的利益共同体，推动实现全人类共同利益，共享人类文明进步成果。中国倡导互信、互利、平等、协作的新安全观，寻求实现综合安全、共同安全、合作安全。

中国秉持积极有为的国际责任观。作为世界上人口最多的发展中国家，中国把自己的事情办好，本身就是对世界负责任最重要的体现。作为国际社会负责任的国家，中国遵循国际法和公认的国际关系准则，认真履行应尽的国际责任。中国以积极姿态参与国际体系变革和国际规则制定，参与全球性问题治理，支持发展中国家发展，维护世界和平稳定。各国国情和发展阶段不同，应按照责任、权利、实力相一致的原则，着眼本国和人类共同利益，从自身国力出发，履行相应国际义务，发挥建设性作用。随着综合国力的不断增强，中国将力所能及地承担更多国际责任。

奉行睦邻友好的地区合作观。中国同周边各国积极开展睦邻友好合作，共同推动建设和谐亚洲。主张地区各国相互尊重、增进互信、求同存异，通过谈判对话和友好协商解决包括领土和海洋权益争端在内的各种矛盾和问题，共同维护地区和平稳定。密切经贸往来和互利合作，推进地区经济一体化进程，完善现有区域次区域合作机制，对其他区域合作构想持开放态度，欢迎地区外国家在促进地区和平与发展中发挥建设性作用。中国不谋求地区霸权和势力范围，不排挤任何国家，中国的繁荣发展和长治久安对周边邻国是机遇而不是威胁。中国将始终秉承自强不息、开拓进取、开放包容、同舟共济的“亚洲精神”，永做亚洲其他国家的好邻居、好朋友、好伙伴。[①]

（二）军事外交视阈下中国实现对外战略目标面临的现实问题

1. 国防现代化与军事外交

正如一位学者所言，“所谓的一个国家外部的崛起，实际上是它内部力量的一个外延”。中国的发展如果没有军力的发展就谈不上全面发展，因此，中国实现国家现代化的战略目标中必然包含国防现代化。“推进国防现代化是中国合理的国家安全需求，是中国实现和平发展的必要保障。”[②] 然而，虽然中国政府通过各种军事外交渠道向世界传递“中国军队现代化的根本目的是捍卫国家主权、安全、领土完整，保障国家发展利益”。但是每年中国军费投入的新闻发布会上仍频频出现对中国军费投入不透明等诸多质疑。

从数量和规模的比较效应中看，中国军人的人均国防费在世界各国中都处于较低水准。从中国历史发展的角度看，中国作为一个现代化的后发国家，历史上有过多次中途夭折的现代化努力，或因错失机遇、或失于外交、或疏于内政、或缺少准备。从与他国国防现代化的横向比较来看，“苏联从二战结束至赶上美国、在军事力量上与之平起平坐用了 23 年的时间，而中国进行了 30 多年的改革开放，仍未获得与美国相同的军事力量。苏联 23 年完成的追赶世界最强国的历史进程，我们很可能 40 年也完成不了”。[③] 这其中的一个

---

① 中国国务院新闻办于 2011 年 9 月发布的《中国的和平发展》白皮书。

② 同上。

③ 阎学通：“如何对待乱象的世界”，“中国外交何去何从”，《世界知识》，2011 年第 18 期，第 22 页。

重要原因在于中国军费在改革开放后至1998年之前一直都处于维持性投入状态，至今仍未能说对那一时期的军费低投入有所弥补。从中国所面临的复杂安全需要求看，中国国防开支是合理适度的，是与维护国家安全需要相适应的，中国不会也无意同任何国家搞军备竞赛，不会对任何国家构成军事威胁。从中国军力自身发展的“战略三步走”规划看，中国军力发展有与国情相适应的战略规划。各国军事外交均有通过与其他国家军队的交流与借鉴，为本国军事现代化提供服务的重要功能，但中国军事外交在这一领域的突破并不令人满意。譬如，在中美军事外交中，一方面，美国希望通过两军之间的交流增加有关中国人民解放军能力和意图方面的透明度，但另一方面，美国并不希望搞任何有可能大大加强中国军队实力的活动。[①] 如此便出现了军事外交服务于国防现代化的功能与实现国防现代化的战略目标之间还有许多可以作为的现实空间。

2. 国际责任与军事外交

一国对自身国情及国家身份的清醒认识是一国确立国际责任的前提条件。中国对自身国家身份的定位是清醒的——“世界上人口最多的发展中国家”、“国际社会负责任的国家”[②]，既表明了中国的发展实际，也表明了中国承担国际责任的意愿，清楚地说明了中国承担国际责任的主观积极性和实际能力的有限性。因应这一国家身份定位，中国所坚持的是“各国国情和发展阶段不同，应按照责任、权利、实力相一致的原则”，积极有为地承担力所能及的国际责任，其本质是实现“发展中国家”与“大国”双重地位之间的平衡。“如何在外部崛起和国际责任之间找一个合理的平衡点，这个问题在

① ［美］艾什顿·卡特、威廉姆·佩里：《预防性防御：一项美国新安全战略》，上海：上海人民出版社，2000年1月第1版，第107—111页。

② 2011年《中国的和平发展》白皮书。

今后很长时间是中国国际政治的一个根本性问题。”① 随着中国的和平发展，中国的国际责任问题日益引起国际社会的关注。

力量和精力的夸大是中国无法承受之重，中国军力建设同样面临这样的难题：一方面中国有限的军事力量的补偿性军费增长，符合中国现实安全与发展需求的有限度的正常军队建设被一些国家媒体恶意炒作，成为“中国威胁”的“佐证”，既而损毁中国国家形象、军队形象；另一方面中国负责任国家身份的国际认知中又存在他者的认知部分，如果只是中国对自身的身份定义而并未能与他国对中国的身份认知产生互动最终达成一致，那么中国的身份定位仍是不完全的，而负责任国家身份的他者认知又是以对公共产品的满足为前提的，需要中国拥有相应的军力以实现对安全保障尤其是地区安全保障的提供。如此，中国军队需要在发展与责任间寻找到一个平衡点。

问题在于，当前中国军事外交是否应包含向他国尤其是周边国家提供安全保障的内容？什么条件下应当提供这类保障行为？提供多大程度的安全保障？对这些问题的回答需要寻找到中国军力发展与保障地区安全的平衡点。这个平衡点就是共同安全利益。由于共同安全利益可以将国家安全利益、他国安全利益和国际责任、地区责任有机地统一起来，因此塑造和发展共同安全利益可以成为研究中国在安全领域的国际责任的有益视角。在承担国际责任过程中要以共同安全利益为基础，协调与平衡好责任与身份、权力与军事实力等各要素之间的关系，承担合理的国际责任，使其符合负责任的发展中大国国家身份；处理好不同国家身份之间、国际责任与国内责任、国际责任与国家能力、国际责任与公共产品、双边方式与多边方式等之间的关系，使其符合中国负责任国家的身份建构。但愈

① 郑永年:《国际责任关系着中国崛起》，http: //www. zaobao. com/special/froum/page5/forum_ zp070731. html。

益清晰的是，中国承担国际责任的重心首先在于自身国家的发展安全责任，因为这个世界上人口最多的国家的和平与繁荣就是对世界和平和地区稳定做出的重要贡献。在维护地区安全与世界和平方面，承担责任的最佳方式是在联合国制度框架内承担力所能及的安全责任，注重地区多边主义与双边主义的有效结合，在多边主义中建构应对安全问题的解决机制，在双边主义中巩固深化国家信任和友谊，换句话说，既要有地区性的“社群”建构，也要有不同层次的朋友关系。

3. 友好合作与周边军事外交

亚洲地缘政治最主要特点是同时存在着多个大国。邓小平在20世纪80年代说过，南北问题是发展问题，东西问题的是和平问题。这既是战略判断，同时也为中国外交提供了战略思路。对照中国传统外交中“合纵连横”的外交模式，可以将中国与发展中国家的外交关系定位为“合纵”，如今与发展中国家的交往是在既有基础上的深入发展；将中国与西方国家的外交关系定位为“连横”，则是在当前国际形势下寻求更广泛的合作，寻找利益共同点是这一战略设想实现的前提。前者是军事外交深度的问题，后者是军事外交广度的问题。但正如前文所提到的，中国试图求同存异，以“同”的利益的扩大化弱化“异”的存在，现实是“异”并未因此而弱化或消失，依然客观存在并时而凸显。另一方面，以经济外交为主体的外交战略，存在着当政治利益与经济利益相冲突时，政治利益让位于经济利益现象。这使得纵既未能合，横也未能很好地联上。反而一度使得中国政治与经济交错的外交关系中进退失据，让其他国家利用并造成经济上依傍中国，安全上包围中国的现象。从这个角度来考察当前包括中国军事外交在内的国家外交，较之中国20世纪五六十年代的外交情形，似乎朋友少了，问题多了。这个问题反映在全球战略上如此，反映在亚洲区域性的战略上就更为迫切了。

合纵连横实质上与当代的地缘政治思想相近，如韩非所说，“纵者，合众弱以攻一强也，而衡者，事一强以攻弱也”。[①] 纵横运动支配了战国中后期的国际关系，七国非纵即横，几乎所有的外交与军事策略无不围绕着纵横的分合而运转，秦则成为矛盾的主要方面。[②] 若将其作为军事外交的范式来研究，首先提出的问题是：为何合纵？又为何连横？这一策略针对的对象是谁？显然，战国时所针对的对象主要是秦，纵对秦，而横则为秦，合纵原因始于秦的势力扩张，周边诸国产生对其实力增长的恐慌。而最终这一策略是以秦连横策略始终贯彻不弛，而合纵则时结时断，几合几散，以致最终为求苟安，六国分别采取绥靖而力亏，秦则积威之日强。今日的国际格局较之中国古代战国时期已有了极大不同，亦不能僵硬地对号入座，但历史告诉我们的不止这些。中国自身并没有意识到自己崛起会引发亚太地区地缘政治上的碎片化，由此也带给周边国家诸多不安，而中国自身对于崛起所引发的变化并未做好较为全面的准备。对于周边国家安全与经济分离的战略目标，中国的应对也有可供选择的策略，一方面继续坚持睦邻、富邻的周边外交政策，中国可以不轻易树敌，但却绝不可以没有朋友，另一方面要为经济外交设置底线，安全领域的合作要适当给予经济领域的合作回报，而安全领域的不合作也应当给予经济领域的惩戒。再者，朋友间也应有不同层次的亲近程度的区分，实现了更多安全合作的朋友理应得到更多经济领域关照，如此，朋友才能越处越多，而不是越处越少。为周边国家提供可能的安全保障虽然不是此一时期中国发展阶段中要考虑的问题，但必然是下一阶段要考虑的重要军事外交事务。

---

① 韩非：《五蠹篇》。

② 裴默农：《春秋战国外交群星》，重庆：重庆出版社，1994 年 2 月第 1 版，第 28 页。

4. 军事影响力与军事外交

军事影响力包含于国家影响力的概念里，但军事影响力更多的是一种“不怒自威”，而非动辄挥起胳膊打人，如果是不“遵纪守法”，那其行为就无异于“国际流氓”。中国一直以来有自己所恪守的国家外交行为准则，在改革开放后，更是以尽可能的力量为国际社会贡献义务，以尽到一个发展中大国的应尽之义，为维护世界和平、应对全球性挑战发挥重要作用。当然，中国参与国际义务始终是在联合国框架内进行的，正如邓小平在20世纪80年代所强调的，“霸权主义和集团政治已经行不通了。现在不仅要建立国际经济新秩序，而且也要建立国际政治新秩序。和平共处五项原则应该成为解决国际政治问题和国际经济问题的准则。”① 中国是唯一公开承诺不首先使用核武器、不对无核武器国家和无核武器区使用或威胁使用核武器的核国家。中国累计向联合国30项维和行动派出各类人员约2.1万人次，是派出维和人员最多的联合国安理会常任理事国。中国积极参与反恐、防扩散领域的国际合作，向遭受严重自然灾害的国家提供人道主义援助并派出救援队，为打击海盗行为向亚丁湾、索马里海域派遣海军护航编队。中国参加了100多个政府间国际组织，签署300多个国际公约，成为国际体系的参与者、建设者和贡献者。在朝核问题、伊朗核问题等热点问题上坚持劝和促谈，推动形成朝核问题六方会谈机制。中国同12个陆地邻国解决了历史遗留的边界问题，坚持通过对话谈判处理同邻国的领土和海洋权益争端，以建设性姿态提出“搁置争议、共同开发”的主张，尽最大努力维护南海、东海及周边和平稳定。中国通过开展双边合作并参与区域次区域合作，致力于促

① “会见伊东正义一行时邓小平谈国际关系准则时强调用和平共处五项原则解决国际政治经济问题”，《人民日报》，1989年9月20日，第1版。

进亚太地区的共同发展与繁荣。

但是，面临的问题亦需正视。中国经济力量上升至全球第二，但在世界重大问题上的话语权、影响力和受尊重程度却与之不相配。这与邓小平所提出的要建立国际政治新秩序还相去甚远。中国军力现代化进程的推进与确保国家安全的需要相一致，虽然其力量与世界上发达国家的军事力量的现代化还有差距，但中国军队在军事外交中需要有较早较好形成中国军队软实力的意识。因为，形象的认知一旦产生就很难将其改变，这就对走出去的中国军队如何更好地实现公共外交的任务提出了更高水准的要求。中国共产党在十八大报告明确指出："中国军队始终是维护世界和平的坚定力量，将一如既往同各国加强军事合作，增进军事互信，参与地区和国际安全事务，在国际政治和安全领域发挥积极作用。"中国涉外军事行动作为中国军事外交的重要组成部分，在实现中国和平发展的对外战略、塑造中国军队和平之师、文明之师、威武之师的形象上具有重要作用，而借助其一系列以维护世界和平为价值目标的涉外军事行动而开展的公共外交，则更为深刻地向他国民众传达着中国军队是维护世界和平的坚定力量的重要信息。

（1）关于公共外交、涉外军事行动和涉外军事行动中的公共外交

公共外交是"一国政府发起的，通过本国媒体、非政府组织及个人与外国公众、媒体和非政府组织之间进行的信息沟通和教育文化交流活动，目的是取得外国公众和国际舆论对本国（政策）的了解、理解和支持，促进国家之间、民众之间的相互理解与信任，最终促成良好国家形象和国家正向认同的建构，确保国家利益的实现和国际合作的达成"。这一定义表明了公共外交的根本目的是实现国家利益，其实施主体是一国政府，而实施客体则是其他国家的民众，实现途径是信息服务、教育文化交流等公开、非强制性方式。全球化在对民族国家及其主权造成巨大冲击、对传

统国家安全带来挑战的同时，也蕴酿了不同于非传统外交的公共外交。因应“国家品牌”、国家声誉等软实力提升，国家利益的和平维护的需要，公共外交愈益受到世界各国的重视，贯穿国家整体外交战略始终，并与文化外交、媒体外交等形式的外交内容交织在一起。从公共外交实施的时间效能来看，有学者将其分为短期的新闻管理、中期的战略管理和长期的关系建立。作为软实力的组成部分，公共外交是传统外交的重要补充，在国家外交战略中扮演着重要的角色。约瑟夫·奈认为，公共外交的价值不仅在于能够实现特定的目标，而且具有完成国际事务的潜力，是完成一国长远战略目标必不可少的手段。

所谓涉外军事行动，主要是指军队所实施的，涉及其他国家的非战争军事行动。其形式主要包括国际维和、国际人道主义援助、联合军事演习与军事训练、海外撤侨、海上护航等。如果说“军事是铁拳的博弈，军事外交就是戴着白手套的铁拳的博弈”，那么，作为国家总体外交的必然组成部分，涉外军事行动中所包含着的公共外交的重要内容正是这副白手套的柔性表达。如同公共外交的本质内涵一样，涉外军事行动中的公共外交的实施主体是军队，实施客体是对象国家的民众，实现途径则主要通过涉外军事行动，这一方式具有交流性、和平性和合法性。随着全球化进程中世界各国民主化进程的加快，传统外交无法解决或者说更直接地解决好对民众的影响以及在一国民众中对自身形象的塑造，而随着一国执政党和在野党的更迭，始终不变的是民众，而非传统外交的主体——政府，因此，从长远的战略与建立关系考虑，对民众的影响及其自身在其心目中形象的塑造更具有根本性。这一变化决定了在涉外军事行动这一国家硬实力运用过程中开展公共外交的重要意义。

（2）中国涉外军事行动中公共外交的主要特点

秉承“和平、发展、合作、共赢”的外交理念的中国涉外军事行动中的公共外交，在具有普遍意义上的公共外交的共通特点的同时，还具有不同于他国的特质：

第一，坚持实力展示与信息交流相统一，凸显和平性

联合军演作为涉外军事行动中的重要内容，既是一国军队展示实力的表演舞台，同时也是一种实力的软较量。2002 年 10 月 10—11 日，中国与吉尔吉斯斯坦在两国边境地区成功举行了联合反恐军事演习。这是上海合作组织框架内的中吉两国首次举行的双边联合军事演习，也是我军第一次与外国军队举行的联合演习。中国军队自此开始参加双边和多边联合军事演习。从 2002 年至今，中国军队每年都会进行中外联合演习和训练，军演层次由战术层次、小规模、双边演习逐渐向战略战役层次、大规模、多边演习方向发展，联演联训频率也在不断增加（如图 5—1 所示）。中外军演军训在拓宽官兵的军事视野、将军队的军事训练转变置于环球大平台之上的同时，其军事威慑力也得到了一定程度的释放，因而具有一定的战略效应，成为反威慑的重要手段。譬如自南海争端、钓鱼岛争端愈益升温以来，美日、美韩、美菲、美越和美日澳均以军事牵制中国为目标进行了一系列的联合军演，美国也籍此推动其战略重心东移，一时间，中国周边形势波澜四起，美国在中国周边频繁举行的联合军演似乎在显示出其力量的无所不在。中国亦通过军演打破牵制，通过“和平使命 - 2010”上海合作组织联合反恐军演、“突击 - 2010”中泰联合训练、“友谊行动 - 2010”中罗联合训练、“和平使命 - 2011”俄中联合军事演、“利刃 - 2011”中印尼联合训练、中智特种兵联合训练等一系列各种规模、科目的联演联训，展示了自身实力以及与周边国家的军事外交关系，对美国的战略包围意图进行了积极有力的应对。

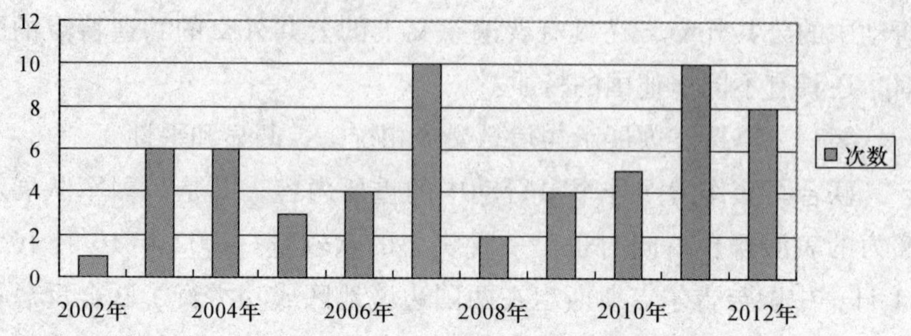

图 5—1：2002 年以来中国与外军联演联训情况

但另一方面，中国军队同外国军队进行的联演联训多是以“反恐”、“联合搜救”或者“护航”为主题，表达的是防御性的国防政策及“和平、发展、合作、共赢”的外交理念。当中国军队在通过涉外军事行动向世界各国民众展示中国军队威武之师的形象时，也在借助直接交往与对话、信息传播等多样化的途径明确地向世界阐述自己的战略意图，不断将负责任大国的国家形象、中国军队的和平形象传播与深化，从而实现了以和平为主题，达成了实力展示与信息交流的统一，为建立互信友好关系打下良好基础。

第二，坚持形象塑造与惠及民众相统一，突显亲和力

在中国近年来的涉外军事行动中，中国军队在走向世界时开始注意议程设置，以 2010 年的涉外军事行动为例：“和平使命 - 2010”的联合军演、担负着“和谐使命 - 2010”的“和平方舟”号医院船的启航，以及 20 年来在联合国维持和平行动中作用日益增强贡献、不断加大并获得“联合国和平勋章”的中国维和人员，在他们的行动中“和平”、“和谐”的字眼频频出现。2010 年里这些主题鲜明的涉外军事行动，积极彰显了我军维护世界和平的坚定决心，塑造了中国军队和平之师的良好形象。

事实上，中国自 21 世纪以来积极从事的人道主义救援行动无不体现出中国为了对象国民众的安全保障和实际利益而付出的巨大努力和代价。21 世纪以来，中国军队在海外救援方面突破了两个首

次。一个是首次对外灾难救援。2002 年 3 月 25 日，我国按照联合国决议首次派出两架空军运输机向阿富汗运送了急需的医药、医疗设备等援助物资，中国军队首次承担国际人道主义物资救援任务。10 年来，我军多次派出医疗、防疫、直升机等军队专业力量参加国际灾难救援。这些行动充分体现了中国的国际人道主义精神，赢得了国际社会的广泛赞誉和高度评价。另一个是首次派出军队撤离我国海外人员。2011 年 2 月 28 日，中国空军派出 4 架伊尔－76 型军用运输机赴利比亚执行接运我在利人员任务，4 架飞机共飞行 12 架次 43 小时，单机总航程近 3 万公里，将 1655 人接运到苏丹首都喀土穆，将 287 人接运到北京，与此同时，在亚丁湾、索马里海域执行护航任务的中国海军第七批护航编队“徐州”舰奉命前往利比亚海域，于 3 月 1 日与搭载我 2142 名从利比亚撤离人员的“卫尼泽洛斯”号商船顺利会合，开始为撤离我利比亚人员船舶实施护航任务。这是中国首次动用军事力量撤离海外人员，是中国军队有能力保护好本国人民海外生命安全的重要体现。虽然后一种类型的海外救援行动的施动对象是本国民众，但其产生的影响却是国际性的，它体现了一个负责任大国对本国公民所能提供的安全保障，其行动的核心表达具有浓厚的人道主义精神，彰显软实力，因而所产生的影响力是普遍的。正如美联社所报道的那样：中国首次派出军舰参与人道主义危机中撤离平民的行动，凸显了海军远洋行动能力的增强和政府保护海外公民决心的增加。英国《泰晤士报》网站援引防务分析人士的话说：“此举可能表明北京的想法发生重大转变……此举还暗示，北京的地缘政治影响力在上升。”总体来看，自 2002 年向阿富汗提供救援物资以来，人民解放军已 30 余次执行国际紧急人道主义援助任务，向 26 个受灾国提供总价值逾 10 亿元人民币的账篷、毛毯、医疗器械、食品、发电机等救援物资。迄今，中国海军医院船已经出访亚非拉 9 国，向 22 个国家提供扫雷援助。这些惠及当事国民众及世界各国爱好和平民众的行动本身，作为最有力的语言表达了中国致力于建设“和谐世界”的坚定决心，中国军队是世界和平的坚定力量的意志，突显了中国军队作为文明之师的亲和力。

第三，坚持国际责任担当与选择性参加相统一，凸显正义性

至2011年2月，作为联合国安理会常任理事国，中国是派出维和人员最多的国家，保持着1958名官兵在联合国10个维和任务区遂行任务。正如英国驻华武官米亚奇准将在接受《解放军报》采访时所说：“维和行动给了中国军队看世界的机会，同时也为世界了解中国军队打开了一扇窗户。”[①] 中国的维和行动及时地消解了西方的“中国威胁论”，其大量的维和行动证明了中国军事力量不仅没有威胁国际社会的和平稳定，恰恰是国际社会和平稳定的积极维护者。从1989年开始，中国开始尝试参与联合国维和行动，派遣非军事观察员参与联合国驻纳米比亚援助大队，监督纳米比亚大选。1990年，中国派遣军事观察员参与联合国中东停战监督组织的活动，标志着中国开始正式参与联合国的维和行动。在随后的20多年里，中国军队更多地参与了联合国的维和行动，并以其严格的纪律、精湛的技术水准为其赢得了当地民众的高度赞誉。

自1990年以来，中国向联合国派出维和人员的数字在快速增加，至2011年2月，中国派出维和人员1958名，而在2006年时，这一数据是1487名[②]。瑞典斯德哥尔摩国际和平研究所的一项报告表明，2000年以来，中国参与联合国国际维和行动的人数增加了20倍，截至2008年底，中国已超过俄罗斯、英国和美国，成为联合国国际维和力量的第14大贡献国。中国的维和队伍中，不仅有军事观察员，还派遣了工兵营、警察、医疗队和运输部队执行维和任务。他们以其过硬的素质、顽强的作风、出色的业绩赢得了联合国机构、维和地区相关国家以及国际舆论的赞誉。利比里亚总统约翰逊·瑟

① 焦亮：“我军事外交折射中国改革开放巨大成就”，《解放军报》，2007年8月1日第27版。

② 中华人民共和国新闻办公室：《2006年中国国防白皮书》，2006年12月。

里夫就称赞中国赴利比里亚维和部队“是一支战斗力强、训练有素、纪律严明、高度职业化的部队，是伟大的中国人民和中国军队的友好使者”。时任联合国柬埔寨临时权力机构主席的明石康称，“没有中国工兵的参加，联合国驻柬机构不可能取得如此巨大的成功”。

在快速增加的中国维和任务背后决定其是否行动的是中国参与国际维和行动的“和平”原则。中国所要努力与国际社会确立的是“世界的和平发展需要中国，中国的和平发展离不开世界”的关系，融入国际社会并为其提供一个崛起中的大国所能提供的“公共产品”，是中国参加维和行动的重要动因之一。但中国也注意到国际军事干预还存在着破坏性军事干预和建设性军事干预的区别，联合国宪章中“第六章半”对国际维和行动规定的模糊性和不确定性只有坚持“哈马舍尔德维和三原则”才能有所明确，强制性输出和平已经使一些国家的形象和声誉大打折扣，饱受非议。对此，中国军队进行联合国维和行动始终坚持“不干涉内政”原则，坚持“哈马舍尔德维和三原则”，即当事方同意原则、中立原则、最小使用武力原则，有选择地参加国际维和行动，而非最终“变馊”的“和平行动”。中国对维和行动的理性选择还表现在强调自身利益与国际社会利益的一致性，坚持量力而行，绝不“打肿脸充胖子”。这些原则的坚持确保了中国军事力量在参加联合国维和行动中既积极有效地履行了一个大国在国际事务中的责任，同时也在世界各国民众心目中塑造了中国军事力量参加国际事务时正义、理性、自主的形象，传播了中国力量中的正能量。

第四，坚持直接与间接的统一，突显策略性

中国大量的涉外军事行动是直接与对象国民众、媒体和非官方组织进行接触交流，沟通对话，友好互动具有直接性。譬如中国海军的舰艇出访。海军作为外向性军种，被赋予天然的外交使命。1985 年，中国改变了对国际形势的判断，海军舰队第一次出访；2002 年 5 月 15 日—9 月 23 日，由“青岛”号导弹驱逐舰、“太仓”

号综合补给舰组成的中国海军舰艇编队从青岛起航，完成了海军首次环球航行。在132天时间里，编队航行3.3万余海里，先后跨越印度洋、大西洋、太平洋，途经15个海峡、水道，访问了五大洲10国10港，实现了人民海军舰艇远航能力由近海走向大洋的新跨越，是人民海军历史上具有里程碑意义的远航。接着，2012年4月16日，“郑和”号远洋训练舰进行了中国海军第二次环球航行，此次环球航行以“探索海洋、传播友谊”为主题，成为人民海军传播“和谐海洋”理念的又一次重要活动。2008年12月26日，中国海军按照联合国安理会决议，首次派出舰艇编队赴亚丁湾、索马里海域执行护航任务。这次远洋护航，是我国首次使用军事力量赴海外维护国家战略利益，也是我海军赴海外履行人道主义任务的又一体现。正是通过这些海军外交，中国海军与对象国民众进行了面对面的交流，增进了信任，深厚了友谊，提升了军队声誉。

除了在涉外军事行动中与对象国民众的直接交流，对外军事传播始终是公共外交的另一重要途径。在中国涉外军事行动中，不仅通过与对象国民众的直接交流，譬如海军舰艇出访、人道主义救援等行动增进了解，获得信任，还需要以军事对外传播的途径弥补不能直接交流情势下的间接公共外交。国防部新闻发言人制度、国防白皮书的定期出版以及国防部网站的建立，都是中国军队通过外宣手段加大涉外军事行动中公共外交的重要平台，但为了进一步增强针对性，譬如旨在地区反恐的“和平使命”系列跨国军事演习，就曾被一些贴着意识形态标签的西方媒体扭曲为中国军队欲“谋求地区性军事霸权”；中国海军在联合国授权下赴亚丁湾索马里海域开展的护航等行动，则被一些西方媒体扭曲为我军的“军事扩张”。对此，中国军事传播媒体策略应对，在军事新闻国际传播中回应关切、释疑增信、引导舆论，采取确定新闻标签，先入为主、先声夺人，借用舆论领袖，于我有利、为我所用，设计媒介事件，早做文章等应对策略，有效消减杂音、回应多元解读、引导舆论、转移焦点，有效地服务于涉外军事行动。2009年1月29日，护航编队成功驱离了袭击希腊商船的4艘海盗快艇，希腊船长连声说："感谢上帝，感谢中国海军"，中国军队良好形象得到了有力的维护与展示。

因此，涉外军事行动中的公共外交一部分主角是涉外行动中真实的军人，作为公共外交客体的对象国民众更多的是从切身感受中感知中国军事力量的正义、和平与力量；而另一部分则是来自于媒体信息传播中的军人形象，通过媒体平台的舆论辐射效应，这一公共外交又以当事国民众的情感体现而得以再次传播，从而产生了非当事国民众的间接公共外交效果。坚持这样一种直接与间接的统一，兼收并蓄，相得益彰，是中国涉外军事行动中公共外交开展的重要策略。

（3）当前中国涉外军事行动中公共外交面临的现实问题

在所有的外交手段中，公共外交是投入比较小而收益比较大的一种方式。但是，作为中国军事外交的必然组成部分，各类型的涉外军事行动开展较晚，在其中开展公共外交，还存在经验不足、难以充分掌握更多主动权、公共外交层次还处在释疑交流的浅层面等问题。对此，还需要着力在以下几个方面实现突破：

一是建立涉外军事行动中开展公共外交的长效机制。不再将涉外军事行动中的公共外交停留在传播管理层面，而应进一步订立长远规划。规划和机制都是军事外交的组成部分，但涉及到公共外交的部分应当确立法律、舆论、人员和机构的对应机制，并做好应对出现各种突发情况的应急预案准备。当然，对既往的中国涉外军事行动中公共外交的成功案例也应当进行总结和备案，以便为这一方面的建设与发展提供经验储备。

二是提高涉外军事行动中官兵的公共外交意识与能力。遂行涉外军事任务的军官不仅应当具备相应的军事素质，如遂行军事任务的联合素质、应对突发事件的管理素质，同时，也应当确立公共外交的意识，并形成公共外交的能力。这一能力包括了解外事场合礼仪、规则、习惯，熟悉对象国宗教文化和基本国情，具有与他国民众进行语言交流的能力、应对国际媒体的能力、掌握并运用国际法的能力等。声誉具有不易修复性，美军目前在进行中的“跨文化军事训练”正是基于海外官兵对对象国宗教文化的无知所犯的种种错误进行的补救行动，然而，毫无疑问，其军队形象已然受到极大损失。

三是加快转变军事对外传播模式。当代国际关系可谓是实力政治与传媒价值判断的双重结合物。涉外军事行动中的公共外交不仅需要凭籍强大的军事力量、先进的装备技术和成功的涉外军事行动，同样也需要拓宽传播渠道和传播途径，增强形象构建的整合力度。鉴于公共外交经营的长期性，当前中国军事对外传播面临着由军队形象塑造到军事文化渗透，实现军事对外传播受众由自主认知到自觉认同的转变；由国家外交的军事外交到大外交中的军事外交，实现军事对外传播姿态的转变；由单向宣传到双向互动，实现素材运用由单一到多元的传播方式的转变。

三、目标与能力之间

从当前中国军事外交所具备的能力上来看，军事外交目标的实现与军事外交能力之间还存在一定的努力空间，有待于从军事外交力量、军事外交机制和军事外交策略三个主要方面加强建设，提升实现目标的能力。军事外交策略方面主要涉及法理、舆论、军事外交风格三个层面的问题，本书将在后面的章节里作专门的阐述，因此，下面主要就军事外交的力量建设进行阐述。

（一）军事外交的力量建设

正如恩格斯所说，枪自己是不会动的，要靠勇敢的心和强有力的手去使用它。当前，中国军队军事外交力量总体上与国家的国际地位不相称，与国家履行国际责任的要求也不相适应。随着中国在国际事务中的作用日益突出，与外部世界的关系不断调整，中国面临的维护世界和平、促进共同发展的压力越来越大，这要求军队具备履行多种职能的能力，在革命战争年代，中国人民军队不仅是一支“战斗队”，还是一支“生产队”，又是一支“宣传队”；当前，中国人民解放军不仅是一支“战斗队”，还要成为“和平队”、“宣传队”，只不过宣传的对象不再是本国民众，而是世界各国民众；既会打仗，也要会开展外交；更能够通过联合军演、维和行动以及人道主义救援等接近实战的行动得到锻炼，提高中国军队遏制战争、打赢战争和控制战局的能力。当前，毫无疑问，中国军事外交力量建设中最为迫切的是需要一支既了解世界军事变革趋势、主要国家军队建设情况，又善于搞外交的高素质队伍，但是，笔者认为，更为重要的是这支队伍需要在综合素质全面的基础上具有几项能力：

一是创新能力。同中国的国家建设一样，中国无论在哪个领域都需要懂得创新、具有创新能力的人才。因为伴随中国每一个向前的脚印，中国发展模式都没有可供参考的对象。中国军事外交今天的环境与现实要求打造一支格外有创新能力的团队执行其使命。一位澳大利亚商界领袖曾这样评价：

> 我们全都处在一个竞争的世界中，无论是参与其中还是逃离其外。……在竞争方面，我崇拜美国人。你们在经济上和军事上都是第一。但那会持续多久？印度将会强大，但永远不会是个阻碍。中国会与美国竞争世界领导权吗？就我所能想象的，它永远不会争夺全球领导权，因为美国人的能力独一无二。你们富有创新精神，拥有快速决策的能力。你们拥有政治能量，你们还有得天独厚的地理平台。你们有创新和快速决策，但中国没有。如果你们集中于自身力量，中国人就能够更

关注他们的优势力量，比如纪律、团队精神、人力资源以及坚韧不拔等。创新天生就属于美国。[①]

实际情况是，中国已经意识到自身创新能力的缺乏并在各个领域做出积极的调整。而在军事外交领域也确有许多重要课题需要每一个军事外交行为主体创造性地研究并回答。譬如，如何在中美构建新型大国关系的整体设计中推动中美新型防务关系的深入发展；在中国坚持不结盟的原则下，怎样通过制度创新在坚持既定原则的前提下加强与外国军队间的密切关系、在安全领域里的常态化合作关系，即一些学者所提出的“结而不盟”的战略设想？再如，中国军队在海外愈益频繁的身影是否会刺激到他国对中国崛起的恐惧心理，如何在最小刺激而又最大可能地实现军事外交任务的前提下完成中国军队的良好形象塑造？诚然，这里的创新能力特别强调军事外交队伍建设，但其实质却是，创新能力更多地寓于整个军队内部建设当中，甚至寓于中国当代青少年的个性化教育当中，因为，如果没有创新能力刺激和培育的环境，没有创新平台的提供，创新能力本身何处生长？

二是学习能力。对外交往本身就意味着在交往中向他者的学习过程。学习能力的形成需要经历对实践进行观察和重新解释的过程，在这一过程中，完善了军事外交行为主体对外界的认知和思维方式的变化，是一个反思与认定、试验与纠错、借鉴与消化、扬长与避短、调整与进化的过程。尤其在军事外交制度尚待完善的情形下，更需要一批通过学习在中国军事外交中推进组织结构的新陈代谢，实现功能意义上的部门协调的制度创新之举，使得中国军事外交制度向着成熟化、机制化方向发展。事实上，中国

① ［美］戴维·兰普顿：《中国力量的三面——军力、财力和智力》，姚芸竹译，北京：新华出版社，2009年1月第1版，第229页。

军事外交已经开始了学习之路，譬如，在台海危机之后，中国军方开始关注危机沟通与处理机制，与美国方面建立起联系渠道；在近几年里中国公民海外遇险事故的增加，使得中国军事外交开始考虑如何在国际法理基础上保护中国公民海外人身和财产安全。但仍然存在盲区与不足，譬如中国军事外交对外部关切是否保持了足够的敏感？中国军队在回应这些关切时是否做到了及时、全面、谨慎以及分寸感，使外界在感知中国军队力量的同时，也感知到其可亲而非可畏的一面？在军事外交机制预警和危机处理中，在对外军成功经验的研究和借鉴基础上是否形成了适合中国安全威胁的多层次的军事外交预案和应对模式？再如，自美国国会于2000年要求美国国防部每年要出台一部中国军力报告后，日本也于这两年形成这一作法，中国若要出于回应也效尤其作法难免被动，但从这些报告中不难看到美、日两国相关机构对中国军力发展的研究及情报的积累已经到了一种极为精细和深入的程度，这不能不引起中国军事学者的反思。这些都在考验并期待着中国军队强大的军事外交学习能力。

三是沟通能力。外交是一种沟通的艺术，军事外交也同样如此。随着中国周边一些历史遗留领土、领海、岛礁争端的密集爆发，近两年，中国军事外交在舆论沟通上表现出积极、审慎和理性的一面，但也还不同程度地存在说理不透、回应逾时甚至没有回应、被动反应的问题。譬如，中国方面相关舆论在争端问题的回答有时还会给人以情绪化面孔而非理性分析的印象；再如，在外国制造新闻议题、捏造新闻事实时，中国舆论对这一做法持不屑与其理论的态度，但其实是丧失了舆论机会，拱手让给了别有用心的外国议题设置者，既而给只见此消息、而未见有所回应的受众一旦接纳错误的信息，信息痕迹则会很难从受众认知中抹去或者更改。也正因为这样，先期的议题设置比被动回应好，有所回应比不回应好，哪怕只是关于细节的回应，也是不应被忽略的。

四是维护国家海外利益能力。近年来中国军队维护国家海外利益的能力得到了大幅提高。可以预见的是在不久的将来，中国在全球范围内执行此类任务会愈益加重，中国军事外交的主体将会使全球视角聚焦在中国普通官兵身上，不再仅限于非专业的军事外交人员。而其最佳的军事外交表达就是完成任务的能力本身。作为一个地区性大国，中国维护国家海外利益需要一支与大国地位相称的武装力量，远程机动能力是其中一项重要能力指标。近10年来，我军各军兵种掀起了提高远程快速机动能力的高潮，陆军随着从区域防卫型向全域机动型作战思想的转变大力发展全域机动能力，空军从由固定空投向陌生地域空投、海军也向全海疆机动等方向发展，同时机动的方向由单一方向向着多方向转变，机动兵力从分队规模向师团或更大规模的方向转变。与此同时，我国海军作为国际军种也在亚丁湾、索马里海域的护航行动中不断提升海外维护利益能力，在全球航行中加深了与相关国家的相互了解，同时也能够掌握相关的水文情况，为我军未来在陌生海域执行维护国家海外利益的行动打下基础。但是，中国日益增长的海上利益及对能源的依赖，从海外公民的人身安全到财产安全，无一不迫切需要中国形成具有连续性供给的前沿中转站，以便支撑中国远程海上交通线的防御任务。当前，中国要提高人民解放军参与诸如反海盗、人道主义救援、灾难救援行动等非传统安全使命能力，此类任务也为奉行不结盟政策的中国建立海外设施，以便有效保护中国日益增长的海上力量，使得中国武装力量可以在更广泛的水域、以更低的成本、更长的轮换周期执行这些任务提出了新课题。虽然不会建立同美军一样遍及全球的军事基地网络，进而提供给人民解放军全球存在能力，但中国至少应当建立起有限数量的基础设施，以便在对中国日益扩展的政治及经济利益而言尤为重要的地区，为中国军队提供支持。能力是在需求的牵引下得以形成，政策性原则则对如何形成这一能力形成规制，因此，可以预见的是中国要完成负责任国家的国家形象的建树，要实现和平发展的战略目标，就需要在坚持原则与需要求相平衡的基础上解决好对解放军海外任务提供支持的问题。

四、小结

显然，中国军事外交的成长还体现在多年来中国军队为世界和平和地区稳定中所做出的担当与贡献，截至 2012 年 12 月，中国是联合国安理会常任理事国中派出维和人员最多的国家，共有 1842 名官兵在联合国 9 个维和任务区遂行任务，自 1993 年至今，中国累计有 2.2 万人共执行了 23 项联合国维和任务，这些变化和实际行动使得国际社会不再紧盯着中国力量的发展，也开始关注中国力量是以何种模式发展。

中国军事外交的未来还有很长的路要走。

中国军队会更为频繁地走向世界，中国当代军人需要做好充分的心理和行动准备。在外部世界认知与国际力量转移的变化中，中国军事外交将在变与不变中继续稳步前行，这种前行的支撑需要力量，更需要智慧。

中国军事外交的不变，体现在对一系列要素的平衡上：维护国家利益与维护全人类共同利益的平衡；履行大国责任与国家实力的平衡；掌握国际事务话语权与大国地位建构的平衡；军事力量的发展与国家安全和发展利益需求的平衡。

可以肯定的是，一些变化的发生是必然的，甚至其速度之快将超过我们的预期：中国军人的国际意识、国际素养将会快速提升，中国军人的全球战略视野将会空前扩大，中国军队的正规化建设将快速覆盖军事外交各层面，与此同时，中国与大国新型军事关系的建构将为中国军队创造性思维的实践提供更为宽广的生长平台，在未来国际政治与安全领域，中国军人将成为不可或缺、不容忽视的重要力量。

在变与不变之间，智慧前行的中国军事外交向世界传递的主题从未变更：中国武装力量始终是维护世界和平和地区稳定的坚定力量！

第六章

理论·策略·机制：建构中美新型军事关系的三重维度

中美新型军事关系是中美大国关系的必然组成部分。

既有的现实主义国际关系理论认为，崛起国必然通过战争或非和平手段挑战既存霸权，而霸权国也必定还之以暴力，从而陷入“大国政治的悲剧”。以此考察中美关系，中美之间将难逃战略冲撞的历史宿命。然而，正如马克思所指出的“人类社会发展中没有永恒的秩序和原则”。中美新型大国关系的建构最终将超越传统“安全困境”，成为新大国关系的典范。目前，两国诸领域关系中的军事关系明显滞后，这对于构建两国新型军事关系而言具有双重意义：一方面，作为新型大国关系的完整构建，中美军事关系作为最为敏感、政治性最强的关系，应当加快建构，以弥补这一短板，并使之成为推进两国关系的重要动力；另一方面，作为新型大国关系中的军事关系，因其敏感性、政治性、复杂性，又是最难以建构和深入推进的外交关系。这些都迫切要求学术界从理论、策略和机制等层面对新型军事关系的构建进行有益的探索。

一、中美非对称相互依存军事关系的理论分析

正如罗伯特·基欧汉和约瑟夫·奈所指出的那样：“世界政治中

的相互依赖，指的是以国家之间或不同国家行为体之间相互影响为特征的情形。”[①] “当交往产生需要有关各方付出代价的相互影响时（这些影响并不必然是对等的），相互依赖便出现了。如果交往并没有带来显著的需要各方都付出代价的结果，则它不过是相互联系而已。这种区别对我们理解相互信赖的政治至关重要。”[②] 以此定义可以进一步分析中美之间在军事上的并非必然对等的相互依存关系，即非对称相互依存军事关系。

中美军事领域的非对称性特点使其既有别于中国与其他大国间的军事关系，也有别于美国与其他大国间的军事关系，其独特性主要体现在：

（一）利益强度非对称

列宁指出：“我国的内外政策归根结底是由我国的统治阶级的经济利益和经济地位决定的。这一原理是马克思主义者整个世界观的基础。”[③] 国家利益就是确保国家生存和发展的那些条件。无论是关系到生存的国家安全利益，还是关系到发展的经济利益、政治利益，国家利益的界定推动着一国外交政策和军事战略的确定，国家利益的取向决定着一国的国家发展的基本方向，而国家利益强度则决定了实现国家利益是否运用军事力量，以及以何种方式动用多大范畴的军事力量。国家利益强度往往以利益受到保护的收益、利益受损带来的损失、实现利益后的后果，以及运用何种方式依靠军事力量实现利益作为依据。

中国的国家核心利益从主权、安全、发展三个维度对其进行了

---

① ［美］罗伯特·基欧汉、约瑟夫·奈：《权力与相互依赖》，门洪华译，北京大学出版社，2002 年版，第 9 页。

② ［美］罗伯特·基欧汉、约瑟夫·奈：《权力与相互依赖》，门洪华译，北京大学出版社，2002 年版，第 10 页。

③ 《列宁选集》第 27 卷，第 339 页。

明确的界定："中国坚决维护国家核心利益。中国的核心利益包括：国家主权、国家安全、领土完整，国家统一，中国宪法确立的国家政治制度和社会大局稳定，经济社会可持续发展的基本保障。"[①]

相比之下，美国国家核心利益处于不断变化中，并根据利益需求不断对其核心利益清单进行修正，虽然美国历届政府都非常重视对美国国家核心利益的宣传，但在其政治话语中较多采用"美国的持久利益"来进行表述。安全、繁荣、价值观和国际秩序是奥巴马政府界定的美国国家核心利益。2010 年 5 月，奥巴马政府发布美国《国家安全战略》报告明确指出了美国必须应用战略手段来维护其四大持久国家利益，即安全、经济、所谓"普世价值"和国家秩序。该报告将美国的国家利益界定为四个方面：1. 美国、美国公民以及美国盟国与伙伴的安全；2. 一个开放的国际经济体系，在其中美国经济强大、创新、不断增长；3. 在美国国内和全世界尊重普世价值；4. 在美国领导地位推动的国际秩序内，通过更强有力的合作促进和平、安全和机会以及应对全球挑战。2010 年出台的《四年防务评估报告》也再一次指出，美国的利益与国际体系的完整性和坚固性紧密相关。其中主要利益是安全、繁荣、广泛尊重普世价值以及能够促进合作行动的国际秩序。2013 年 9 月 24 日，奥巴马在联大发表演说时表示，美国的核心利益包括确保盟友免遭侵略、维护能源的自由流动、瓦解"威胁我国人民"的恐怖网络、组织研发和使用大规模杀伤性武器。但奥巴马也提到，核心利益不是美国唯一的利益，美国将继续推广民主、人权和自由市场，因为这些做法能带来和平与繁荣。

从两国对自身核心利益的界定来看有其相似之处，两国都将安全和发展确认为核心国家利益，都是维持和平的外部环境，以确保在全球化经济中实现不断繁荣发展。但很明显地也存在不同：

① 国务院新闻办：《2011 年中国和平发展白皮书》。

一是二者对安全保障提供的着力点不同，中国以国内安定和繁荣以及地区和平与安全来确立国家利益；而美国则认为这种保障来自于世界实现普遍的民主、自由以及与美国相似的价值观念。因此，中国更着眼于维护当下的和平环境，是内向且防御性的战略；而美国则着眼于将反恐与防止潜在挑战性大国崛起两个重点进行重合性的关注，是外向且进攻性的战略。

二是两国国家核心利益受到的威胁有实质性区别。对美国而言，从主权、安全、发展三个维度来考察，相对于中国当前在主权、安全、发展方面受到的现实威胁，美国不存在这三个方面的现实问题，因此，维护美国的全球领导地位始终是其国家核心利益的持久内容。

三是两国对国家利益维护的期望值有所不同。中国虽将自身定位为大国，但是一种颇具分寸感的定位，强调其间的限制性条件的存在，譬如：发展中的、还未实现领土统一的社会主义国家等。对中国而言，中国只希望在做好自己事情的同时也惠及世界爱好和平的国家和人民，因此，中国定位的大国更强调影响力而非全球利益。而美国不同，美国不仅看重全球影响，更看重全球利益，其期望值更高、更强烈。为实现全球领导者地位，美国是不惜运用军事力量的。即美国国家利益强度的适用范畴远远大于中国。

这种利益强度的差异性既表明双方利益需求的互补，但也决定了双方在照顾彼此核心利益问题上需要更多包容共进而非对立博弈，在寻求发展与扩大双方共同利益中需要以互信为基础加强“非对称性依赖“，而非试探性接触。

（二）军事力量建设非对称

信息化战争形态正在向更高阶段演进，美军领路于世界新军事变革的步伐一刻也不愿放缓。小布什政府阶段，美军基本完成了军队向联合作战方向的转型；在此基础上，奥巴马政府更强调联合部队建设的灵活性、机动性。2012 年 1 月 6 日，美国国防部在防务战略指南中明确提出要在经济危机延续、国防开支缩减的战略背景下采取措施在网络化战争中建立一支全球、联网和全频谱联合部队，以塑造更精干、更灵敏、更易于部署的军事力量；与此同时，“空海一体战”的提出意味着要在海军和空军之间建立战略关系以实现两个军种在体制上的融合、海空军作战行动的一体化以及开发先进的武器装备。这些都表明美军以作战理论的创新和作战样式的变革继续推动着军事变革的深化。与此相比，中国军队始终是世界新军事变革的积极参与者，起步较晚，按照国防和军队现代化建设“三步走”战略构想，到 2020 年，中国军队的建设目标是基本实现机制化，信息化建设取得重大进展。

（三）国防资源投入非对称

美军军费投入居世界军费第一，而中国军队军费投入则是补偿性的。“暴力的本原是经济力量，是支配大工业的这一权力手段。”[①] 国防费被称为一国国防政策的显示器。尽管受 2008 年金融危机的影响，美国联邦政府财政赤字不断攀升，为缓解财政困境，美国国防部开始削减国防开支，但相较于其他国家，美国的国防费仍高居世界榜首。2012 年 12 月 21 日，美国国会参议院通过了 2013 财年国防授权法案，批准给国防部总计约 6330 亿美元的预算经费。此外，获批的还包括供能源部使用的约 170 亿美元核武器项目经费，以及约 880 亿美元的海外战争经费。[②] 与此相比，中国坚持防御性国防政策，坚持国防建设与经济建设协调发展，根据国防需求和国民经济发展水平合理确定国防费规模。2013 年中国的国防预算为 7201.68

① 恩格斯：《反杜林论》（1877 年），《马克思恩格斯选集》第 3 卷，人民出版社 1995 年版，第 517 页。

② 《2013 年财年国防授权法案》。

亿元人民币（约 1143 亿美元）[①]，占国内生产总值的比例仅为 1.6%，而美国则超过了 4%。中国国防费只占美国国防费的 1/5 左右，军人人均国防费还不到美国的 1/8，由于 20 世纪 80 年代和 90 年代的低投入，目前的中国国防费开支仍处于补偿性增长阶段。

（四）军事技术优势非对称

美军是一支以雄厚技术优势为基础资源的军队，而中国军队是一支正在累积技术优势的军队。美国在信息技术、生物技术、新材料、航天航空技术、海洋技术等重要科技领域仍占有很大优势。不仅有很好的科技创新机制，而且有着将科技成果迅速变为先进生产力的良好转化机制。这些技术优势是其在军事领域持有强大基础资源的重要支撑。武器出口是对其优势的集中反映。据俄军工新闻网 8 月 3 日报道，在世界武器出口大国年度排行榜上，美国仍高居榜首。根据俄智库的初步数据，2012 年美国武器出口总额为 255.17 亿美元，占全世界出口总数的 36.54%。2012 年，美国国会研究处公布了《2004—2011 年面向发展中国家出口的常规武器》年度报告，美国出口总额为 663 亿美元，居于榜首，而中国仅为 21 亿美元。

相互联系和制约是人类社会发展的规律。正是中美军事领域的这种非对称性才使得中美军事关系一直以来呈现出敏感性与重要性、脆弱性与适应性、合作与竞争并存的特点。这种看似矛盾的特征恰恰体现了中美新型军事关系中各类差异的内在统一，使得中美两国、两军之间在非对称性中寻求共性、在不确定性中寻求发展的确定性，在摩擦的偶然性中引导其向合作的必然性发展。同中美新型大国关系以经济和安全为其两大支柱相似，中美新型军事关系是以共域军

① 新华网：《中国国防费增长 10.7% 从“补偿性”迈向“协调性”》，2013 年 3 月 5 日，2013 年全国两会，http://news.xinhuanet.com/2013lh/2013-03/05/c_114893360.htm

事合作和以两军为主体的军事交流为其两大支柱（所谓“共域军事合作”是指以维护共同安全为目的的两军之间的军事合作，譬如反恐军事行动、联合打击海盗以及灾难救援等行动；所谓以两军为主体的军事交流，是指以增进两军之间的互信为目的所进行的军队间军人的交往活动），以利益共同点为支撑，以军事互信为其提升合作强度基本保障，在非对称性相互依赖中寻求良性发展。中美之间在一系列安全议题上的合作已对此提供了充分的实践基础。

美国在题为《维持美国的全球领导地位：21 世纪的防务重点》的防务战略指南中指出：“美国的经济和安全利益与一条弧形地带的发展息息相关。”“从长远看，中国作为地区大国出现，将有潜力以多种方式影响美国的经济和安全。中美两国对于东亚的和平与稳定负有重大责任，构建双边合作关系符合彼此利益。”[①] 这一论断从战略层面表明美国已清醒认识到中美在实现亚太安全方面彼此的深度依赖关系。为维护亚太地区的安全，中美两国在推动热点问题的解决中，虽然思路与方式不尽相同，但却拥有相同或相近的战略目标，因而能够协调配合，形成有效合力。譬如，在朝鲜半岛稳定和实现无核化目标上有着利益共同点。为此，双方自 2003 年朝核问题发生后，共同合作努力促成六方会谈并致力于在此框架下解决朝核问题。在维持南亚次大陆稳定和防止印巴战争方面，中美也进行了积极工作，有效缓和了印巴两国的关系。在处理敏感问题时，双方能够照顾彼此关切，有效管控分歧和风险。台湾问题是中国核心国家利益，美方也认识到台湾问题是“美中关系改善程度的试金石，同时又是两国关系中的一个一触即发的敏感问题”，[②] 中美两国在防止“台独”分裂势力改变台海现状、维护台海和平稳定以及和平解决台湾

---

① 美国：《维持美国的全球领导地位：21 世纪的防务重点》，参见 http://www.defense.gov/news/Defense_ Strategic - Guidance.pdf。

② ［美］A. 卡特、W. 佩里：《预防性防御：一项美国新安全战略》，胡利平、杨韵琴译，上海人民出版社，2000 年 1 月版，第 111 页。

问题方面有共同点。为维护亚太地区的海上安全，中美两军也已建立并实施了海上安全合作机制。而在非传统安全领域，基于双向互利的原则，中美建立了中长期反恐交流与合作机制，美国应中方的要求将“东突厥斯坦伊斯兰运动”列入美国国务院恐怖组织名单；在联合搜救、军事网络安全等领域也已进行着军事合作。多层面、不断发展着的，出于相互影响和需要而非可有可无的，双方为此均付诸了代价和努力的军事领域的相互依赖关系已然形成。

二、中美新型军事关系的建构策略

（一）循序消弭信任障碍

中美双方军事信任的不足是两军之间推进新型军事关系建立的重要障碍。美方的不信任来自于对中方军事透明度的质疑，但任何一国军事透明程度均与其军事力量建设的实际息息相关。中方在军事领域那些被认为不透明处，并非中方不愿不透明，而是不能太透明，不是因中方军事力量之强，而是因中美军事上非对称性力量差异的现实存在。若美方处于中方当前的情况，其选择不会有什么不同。换位思考应是中美在军事领域增进理解和信任的有效方式。当然，随着中方军事力量建设的进步，中国军队自信心明显增强，其透明度自然会不断加大。“远洋－5号”实兵演练的全面报道正是对此的真实反映。

目前，横亘在中美新型军事关系建构中的三大障碍，即对台军售、抵近侦察和十二个领域里的军事技术交流限制，是最为迫切的现实问题。以中国的视角来看，新型军事关系的建构需要以三大障碍的消弭作为其渐进式关系建构的效果检测标志，因为前两个障碍明显涉及到中国所确立的国家核心利益，而后一个障碍明确地传递了不信任感，因此，美方撤消障碍的实际行动自然会成为两军信任程度的试金石。

关于第一个障碍，即对台军售问题，涉及到台湾问题，在这一问题上“美国不应在北京和台北之间直接扮演调解人的角色”，应给两岸留下充足的时间自己解决。美对台军售的法理依据是《与台湾关系法》，即“美国应帮助台湾拥有武力自卫的能力，免受北京的威胁”。对于北京具有什么程度的威胁和台湾应当拥有怎样的自卫能力做出判定的是美方，错误的判断可能一小部分来自于此前中美之间军事上的不透明，随着军事交往的增加，这种判断应当改变。产生误判更为重要的部分则来自于对当前两岸关系新变化的视而不见。自2008年以来，两岸关系已经发生了重大转折，开创了和平发展的新局面。台湾问题涉及中国的核心利益，无论两岸关系如何发展，“一个中国原则”决不能改变，中美三个联合公报是中美必须遵守的法理原则。从这个角度看，美国一方面在对台军售，另一方面则在限制中美军事技术方面的交流，这一状况成为中美军事关系障碍是必然的。当前，要培植中美之间军事信任感，美方可采取的渐进步骤：逐渐取消对台军售，然后废除《迪莱修正案》等限制中美军事技术交流的法案，之后，渐渐在实质行动上确立与北京的更密切的军事合作与战略互信。

关于第二个障碍，即美军机和军舰抵近侦察问题，问题起源于美方如何看待自身的安全形势和国家利益强度。在2012年的《防务战略指南》中，美方明确指出：“美国与亚洲盟友和重要伙伴之间的关系，对该地区未来的稳定与发展至关重要。美国将加强现有联盟关系，这是亚太安全的重要基石。”由于中美双边军事关系的建构本已不易，而亚太地区第三方关系的引入又使问题的解决进一步复杂化。尽管中国坚持不结盟原则，但这并不意味着中国没有朋友和伙伴，尽管美国是一个盟友诸多的国家，但这也并不意味着凡事都要对盟友的立场全力照应，更何况前提是破坏国际法。双方都需将战略视野放诸于整个地区的安全与稳定、地区集体利益的基点上多做考虑。这样，中美两军才能在管好自己的同时，也要管好各自的朋友。改变抵近侦察是美方表达诚意的重要机会性因素。

关于第三个障碍，即对十二个领域里的军事技术交流限制。这一限制源自美军对中国军队从事军事交流意图的片面判断，“中国人民解放军与美国国防部门开展交流的目的恐怕是想改善它的作战能力，包括获取技术和装备。这种目的与美国的利益背道而驰。中国人民解放军还希望掩饰自身的弱点，而两军间的交往有可能会暴露这些弱点。”[①] 限制的解除取决于美军在交流中对中方的信任程度，从目前的情况看，美方更在意与中国军队在更先进的技术领域，譬如航天领域的合作，却对中方在意的技术合作限制置之不理。这只会适得其反，反映出美军交流诚意缺乏，无益于双方军事关系的靠近。当然，随着时间的推移，中美各自军事技术的提高与成熟，这一领域限制终会取消，但那时可能就只具有象征性意义而不具有实际意义了。

（二）控制好外围环境的作用—反作用循环

军事外交作为一种国家的军事行为，在战略决策层面由政府主导，但在分歧或危机发生之时，往往被伙伴或同盟关系、大众传媒和即时通信工具所影响，加速对某一军事外交事件中的作用—反作用循环，这导致事情在因果未清、外围环境尚处于非理性状态下就会被迫做出不适当裁定，其结果可能会引发事态向恶劣的方向发展，最终失控。因此，在通过各式各样的途径增强两军军事互信的同时，国家政府层面需要通过官方相关渠道及时对信息给予有效积极的发布或引导，在危机或失误、意外发生时保持直接对话与沟通，尽可能相互确保清晰彼此意图，不做无谓揣测，减少第三方因素、国际舆论因素、国内民意因素等的外围环境影响。

---

① ［美］A. 卡特博士，W. 佩里博士：《预防性防御：一项美国新安全战略》，胡利平、杨韵琴译，上海人民出版社2000年1月版，第108页。

1. 控制好外围战略环境

当前，“亚太地区存在一种风险，即形成类似冷战时期欧洲‘集团阵营’，比方由日本、美国领导一个阵营以及中国影响下的另一个阵营，我觉得这种类似两极化的态势会产生很负面的影响。”[①] 确如西班牙加利西亚国际研究学者胡里奥所说，遏制住地区敌对阵营的出现对中国而言迫在眉睫，譬如在处理东海方向的中日钓鱼岛问题时，中国面对的是美日联盟。不仅如此，作为一直试图增强军事投入、“修宪”的日本往往以中国力量的和平发展为借口，甚至呼吁澳大利亚、印度、日本和美国夏威夷共同组成“民主安全菱形”，与中国抗衡[②]。而在中国南海，中国同样也面临着美国与其联盟阵营问题。由于外围环境的改变具有系统性，因此关键因素的影响也会引发“裂变”，导致事态向反方向发展。譬如，在不恰当时期或沟通不畅条件下与对方国敏感关系中的第三国签订军事条约、协议或举行军事演习。此前发生的种种事件表明，这样的举动只能增加重量级的负面效果，无益于双方已经形成的信任局面。

第三方因素的存在使得中美之间存在间接冲突的可能。解决好这一问题，需要双方在密切交流的同时，加大对“第三方”的管理和对矛盾的妥善协调。给予中美新型军事关系的建构提供良好的外围战略环境。这一战略环境本身既是美国的战略需要，也是中国的战略需要，因此中美有深度军事合作、彼此进入到对方阵营的必要，从而破解阵营难题。此前，中国与美国合作共同通过六方会谈的形式在一定程度上推进了朝核问题的解决就已经说明

---

① ［西班牙］胡里奥·里奥斯：《“中国梦”不是遥不可及的乌托邦》，《参考消息》第 11 版，2013 年 11 月 11 日。

② 2013 年 1 月 12 日，安倍就通过世界报业辛迪加发表文章，称“中国试图把它对争议岛屿周边水域的管辖变成既成事实”，南中国海“似乎要变成‘北京湖’”。

中国对此持包容开放态度、致力亚太安全与稳定的基本立场。与此相应，美方在一些敏感和热点问题上是否也愿意让中方参与，并形成密切合作态势，中国不仅是作为当事人身份出现，更为重要的是作为亚太地区有着关键影响力的大国身份出现，是以中美携手解决一系列安全议题的角色出现。在这个问题上，美方应当为中方提供腾挪的足够空间。

2. 控制好外围舆论和民意环境

一方面，中美两国本身要控制好舆论与民意环境，另一方面，美国也有必要敦促自己的盟友控制好舆论与民意环境。以中日钓鱼岛争端为例，日本一些政治家在处理日中矛盾时带着国内政治目的，对中国的态度愈是恶劣，在国内就会获得愈多的支持。与此同时，一些美国政客也会偶而到访日本，对钓鱼岛问题发出不利于问题解决、引发事态恶化的声音。这无疑在助长日本国内的不良舆论。在这个问题上，无论是美国还是中国，都不应成为争论问题的旁观者，而应担纲好管理者的角色。

（三）加快对外传播，尽快去军队形象认知模糊化

无论是刻意为之，抑或无意间形成，很显然的一个事实是，中美两军双方对彼此的形象认知是模糊的，在有些部分甚至是缺损的。就两军间的相互了解来看，中国军队对美军的认知程度大于美军对中国军队的了解。

仅从2013年美国防部发布的《中国军事与安全态势发展报告》中就能得到确切的答案，其间，美国国防部对中国军事外交所从事的一系列实践活动都采用了带有偏见色彩的语言进行表述，如对于中国派出的“和平方舟”号医疗船所进行的人道主义援助，在该报告中美国国防部将其称为“中国的‘安慰’级军事医院船”，对于中国自2008年12月起就开始执行的亚丁湾反海盗部署任务，该报

告将其称为“除偶尔的巡航外，这也是解放军海军在西太地区外执行的唯一作战部署任务。”而在其“反太空”一节的内容中依然坚持错误的信息解读，认为“中国试图在公开场合打消一切对其太空军事意图的怀疑。2009年，时任解放军空军司令员许其亮上将公开收回了其早期关于太空军事化是‘历史的必然’的诊断”，而事件的真相则是2009年在纪念空军成立60周年接受媒体采访时说明了关于空天战略的一些观点，但却遭到境外媒体断章取义的误读，对后面一段关于和平的阐述只字不提，大肆炒作中国太空威胁，声称：“北京反对外层空间军事化的立场发生变化”。之后，中国外交部第一时间对中国不参加任何形式的外太空军备竞赛的立场进行了表态，才使得这一误读没再继续。但在该报告中，却仍执意依误读信息进行阐述，其冷战思维凸显无遗。

这种形象认知的模糊产生原因是多重的，但主要原因有三：一是意识形态差异。中国方面始终强调求同存异，但美军却并不这么认为。在两军交往中，美军更关注对中国人民解放军的政治观点、军事观点的影响，在《预防性防御：一项美国新安全战略》一书中对此就曾有过明确的阐述：“通过一项包含以上措施的美中防务交流方案，美国可以在中国走向世界舞台的时候对一批关键人物施加影响。时不待人，我们必须抓住这个机会”；“美国和中国对两军之间的交流抱有不同的目的。美国从自身的长远安全利益出发，希望借此影响中国人民解放军军官的政治、军事观点。”① 二是美国传媒掌握更多国际舆论主动权。据统计，美国等西方媒体垄断了世界大部分地区近90%的新闻信息传播，世界上每天传播的国际新闻大约有80%来自西方大通讯社。西方发达国家流向发展中国家的信息量是发展中国家流向发达国家的100倍。国际传播秩序的不合理决定了

① ［美］A. 卡特、W. 佩里：《预防性防御：一项美国新安全战略》，胡利平、杨韵琴译，上海人民出版社2000年1月版，第107页。

美国称霸的国际舆论更轻易地达到塑造自身军队形象的目的，也更容易达到“妖魔化”中国军队的目的。而中国塑造军队形象的声音则往往被这种强势声音所覆盖，反受其害。三是中国在军事外交中的形象塑造还有较大作为空间。一直以来，中国军队形象的塑造有着很明确的目标：和平之师、威武之师、文明之师。这是中国军队所致力于完成的目标形象的塑造。但是，正如迈克·麦德沃所言，中国从不缺乏需要表达的素材，欠缺的或许是表达力量背后的方式和方法。今天的中国军事外交已经不再是某一个局部的谋篇布局，而是以国际大局为整体的造势与战略布局，要求中国军事外交逐步打破“桃李不言，下自成蹊”的思维定势，实现被动到主动、保守向开放的转变，尝试回答好“我是谁”和“我以何种方式与你交往”的问题。尤其是在“我是谁”的问题上，对于与西方国家军队不同之处一直未能做出完整立体清楚的说明。譬如中国人民军队的根本性质、根本宗旨、根本作风等，恰恰是这三个问题是中国军队区别于美国资本主义国家军队的最为本质的部分，最能充分说明我是“这一个”，而非“那一个”。

中国军队的形象塑造是一个长期而持久的过程，不能指望一两个事例或者一个阶段的努力就会一蹴而就。因此，打造好中国军队形象塑造的舆论品牌、用美国人的叙述方式去说明中国军队、用耐心和长久的舆论战略步骤设计去完成传播运作只是其中一部分，更为重要的是中国军事文化的传播、对此类传播人才的积累、对美国国会和美军会产生影响的重要人物的联系和人脉网络建设，这些资源的长期建设和经营才会最终使中国军队的形象认知在美国民众和军队那里逐渐清晰。

（四）强大自身，谋求与大国匹配的军事地位认同

对中国军队而言，中美军事关系的重要性与对美军而言是否同日而语，具有同样程度的重要性？从目前情况来看，回答是否定的。

在美国于2012年1月5日发布的“防务战略指南”文件——《维持美国的全球领导地位：21世纪的防务重点》中，在仅8页的“指南”中，有三处明确提到中国，“从长远看，中国作为地区大国出现，将有潜力以多种方式影响美国经济和安全……中国军力增长必须伴之以更加透明的战略意图，以避免在该地区引起冲突……像中国和伊朗这样的国家将继续寻求以非对称方式对抗美国的力量投送能力，而尖端武器和技术也将扩散到非国家行为体”。印度、俄罗斯和朝鲜各被提到一次，但美国是要发展和加深与印度和俄罗斯的关系，防止朝鲜挑衅。显然，与俄罗斯、印度相比，美国重视中国，但同时不仅将中国视为主要的潜在战略对手，而且将中国视为主要的现实战略对手，反映出美国对中国怀着防范和猜疑的心理。这种心理差异反映着一种地位认同的非对等性，即，美军对譬如俄军的实力、能力、意图的认同程度要大于美军对中国军队的各方面尤其是战略意图的认同。

中国的军事力量的发展并不是为了谋求军事崛起，而仅仅是为了能够实现自我保护。中国军事地位在美国视野下的非对等认识表明中国军队现代化程度还需要加快，在成为一个经济大国的同时，更要成为一个强国，其目的不是伤害别人，而是要能够产生影响，能够避免被伤害。苦练内功，并不仅仅是中国当前发展建设的其他各领域的战略必需，也是构建中美新型军事关系的根本。

三、中美新型军事关系建构的机制需求

至2012年12月，中美之间已经确立了中美海上军事安全磋商机制、中美国防部防务安全磋商机制、中美国防部工作会晤机制、中美战略与经济对话框架下的中美战略安全对话机制等，如表1。

表 1

1998 年 1 月 17—20 日	美国国防部长科恩一行对中国进行正式友好访问，中美两国国防部长正式签署了《中美建立加强海上军事安全磋商机制协定》
2001 年 9 月 13 日	中美海上军事安全磋商机制会议在关岛举行
2001 年 12 月 4 日	中美海上军事安全磋商机制工作小组会议在北京举行
2002 年 4 月 10—12 日	中美海上军事安全磋商机制 2002 年度会晤在上海举行
2002 年 8 月上旬	中美海上军事安全磋商机制海空军事安全工作小组会议在夏威夷举行
2002 年 12 月上旬	中美海上军事安全磋商机制海空军事安全工作小组第二次会议在青岛举行
2005 年 4 月	中国人民解放军副总参谋长熊光楷上将赴美国华盛顿与美国国防部副部长道格拉斯·费思进行第七次中美国防部副部长级防务磋商。
2005 年 7 月 8 日	中美海上军事安全磋商机制 2005 年年度会晤在青岛举行。会晤期间，双方就中美两国海上军事安全相关问题交换了意见
2006 年 6 月 8 日	中美进行防务安全磋商在北京举行
2007 年 12 月 3 日	副总参谋长马晓天与美国防部副部长艾德曼在华盛顿举行第 9 次中美国防部副部长级防务磋商
2008 年 2 月 28—29 日	中美两军举行了第 4 次中美国防部工作会晤，就落实两国防务部门和军队领导人关于加强两军关系的共识，加强两军高层互访、机制性交往、务实性交流与合作等进行了具体商议。会晤结束后，双方正式签署了《中华人民共和国国防部和美利坚合众国国防部关于建立直通保密电话通信线路的协定》和《中华人民共和国国防部和美利坚合众国国防部就查找朝鲜战争前后美军失踪军人下落开展军事档案合作事有关安排备忘录》
2008 年 4 月 10 日	中美两国国防部直通电话正式开通，中国国防部长梁光烈和美国国防部长盖茨首次通过直通电话
2009 年 2 月 27 日	中国国防部外事办公室主任钱利华和美国助理国防部长帮办谢伟森在北京共同主持中美国防部工作会晤
2009 年 6 月 23—24 日	中方与美方在北京举行了第十次国防部防务磋商、工作会晤、海上军事安全磋商，邀请美国海军作战部长、陆军参谋长来华访问
2010 年 10 月 14—15 日	中美海上军事安全磋商机制 2010 年年度会晤在美国夏威夷举行
2010 年 12 月 9 日	中国人民解放军副总参谋长马晓天赴美，与美国国防部副部长弗卢努瓦共同主持中美国防部第 11 次防务磋商

续表

2012年5月2日	在第四轮中美战略与经济对话的战略框架下，第二次中美战略安全对话在北京举行
2012年9月27—28日	中美海上军事安全磋商机制2012年度会晤在青岛举行

上述机制的形成与不断运作使得中美之间在战略层面的磋商与交流始终处于持续稳定状态，增加了提升信任机率、减少信息真空而可能导致的战略误判的可能，对于中美军事信任的累积提供了制度保障。但是，与中美两国间已经建立的90多种各类机制相比，军事领域建立的机制相对来说仅占极小的比例，作为军事领域机制建设的短板，其功能性缺失可见一斑。军事交流机制的建立是中美在军事领域通过沟通对话解决分歧、寻求合作、创造性化解矛盾从而构建新型军事关系的重要条件。从既有机制分析，中美之间已经确立了的机制更多停留在为避免冲突、化解危机的否定式军事合作层面，而非增强合作、密切关系的肯定式军事合作。对此，中美两军间应循序推进机制建立，从消除信任障碍开始，进一步获得更广泛、更深刻交往合作的发展空间，更多着眼于双方都必须做的事，而非“着重于各自希望对方做的事”①。

（一）渐进式推进机制建设

在既往中美军事交流过程中，反映着一个基本的路径，那就是尽管美方一直敦促中方开放基层交流速度和力度，但中方坚持的步伐是先高层后中层再基层的基本思路，小步稳定前进，虽有曲折和回落，但总体方向保持向前。而实现这种状态的是渐进式的机制落实。步步稳扎稳打，不急不躁，是中国传统军事文化所特有的影响

① ［美］戴维·兰普顿：“新型大国关系：为中美关系建立持久的基础”，《参考消息》，2013年9月24日第14版“海外视角”，香港中美聚焦网9月21日文章。

基因，这为两军近年来实质性交流成果的取得打下了良好的基础。这一做法值得继续到今后的中美军事外交的其他领域，包括在网络空间里的安全议题的探讨。中方曾经在这一领域建议制定一个行为准则，这为问题的解决提供了对话基础。从目前中美军事关系中的机制建设来看，还有很多领域可以着手进行机制建设，从第一轨到第二轨，从联演联训到军事艺术，从现役军人到退役将军，愈多的接触点愈会加深自身在对方那里长远利益的认识，但也会增加引发争论、意外事件的机率。尽管如此，交流及保障交流的机制的存在是必要的，它使中美双方实现了“相互确保抑制”①，逐步让双方信任升级，在磨合中最终形成军事领域的更为充分的协作。

（二）建立“中美+X“三边或者是“中美+NX”的多边防长会晤机制

当前中美军事关系的一个重要特点——往往受到“第三方”因素掣肘。这里的“第三方”多处于中国周边敏感地带，有的与中国存在领土争端，有的与中国有深厚友好关系，有的是美国的盟国，在深化各自伙伴关系基础上，应当推进“中美+X”三边或者是“中美+NX”的多边军事关系。基于美国在亚太地区双边军事联盟扩大化的现状，为更好地发挥中国地区性大国的重要影响和作用，在军事安全领域，美国可以在其双边军事同盟的军事行动中请中国加入，譬如，在其“2+2”会晤中应当加入中国外长与防长或至少加入涉及到安全议题解决的中国防长的席位；而在多边军事关系的建构中，应当推进以“中美”为先导的多边军事外交，从而建立符合两国利益、代表亚太最广大国家需求的地区安全关系网络。

---

① ［美］阿米伊塔·埃齐奥尼：“相互确保抑制”：一种美中关系模式，日本《外交学者》杂志网站9月20日文章，《参考消息》2013年9月24日第14版。

（三）建立中美军事外交中的公共外交机制

外围环境更深层次的改变在于文化的影响与渗透。国家或军队形象的认知是一国国家文化或军事文化对交往国民众和军人的表层影响，更为深层的影响始终是文化的影响与渗透。文化渗透，而非停留于形象塑造，更能够使交往国实现由自主认知到自觉认同的转变。因此，公共外交作为一种外交战略在对外军事关系的构建中发挥着重要作用，能够实现军事理念与文化的跨国界流通，相对于其他形式的外交，公共外交更凸显不同文化实体之间的相互理解和认知，是一种塑造良好军队形象的战略途径。中美新型军事关系的建构离不开成功的公共外交，作为这一战略实施中的必然组成部分，在军事外交中进行公共外交机制的建立、积极有效地塑造中国人民军队的海外形象亦是题中之义。首先，军事外交中的公共外交机制统筹于国家总体外交的公共外交机制当中，是其中的一个分支；其次，军事外交中的公共外交直接服务于军事外交的战略部署，密切配合军事外交行动，其任务分配应当包括议题设置——传播平台构建与搭配——信息反馈的收集与整合——下一步的传播方式与内容的调整；再次，这一机构还应当就国际上于中美新型军事关系建构不利的国际舆论作出有层次、有计划的舆论应对，扭转国际舆论氛围；最后，这一机构存在的形式应当是嵌入式的，而非单独存在于军事机构中，其接受的管理应当是双向的，即，既受到国防部外事机构的对口管理，又受到国家总体公共外交事务部门的行政管理。

（四）确立中美新型军事关系智库机制

中美新型军事关系智库的确立可以完成以下主要任务：一是承担起生产军事外交思想的任务，智库是新思想、新观念、新方案的诞生地，通过对中美新型军事关系的战略规划传播，促进中美两军、两军与对方民众间、两军与对方政党间、两军与非政府组织间的对话与交流。二是承担起有利于中美两国核心国家利益维护、地区安全和国际安全决策的咨询任务，促进中美两军间的信任与合作。智库为军队提供有关公共政策的决策咨询服务，同时也在影响决策、影响舆论、影响公众。三是承担起推动中美两军双边和“中美 + N”的多边军事沟通的任务。军事外交智库作为容纳官方、军方和民间的研究机构，可以通过机构和研究人员之间军方、非军方的广泛接触和学术交流，架起中美两国军队与对方国家政府、军队和人民之间相互了解和交流的桥梁，以便增信释疑，化解矛盾，协调关系，促进合作，维护国家和军事关系的稳定，促进国际战略的安全与稳定。四是承担培养推进中美新型军事关系建构的军事外交人才的任务。智库是知识密集和智力密集型组织，提供浓厚的学术氛围、开放的研究方式和国际化的交流平台，有利于培养出思维敏捷、视野开阔、善于沟通和有广泛国际联系的军事外交精英人才，这些人才将为中美新型军事关系建构的可持续发展提供人才保证，是今后中美军事外交管理和决策部门的重要的人才储备，在未来的国家安全领域担当重任。①

另外，智库并不必然吸纳中美两国战略人才，事实上，那些关注中美军事关系、能够担任中美两国军事交流桥梁的人有着不可忽略的作用。他们对中美两军均有了解，同时也有着作为极为重要的“第三方“的视角和声音，这些对于客观全面的策略的提出、更具有可信度的舆论声音的传播、从而塑造有利于中美军事关系发展的良好国际舆论环境都具有无可替代的重要作用。

① 刘源：“新时代防务智库的使命和挑战”，中国军事科学学会（2006）香山论坛论文集：《亚太地区的和平发展与地区安全》，中国军事科学学会军事分会编，军事科学出版社，2008 年 4 月版。

第七章

从被动到主动：中国军事外交的舆论运用

外交是通过国家和国家的关系这个形式来进行的，但落脚点还是在影响和争取人民，这是辩证的。

——周恩来

军事外交是以军队为主体的对外军事交往，而军事对外传播则是军事外交中的舆论运用，担负着军事外交主体的形象塑造，在一定程度上决定着军事外交的成功与失败。自20世纪90年代以来，中国军事外交以“新安全观”为指导，配合国家总体外交和新时期军事战略方针，通过军队领导人往来、专业技术人员交流、军舰互访、文体交流、国际和地区安全合作、军控履约、对外军事技术合作、人员培训、智力引进、参与联合国维和行动等多种方式，愈益频繁地投入到多样化军事任务和国际军事合作之中，形成了全方位、多层次、宽领域的对外军事交往格局。

在世界舞台崭露头角的同时，中国军队也无可避免地置身于现代传媒的聚焦和放大之下。中国传统文化中“桃李不言，下自成蹊”的思维定势，封闭社会形态下所形成的藏而不露、只做不说的行为观都影响着中国军事外交的舆论运用。自20世纪90年代以来，中国军队形象经常被掌握着国际话语权的西方媒体抹黑扭曲，

“中国威胁论”甚嚣尘上。事实证明，信息化条件下，一支军队如果不主动塑造自己，就必然会被别人塑造。进入新世纪，中国军事外交全方位、宽领域、多层次的军事外交格局的形成，为军事外交的舆论运用搭建了更为广阔的舞台，但也提出了新的挑战。在军事外交需求与目标的牵引下，中国军事外交的舆论运用面临着从被动应对到主动塑造的行为转变，从而为中国军事外交的功能发挥和国家整体外交目标的实现发挥愈益重要的作用。

一、中国军事外交舆论运用的主要特点

军事外交的舆论运用有其区别于一般对外传播的特性，如鲜明的党性、高度的敏感性、明确的目的性、强烈的针对性、方式手段的多样性、舆论斗争的策略性和跨文化传播等，但是，以军事外交为平台开展的军事对外传播在具有其共性之外，更凸显以下几个特征：

一是传播主题凸显和平性。正如胡锦涛在联合国成立60周年大会上发表演讲时所指出的：“努力构建各种文明兼容并蓄的和谐世界”，和平性是中国军事外交的一个重要特征，更是与西方强制外交的重要区别。这一特征决定了中国军事外交在为舆论传播提供素材时就打上了深刻的和平烙印。尤其是近年来，通过传播中国军队圆满完成海地地震、巴基斯坦洪灾等多项国际人道主义救援任务，以及赴苏丹、达尔富尔执行联合国维和任务、派舰艇远赴亚丁湾、索马里海域完成护航任务的情况，塑造了中国军队共同维护和谐世界的和平形象；通过传播联合军演与军事训练情况，展示中国军队作为一支和平力量的现代化形象；通过传播中国积极履行国际安全责任和义务，坚定支持国际军控、裁军与防扩散努力，积极参与区域安全合作的情况，淡化“中国威胁论”带来的负面影响，深化中国负责任大国的国际形象。中国军事外交以和平发展为外交指向、以

防御性国防政策为牵引的实践内容决定了军事对外传播主题的和平性。

二是议题设置更具战略性。军事外交是国家总体外交的重要组成部分，是代表国家安全利益的军事交往，在国家整体战略的实现过程中扮演着一个“因数”角色。尤其是在当前“西强我弱”的国际舆论格局下，要想通过军事外交中的军事对外传播来确立中国在国际影响上的号召力、国家形象上的亲和力、国家力量上的威慑力，从而更好地发挥军事外交的战略作用，就需要积极而有效地进行议题设置。近年来，以美国为代表的西方主流媒体从炒作中国“军事威胁”到提高“中国军事透明度”，再到“中国军方黑客袭击”、“中国拥有航母的战略意图”，无不暴露出其有针对性地进行负面议题设置的痕迹。对此，中国军事对外传播结合“拉姆斯菲尔德参观二炮司令部”、“美国参谋长联席会议主席彼得·佩斯来访”，尤其是结合新中国成立 60 周年之际我军邀请 102 国驻华武官、副武官，29 国海军高级将领，34 国空军领导人及其代表观摩并出席了国庆阅兵、海空军国际论坛、海上阅兵等多边军事交流活动，主动设置了国际关切的核心议题，对负面舆论进行了有力的反击。这一舆论博弈过程突显了议题设置的战略意义。

三是目标受众强调差异性。以中国军事外交为平台的军事对外传播目标受众是广泛的，但具体到实施环节又是有所区别的。譬如，从国家利益角度来看，有的关系到核心国家利益，有的关系到重要国家利益，还有的则关系到一般国家利益；从军事外交关系亲疏上来看，有的已经进入了深层军事交往，有的还只是进入军事接触阶段；从受众群体的文化认知来看，有的开放，有的保守；从接收能力上来看，有的信息化水平较高，有的则停留在传统媒体的信息获知状态。这些目标受众的差异性对军事外交中舆论运用内容上的精细选择与传播方式的恰当展开提出了要求。虽然受众目标的差异性是对细节的要求，但这个精细化要求往往具有战略决定性。因为没有注重目标受众的文化信仰差异而导致陷入舆论困境的例子不在少数。

四是实施过程注重协调性。以军事外交为平台进行军事对外传播是以军事外交战略的实现为目标的，因此，对外传播的节奏只有与军事外交的步伐相伴相随、配合默契，才能相得益彰、事半功倍。近年来军事对外传播就结合联演联训、国际维和、远洋护航、阅兵庆典等重大军事外交行动，有条不紊地组织开展了军事对外传播活动，确保军事外交进行到哪里，对外传播就关注到哪里；军事外交需要说明什么，对外传播就揭示什么，有效地吸引了国际舆论的注意力，并形成了一定的舆论聚焦效应，塑造了我军和平之师、威武之师、文明之师的形象，有效提升了我军的国际影响力，推进了军事外交战略目标的实现。

二、舆论运用在中国军事外交实践中的作用

军事外交作为军队活动样式之一，其所具有的和平性、军事性、国际性、战略性的特点与对外传播所具有的整合性、目的性、聚焦性、多元性、平衡性等特点相联系，必将产生倍增效应。对外传播在军事外交中完整的作用机理如下图所示：首先，提出军事外交理念，明确军事外交的主题；其次，确定军事外交的基本目标；根据确立的军事外交目标合理规划军队形象的塑造；通过对军队形象的理想塑造进行恰当的军事外交运用；最后，通过对外传播平台考察军队形象的塑造情况，评估军事外交中的对外传播效果，进而针对存在问题灵活调整策略，使其更好地服务于军事外交理念的实践、军事外交目标的完成。

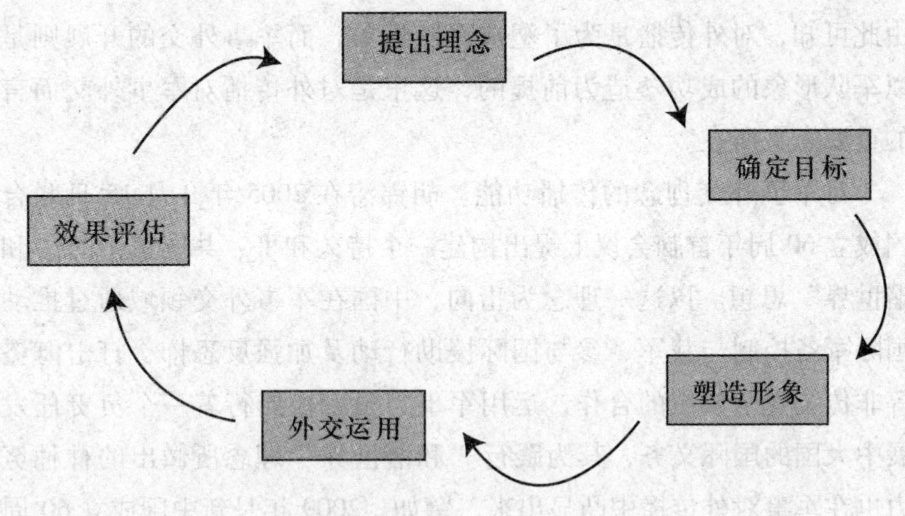

图 7—1：军事外交中舆论运用流程

从某种意义上来看，军队形象是国家对外传播和军事外交政策综合作用的结果。军队形象的塑造往往与对外传播及其策略实施息息相关。对外传播作为一种政府主导行为，通过对各式传播中介的运用，实施着影响外国政府、军队及民众认知的作用，在国防政策解释、军事文化交流、军队形象塑造、价值认同中起着重要作用。通过军队交流达成更多共识，共识形成文化，文化决定行为者的身份认同、利益取向和行为选择。因此，有效的对外传播往往能促成两军之间、军队与外国民众之间积极的共有观念的形成，塑造双方良好的军队形象，从而形成良好的军队互动。反之，不成功的对外传播容易产生消极的军队形象，同时也从总体上有损于国家形象，不利于军事外交的发展，甚至会引发国际冲突。正是基于这种认识，近年来美国和美军的形象危机使美国十分注重发挥对外传播，美国前国防部长拉姆斯菲尔德认为，要加强对外传播力度，“以更有效地与极端组织和极端分子做斗争”①。

① 倪建平：“国际传播与国家形象分析框架”，《中国传媒报告》，2004 年第 5 期。

由此可知，对外传播是为了塑造军队形象，而军事外交的开展则是以军队形象的成功塑造为前提的，这正是对外传播对军事外交而言的重要意义所在。

对军事外交理念的传播功能。胡锦涛在2005年9月15日联合国成立60周年首脑会议上提出构建一个持久和平、共同繁荣的“和谐世界”思想。以这一理念为指向，中国在军事外交领域通过推动国际军备控制与裁军、参与国际援助行动及加强反恐怖、打击海盗等非传统安全领域的合作，运用军事力量积极履行着一个负责任发展中大国的国际义务，其为践行“和谐世界”理念所做出的种种努力也在军事对外传播中凸显出来。譬如，2009年是新中国成立60周年，中国军队的一系列重大活动引起了境外媒介的高度关注，军事对外传播籍此时机通过统一“中国奉行防御性国防政策，中国军队是维护和平与促进共同发展的重要力量”等对外传播口径；通过主动设置议题、组织中外记者全程跟踪报道、举办展览、出版图书和音像制品等方式，形成全方位、多手段、立体的军事传播局面，有效地引导世界各大媒体对这一盛大活动进行了正面积极的报道，世界舆论普遍认为此次阅兵“体现了‘富国强兵’的理念”[①]，“新中国已走过60个春秋，今年的国庆大阅兵，中国向世界展示了自己最‘硬’的实力”[②]，“然而，我们有必要对中国的军事雄心和军事实力感到畏惧吗？专家的答案是：不。中国在联合国的支持下参与多国维和行动，中国海军已派出舰队赴海盗猖獗的索马里海域执行护航任务，中国希望维持世界的和平”，[③] 从而成功传播了中国军事外交

① “中国阅兵诠释‘富国强兵’”，英国《金融时报》，2009年9月24日文章，摘自中国评论新闻网。

② 法国《欧洲时报》2008年10月1日文章，摘自中国新闻网2009年10月1日报道。

③ “专家称不必对中国军事力量感到畏惧”，法国《世界报》文章，2009年10月2日。

理念，产生了良好的舆论效应。

对军队形象的塑造功能。形象是社会群体依据不同社会分工和职能所具有职业特征的公众印象。而军人形象则是军事职业人员总体外在特征、行为表现和内在精神以及在社会公众心目中的印象，是军事软实力的重要组成部分。一定意义上，军队形象反映战斗力。“远飞者当换其羽”，中国军队在走出国门进行相应地区的军事行动时，也是在向其他国家与地区展示本国遂行军事任务的能力，这将会成为他国在制定与本国相关的战略决策时的重要力量考量因素。中国人民解放军80多年来的建军历史已经形成了听党指挥、服务人民、英勇善战的形象特质，新的历史条件下，“和平之师、文明之师、威武之师”的凝练概括更进一步揭示了新时期中国军队形象的时代内涵。把握舆论运用的主动权才能形神兼备地打造一流的中国军队形象“品牌”。

但若在对外阐释与交流中常处于被动和“失语”状态，则会增加他国对中国军事力量增长的疑虑，产生“安全困境”[①]。譬如，在20世纪90年代，随着中国军队现代化程度不断加强，世界上其他国家对中国军队现代化给予了不同观点的误读，中国军队的形象也受到了损害。近年来，中国军事对外传播注重通过军事外交的一系列活动，有效化解目标受众对我国的误解和疑虑，彰显我军维护世界和平的坚定决心：一方面，中国军队在走向世界的同时，开始注意议程设置，如2010年的中国军事外交的各种活动高频率地出现“和平、和谐”等字眼，这在通过媒体进行报道时无疑强化了中国军队的亲和形象。另一方面，中国军事对外传播统筹运

① 何奇松：所谓“安全困境”，是指在国际体系处于无政府状态的背景下，一国为提高自身安全而增强军事实力的行为，必然引起其他国家采取对应措施，其结果是该国安全感不但没有提高，反而进一步降低。这实际上是一种安全上的悖论，即一国为增强本国安全而采取的措施非但没有增强自身安全，反而弱化了自身安全。《中国军事外交析论》，《现代国际关系》，2008年第1期。

用大众传媒与非大众传媒、传统媒体与新兴媒体，多法并举，优势互补。如通过定期发布国防白皮书增强军事透明度；通过召开新闻发布会发布权威信息，阐明原则立场，回答重大关切；有时则隐藏军事属性，巧妙规避恶意炒作，形成舆论强势，较为成功地进行了中国军队的形象塑造。仅以国防部网站为例，借助网络宣传的受众面广、影响力大、信息传递实时等特性，国防部利用网络极大地增强了中国的军事对外传播能力。据统计，国防部官方网站的首日点击量达到了7000多万次，前3个月总点击量就已超过12.5亿次，受到国内外人士的广泛关注与欢迎。目前，国防部网站每天点击率达到2000万人次，其中5%来自境外[①]。为扩大网站影响力，还开通了中文简体、中文繁体、英文三个版本。[②] 这些在实现中国军队“更好地和外界沟通”、展示中国军队的良好形象方面发挥了积极作用。

发挥了对军队建设成果的正面展示功能。随着中国军队现代化程度不断加强，世界上其他国家对中国军队现代化则给予不同观点的解读，而在20世纪90年代正处于中国特色军事变革深入推进过程中的中国军队受到不同程度的误解，中国军队的形象受到一定程度损害。朝献栋与韩国陆军军官学校助理教授金淳洙主张，根据军事外交活动的性质和合作强度，将军事外交分为以增进普遍性价值为目的的普遍性军事外交和以增进相互信任、友好关系为目标的交流性军事外交，以及以应对明确或不明确威胁为目标的合作性军事外交三种类型。依此分析框架，通过对中国自建国以来重大军事外交事件的发生进行考察，通过图表（7—2）分析可以看到，中国从事以增进普遍性价值为目的的普遍性军事外交

① 肖天亮主编：《新中国军事外交》，北京：国防大学出版社，2010年12月版，第244页。

② 国防部网站的中文简体、中文繁体和英文三种版本的网址分别为：http：//www. mod. gov. cn/，http//www. mod. gov. cn/big5/，http：//www. eng. mod. gov. cn/.

和以增进相互信任、友好关系为目的的交流性军事外交较多，合作性军事外交较少，其中普遍性军事外交占到中国军事外交活动的39%，交流性军事外交占到52%，而合作性军事外交仅占9%，且多是在近几年里开展的。这事实上表明了中国军事外交所遵循的“互信、互利、平等、协作的新安全观，建立公平、有效的集体安全机制，共同防止冲突和战争，维护世界和平与安全”的外交理念。正是在这一理念的指引下，中国的军事外交从其行为取向上来看完全是以增进信任、加深友谊为主，若有合作性军事外交也是以打击恐怖主义、维护和平为主题。与此相协调，通过对2009年中国国防部网站关于中国军事外交的报道，不难发现以国际合作与交流为主题的新闻报道多达122条（如图7—3所示）。这与中国军事外交的总体特点相吻合，发挥了对军队建设成果的正面展示功能，也是对于一直不绝于耳的“中国威胁论”的最强有力的反驳。

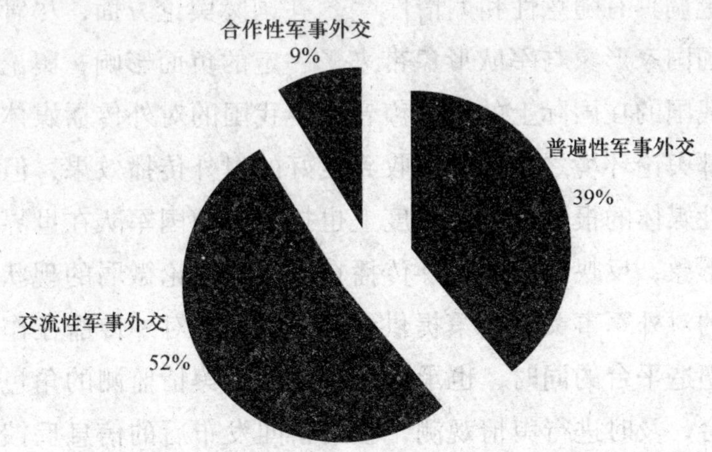

图7—2：新中国成立以来三种军事外交在大事记中所占比例

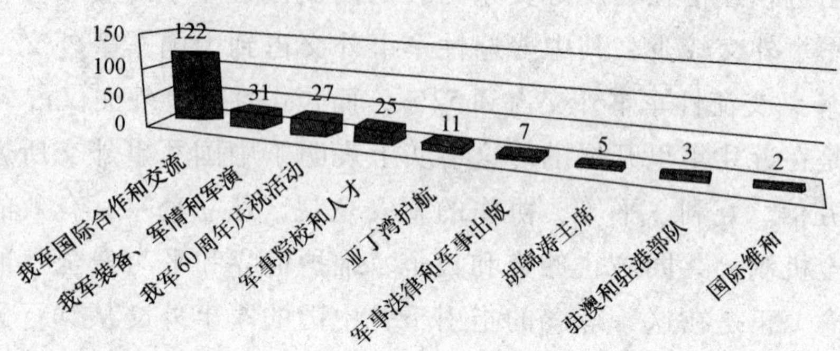

图 7—3：2009 年国防部网站新闻报道被转引的内容分布①

对军事外交舆情的检测功能。对外传播并不仅仅发挥着主动宣传中国军队形象、推进中国军事外交发展的功能。事实上，它还发挥着军事外交舆情的检测功能。长期以来，国际性媒体主要由西方国家主导，就报道角度而言，一些西方媒体，尤其是"美国主流媒体往往处于一种负面或消极的定势，以负面报道居多，有失公允，且报道笔调具有随意性和煽情性"。② 在国际舆论方面，尽管这些报道为中国国家形象与军队形象带来了一定的负面影响，舆论噪音也掩盖了我国的在国际上的舆论声音，使我国的对外传播媒体处于恶劣的外部舆论环境之中，难以收到良好的对外传播效果，但其中一些国际性媒体的报道在一定程度上也折射出中国军队在世界军事舞台上的形象，反映出中国对外传播在国际上舆论微弱的现状，为中国军队的对外军事关系决策提供参照。因此，对外传播在作为军队形象的塑造平台的同时，也承担着军事外交舆情监测的角色。通过这些平台，及时进行舆情观测，收集新闻发布后的信息反馈，不断对军事外交的对外传播策略进行动态调整是我们打破美国等西方大

① 资料来源：上海外国语大学中国国际舆情研究中心：《国防部网站军事传播影响研究报告》，2010 年 1 月 23 日。http://www.global.pubopinion.org/s/zz/t/45/p/1/c/780/list.htm。

② 张健："美国主流媒体涉华报道分析"，《国际观察》，2007 年第 1 期。

国对国际舆论的垄断，提升中国军队形象，更好地服务于军事外交的重要环节。以中国国防部网站的舆情监测为例：2010 年 1 月，上海外国语大学发布了《国防部网站军事传播影响力分析报告》，通过对国防部网站开通后进行的跟踪分析，发现“国防部网站总体传播影响力正在逐步得到提升，正在引起国内和国外媒体的重视”。尽管国防部网站的“传播影响力的深度还不够（转引量仍偏低）”，但其“传播影响力已有一定的广度（转引媒体数量较多）”，总体趋势是转引次数与被转引的新闻报道呈现反比递增的趋势：即转引新闻报道的次数越多，新闻报道总量相对越少（如图 7—4、图 7—5 所示）①。

通过对 2009 年国防部网站军事新闻发布情况的跟踪分析，进一步就国防部网站发布的新闻报道内容、提升国防部网站在国外媒体和网站的传播影响力、对国防部网站影响力形成系统化的咨询报告等提出重要建议，从而通过对军事外交舆情的监测，为下一步的军队形象的宣传策略的科学谋划、更好地构建全方位、宽领域、多层次的中国军事外交格局提供了咨询建议。

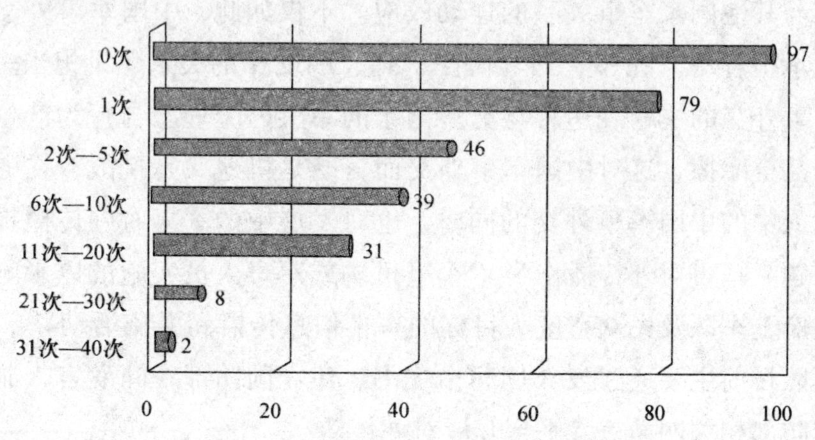

图 7—4：国防部网站英文新闻报道被引用次数

① 图 7—4、图 7—5 的资料来源：上海外国语大学中国国际舆情研究中心：《国防部网站军事传播影响研究报告》，2010 年 1 月 23 日。http：//www. global. pubopinion. org/s/zz/t/45/p/1/c/780/list. htm。

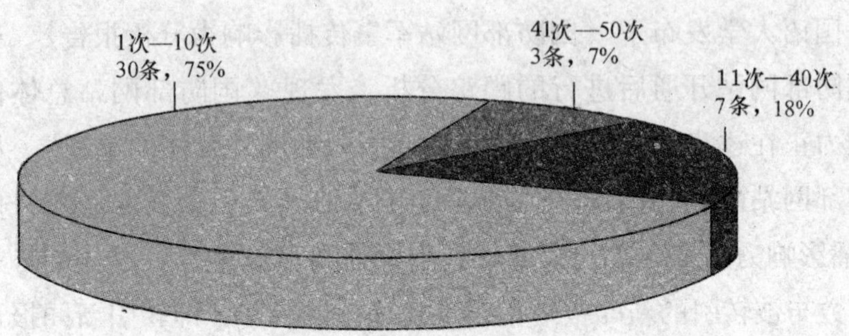

图 7—5：国防部网站中文新闻报道被引次数

三、发展中的中国军事外交与发展中的军事对外传播

作为发展中的大国，中国与大国间的军事外交关系往往会产生中国与其他国家军事关系的连动效应。不仅如此，中国军事外交同时也承担着从“睦邻”到“伙伴”到“朋友”的关系建设担当。中国军事外交的主题表达将与更多国家的军事外交理念与行为产生互动，甚至摩擦，这对中国军事外交而言既是机遇又是挑战，在考验着发展中的中国军事外交的同时，也对发展中的军事对外传播提出新课题。军事对外传播作为“军事机构或军事人员实施的以影响外国政府、军队及民众态度为目标的军事信息传播和交流活动”①，中国军队目前主要通过发布国防白皮书、建立国防部新闻发言人制度及国防部相关网站三大平台开展对外传播：

中国国防白皮书是中国共产党和中国政府关于国防和军队建设

① 张英利主编：《军事外交学概论》，国防大学出版社，2009 年 10 月版，第 55 页。

的方针、政策、原则，以及对安全形势、安全威胁、安全环境判断的公开的集中表述。自1998年首次发布国防白皮书以来，已经发布了8部，是国际社会和国内民众全面认知中国国防政策和国防现代化建设进程的权威文件。新闻发言人制度作为军队、媒体以及公众之间关系的“润滑剂”，承担着引导舆论，设定政策议程的职责。中国国防部新闻发言人制度正式成形于2007年底2008年初，为树立中国军队良好的公众和国际形象发挥了作用。中国国防部网站建成相对较晚，2009年8月20日上线试运行，主要负责发布中国国防和军队建设的权威信息，对外传递中国军方声音，宣传中国国防政策，加强与外军的交流与合作。从目前三大平台的运行情况来看，都对中国军事外交的目标实现发挥了一定的对外传播功能，但随着中国军事外交步伐的加快、军事外交对象的丰富、军事外交视域的拓展，其作用发挥也面临着从被动应对到主动塑造的诸多挑战。

一是由军队形象塑造到军事文化渗透，实现军事对外传播受众由自主认知到自觉认同的转变。正如同阿尔文·托夫勒在看到了媒介传播的力量的同时，更看重其影响一样，军队形象塑造只是军事对外传播的初级任务，远不能满足中国军事外交的未来需要。

根据布伦斯维克（Bruncwik）的“认知透镜模型”原理（如图7—6），军队的客观事实是远体刺激，它是远离认识主体——其他国家人，只有通过适当介质的信息媒介，远体刺激才能反映在认识主体的眼中，形成近体刺激。但经过心理过滤机制的作用往往会产生由于信息偏差和过程偏差而带来的信息损耗，从而使得真正在受众脑海中接受的军队形象已经成为有所不同的军队形象。这其中起决定性作用的在于基于自我中心主义的过滤，而在心理过滤机制之前对其发挥作用的则是文化选择的过程。

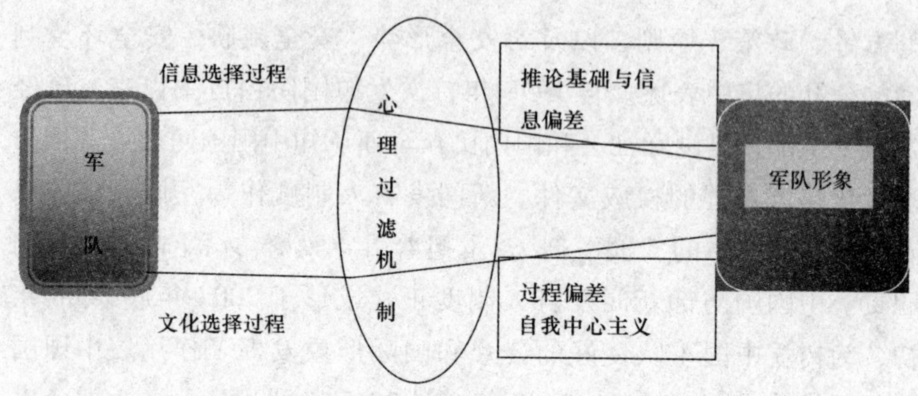

图 7—6："认知透镜模型" 原理

因为，在对外传播的过程中，真正意义上的传播在于一个群体向另一个社会借取文化要素并把它们融合进自己的文化之中的过程①。文化构成了传播对传播受众产生影响的最重要的、基本的因素之一。军事对外传播也同样如此。因此，想要切实在目标受众群体中产生影响力，军事对外传播必须从表层的军队形象塑造走向深层的军事文化渗透，实现对外传播受众由自主认知到自觉认同的转变。

自主认知属于被动状态，存在多种选择的可能，自觉认同则是主动状态，是在下意识中完成的接纳与理解。军事文化渗透的意义正在于在全球传播环境不平等的背景下，逾越军事对外传播中的跨文化特性，完成目标受众的自觉认同。要实现这一转变，军事对外传播面临的任务异常艰巨：就传播内容而言，军事对外传播需要结合中国军事外交对传播内容进行筛选与整合，加入更多中国军事文化元素，并深入研究目标受众国的文化特质，以寻求最为成功的切入点；就传播效果而言，在注重所传递的军事文化的吸引力的同时，更要注意可吸收性，为此，需要掌握目标受众国或群体社会感知和

---

① 于朝晖著：《战略传播管理——冷战后美国国际形象构建研究》，北京：时事出版社，2008 年 11 月版，第 44 页。

接受方式，并设立舆情监控，跟踪掌握对外传播对国际舆论或某一目标国家的影响力，对所设栏目进行国际影响力的等级评判，通过信息的健康反馈进行及时的自我纠错，以不断增强国际舆论受众的自觉认同；就传播策略而言，中国军事对外传播还需要掌握对传播语言的战略运用，例如，在琉球群岛问题上，媒体需要规范使用中国的一贯称谓——“琉球”，而非日本的命名——“冲绳”，这样敏感的称谓代表着强烈的政治立场，错误地使用就是在长他人志气，灭自家威风，完全是对本国民众进行严重的历史误导。再如，日本一度在与我国因钓鱼岛问题产生摩擦时，又同俄罗斯因北方四岛问题再起波澜，我国在对外传播中完全可以遵循俄方对该群岛的称谓，从话语上表明对俄的舆论支持，在国际上对日本造成一定的舆论压力。

二是由国家外交的军事外交到大外交中的军事外交，实现军事对外传播姿态的转变。随着中国外交整体态势的不断推进，包括军事外交在内的中国外交思维正在实现必然的转化，即由传统的国家外交向大外交转变。这一转变对军事对外传播姿态产生影响：今后中国军事外交的对象将不再局限于某一些、某一类或某些类国家，而是与国际范畴内各个国家的充分而广泛的接触与交往，而且这些国家之间有着千丝万缕、错综复杂的相互影响与利益关系，因此，今后中国军事外交的棋盘上不再是某一个局部的谋篇布局，而是以国际大局为整体的造势与战略布局，这要求中国军事对外传播在结合军事外交进行对外传播时站位更高，视域更广，要有更强烈的战略意识；同时，就中国自身来看已经成为在国际上有着重要影响力的国家，这一变化要求军事对外传播在借助中国军事外交平台实施对外传播时，其姿态应实现由保守向开放的转变。很长时间以来，尤其是进入新世纪以来，中国应当对中国崛起所带来的一些国际负面舆论做好充分的心理准备。与中国近年来崛起的姿态相适应，中国较之以往应更具有大国气魄，回应不良揣测应表现出强大的底气，而绝非因为怕国际舆论的噪音和负面影响而自缚手脚，否则会被其他国家乘机捞取“便宜”，负面舆论也不会因此而有实质性的减少。

以2011年5月27日越南非法探测船被我监测船阻拦一事为例。从中越两国新闻发布会现场比较来看，中国外交部的表现仍沿袭着旧有作法，对中外记者运用外交辞令进行立场与态度表述，至于为什么、怎么做、该问题的历史由来以及中国捍卫领土的国际海洋法依据等等没有进行更进一步的解释，这一真空无疑给了别有用心的境外媒体以混淆舆论的机会。而与此形成鲜明对比的是，在越南外交部新闻发布会的现场，越南外交部相关人员对海上划界问题通过多媒体进行了“绘声绘色”的描述。换位思考，倘若是一位对该问题不甚了解的外国记者在参加完这样的新闻发布会后，其撰写舆论报导的立场与观点是显而易见的。有理不惧说理，还要擅于说理，说得透彻精采、无懈可击，这是中国军事外交中对军事对外传播姿态转变的迫切要求：少一些退让，多一些主动出击；少一些辞令化，多一些实证化；少一些被动，多一些主动。“不仅仅硬实力会树敌，软实力也同样如此。”美国这样的军事超级强国尚且如此，中国又何惧在军事对外传播中表现出硬朗的气质？

三是由单向宣传到双向互动，实现素材运用由单一到多元的传播方式转变。正如迈克·麦德沃所言：中国从不缺乏需要表达的素材，欠缺的或许是表达力量背后的方式和方法。[①] 中国军事外交多年来的努力用事实表明：中国军事外交并不缺乏表达的素材。进入21世纪，无论是从军事外交的频繁程度上来看，还是从军事外交的对象与内容层次上来看，中国军事外交都取得了巨大的发展，为军事对外传播准备了丰实的素材。但是，从军事对外传播对中国军事外交的作用发挥来看，中国军事外交中的对外传播存在传播模式单一、

① 奈森·嘉戴尔斯、迈克·麦德沃：《全球媒体时代的软实力之争》，北京：中信出版社，2010年3月版。

缺乏双向互动的问题。这实质上是思维模式问题，而并非简单的运作问题。以对国防部网站的运用为例，中国国防部网站开通于 2009 年 8 月 20 日，外媒认为，“这个中英双语的网站包含了大量关于中国军队的公开信息”。但是，外媒在关注到中美两国的国防部网站有不少相似之处的同时，认为其区别也是显而易见的。在美国国防部网站首页显著位置上挂着观众调查的链接——“我们在倾听您的声音”和“请与我们联系”。似乎更鼓励观众参与到网站的建设中，向国防部长提问，以及参加重要国防政策的观点调查投票。同时，该网站还包含了实时更新的博客、网络交友类的网站，以及对 YouTube 和 Twitter 的链接，等等。这种注重互动的多元传播方式无疑是值得中国学习的。同时，就中国军事外交中的对外传播途径而言，其实施层次也需要实现单一向多元的转换。诚然，官方传播渠道作为可严格控制的传播途径，在中国军事外交的对外传播中运用相对多样，如传统媒介、网站、新闻发布会等；但作为可以有限控制的个人角色的沟通作用发挥，还需要运用多重手段来塑造中国军事外交中的个人魅力，以使其具有更强大的外交影响力；对作为难以控制、但不能忽视的文化交流、电影、音乐等传播途径，也应加以积极有效地运用，在对外传播中尽可能地隐匿其宣传目的，巧妙而广泛地实施传播影响。

第八章

从说理到用理：中国军事外交的法理运用

如果没有国际法，国家之间的关系肯定一团混乱。从这个意义上说，国际法是国际社会不可或缺的一部分。①

——《外交辞典》

随着中国全方位、多层次、宽领域的军事外交格局的日渐形成，为维护世界和平与地区安全，中国军队境外军事行动的增加已成必然。军事外交活动的合法性决定了中国军事外交的成败，对中国军队的形象有着本质性的影响。因此，在军事外交中正确科学的法理运用是师出有名、减少军事行动阻力的有效途径。从新中国建立伊始，中苏通过签订《中苏友好同盟互助条约》将中国与苏联的战略同盟关系以法律的形式确定下来，并为新中国废除一切不平等条约开启了大门，到2012年9月10日中国对钓鱼岛领海基线的公布，法理运用始终在中国军事外交中扮演着不可或缺的角色。

从20世纪70年代末开始，随着中国国内政策和国际形势的积

① [英]杰夫·贝里奇、艾伦·詹姆斯：《外交辞典》，北京大学出版社，2008年5月第1版，第154页。

极变化，中国的裁军政策做出重大调整，继1978年中国参加第一届裁军特别联大后，1980年开始参加日内瓦裁军谈判会议，于1983年首次派出专职裁军大使，同年加入了国际原子能机构，并由此开始更加积极地参与到国际法和国际军控进程中来。通过对当代中国军事外交历程的回顾可以了解到，中国军事外交在不断的实践中面对国际社会其军事外交风格日趋成熟，在法理运用上实现着从说理到用理的重要转变。在不断地经验总结与研究中，中国军事外交中法理运用的主动性随着中国军事外交领域的不断拓展和军事关系的不断深入有所增强。

表8—1：新中国加入的武装冲突法和22项国际军控条约情况一览表

1952年	中国加入1925年的《关于禁用毒气或类似毒品及细菌方法作战议定书》
1956年	中国批准1949年的日内瓦四公约
1974年	中国批准1967年的《拉丁美洲和加勒比禁止核武器条约》第二附加议定书
1982年	中国批准《禁止或限制使用某些可被认为具有过分伤害力或滥杀滥伤作用的常规武器公约》（简称《特定常规武器公约》）
1983年	中国加入1948年的《防止及惩治灭绝种族罪公约》
1983年	中国加入1977年关于1949年日内瓦公约的两个附加议定书
1983年	中国加入《南极条约》
1983年	中国加入《关于各国探索和利用包括月球及其他天体在内外层空间活动的原则条约》
1984年	中国加入1972年的《禁止细菌（生物）及毒素武器的发展、生产及储存以及销毁这类武器的公约》（简称《生物武器公约》）
1988年	中国批准1984年的《禁止酷刑和其他残忍、不人道或有辱人格的待遇或处罚公约》
1988年	中国加入《关于登记射入外层空间物体的公约》
1988年	中国批准加入1987年的《南太平洋无核区条约第二和第三号附加议定书》
1989年	《中华人民共和国和国际原子能机构关于在中国实施保障的协定》
1989年	批准《核材料实物保护公约》
1991年	中国批准加入1971年《禁止在海床洋底及其底土安置核武器和其他大规模毁灭性武器条约》

续表

1992 年	中国加入 1968 年《不扩散核武器条约》
1996 年	中国加入《核安全公约》
1996 年	签署《全面禁止核试验条约》
1997 年	中国批准 1993 年的《关于禁止发展、生产、储存及使用化学武器以及销毁这类武器的公约》（简称《化学武器公约》）
1997 年	批准《非洲无核武器条约》第一、第二议定书
1998 年	中国批准《〈禁止或限制使用某些可被认为具有过分伤害力或滥杀滥伤作用的常规武器公约〉所附的〈禁止或限制使用地雷、诱杀装置及其他装置的修正议定书〉》（修正的第二号议定书）和《〈禁止或限制使用某些可被认为具有过分伤害力或滥杀滥伤作用的常规武器公约〉附加议定书》（第四号议定书）
1999 年	中国批准加入了 1954 年《关于发生武装冲突时保护文化财产公约》及其议定书
2002 年	于 1998 年 12 月签署的《中华人民共和国和国际原子能机构关于在中国实施保障的协定的附加议定书》于 2002 年 3 月生效
2002 年	《联合国打击跨国有组织犯罪公约》所附的《关于打击非法制造和贩运枪支及其零部件和弹药的补充议定书》
2005 年	中国加入《禁止为军事或任何其他敌对目的使用改变环境的技术的公约》

一、法理运用在中国军事外交中的重要作用

一是争取国际军事事务话语权，赢得军队和平声誉。军事外交是用军事说话的政治博弈，军事力量的现代化程度本身就会产生权威光晕既而引发模仿效应，由此会产生强大的威慑力和影响力。合法道义地使用军事力量必然会提升一支军队在国际军事事务上的话语权，给人以和平之师的印象，非法强制性地使用军事力量、无视他国主权尊严地使用军事力量，必然会削弱一支军队在国际军事事务上的影响力和话语权，为一支军队的声誉带来巨大的负面影响。20 世纪 60 年代，中国在自己非常困难的情况下，对亚非拉争取民族

独立的国家提供了大量的军事援助，与第三世界的发展中国家结下了深厚的友情，以国际主义精神推动着世界和平力量的发展，在两极格局下的社会主义阵营中塑造了良好的和平声誉。1962 年，中印边界发生冲突，中国政府在政治、军事均占优势的情况下，仍以国际法为准绳，在尼赫鲁置中国的规劝于不顾，变本加厉地实行其“前进政策”的情形下，坚决用军事威慑手段阻止印军的侵略步伐。在取得自卫反击作战的辉煌胜利后，中国采取了主动停火后撤、释放印军被俘人员以及交还缴获物资的一系列非凡举措，表明这场战争是为了协商解决边界纠纷而不得已实施的有限战争，塑造了大国忍让求和平的典范。改革开放以来，中国人民解放军在维护国际和平、军控和裁军、舰艇编队护航、提供人道主义援助中充分发挥着负责任大国作用。中国于 1990 年首次向联合国维和行动派遣军事观察员，1993 年首次向柬埔寨派遣维和部队，截至 2012 年 12 月，中国是联合国安理会常任理事国中派出维和人员最多的国家，共有 1842 名官兵在联合国 9 个维和任务区遂行任务，自 1993 年至今，中国累计有 2. 2 万人共执行了 23 项联合国维和任务。中国军队充分履行着一个大国在联合国框架内所要求的维护世界和平与发展的军事义务，这些都为建树中国人民军队是和平之师的声誉提供了有力的法理说明。

二是通过建立安全机制，为军事互信与合作提供法理保障。完善、高效的安全机制对于应对各种危机和突发事件的发生，更好地维护和保障国家安全利益有极其重要的作用。就国内而言，具有独立法人资格的国家安全政策委员会于 2003 年建立，该委员会的职能是从国家的根本、长远和全局利益出发，对涉及国家发展和安全的诸多领域进行战略层面的探讨研究，并向有关领导和决策机关提供咨询。在对外关系方面，中国一直倡导与世界各国建立“互信、互利、对话、合作”的安全机制，努力营造周边安全环境、推动世界和平与发展，截至 2012 年 12 月底，中国已经同 150 多个国家建立了军事关系，在112个国家设立了武官处，104个国家对华派住了武官。期间，从相互接触、有所了解到彼此的军事外交关系以安全机制的形式在相关领域固定下来，具有“慢热快冷”特点的军事外交总是在政治、经济等外交关系确立之后，经历过一定时期的军事交流与合作后，才能通过谈判形成有关安全条约、建立安全机制，从而确保军事合作与交流走上常态化、机制化的轨道。因此，两军之间安全机制的建立层次往往更深刻地反映着两国关系的深入程度、反映着两国间协调处理突发事件的可能性。一般来讲，两国军队的安全机制愈是深层，则两国在安全议题上的一致性就更高。在无政府的国际社会中，大国军事安全机制的建立对世界和地区安全都具有重要影响。近年来，中国始终坚持遵守国际法与创建安全机制的统一，一方面，中国军事外交多年来在参与国际军控与裁军、处理国际争端和军事合作中，始终遵守国际法则；另一方面，中国在与美国、俄罗斯等大国建立防务安全磋商机制的基础上，逐步拓展到南非、澳大利亚、英国、法国、巴基斯坦、蒙古、泰国、越南、菲律宾等国家，创建并参与创建了一系列双边和多边军事协定和具有军事内容的政府协定，通畅了军事互信的渠道，为推进国际新秩序的形成作出了努力。上海合作组织更是区域防务安全机制建立的典范，至2011年4月，上海合作组织成员国已经先后签署了《打击恐怖主义、分裂主义和极端主义上海公约》、《上海合作组织成员国关于地区反恐机制的协定》、《上海合作组织成员国打击恐怖主义、分裂主义和极端主义构想》、《上海合作组织成员国关于举行联合军事演习的协定》、《上海合作组织成员国国防部合作协定》等法律文件。从其建立的机制来看，上合组织已建立成员国国防部长会议、军队外事部门领导人会晤等机制，防务安全论坛、反恐主题研讨班也正在向机制化、务实化的目标发展。

三是为对外军事传播提供法理依据，塑造军队文明形象。中国国防部新闻发言人机制和国防白皮书的定期发布制度为中国军事外交说理用理提供了重要的舆论平台。通过这一平台，中国军事外交在表达自己的政治立场、对国际问题的主张、关切的同时，更为重要的是将己方采取一系列行动的依据、判断、动机和信守原则通过法理的声音向世界表述清楚。尤其是随着中国力量的发展，中国周边愈益凸显海洋权益和领土争端，愈是冲突矛盾不断，愈是要冷静地拿起法理武器进行有理、有利、有节的军事外交斗争。例如，针对中国单方面遵守《南海各方行为宣言》，而越南、菲律宾等国却置中国“搁置争议、共同开发”的和平善举于不顾，不断掠夺中国海洋资源的问题，中国通过外交部新闻发言人、国防部新闻发言人的舆论平台，将中方根据1946年的《开罗宣言》和《波茨坦公告》、1958年的《领海声明》、1992年的《领海及毗连区法》、1982年的《联合国海洋法公约》等法理依据，对中国对南海群岛及其附近海域拥有无可争辩的主权向世界阐述清楚，将越南、菲律宾等国违背国际法的“禁止反言原则”讲清道明，既表现出大国维护地区安全与和平的良好愿望，也塑造了中国人民军队擅于运用法律武器维护道义的文明形象。在参加联合国维和行动、人道主义援助方面，不同于美国在参与行动时往往“假维持和平之名，行强权政治之实”，企图利用联合国维和行动为其军事干涉披上“合法外衣”。中国人民解放军始终坚持维和行动应遵循《联合国宪章》的宗旨和原则，在日益增加的联合国维和行动及任务中，始终强调尊重国家主权和不干涉成员国内政这一《联合国宪章》基本原则，在执行维和任务的过程中遵循当事方同意、中立和非自卫不使用武力等国际社会普遍认可的维和基本原则，在维和手段上也一贯坚持以斡旋、调解、谈判等和平手段解决争端。2012年7月17日，联合国秘书长潘基文向媒体表示：“我对中国维和人员所做的工作感到非常自豪。”2013年4月16日，中国政府发表了题为《中国武装力量的多样化运用》的专题型白皮书，集中介绍近些年来中国武装力量的多样化运用情况，在舆论上主动及时发声、妥善回应关切和抢占舆论先机，再次以详实的数据和强有力的事实表明中国武装力量不仅是国家和平发展的坚强保障，也是维护世界和平与地区稳定的坚定力量。

四是国际法与国内法相结合，为有效解决军事外交问题提供法理平台。

国际法和国内法分属不同的法律体系，但这两个体系间并不是互不隶属的平行关系，而是相互渗透、相互补充、紧密联系的交错关系。对于国际条约未作规定的问题，国家需要在国内立法制定相关法律；一些国际条约的规定比较原则，其实施也需要国内法的转化和补充。譬如，在对外联演联训中就涉及到对参演人员法律地位的确定问题。国际社会对国家元首、外交人员、联合国人员及参加联合国行动的军事、警察等人员所享有的特权予以了明确规定，但却对出境参加联合军事演习的部队及其人员的法律地位未作出明确规定。这就需要参演当事国通过法律形式对参加联合军事演习和训练的人员在东道国的法律地位作出明确规定。2005 年 8 月，《中华人民共和国和俄罗斯联邦关于举行联合军事演习期间其部队临时处于对方领土的地位协定》双边条约成为我国签署的第一部关于军队地位的国际双边协定；2007 年 6 月，《上海合作组织成员国关于举行联合军事演习的协定》则是我国签署的第一部关于军队地位的国际多边协定。这两部条约及其之后陆续签署的协定都为中外联合军演提供了可靠的法律依据和完备的法律保障。再譬如，领海基线是一个国家主张、确定本国管辖海域范围的起始线。1996 年 5 月 15 日，中国在批准加入《联合国海洋公约》的同时，发表了领海基线声明，公布了大陆领海的部分基线和西沙群岛的领海基线，同时指出："中华人民共和国政府将再行宣布中华人民共和国其余领海基线。"2012 年 9 月 10 日，日本强行"购岛"之时，中国公布了由 17 个钓鱼岛以及附属岛屿的领海基点组成的领海基线，正是对这一声明的具体落实，进一步明确了钓鱼岛以及附属岛屿的内水、领海、毗邻区甚至是专属经济区、大陆架的位置，为我国有关部门维权执法提供了切实的法理依据。

二、钓鱼岛争端中的法理运用

（一）日本在钓鱼岛争端中法理和舆论运用策略的阶段性分析

1. 事件回顾

自日本“购岛”闹剧上演以来，围绕钓鱼岛主权归属所引发的中日之间舆论与法理的你来我往已经进行了多个回合：

第一回合，中国公布钓鱼岛领海基线后，日本政府仍执意非法“购岛”，针对日本政府此举，中国政府严正声明，日本政府所谓“购岛”完全非法、无效，中国国防部称保留采取相应措施的权力。

第二回合，日本海上保安厅保安官和冲绳县警察本部数十名警官登上钓鱼岛中最大岛屿钓鱼岛，准备对付可能登岛的台湾保钓船。中国外交部对此提出强烈抗议，中国国务院新闻办公室发布《钓鱼岛是中国的固有领土》白皮书，以充分的历史和法理证据重申了钓鱼岛是中国的固有领土。外交部则点出日本在钓鱼岛问题上的立场和做法是不能彻底反省和清算日本军国主义的侵略历史，企图否定世界反法西斯战争胜利成果，挑战战后国际秩序的本质，并表明中国不会主动惹事，但也不怕事，在涉及国家领土主权的问题上绝不会退让。

第三回合，2013 年 2 月，日本提出“中国军舰火控雷达瞄准日本战舰飞机事件”，此一说辞引发中国国内民众愤慨，无论是国内传统媒体，还是网络舆论，无论是民间学者，还是军事学者，都从法理及雷达工作原理等方面对这一舆论进行了有力的驳斥。

第四回合，2013 年 2 月 21 日，日本首相安倍晋三访问美国。同时，《华盛顿邮报》刊发了安倍在 16 日接受记者采访时的内容，其中包括对中国历史教育横加指责、抛出“遏制中国计划”等内容。

2013年2月23日，外交部发言人洪磊在外交部例行记者会后对记者的提问时表示，中方严肃要求日方作出澄清和交代。

第五回合，2013年3月21日，日本发布新闻称，日方公务船在钓鱼岛海域见到中方海监船后主动离开，以免造成中方扣押日方船只的事件。之后，中日之间陆续有各种声音出现，但也有为寻求共识而做出的努力，譬如，2013年10月27日结束的由中日两国政经界及媒体人士出席的“北京—东京论坛”都为寻找解决问题的突破口而展开了对话。

第六回合，2013年11月1日，日俄“2+2”会谈在东京启动，日方媒体借题发挥，在报道中刻意表明，日俄会谈“意在增进日俄之间的信任，同时也是为了牵制军事力量日益膨胀的中国”①，小野寺五典公开将日本与中国当前所处状态描述为“处于非和平但又非情况危急的‘灰色地带’”②。美国之音电台网站11月3日更是以“俄日美互动博弈构筑亚太安全中国遭边缘?”为题，与日媒相呼应，渲染中国威胁、意欲离间中俄的意图暴露无疑。

2. 日方采取的主要策略

2013年11月1日，美国主流报纸之一《华尔街日报》发表社论，呼吁奥巴马总统代表美国政府明确承认尖阁诸岛的主权归属于日本，这是自钓鱼岛争端以来美国主流媒体首次通过社论明确提出主张，成为日本政府一直以来在美国从事公共外交、游说美国社会的一次成功案例。事实上，围绕钓鱼岛主权归属问题，日本在争取国际舆论支持、发展其话语主张、培植人脉网络方面一直做着持续不懈的努力。

一是高度重视争端中的舆论运用，成立专门机构。

---

① 日本《产经新闻》2013年11月4日社论：切勿搁置领土问题。《参考消息》，2013年11月5日第14版。

② 俄新社东京11月1日电。《参考消息》，2013年11月3日第2版。

日本政府自“购岛”闹剧发生后就在内阁框架内专门设立了“领土主权对策企划调整室”，对涉及到钓鱼岛问题的对外宣传策划实施统筹指挥，综合运用各种舆论宣传手段，进行了一系列的议题设置，变幻攻击手法，无中生有地炒作舆论热点，达到抢夺占领国际舆论制高点、置与其有领土争议的国家于舆论被动的目的。随着钓鱼岛争端中激烈的舆论争夺的继续，2013 年 8 月 27 日，日本外务省向自民党外交部会提交了总额达 6843 亿日元（约合人民币 428 亿元）的 2014 年度预算申请草案。其中，约有 10 亿日元（约合人民币 6260 万元）预算申请将作为日本的“领土保护对策费”，用于向国际社会宣传钓鱼岛、竹岛（韩国称独岛）和北方四岛（俄罗斯称南千岛群岛）是日本的“固有领土”。“领土主权对策企划调整室”将运用这笔经费搜罗外国政府人士、学者、媒体从业人员，以举办学习会、研讨会等方式召集这些人员，并阐述日本的相关领土主张。

二是配合军事意图设置议题、无中生有、放大炒作。

一直以来，日方都很注意舆论议题的设置，如防空识别区的概念的使用，在争端之初不仅误导了中国民众，还误导了世界舆论。二战结束后，日本于 1951 年首次单方面划出“防空识别区”。此举效仿美国以美军事基地战略预警机和预警雷达所能覆盖的最远端作为界线的做法，在 1972 年 5 月 10 日将钓鱼诸岛全部纳入琉球群岛的“防空识别区”。2010 年 6 月，中日钓鱼岛海域撞船事件发生后，日本又单方面决定把位于与那国岛上空的台湾、日本“防空识别区”界线加以修改，擅自将“防空识别区”范围向西扩张 22 千米，一直延伸至台湾岛附近。如此，日本的“防空识别区”已覆盖我国诸多东海海域，而其中距离中国海岸最近的地方离浙江海岸只有 130 千米。所谓“防空识别区”，是领空和公空的结合部，而非领空，是在领海基线的基础上向外延伸，并不属于国际法中的主权范畴。但日本媒体却屡次拿这一概念说事，将中国在钓鱼岛上空的正常巡航说成中国对其的“挑衅行为”，在国际舆论上抹黑中国国际形象。

无中生有、放大炒作更是日本媒体的惯用的外宣策略。2013 年 2 月 5 日，日本防卫大臣小野寺五典在防卫省举行紧急记者会，称 1 月 19 日和 30 日，中国军舰使用火控雷达系统分别对日本军用直升机和海上自卫队的护卫舰进行照射。日本《读卖新闻》危言耸听地评论："中日两国已经滑向战争的边缘"。对此，中国国防部多次阐明立场，否定了此事的真实性。然而，日本却并不甘心此事就此平息。3 月 18 日，共同社、《产经新闻》等媒体声称，"中国军队多名高级将领接受采访时承认向日舰照射火控雷达"。在日本多次重复炒作下，该话题成为国际舆论热点，进而引发了美国参议院全体会议通过决议，指出以"火控雷达照射"等事件为例，该岛周边海域紧张程度升级，并表态亚太地区的航行自由"事关美国的国家利益"，将其视为谋求亚太布局的合理借口之一。

三是持续进行公共外交，多层次影响国际舆论。

为提高国际舆论的可信度，日本注重通过公共外交，经营有影响力的人物所构建的人脉网络，继而影响西方主流媒体的发声。中日钓鱼岛争端发生之初，日本就通过在国际主流媒体刊登广告、派遣阁僚带着相关宣传册、音像制品奔赴多国宣传日本在钓鱼岛问题上的主张。2013 年 1 月 12 日，安倍就通过世界报业辛迪加发表文章，称"中国试图把它对争议岛屿周边水域的管辖变成既成事实"，南中国海"似乎要变成'北京湖'"，并呼吁澳大利亚、印度和美国夏威夷共同组成"民主安全菱形"，与实力日渐增强的中国抗衡。

为提升舆论可信度，日本常常借用第三方来发声。近期，日本政府计划邀请十多名海外博客主访日，借此来寻求国际社会对日本政府在领土问题立场上的支持。美国《时代》周刊国际版前主编吉姆·弗雷德里克成为这一行动的第一位客人。据日方统计，弗雷德里克在日期间，共在推特上发言 41 次，同样的内容也发表在脸谱网的主页上。在弗雷德里克上传的内容中，包括一张停泊在石垣岛港口的海上保安厅巡视船的照片，在照片下面的文字中，他写道："在石垣，日本保安厅负责巡视尖阁/钓鱼岛”。

日本外宣对象的设置是多层次的，为争取国际舆论，在其“日本首相官邸”网页里专设了“日中关系”/钓鱼岛（日称“尖阁诸岛”）版块，相关钓鱼岛的资料更是罗列诸多，使用了英语、法语、俄语、阿拉伯语、西班牙语等多种语言版本，表明其受众定位的广泛性。这一版块非常详细地介绍了日本围绕钓鱼岛主权主张所从事的一系列国际活动，包括中日双方外交方面的会谈等。值得注意的是，日方非常注重对中国的军事外宣，在“日本首相官邸”网页上不仅有英文网页，还专门设了中文网页，华语读者可以轻易地在不懂日语的情况下无障碍地浏览日方官网，在这一中文网页相关版块上又设立有日中关系、日本外交、日中经济合作、文化交流/青少年交流、赴日留学、介绍日本、媒体等目录，其设计不可谓不用心。

四是整合跨媒体资源，舆论传播精细多变。

为达到既定的舆论议题，日本积极进行“报网互动”，很多报纸都开设了相应的新闻及评论网站，实现报刊新闻与网站新闻同步更新，并增设互动平台，为激进网民的发声提供空间。另外，主体媒介本身就一身兼二角，既掌控传统纸质媒体，也握有电视台及广播电台的股权，跨媒体资源的整合使舆论宣传更具有立体覆盖能力，对议题的完成更具有聚焦式打击的能力，宣传效果因多重方式的组合式运用更具有叠加效应。

从舆论宣传的方式上来看，日本对新闻报道的处理极为精细。譬如，在日方向国内民众报道所谓“中国海监船在钓鱼岛海域设置浮标”的消息时，该报道附有浮标的多幅具体构造图。在对钓鱼岛资料收集中也体现出其特有的精细化的一面。这种精细到位的做法更易给受众留下可信和具有说服力的印象。值得注意的是，日本政府在通过渐进式的舆论步骤，规避世界对其加快军事化动作的过度关注，最终达成政治目标实现的路径设计亦体现出其精细化。自2013年下半年以来，日本从制定《集体自卫事态法》到自卫队编制体制调整，从增强的防务预算到频繁的军事演习、军事外交和以充实自卫队的海军陆战队功能的防务表态，虽然看上去动作琐碎，但实则是其战略预案的必然步骤。这些步骤的基本逻辑是通过舆论放大钓鱼岛争端中中国海军对其造成的“威胁”，再借媒体之口阐述日本增强“自卫”能力的道义途径，最后得出日本所为之迫切和理性。日本舆论对其已然超越了钓鱼岛本身的政治目标进行了精准严密的配合，同时还柔化并美化了其意欲“摆脱战后体制”的危险做法，其舆论步骤算计不可谓不精明。

五是惯用柔性宣传手段，制造“受害者”假象。

二战战败后，日本的军队不复存在，军事力量以“自卫队”的名义存在和发展。根据和平宪法，日本“永远放弃以国权发动的战争，武力威胁或行使武力作为解决国际争端的手段。为实现前目的，不保持陆海空军及其他战争力量，不承认国家的交战权”。作为一个不能拥有军队的国家，为了既能达到军事外宣的政治目标，又不至于招致国际社会的反感和抵制，日本自卫队在对外军事宣传方面往往采用一种柔性传播方式，看似内敛，实则是一种伪装。日本非常擅于利于特有的动漫资源，譬如，在日本防卫省的网站上就可以点击观看动漫版的白皮书，其内容以一个可爱的小姑娘和一个俏皮小男孩之间的对话展开。通过一问一答、生动形象的比喻，使用亲近易懂的语言，消解了军事上的火药味，为日本自卫队的“和平形象”增色不少。另外，日本陆上、航空、海上自卫队都有各自动漫版代言人进行消息发布。2013 年 10 月，日本政府准备设立专门的外宣网站，借助网络动画来加大对尖阁诸岛（即我钓鱼岛及其附属岛屿）等“日本固有领土”的宣传力度，用英语、中文和法语等 11 种语言来阐述日本的立场。除了在传播方式上，日方注重采用柔性手段外，在角色设置上日方也擅于将自己扮演成为一个受害者的模样。譬如，在日本无中生有、放大炒作所谓“火控雷达照射”事件时，共同社在报道时煞有介事地援引海上自队队当事人的自述：“就像是被人拿枪指着一样”，将自己完全刻画成为一副“受害者”的模样。

六是有效设置舆论通道，引爆舆论热点。

安倍内阁人为炒作舆论热点的主要通道：政府爆料——国内部分媒体尤其是右翼媒体催化发酵——国际媒体关注和转引——成为国际舆论热点的套路。就日本国内媒体而言，记者俱乐部制度作为媒体在政府机构及社会团体中设立的新闻采访组织在制造舆论热点中担任着关键角色。统计显示，日本媒体约80%的政治消息和30%的经济消息均来自记者俱乐部。该制度使得日本各大型媒体的报道口径及报道倾向趋于一致化，弱化了媒体对政治的监督功能。但这一组织的存在却使得日本右翼媒体得以围绕“钓鱼岛问题”进行集体大合唱，这些媒体包括共同社、《产经新闻》、《读卖新闻》以及《文春周刊》、《正论》、《诸君》、《军事研究》等刊物，它们长期刊登右翼学者的极端观点，聚焦同一事件进行轰炸式报道，从而达到轰动效应。因此，安倍十分看重记者俱乐部，几乎每天都会到内阁官方的记者俱乐部驻点走一趟，亲自向媒体解释内阁相关政策的变动。

钓鱼岛争端仍在持续发酵，日本方面在该海域进行的“小动作”频频，在国际上通过军事外交渠道达到遏制中国、抹黑中国军队形象的做法不断，由此引发的不实甚至捏造的报道如不加以慎重全面地反击可能会令中国陷入舆论被动，对此，只有充分了解并把握日本舆论外宣规律与运作手段，才能知彼知已，把握舆论主动，维护中国国际形象，在钓鱼岛争端中占据道义制高点。

（二）钓鱼岛争端中的中方态度

1. 国家领导人

胡锦涛：中国政府在维护领土主权问题上立场坚定不移。日方必须充分认识事态的严重性，不要作出错误决定，应同中方一道，维护中日关系发展大局。

吴邦国：钓鱼岛自古以来就是中国固有领土。在钓鱼岛问题上，中方的立场是一贯的、明确的。日方采取任何方式“购岛”都是非法的、无效的，中方坚决反对，中国政府和人民在维护领土主权问题上的立场是坚定不移的。

温家宝：中国政府和人民比任何人都珍惜来之不易的国家主权和民族尊严，即使在极其艰难困苦的情况下，也是铮铮铁骨，钓鱼岛是中国固有领土，在主权和领土问题上，中国政府和人民绝对不会退让半步。

习近平：日方应该悬崖勒马，停止一切损害中国主权和领土完整的错误言行。希望美方从地区和平稳定大局出发，谨言慎行，不要介入钓鱼岛主权争议，不要做任何可能激化矛盾和令局势更加复杂的事情。(晤美防长)

习近平在十八届中央政治局（2013 年 1 月 28 日下午）就坚定不移走和平发展道路进行第三次集体学习时的讲话：我们坚持走和平发展道路，但决不能放弃我们的正当权益，决不能牺牲国家核心利益。任何外国不要指望我们会拿自己的核心利益做交易，不要指望我们会吞下损害我国主权、安全、发展利益的苦果。中国走和平发展道路，其他国家也都要走和平发展道路，只有各国都走和平发展道路，各国才能共同发展，国与国才能和平相处。

李克强：二战期间，中国和巴新都曾遭受日本法西斯的入侵。日本在钓鱼岛问题上的立场是对世界反法西斯战争胜利成果的公然否定，是对战后国际秩序的严重挑战。

2. 政府机构

外交部：中国政府严正声明，日本政府所谓“购岛”完全是非法的，无效的，丝毫改变不了日本侵占中国领土的历史事实，丝毫改变不了中国对钓鱼岛及其附属岛屿的领土主权。

外交部发言人秦刚（2012 年 9 月 27 日）就日本首相野田佳彦在联大记者会有关钓鱼岛言论答记者问时说：日本在钓鱼岛问题上的立场和做法，本质上是不能彻底反省和清算日本军国主义侵略历史，企图否定世界反法西斯战争胜利成果，挑战战后国际秩序。

外交部副部长张志军（10 月 26 日）向中外记者表示，中国历来主张通过对话谈判和平解决国际争端。中国不会主动惹事，但也不怕事。我们是有原则、有底线的，在涉及国家领土主权的问题上绝不会退让。

国防部：中国政府和军队捍卫国家领土主权的决心和意志是坚定不移的。我们正密切关注事态发展，保留采取相应措施的权力。

全国人大外事委员会：强烈敦促日方充分认清当前事态的危险性，在钓鱼岛问题上悬崖勒马，改弦更张，不要一错再错，否则必将搬起石头砸自己的脚。

全国政协外事委员会：强列敦促日方立即停止一切损害中国领土主权的行动，停止在钓鱼岛问题上玩火，与中方共同努力，以实际行动维护中日关系大局。

傅莹在十二届全国人大一次会议新闻发布会上回答日本共同社记者提问：建设海洋强国是中国现代化发展的需要，对此中国共产党的十八大报告上已经有了明确的阐述。中国是一个陆地大国，同时也是一个海洋大国，所以中国要进一步对外开放，进一步融入世界，必须加强海洋建设。……要维护地区的和平秩序，重要的一点就是国与国之间要有信誉。中国是希望通过对话、通过商谈去解决分歧和矛盾的，但这个原则，需要双方都有这样的意愿，如果对方采取的是强硬的举措，选择的是背弃共识的做法，那中国有句话叫作“来而不往非礼也”……。

（三）钓鱼岛争端中涉及的历史与法理要素

1. 钓鱼岛问题的历史成因

钓鱼诸岛分布于中国东海大陆架上，主要由钓鱼岛、黄尾屿、赤尾屿、南小岛和北小岛及一些礁石组成，陆地面积是6.5平方公里。

中国最早发现、命名和利用钓鱼岛，并对其实行了长期管辖，通过先占取得主权。《更路簿》、《顺风相送》等中国古籍都完整记载了中国渔民在这一海域的活动和航线。在1895年前长达5个世纪的时间里，中国一直都在行使航行、避风、捕鱼和在岛上采集等权利。琉球的历史也说明了钓鱼岛是中国的领土。琉球原是明、清两朝的藩属国，明、清朝廷派册封使臣前往册封琉球诸王时，其航路必经钓鱼岛。所记的《使琉球录》等官方文书也反复确认了钓鱼群岛属于中国，明确了中琉边界，说明钓鱼岛不属于琉球的范畴。明、清两朝也一直都对钓鱼群岛行使有效统治和管理，1562年（明朝）的《筹海图编》和1863年（清朝）的《皇清中外一统舆图》都表明两朝均将其列入海防管辖范围，对此亦有清晰规定和标示。

1895年日本趁甲午战争清政府败局已定，在《马关条约》签订前三个月窃取这些岛屿，划归冲绳县管辖。1943年12月的《开罗宣言》规定："要使日本将所窃取于中国之领土，例如满洲、台湾、澎湖列岛等，归还中国。日本亦将被逐出其以武力或贪婪所攫取之所有土地。"1945年的《波茨坦公告》规定："开罗宣言之条件必将实施"、"日本之主必将限于本州、北海道、九州、四国及吾人所决定之其他小岛内"，明确规定了日本版图的范围，根本不包括钓鱼岛。同年8月，日本接受《波茨坦公告》宣布无条件投降，这就意味着日本理应将其侵占的台湾、包括其附属的钓鱼诸岛归还中国。

但1951年9月8日，美日将对日作战战胜国的中国和苏联排除在外，私下签订了《旧金山和约》。该约第一章第二条将北纬 29 度以南的南西群岛（包括琉球群岛及大东群岛）等战略要冲交由美国托管。对此，周恩来总理兼外长代表中国政府郑重声明，指出《旧金山和约》是没有中华人民共和国参加的对日单独和约，不仅不是全面的和约，而且完全不是真正的和约。中国政府认为是非法的，无效的。1971 年 6 月 17 日，日美签订“归还冲绳协定”时，这些岛屿也被划入“归还区域”，交给日本。对此，我国外交部于 1971 年 12 月 30 日发表声明，强烈谴责美日两国政府公然把我钓鱼诸岛划入“归还领域”，严正指出“这是对中国领土主权明目张胆的侵犯。中国人民绝对不能容忍”。“美日两国在‘归还’冲绳协定中，把我国钓鱼岛等岛屿列入‘归还区域’，完全是非法的，这丝毫不能改变中华人民共和国对钓鱼岛等岛屿的领土主权。”其后，美国国务院发言人表示，“归还冲绳的施政权，对尖阁列岛（即我钓鱼岛）的主权问题不发生任何影响”。

20 世纪 70 年代，中日在实现邦交正常化和缔结《中日和平友好条约》时，两国老一辈领导人着眼两国关系大局，就将“钓鱼岛问题放一放，留待以后解决”达成谅解和共识。然而日本实施“国有化”之举严重背离了中日两国老一辈领导人达成的谅解与共识，是对法西斯战争胜利成果的否定和挑战。[①]

值得注意的是，日本对待战争的态度令人费解：它承认甲午战争的结果（占领中国的钓鱼岛），却不承认二战的结果（退还所有侵占的他国领土）；他一直要求俄罗斯归还南千岛群岛，却不愿意将钓鱼岛还给中国。[②] 这就是没有信誉可言的国家以己之矛攻己之盾的“国际表演”。

---

① 中国国务院新闻办公室于 9 月 25 日发布的《钓鱼岛是中国的固有领土》白皮书。

② 阿列克谢·沃洛金：“中国向日本宣示领土主权”，俄罗斯《军事评论》网，2012 年 9 月 13 日文章，潘亮译，载于 2012 年 10 月上半月版的《环球军事》。

2. 两个重要概念

（1）领海基线

《联合国海洋法公约》第二部分规定了三种领海基线划法，一种是正常基线法，即沿岸低潮线；一种是直线基线法，即连接大陆或岛屿最外缘各适当点的直线连线；一种是混合基线法，即上述两种基线法的交替使用。1992 年《中华人民共和国领海及毗连区法》规定："中华人民共和国领海基线采用直线基线法。"2012 年 9 月 10 日，中国政府依照 1992 年 2 月 25 日《中华人民共和国领海及毗连区法》宣布中华人民共和国钓鱼岛及其附属岛屿的领海基线，相关做法符合《联合国海洋法公约》。根据领海基线，钓鱼岛一组的领海基线内形成我国的内水，两组基线向外 12 海里一带海域属于我国领海。基线向外不超过 200 海里的海域属于我国主张的专属经济区，向外最大不超过 350 海里的海床底土属于我国的大陆架。根据领海及毗连区法，中国有关主管机关有充分理由认为外国船舶违反中华人民共和国法律、法规时，可以对该国船舶行使紧追权。

（2）防空识别区

"防空识别区"是一国根据自己的空中防御需要而划定的一个空中预警范围。防空识别区出现在第二次世界大战后，随着以第二代战斗机为代表的高空高速的空中作战力量的发展，各国传统的防空体系若仍按照对方目标逼近本国领空才出动战机拦截，则在时间上无法保证安全。于是，在本国领空之外的公共空域，即公空，划定了防空识别区，成为扩大预警空间、保证拦截时间的通行做法。根据国际法的相关规定，"防空识别区"的非领空部分属于各国都享有同等权力的公空，受到国际法的保护。一国飞机如果只是在未经通告条件下进行了无害航行，一般并不认为是侵犯了他国的领空。从设立"防空识别区"的初衷来看，其意在最大限度地降低沿海国海防安全的潜在威胁，维护各国的海洋权益。目前，已经有澳大利亚、韩国、日本、德国、缅甸、土耳其、泰国、中国台湾地区等20多个国家和地区建立了“防空识别区”。

但日本划定“防空识别区”却是单方面的，将中国领空非法划定在“防空识别区”内，并以此作为侵犯他国利益的依据。二战结束后，日本于1951年首次单方面划出“防空识别区”。此举效仿美国以美军事基地战略预警机和预警雷达所能覆盖的最远端作为界线的做法，在1972年5月10日将钓鱼岛及其附属岛屿全部纳入琉球群岛的“防空识别区”。2010年6月，中日钓鱼岛海域撞船事件发生后，日本又单方面决定把位于与那国岛上空的台湾、日本“防空识别区”界线加以修改，擅自将“防空识别区”范围向西扩张22千米，一直延伸至台湾岛附近。如此，日本的“防空识别区”已覆盖我国诸多东海海域，而其中距离中国最近的地方离浙江海岸只有130千米。

需要注意的是，从防空识别区设立的区域来看，通常以一国领海基线为基准，以该国的战略预警机和预警雷达所能覆盖的最远端为界限，这个范围比领空和专属经济区的范围要大得多，不属于国际法中的主权范畴。据相关统计，防空识别区外沿可以从领海基线向外延伸几十至数百海里不等。[①] 因此，防空领海基线的设定有其必要性。

3. 日本关于钓鱼岛主权的法理主张

日本关于钓鱼岛主权的法理依据主要有两点：

一是无主地先占原则。这是传统国际法领土取得的一种方式，客体只限于不属于任何国家的土地。日本政府主张“尖阁列岛”（即钓鱼岛）是日本政府在明治十八年（1885年）以后，经过实地

---

① 姜晓敏、刘正茂、邬鹏：“‘找抽’的日本‘防空识别区’”，《环球军事》，2013年1月下半月版，第12页。

调查，确认该地是无人岛，且没有清朝统治所及的迹象后，于明治二十八年（1895 年）1 月 14 日的内阁会议上决定于该地设标桩，正式将其“纳入”日本领土，所以不包含基于 1895 年 5 月生效的《马关条约》第 2 条规定由清朝割让的台湾及澎湖列岛之内。

无主地是指不属于任何国家或为原所属国放弃的土地。钓鱼岛在 1895 年前虽无人居住，但依据国际法规定，像钓鱼岛这样的不适合居住的岛屿并不需要不断地行使国家权力，因此钓鱼岛并不是“无主地”，而是中国的领土。另外，根据“不法行为不产生合法权利”的基本国际法原则，日本所谓的“先占”本身就是非法，是没有资格援引这一国际法的先占法律效力的。

二是时效取得原则。是指一国在足够长的一段时间内对于一块土地连续地和不受干扰地行使主权，从而最终取得该土地（即使这块土地最初是以不正当或非法的方式占有的，只要经过相当长一段时间，不被他国所反对或由于外来因素而中断时效，那么这个国家就可以取得对该土地的主权）。日本以 1896 年 9 月（日本以内阁决议方式决定将钓鱼岛纳为“国有地”后的第二年），日本福冈县古贺辰四郎获得日本政府批准，无偿租借钓鱼群岛 30 年进行开发一事件为时效取得主张的依据。1932 年，日本政府将钓鱼群岛中的四岛“出售”给个人，使之成为“私地”。二战后，该四岛又几经“转让”，为确保“长期连续中有效治理”的效果，2003 年日本政府采取“租借”方式从“私人所有者”手中获得了对钓鱼岛中三个岛屿的“管理权”，年租金为 2256 万日元。①

时效取得原则本身就是一个颇具争议的问题。持反对意见者否认时效作为领土取得方式的合法性，认为这一说法为领土扩张主义的国家提供了霸占他国领土的法律依据；持肯定意见者认为，

① 刘冰：“先占原则与钓鱼岛主权”，《天津市政法管理干部学院学报》，2005 年第 4 期。

只要在足够长的时期内对一块土地连续地和不受干扰地行使主权，其现状是符合国际秩序的，因而取得该土地的主权。但值得注意的是，国际司法实践从来没有明确过“时效”是一种独立的领土取得方式，而至于“足够长的时期”究竟是多长，国际法一直未有定论。

（四）小结

显然的事实是，自日本“购岛”闹剧上演以来，日方在钓鱼岛问题上步步紧逼、违背了两国曾经达成的共识的基础上，中国海监船开始在钓鱼岛海域维权执法，中国的做法完全合法合理。回顾事件的起始和过程，对在这一事件中值得继续实施的经验进行总结是极为必要的。

一是法理反制，占据道义制高点。

反制也叫反措施，是国际法的概念，是指一个国家受到另一个国家不法侵害时所采取的为了促使侵害国停止侵害行为的相对应措施。领海基线属于国家立法范畴，是国际法承认的国家行使主权、宣示主权的有效措施。在钓鱼岛问题上，中国采取法理反制也是先礼后兵，从发布到实行分成两个步骤完成。2012年9月10日，中国政府宣布中华人民共和国钓鱼岛及其附属岛屿的领海基线。这是一个说理的步骤。第二天，即2012年9月11日，日本政府与钓鱼岛所谓“岛主”正式签署岛屿“买卖合同”，标志着日本当局完成了其所谓的“钓鱼岛国有化”。日本政府对于中国政府在法理上的警告有恃无恐，背信弃义，置之前两国形成的共识于不顾，一意孤行。如此情形下，中国采取了从说理到用理的实际步骤，于9月11日采取实际行动，开始派海监船巡查钓鱼岛海域。中国公布钓鱼岛领海基线的做法，正是对日本执意“购买”钓鱼岛等一系列侵害中国主权行为的法理反制。通过这一举措，重申了我国对钓鱼岛以及附属岛屿拥有无可争辩主权的主张，在明确了钓鱼岛以及附属岛屿的内水、领海、毗邻区甚至是专属经济区、大陆架位置的同时，也明确了我国在不同管辖海域的权利义务。如，在内水及领海的水面、底土及其上空享有完全排他的主权。在领海，除了无害通过的外国民船外，其他任何外国飞机、军用舰艇及人员未经我国政府批准一律不得入内，否则就是对我国领土的侵犯，我国有权按照相关国内法裁处。对于那些未经批准进入领海，或经批准进入但损害了我国和平、安全和良好秩序的外国军舰、或经批准进入但未上浮并展示旗帜的潜水艇，我国军舰可对此加以驱离；在毗连区，我国有关部门可以为防止和惩处在我国领土上违反有关安全、海关、财政、卫生或者入境出境管理法律、法规的行为采取措施，如由军舰和公务船实施紧追权进行扣押等；在专属经济区和大陆架，根据我国《专属经济区和大陆架法》规定行使主权权利和专属管辖权，包括不允许外国在此捕鱼、开发油气资源、科考、建造人工设施等。这些都为中国派出相关力量积极执法、有效执法、依法维护国家主权和权益、师出有名提供了充分的法理依循，使得中国政府的一系列措施都站在了道义的制高点上。

二是舆论配合，掌握节奏。

当今国家与国家间的争议问题一旦引发了国际与国内民众的关注，就不可避免地引发国内民意与国外舆论的互动，其实质上反映了国际政治与国内政治的联系与互动。因此，舆论的配合就显得极为重要。有法可依是前提，但若没有舆论传播所创造的舆论效应，就难以将行为的正义性、合法性传递出去，其道义形象就难以塑造。因此，法理是实施舆论博弈的主要内容，为舆论博弈提供法理上的支援，而舆论传播则是法理的重要平台。要实现舆论与法理的密切协同，节奏把握得好，就能实现法理与舆论的同频共振，达到争取最多支持的效果：一是争议开始前，法理要确立所采取措施的正义性等相关信息，给舆论提供口诛笔伐的依据，使得舆论能够取得“先声夺人”的首因效应，在国内成功进行舆论动员，在世界舆论中发出强音；二是争议进行时，法理上要不断从国际法、战争法等相关法理角度对对方采取的行为提供非法性的证明，使得舆论能够针对敌人的弱点步步紧逼，环环相扣，始终致敌于被动，保证我方处于优势地位。

三是战略组合拳，合力反击。

中国在钓鱼岛争端中，表现出了坚定的国家意志，通过各种渠道展现出大国胸怀和大国气魄，既使是在日方多次出尔反尔的情形下，考虑到地区的和平与稳定，中国践行和平发展的外交战略，习近平主席仍然接见了安倍晋三由特使转交的亲笔信，表现出大国所具有的包容与视界。不仅仅是法理、舆论上的协调一致，中国也同时相当娴熟地运用了外交、军事、经济等各种手段，打出了漂亮的战略组合拳，清醒坚定地表达出中国利益目标和手段运用的合理性。外交上更多地体现出其灵活、折冲樽俎的一面，例如，傅莹在十二届全国人大一次会议新闻发布会上回答日本共同社记者提问时就以温和的语气给予日本政府严厉有力地批驳："中国钓鱼岛的基本事实是很清楚的，一是 1898 年日本从当时中国清政府手中窃取了钓鱼岛。日本政府的文件档案和日本学者的书里都有记载。我真希望你能把这些让日本的人民听到。二是反法西斯战争胜利之后，据《开罗宣言》和《波茨坦公告》，日本占有的中国领土都要归还中国，这个历史结果也是清楚的。所以，讲到钓鱼岛时，我们讲要尊重二战后的胜利成果，三是日本去年采取购岛行为，违背了两国间达成的共识。因为这个共识不存在了，中国的克制也就没有基础了，所以中国的海监船到钓鱼岛海域去巡航，这是必然的。"这些回答，可谓是绵里藏针，一语中的，既说清了理，也道明了情，于情于理日本政府都居于失信于人的位置。经济上，自日本上演"购岛"闹剧以来，日本在华汽车销量大幅下跌，表明日本挑衅中国必须在经济上付出代价。而在军事运用上，中国始终坚持积极防御的国防政策，对日方关于中国海监船和军机的不实言词，一一给予了理性回应，始终保持着后发制人的姿态。另外，一些传统大国惯于“从过去500年国强图霸的历史上的一个现象的逻辑出发来预判中国未来的发展，也会找出一些现象来印证这样一种预判”[①]，在对本国民众的舆论报道中也表现出这种倾向，在这一先入为主的逻辑之下，往往忽略中国国内民众在钓鱼岛问题上极其强烈的民族情绪的释放和民意表达，对此，国内媒体、十二届全国人大一次会议新闻发布会进行了直言不讳的说明，正如傅莹对日本共同社记者所说：“我希望今天能够通过你的报道，如实地向日本社会传递这些信息。从人大代表的角度，我们非常希望日本社会的方方面面能够倾听中国人民的声音，能够客观地去看待过去发生了什么、现在发生了什么，这样两国就能找到对话的频道。”[②] 面对日本的挑衅行为，中国方面较好地协调运用了外交、经济、法律、舆论、军事等手段，打出漂亮的战略组合拳，合力展现出了中国作为一个大国所具有的战略智慧，清楚地向世界传递了中国追求和平崛起但绝非委曲求全地和平崛起，绝非以国家主权和权益为代价做交换的崛起。

钓鱼岛争端仍在继续，日本方面在该海域进行的“小动作”频频，由此而引发的不实甚至捏造的报道如不加以慎重全面地反击，可能会令中国陷入舆论被动，对此，在今后处理钓鱼岛争端中尤其要注意以下几点：

一是确立情报意识，方能“矛”、“盾”兼具。

当今国际传播往往需要用证据说话，收集证据是形成舆论之“矛”和反击之“盾”的必要条件。在钓鱼岛争端中，日方关于中方在钓鱼岛方面的情况报道更为具体，经常配有图片说明，从一个对钓鱼岛争端的历史由来和法理依据不甚了了的受众看来，显然，

① 傅莹在十二届全国人大一次会议新闻发布会上回答日本共同社记者提问。

② 傅莹在十二届全国人大一次会议新闻发布会上回答日本共同社记者提问。

这种报道方式更容易争取到信任。譬如，在日方向国内民众报道中国海监船在钓鱼岛海域设置浮标的消息时，该报导附有浮标的具体构造图。日本举国情报的特点是值得中国警惕的，从购岛风波以来发生的一系列中日海军所采取的行动来看，日本更擅于收集和歪曲中国所采取行动的证据，甚至一度在中国的媒体上也经常出现日方所录制的画面以及拍摄的照片。若以此与我方相对照，中国在执行钓鱼岛周边海域巡航、护渔任务时，至少在最初阶段未能意识到取证的重要性，从证据的充分性与详细程度来看不及日方。如果我方欲运用法理武器为钓鱼岛争端所可能发生的种种做好充分准备，就必须积极全面地收集好相关证据。这些证据还要经过舆论平台适时地向国内外传播，确保在舆论应对上有问必答、言之有据。如此，才能在法理斗争中“矛”、“盾”兼具。

二是捕捉反击时机，把握舆论主动。

中国作为大国，有着悠久深厚的战略文化，战略思维亦充满智慧和弹性。在对钓鱼岛争端的处理中，中国由被动而反戈一击步入主动态势，就是对这一战略思维的充分体现。但是，不能不看到的是，由于正在成长中的中国尚缺乏解决相关问题的经验，在战术执行方面的力道不及战略层面上坚决到位。这在一些媒体访谈节目中也可以得到说明，相关学者多数就战略层面发表观点，而就具体战术层面的内容鲜有贡献。战略部署再精当，亦需要有战术执行要素去完成。若将这些要素细化，则既有舆论方面、亦有法理方面，既有政府外交层面，亦有民间外交层面。以舆论应对为例，中国舆论似乎存在不能与“不屑”两种心态，体现在对日方的议题设置反驳不及时，反而陷入形象被抹黑的困局。例如对于日本声称的相控雷达照射问题，而对于日方指中方在水中设置浮标一事，中国方面只是到了例行记者发布会时才澄清此事，这无疑延迟了处理时间，没有抓住最佳反驳时间区。反观日方，很注意舆论的设置，如防空识别区的概念，不仅误导了中国民众，还误导了世界舆论。所谓防空识别区，是领空和公空的结合部，而非领空，是在领海基线的基础上向外延伸，最早由美国人提出，目的是为了及早预警。目前，接近20个国家和地区设置了防空识别区，钓鱼岛被日本划入防空识别区。对于这一概念，中方需要从法理上给予澄清。相比较而言，日本作为一个岛国，天然的地缘因素和文化传统决定了其缺乏战略思维，但却擅长从小处着眼，在战术层面下足功夫。对此，中国需要谨慎应对，否则就有可能陷入巨人被“小人国”的细绳捆缚的困局当中。

三是常于换位思考，方能击其软肋。

知彼知己，方能百战不殆。日本政府一向擅长偷偷摸摸地做事情，譬如对国内民众关于中国巡航的不实报道，充分暴露其为歪曲和抹黑中国形象已经到了不择手段、不顾自家颜面要伎俩的地步。为遏制中国的和平发展，日本借中国南海问题到处拉笼其他国家与其合作，企图在海洋利益上围困中国。

若换位思考之，日本自身正处于岛礁争端的四面楚歌之中。日本作为一个岛国，土地面积狭小，资源匮乏，求生存谋发展必须依靠邻国相助，依靠地区协作。但日本政府偏偏反其道而行之，在鄂霍次克海与俄罗斯存在南千岛群岛（日方称北方四岛）争端，在日本海又与韩国存在独岛（日本称竹岛）之争，在东海则与中国存在钓鱼岛领土争端。中国为何不可以其人之道还治其人之身，让日本尝尝身陷岛屿之争的包围中的滋味呢？更何况日本那段不光彩的历史没有哪个民族可以轻易地在日本没有对其侵略行径做出真诚反省前将其从集体记忆中迅速抹去。

日本拉拢南海诸国以及印度，对中国形成包围态势，而中国发起反包围的最佳选择正是我们积极防御战略中的内线进攻突破外线包围，中国可对日本实现更小范围的小包围，即联合俄、韩两国在岛礁问题上的争议实现突围。在寻找到共同利益的时候，战略上的一致就显得十分重要。从军事外交的方式选择上来看至少有三种：

一是与上述各国军队联演联训，形成战略威慑；二是舆论导向，使用俄、韩对岛礁的称呼，而非日方称呼，表明中国的战略立场，形成舆论威慑；三是采取交叉巡航、立体巡航的方式，坚持力量存在的常态化。

第九章

从平面到立体：中国军事外交的风格塑造

杂乱感是风格感的一种消极的替代品，而风格感的发展和文明的生长是同一步骤。①

——汤因比

随着全方位、多层次、宽领域的中国军事外交格局的形成，中国军队实现着自身军事外交风格从平面到立体的风格塑造。因此，从理论上研讨军事外交风格的形成有重要的现实意义。

风格（style）一词来源于古希腊。所谓“风”就是作风、流风，属于精神部分，“格”乃格调、格式，属于形式部分。“一般而言，风格向人们展示的更多的是某种特质、格调、品味，或是具有独特精神内涵的处世方式……稳定且具连续性是其通常的特征，‘与众不同’是风格得以存在的基本前提。”② 依此解构军事外交风格要素的

---

① ［英］汤因比：《历史研究》（中），曹未风译，上海：上海人民出版社，1997年版，第269页。

② 张鸿石：“论国家的外交风格及其作用”，《外交评论》，2010年第3期，第97页。

基本组成，不难觅其形成中的重要影响因子，即属于精神部分的军人核心价值观、军队性格、中华传统武德、中国共产党在长期军事交往中的经验原则等要素，这些因素天然的文化属性决定了其往往呈现相对稳定的态势，并使军事外交主体具有了区别于他者的特征，在面对与他者的交往中明确回答了“我是谁”的问题；其文化属性决定了其往往呈现相对稳定的态势。而另一部分，则是从事军事外交活动的形式部分，即格的内容——军事外交的形式与途径的选择。这一部分要素相对活跃，具有动态变化的特点。这些动态要素以军事外交方式的选择明确其国际战略定位和军事外交的战略目标为前提，回答的是“以何种形式表达自我”的问题。正如 susan B. Kaiser 所言，风格（style）不只是一个名词，而是一个动词，一种实现（being）和追求（becoming）的方式。因此，作为军事外交风格形成中的稳定因素与动态因素是在互动中实现中国军事外交主体与军事外交客体间的交往，即，中国军事外交风格中诸要素的结合过程是一个在外交主体指导下完成的各式各样的军事外交行为的过程，从而完成了中国军事外交风与格的契合，回答了“我以何种方式与你相处”的问题。当然，在一定的历史条件下，这一契合愈是能够满足中国军事外交主体的需要，其军事外交的风格就愈是接近完美。

一、军事外交主体的精神要素

作为影响军事外交风格形成的精神要素，军人核心价值观在军事外交中是一种特有的政治文化标识，决定着中国军队在对外交流中政治身份的表达；而军队性格则影响着军事行为方式的选择，影响着军事外交中军队形象的塑造；中华传统外交文化作为外交思想、思维方式的凝聚与反映，对外交风格的形成产生着持久而稳定的影响；而中国共产党领导人民军队所从事的对外军事交往实践的经验则是中国军事外交风格形成中的显性因素，相对具有动态变迁的特点。

（一）军人核心价值观

价值观是人们在实践中形成的对于价值、价值关系的一般看法和根本观点，是处理各种价值问题时所持有的比较稳定的立场、观点和态度的总和。作为价值体系的内核中居统治地位而又相对稳定的部分和内容——核心价值观在军队这个特定的组织和群体中虽不同于条令条例那样具有强制执行力，但却最为直接地体现了一支军队的政治本质，从根本上反映着一支军队的政治立场、理想信念和价值追求，它所回答的往往是一支军队“听谁指挥、为谁当兵、为谁打仗”这样的根本性问题。军人核心价值观作为军事软实力的必然组成部分，在军事软实力中处于基础和支配地位，虽然不似军事硬实力那样在军事交往中具有显性影响，但却左右着官兵的价值判断，往往成为一支军队对外军事交往中的基本行动指南。

中国人民解放军作为中国共产党缔造的无产阶级性质的人民军队，作为一支以“全心全意为人民服务”为根本宗旨的人民军队，“忠诚于党，热爱人民，报效国家，献身使命，崇尚荣誉”是人民军队的主流意识形态和思想道德导向，是人民军队官兵共同的价值追求和行为准则，构成了人民军队内在逻辑严谨的核心价值观。“忠诚于党”与“党的军队”相对应，是对当代革命军人最重要的政治要求；“热爱人民”与“人民的军队”相对应，构成了军队核心价值的情感基础；“报效国家”与“社会主义国家的军队”相对应，构成了革命军人最高的行为准则；“献身使命”是实现革命价值的基本路径；“崇尚荣誉”是革命军人行为价值的道德标尺[①]。这五方面相互联系，全面系统地反映

① 占国桥：“把握军人核心价值观的内在逻辑”，《解放军报》，2009年3月29日第7版。

了我军官兵与党、人民、国家、军队的关系及其官兵间的相互关系中最核心的价值观念。对内而言，军人核心价值观在军队建设中具有强基固本、凝魂聚气的作用；对外而言，军人核心价值观在军事外交中成为一种特有的政治文化标识，决定着军事外交目标的实现。军人核心价值观决定着一支军队内在气质的外化结果，从而塑造着一支军队的外在形象。正如美国前助理国防部长约瑟夫·奈所说："一部运转良好的机器能够成为仰慕的根源。"用什么样的核心价值观教兵养战从而对其产生恒久的影响力，军队就会有什么样的形象应运而生。历史上的伟大军事家之所以重视军队形象，就在于军队形象决定了民心的失与得、决定了与友军的亲与疏，决定了与敌军的对抗效果。"军队形象好，王者之师百姓箪食壶浆以相迎；军队形象差，害民之伍失道寡助打败仗。"① 尤其是在今天，中国军队日益频繁地走向世界，在国际范围内展示中国军队正义之师、威武之师、文明之师的形象，在国际文化传播格局呈现西强东弱的态势下，要想掌握军事外交中的主动权，提升人民军队的亲和力、影响力和吸引力，就需要全面培塑中国军人的核心价值观。

（二）军队性格

"性格是一个社会性概念。只有当我们考虑到个体和他的环境的关系的时候，我们才能够谈论性格特征。"② 我们通常所说的性格，与其所具有的共性特质相比，更强调其个性特质。它具有社会性、独特性、整体性和稳定性的特点。在此学理分析的基础上，有学者

① 尚伟："军人核心价值观与军事软实力"，《解放军报》，2009 年 4 月 7 日，第 7 版。

② ［奥地利］阿德勒著，陈刚、陈旭译：《理解人性》，贵阳：贵州人民出版社，1991 年版，第 115 页。

曾在学术界使用“国家性格”一词[①]，后逐渐被接受并运用于研究之中。然而，“军队性格”的定义迄今还没有被提出并被明确地规定。

与“单质型”的人有所不同的是，军队是一个极具纪律与武装的组织，属于“复合型”实体。运用系统的矛盾分析法，剔除掉军队概念中通常包含的军人、武器装备、编制体制三大要素，最能反映军队性格的往往是从其军事思维方式、军事制度、价值判断等要素中抽象出来的军事文化特质，而且只有在考虑到军队和他的环境的关系的时候，我们才能够谈论其性格特征。因此，在军事外交的话语环境中谈论军队性格有其必要性。笔者尝试将军队性格定义如下：所谓军队性格指的是一国军队在军事交往中对军事事务所采取的特有态度和反映的内在物。军队性格的形成受到一国军事文化的影响，反映其军事文化特点；军队性格的载体是在军事实践活动中逐渐形成和发展的，是其所从事的一切军事活动的底色，具有区别于其他军队的较强的个性特征，使其鲜明地成为“这一个”，而非“那一个”；军队性格是作为国家机器的必然组成部分的军队天然具有的“内在的、生成的、动态的”根本品质，与“军队形象”这一概念相比，它更接近军队的内在，而非他者的心理认知与形象塑造；与“军队行为”的概念密切相关，它是军队行为中动机构成的现实因素。军队性格对军事交往产生根本性的影响，其作用路径主要是：军队性格影响军事行为方式的选择，军队行为通过舆论客观的以及非客观的评价和报道塑造或影响军队形象，军队形象的正负进一步影响军事交流效果。

人民军队自诞生以来，就形成了不怕流血牺牲、攻坚克难、勇于争取伟大胜利的性格特质，这种性格就像一面精神之旗，对人民

---

① “国家性格”一词最先是美国学者 Angelo M Codevilla 在其著作中以“国家性格”（The character of nations）作为其书名，在国内学者王明芳和刘苏里的文章中也出现过“国家性格”的使用。

军队产生着强大的感召力、推动力。正是这种性格成就了人民军队。坚持正义战争，反对非正义战争，是这支军队进行战争的信念标的；英勇善战是这支人民军队书写以少胜多、以弱胜强、以劣势装备战胜优势装备之敌的光辉历史的精神保证；从“三大纪律、八项注意”到“忠诚于党，热爱人民，报效国家，献身使命，崇尚荣誉”的核心价值观，严格的纪律性是这支军队成就价值实现的行动规约。这些构成了人民军队的性格内涵——正义、勇敢和纪律。

当然，军事外交主体具有多样性的特征，专门的军事外交家、军队高级将领、军事新闻发言人、出访官兵等都在愈益广泛的中国军事外交中步入了主体角色。与此相应，军队性格也具有多样性的表现，只是就人民军队的整体性格体现来讲是“正义、勇敢和纪律”的共性特质，具有稳定性，而就不同军兵种的部队、战斗历史不同的部队而言，在这一主要性格之外也会形成标示其特色的性格内容，从而具有局部规定性。因此，从这一层面来看，愈是高层的军事交往，往往由进行军事外交活动的军队高级将领、军事外交家以及军事新闻发言人通过气度与作风表现出这支军队的性格；而那些深入到中层、基层的军事交往，官兵们在军事外交中的行为表现则综合体现了人民军队的性格。

（三）中华传统外交文化

不同国家的传统外交文化，根植于这个民族独特的地理环境、经济形态、历史经验和文化特性。中华民族因其历史之久远，因而具有内向性和共源性的特质，正如美国学者费正清所说：“中国的力量必定来自内部……寄希望于中国未来的主要力量仍然来自它的过去。……理解中国伟大的传统如同理解 19 世纪一样重要。”[①] 中华传

① ［美］费正清等编：《剑桥中国晚清史 1800—1911 年》（下卷），北京：中国社会科学出版社，1985 年版。

统文化不仅是我们民族传统战略思维的根基，也是我们民族传统外交文化的源泉。

以“和合”为核心命题的中华传统社会思想凝结了中华民族关于社会秩序包括国际关系和人际关系的最为基本的观念，与西方的“世界主义”相比，中国以“天下”作为话语表达的世界主义是以和平与守成为价值取向的世界主义。中华民族对未来世界秩序总抱之以“天下大同”[①]、“天人合一”[②]、“协和万邦”[③] 的理想主义憧憬，持有“怀远以德”[④] 的传统外交理念，注重实现世界和平途径的和平性，强调在国际关系中军事力量的柔性运用。孔子的“远人不服，则修文德以来之”[⑤] 的文明感召思想，老子的“大国者下流”[⑥] 的国与国之间兼蓄和包容思想，墨子的“若使天下兼相爱，国与国不相攻……若此则天下治”[⑦] 的以“和”为贵的思想都是对这一传统文化的经典注解，也是今天中国致力于建设“和谐世界”的文化源头。

以“王道”而非“霸道”为主题的中华传统军事思想更突显人本主义情怀和对军事力量理性运用的人道主义的朴素表达。孔子“天下有道，礼乐征伐自天子出；天下无道则礼乐征伐自诸侯出”[⑧] 的“礼战”思想，老子“不以兵强天下”[⑨] 的“反战”思想，孟子“仁战”思想，墨子的“非攻”“兼爱”思想，孙子“不战而

① 《礼记·礼运》。

② 董仲舒：《春秋繁露·深察名号》。

③ 《书·尧典》。

④ 《左传·僖公七年》。

⑤ 《论语·季氏将伐颛臾》。

⑥ 《老子·六十一章》。

⑦ 《墨子·兼爱上》。

⑧ 孔子：《论语·季氏》。

⑨ 老子：《老子·三十章》。

屈人之兵”[1] 的“慎战”思想正是今天中国所坚持的反对霸权主义和强权政治、维护世界和平的军事外交根本原则的传统缘起。

以“仁”为核心的中华传统武德赋予了中华民族反对战争但决不惧怕战争的注重防御、后发制人的精神品格。作为中华文化的重要组成部分，中华传统武德深深地沉淀在中国人的行为气质中。楚庄王认为“武有七德”，即“禁暴、戢兵、保大、定功、安民、和众、丰财”[2]。《尉缭子·兵教》对武德做出军事价值判断：“此之谓兵教，所以开封疆，守社稷，除患害，成武德也。”整个中国古代历史所诠释的是以捍族保民为主题的爱国主义精神内涵；中国历史上对外政策的重心在于“守疆”而非“拓土”；中国版图的历史形成是基于文化同化，而非强力侵略。这些构筑了新中国以积极防御为核心的军事外交政策的基本遵循。

悠久灿烂的军事外交历史给当代中国军队留下了丰厚的军事外交谋略艺术。中国对外关系发展的历史最早可溯至西周，至春秋时，鉴于中国已经进入初期封建社会。国际关系的外部环境错综复杂，主观上这时的“国家”主权和领土特征已经明晰，统治阶级已经开始高超的外交艺术运用。自此，战国七雄，逐鹿中原，此战彼和，折冲樽俎，构建了合纵与连横的军事外交绝唱；西汉时则确立了“通西域，以断匈奴右臂，孤立匈奴，再派兵北逐之”的“以夷狄攻夷狄”的军事外交范式，为其后的历代外交所师法；至三国时期，魏、蜀、吴的三角外交成为立足自力更生、善于利用矛盾的军事外交谋略制衡的精彩注脚；唐朝则确立了“中国既安，四夷自服”[3]的军事外交方针，“偃武修文”，对邻邦“绥之以德”，才有了贞观盛世；而至明朝，明成祖通过“宣德化而柔远人”的军事外交战略，“外抚四夷”，以求“四夷顺则中国宁”，为明朝争取到了一个良好

① 孙子：《孙子兵法·计始第一》。

② 《左传·宣公十二年》。

③ 《资治通鉴》卷一百九十三，太宗观四年十二月。

的国际和平环境。这些都是中国传统军事外交的宝贵遗产，需要我们智慧地加以运用与发展。

在思想与实践的交互中，一方面，中华民族很早就形成了以爱民忠国为主题的尚武德行，因而谱写了中华民族的英雄史诗；另一方面，中华传统军事外交文化中蕴含的军事外交哲学又传承给当代中国和平使用军事力量的卓越外交智慧。思想传统作为外交思想、思维方式的凝聚与反映就像油画的基底一样，虽然掩盖在外在的笔触之下不易察觉，但却真实地存在并对整个绘画风格的形成产生着持久而稳定的影响。

（四）军事交往的经验守则

从南昌起义到新中国成立，中国共产党军事外交思想在土地革命战争、抗日战争、解放战争的历炼中逐渐成长。在这一历史时期，世界上几个有影响力的大国，如苏（俄）、美国、英国等接连走近中国共产党和中国共产党领导的人民军队。在与之进行或长期或短暂的军事交往过程中，中国共产党对军事外交有了深刻而清醒的认识：政党地位往往决定着军事交往中的主动与被动；利益需求则决定了军事交往的长久与短暂；力量对比决定了军事交往的广泛与有限；战争背景决定了军事交往的原则性与灵活性。正是通过对经验教训的总结，中国共产党深刻地认识到，在对外军事交往中必须实事求是，不断创新，坚持原则上的坚定性与策略上的灵活性的高度辩证统一；在对自身力量的建设与定位上有了更为历史与现实的考量，认识到军事外交的功能发挥是以军事力量的强大为前提的。这些对军事外交的理性认识为新中国军事外交原则的确立奠定了坚实的理论基础。[1]

---

① 参见张芳："新中国成立前中国共产党对外军事交往实践及启示"，《军事历史》，2011 年第 6 期。

新中国成立后，经过联苏抗美、反帝反修、联美抗苏、改革开放、以“平等、互信、互利、协作”为核心的新安全观为指导的不同历史时期，经历了曲折发展的中国军事外交逐步形成了全方位、宽领域、多层次的格局，在军事外交观念不断更新、军事外交风格更加务实负责、军事外交姿态更加开放透明、军事外交功能日益突显的变化背后，不变的是中国军事外交始终坚持的国家利益至上与维护全人类共同利益相统一、独立自主的和平外交政策与积极防御的国防政策相统一、“伐战”与“伐交”功能相统一、原则坚定性与策略灵活性相统一、遵守国际法与创制国际法相统一的基本原则①。近年来中国军事外交的发展一再地证明，这些原则作为中国军事外交风格的基本规范，为形成中国军事外交风格、突显中国军事外交风范提供了重要的行为标尺。

经验、文化、性格、价值四者间是层层深入的关系：经验是中国军事外交这幅油画最上面的笔触，最为显性，但也是相对较少具有稳定性，它会随着我军军事外交实践经验的变更而逐渐发生变化；传统外交文化是丰满而又富有张力的，构成了画面的中间色彩，具有相对的稳定性；军队性格和军人核心价值观则是油画的基色，它们是隐性的，但却事实上决定了整幅油画的基调，这些基色从根本上决定了人民军队对外交流中根本的风格表达。

二、军事外交的形式要素

军事外交风格不是一种抽象存在物，而是与一国具体的军事外交行为密切地联系在一起，这些行为对军事外交途径的选择，则构成了军事外交风格中的形式要素。由于军事外交形式为风格的形成

① 参见张炜：“关于中国军事外交的理论探讨”，《中国军事科学》，2004 年第 3 期。

提供了多样性的选择，因而军事外交形式要素相较于军事外交的精神要素，更突显动态的灵活性，而非持久的稳定性。

（一）以军事外交主体层次为考察对象的形式选择

国内较早对军事外交进行理论探讨的学者杨松河在他的专著《军事外交概论》中，结合大量军事外交工作的实际经验，认为："从层次上来分，在军事交往中，不论是宾客还是主人，交往活动的人员大致可以分为三个层次：高层、中层和下层"①。以此来考察进入新世纪以来军事外交的开展情况，可以得到以下结论（如图 9—1 所示）：

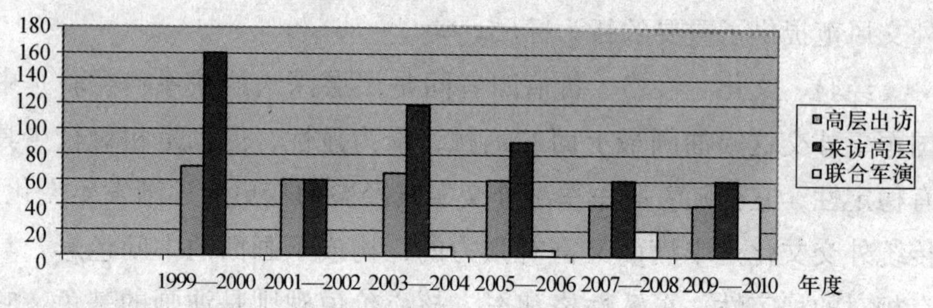

图 9—1：2001—2012 年中外军事高层往来，联合军演情况

一是从中方高层出访情况来看，除自 1999—2000 年达到一个较高频次外，至 2010 年呈现出逐年递减并达到一个相对稳定的状态。这表明高层互访已趋向于规律性方向发展，即其机制性要素开始突显，军事外交富有节奏，世纪初就已经逐步展开的高层安全磋商的机制化发挥双方军事高层交流稳压器作用明显。

二是从中方接纳高层军事访问的情况来看，外军高层访问中国

① 杨松河著：《军事外交概论》，北京：军事谊文出版社，1999 年 1 月版，第 80 页。

在1999—2000年同中方高层对外访问相伴随也产生了一个较高频次，在近4年来逐年递减达到一个相对稳定态势；同时，自1999—2010年间，外军高层访问中国的频次除在2001—2002年持平外，其余年份均显示其高出中方出访频次。这表明从高层交流层次来看，外军较中国军队更为积极主动，这一现象的出现与中国对打开对外军事交往的大门相对谨慎有关。

三是与高层军事交往递减稳定的态势相比，以维护共同安全为主题的中国军队与外国军队的联合军演自2003年以来则呈现递增态势，这表明中国军事高层交流机制化之后，中国军队与外国军队的交流正在向中层和基层大步转移。

结论：通过上述分析①可知，中国军事外交依循的是先高层再中层、继而基层的基本路径，推进方式谨慎有序，力求在每一层面规制化基础上再向下一层次延伸。依此来考察美国军方于2012年《美国涉华军事安全与发展报告》中所提出的将进一步推进中美基层军事交流的战略预想，要将其实现还存在中层交流机制化、加大一系列基层交流可行性条件创造等问题。

（二）以军事外交的性质和合作强度为考察对象的形式选择

朝献栋与韩国陆军军官学校助理教授金淳洙对军事外交的分类进行了有益的探索。他们主张，根据军事外交活动的性质和合作强度，将军事外交分为以增进普遍性价值为目的的普遍性军事外交和以增进相互信任、友好关系为目标的交流性军事外交，以及以应对明确或不明确威胁为目标的合作性军事外交三种类型，其中根据合

① 上述分析数据来自于1998年以来中国政府以每两年一部的国防白皮书，即《1998年中国的国防》、《2000年中国的国防》、《2002年中国的国防》、《2004年中国的国防》、《2006年中国的国防》、《2008年中国的国防》、《2010年中国的国防》共7部。

作强度和目的的不同，合作性军事外交又分为以应对不明确威胁为目的、合作强度较弱的协作性军事外交和以应对明确假想敌为目标、合作强度较强的结盟性军事外交（如图 9—2 所示）[①]。依此分析框架，通过对中国自改革开放以来的军事外交进行考察，可以发现中国军事外交展开形态的变化。

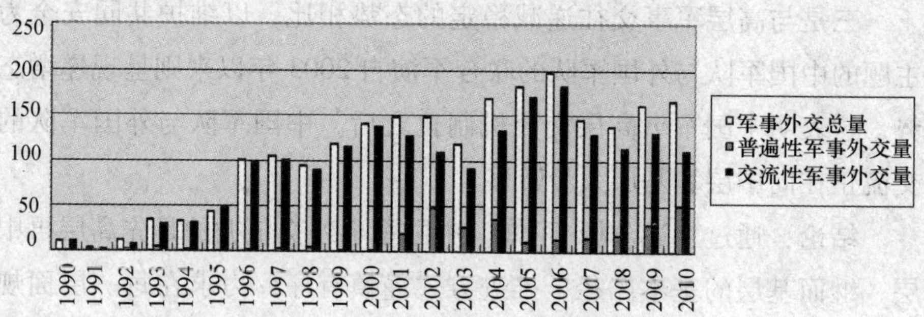

图 9—2：1990—2006 年中国军事外交频度

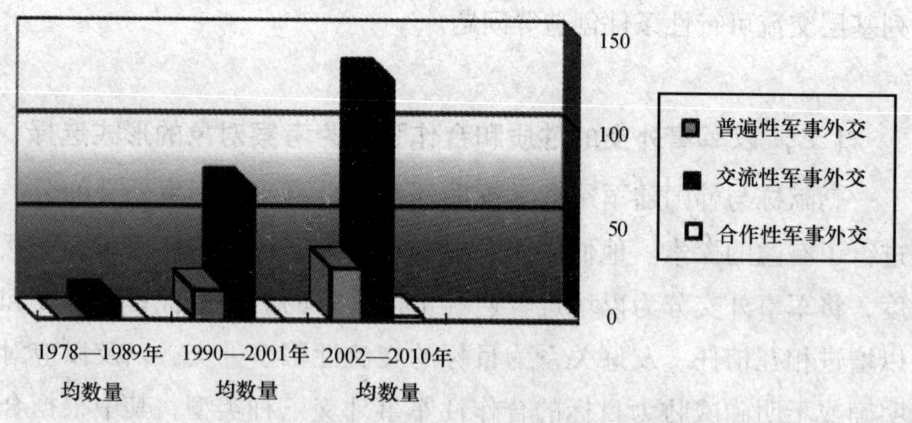

图 9—3：1978—2010 年中国军事外交类型比较

---

① 朝献栋、[韩] 金淳洙："中国军事外交与新安全观"，《现代国际关系》，2008 年第 2 期，第 49 页。

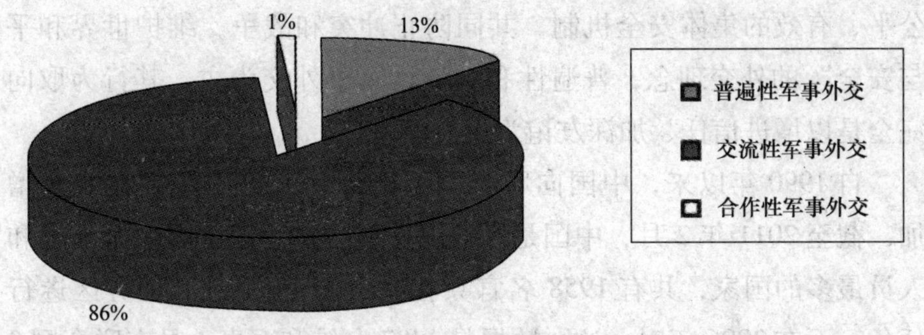

图 9—4：1978—2010 年中国军事外交三种类型比例

通过对 1978 年改革开放以来的中国军事外交数量进行汇总分析[①]，可以发现，自 1978 年以来，尤其是自 1990 年以来（如图 9—2 所示），中国军事外交频度呈现快速上升的趋势。而通过对自改革开放以来中国所从事的普遍性、交流性、合作性军事外交分类的汇总，如图 9—3 所示，中国从事以增进普遍性价值为目的的普遍性军事外交和以增进相互信任、友好关系为目的的交流性军事外交较多，自 1978 年以来呈现稳步攀升的势头。在 1990—2001 年的 10 年间，普遍性军事外交年均项为 16. 1 项，而在 2002—2010 年的 9 年间，其普遍性军事外交的数量高达年均 28. 2 项。交流性军事外交就更为频繁：在 1990—2001 年的 10 年间，均为 70. 4 项，而在 2002—2010 年间年均为 129. 1 项，比较而言合作性军事外交较少，如图 9—4 所示，改革开放以来合作性军事外交占总体军事外交的数量仅为 1%。这些数据一方面说明了中国军事外交正处于不断开拓期，另一方面也表明中国始终遵循“互信、互利、平等、协作的新安全观，建立

① 上述数据来自于军事科学院《世界军事年鉴》编辑部：《世界军事年鉴》（1997—2009 年），解放军出版社；《中国人民解放军通鉴》（下册），甘肃人民出版社，1997 年；《1998 年中国的国防》、《2000 年中国的国防》、《2002 年中国的国防》、《2004 年中国的国防》、《2006 年中国的国防》、《2008 年中国的国防》、《2010 年中国的国防》共 7 部。

公平、有效的集体安全机制，共同防止冲突和战争，维护世界和平与安全”的外交理念，普遍性和交流性军事外交为主，其行为取向完全是以增进信任、加深友谊为主。

自1990年以来，中国向联合国派出维和人员的数字在快速增加，截至2011年2月，中国是联合国安理会常任理事国中派出维和人员最多的国家，共有1958名官兵在联合国10个维和任务区遂行任务。而在2006年时，这一数据是1487名维和军事人员在联合国9个任务区和联合国维和部执行任务[①]。与此同时，中国与其他国家的合作性军事外交也在稳步增加，2002—2006年，中国共与11个国家举行16次联合军事演习[②]，而至2011年2月，这一数据为：中国人民解放军先后与20多个国家的军队举行了40多次联合演习和联合训练。此外，中国还积极履行国际安全责任和义务，到2011年2月止，中国坚定支持国际军控、裁军与防扩散努力，加入了22项国际军控条约[③]。

结论：从上述分析可知，基于中国军队自身实力的自信使得中国军事外交的视角正在逐步打开，不再仅局限于地区的，而是向国际的扩展，从其表现上来看更趋主动积极，在注重通过军事外交加强军队现代化建设的同时更加注重军事外交中的外交性功能的发挥，强调协作与交流，在加强军队建设的同时也更多地承担着国际责任，在参与国际机制的同时也在尝试参与机制建设，其军事外交姿态总体上呈现稳中求进、包容含蓄、冷静务实、谦虚低调却不乏主动积极的特点。

---

① 《2006年中国国防白皮书》

② 同上。

③ 高吉全：新中国军事外交：回顾与前瞻——专访国防部外事办公室主任钱利华少将，《解放军报》，2011年2月28日。

三、要素的互动——问题及可能

中国军事外交风与格的契合是在多种层次的平台上得以实现的，限于篇幅，作者仅就军事外交的决策层面、管理层面和机制层面分别对诸要素的互动进行考察，从而分析出对中国军事外交风格形成造成限制的问题，并进一步探寻解决的可能。

（一）军事外交决策层面的要素互动

军事外交属于高级政治问题，是军事与外交的集合，既属于国家总体外交的组成部分，又属于军事工作的一部分，其决策权一般高度集中于国家最高权力机关、最高领导人和军队领导人手里。中国军队是中国共产党领导下的人民军队，因此，中国军事外交的决策机构是党中央的军委和中央政府的军委，从制度上实现了最高决策权的集中统一。党的总书记（1982 年之前是党的主席）和军委主席是军事外交的最高决策首长。正如江泽民曾经指出的："党的总书记、国家主席、军委主席三位一体这样的领导体制和领导形式，对我们这样一个大党、大国来说，不仅是必要的，而且是最妥当的办法。"① 因此，从理论上来看，在中国还没有将军事外交向更基层部分延伸之前，高层军事交往，尤其是军事外交决策者的对外交往，其个人外交风格往往集中体现了整个国家和军队的军事外交风格。这一点在以毛泽东为核心的第一代领导集体时期表现得十分鲜明。从这一意义上来看，精神要素，诸如中华优秀传统文化通过思想道德意识的默化承袭、民族特性的移植和对民族历史的认识、文学艺

① 《江泽民文选》第三卷，北京：人民出版社，2006 年版，第 603 页。

术的熏陶等方式完成了对军事外交代表人物的人格塑造[①]，这种塑造又通过形式要素，即对军事外交方式的选择完成了以其为代表的中国军事外交风格的表达。

但是，从政治权力的视角由军事最高决策者向下推而论之：国防与外交，即一国军事力量与外交力量的谋略运用往往是一国实现其在国际关系中政治目标的根本，而就其权力机构的代表而言，往往由外交部最高负责人与国防部最高负责人作为代表形象出现在对外交往的场所。例如，近期美菲、美韩所进行的“2 +2”对话机制，这里的“2”即指国务卿和国防部长。这种机制不仅再一次说明当今国际社会军事与外交关系的密切程度，另一方面也说明一国政治中这两个职务在解决国际事务中的重要性。但中国的情况与之不同，中国国防部长一职经过新中国建立以来的数次职能变迁后，国防部长既是国务委员，也是中央军委委员，但其对中国军事力量并不拥有事实指挥权。这一权力链接中的角色差异为军事外交主体风格的政治表达提供了模糊空间。

（二）军事外交管理层面的要素互动

军事外交主管机构是全军军事外交的归口管理机构。虽然国家外交大权在中央，军事外交的决策权在中央军委，但军事外交主管机构对军事外交决策进行具体落实。从新中国成立到改革开放前，由于国防部的职能不断变化，军事外交主管机构在总参和国防部之间不断变换。改革开放后，军事外交的主管机构基本上是总参。中华人民共和国国防部外事办公室组织和领导全军的外事工作，其主要职能包括：组织对外军事交流与合作，负责中国驻外使馆武官处等驻外军事机构和人员的派遣、管理，负责外国驻华武官的管理工

① 参见张历历：《外交决策》，北京：世界知识出版社，2007 年 6 月版，第 268 页—270 页。

作，组织领导对外军事援助、军备控制研究、履行有关条约和参与国际维和行动等工作。军事外交主管机构虽然并不具有军事外交决策功能，而是军事外交决策的执行角色，但其职能属性决定了其作为统管与配属军事外交资源的管理机构是展示中国军事外交风格的重要窗口。诸如军人核心价值观、军队性格等精神要素通过这一部门及其成员的工作是高效还是低效，与相关部门的接触与交流是频繁的还是间歇的，工作机制的运转是封闭的还是开放的，互动是单一纵向的还是横向相关的，对军事外交资源的运用是科学还是保守等，体现出军事外交风与格两部分的自洽，从而使军事外交对象直接体认中国军事外交的风格。

随着中国军事外交作为中国大外交的一部分不断深入推进，对军事外交管理层次的扁平化体制提出更高要求。就当前状况而言，还存在对上负责的纵向联系多于与其他部门包括非外交部门的横向交流与合作，由于特有的军事属性，其开放程度受限造成军事外交资源的统合力还未能充分显现等问题。这些问题必然会对中国军事外交务实开放的风格造成影响。

（三）军事外交机制层面的要素互动

近年来，中国军事外交愈益步入机制化轨道。譬如，中国军队在与美国、俄罗斯、日本、澳大利亚、英国、法国等国家建立防务安全磋商机制基础上，逐步拓展到巴基斯坦、蒙古、泰国、越南、菲律宾等周边国家，乃至相距遥远的南非、意大利等国家，开展“面对面”的防务交流和对话，疏通拓宽了军事互信的渠道。这些行为都是积极的，为中国军事外交提供了机制性保障，从而使军事外交风格具有稳定性：一是在军事外交既有的和未来愈益成熟的机制框架下，中国的军事外交行为将有更多理性与确定性，更容易被军事外交对象国或参与国预期与判断，便于进行诸如危机管理以预防准冲突问题的出现。以维护世界和平和地区安全、以反恐为主题的中国军事力量，在与一国或多国的军事交往中更容易被认可为国际社会中重要的和平力量，是有约束的富有正义感的文明力量；二是随着中国在政治领域多边外交的兴起和中国参与多边国际制度的愈益频繁，中国军事力量势必更多参与到对地区与全球公共利益的维护与促进程序中来，这种参与通过军队核心价值观、军队性格、中华传统外交文化、军事外交的既往经验守则等精神要素的外在表达，对于增强互信与交流，体现中国军事力量对多元问题的包容性从而提升中国军队形象、明确中国军事外交风格、塑造中国军事力量的高信誉具有积极作用。因此，愈多的机制参与、主持和制定，中国军事外交风格就愈会增添理性务实、开放包容的色彩。

然而，与国际制度相呼应，国内还存在一系列制约因素。一是中国军事外交参与国际机制化步伐加快，对军事力量存在的外交地位提出新的要求。当前，需要刚成立的国家安全委员会作为国家总体战略机构在对外交往中对外交、军事、经济等各领域的国家力量进行统筹与谋略运用。充分整合各领域资源的作用，树立决策权威，起到缩短决策过程的作用。事实上，在中美第三轮战略与经济对话中有一个引人瞩目的变化，就是双方军事代表的加入，这表明中美双方均已意识到不把安全问题和政治、外交、经济、金融等问题放到一起来谈，必然会顾此失彼，难以实现真正战略上的统筹[①]。二是随着国家总体参与国际机制的中心—地区—周边的地理网络经营的成熟，中国军事外交也必将逐步步入到这一梯次建设中来。中国特殊的地缘环境对中国军事外交实现中心—地区—周边的国家军事力量地理上的对接提出要求，减少纵向权界关系，增强横向联系，亦更符合扁平化的信息化条件下军事编制体制的特点需求。因应中国复杂的地缘政治，可以想见的是诸如黄岩岛、钓鱼岛、仁爱礁及其

① 赵蔚彬、肖石忠："中美军事交流的新窗口"，《解放军报》，2011 年 5 月 15 日第 4 版。

他尚未解决领土和海洋权益争端的事件会此起彼伏，有些问题的解决可能需要长期准备，因此，区域化的军事外交设计将使军事外交的运用更富有针对性，对问题的解决更为有效。

结束语：

中国武装力量始终是维护世界和平和地区稳定的坚定力量！

关于军队的职能，马克思早已告知——军队不生产产品，但生产战斗力。能打仗是中国人民军队的使命所系，打胜仗是中国人民军队的荣誉所指。今天，中国与世界紧密相连，中国的安全和发展与世界的和平繁荣紧密相连。在中国和平发展的大战略中，中国人民军队正顺势而为、阔步走向世界军事的前台。这支军队用军事能力的多样化运用作为维护正义的意志表达，用防御性国防政策实践着中国军人维护地区与世界和平的理念，通过对国际法的尊重和对他国国家主权的尊重诠释着军事行为应有的文明内涵。中国人民军队正义之师的军队声誉并不仅仅用国际话语表达，更多地是用真实的行动在不同国别的军队间建构而来。

事实已经证明，中国武装力量不仅是国家和平发展的坚强保障，也是维护世界和平和地区稳定的坚定力量。中国人民军队正在接受世界的注目。

未来还将证明，中国人民军队将会接受世界更多的赞誉，不仅仅因为中国人民军队时刻准备着为国家安全、地区和世界和平贡献力量，更因为这支军队始终以和平与正义的方式完成着和平的塑造。

附录：

新中国成立以来中国军事外交要事记

（1949—2013）

时间	人员	出访国家	来访国家
1950 年 2 月 14 日	《中苏友好同盟互助条约》在莫斯科签订		
1950 年 4 月 17 日	应越共中央向中共中央提出请求派军事顾问团，中央军委指示，从第二、第三和第四野战军中各选调 1 个师（包括师、团、营三级）的全套顾问，并从第三野战军中选调顾问及教员，组成赴越军事顾问团。4 月 26 日，中央军委再次指示西北、西南、华东、中南军区和军委炮兵司令部，抽调营以上干部 13 名参加顾问团，准备担任越军高级指挥机关和部队的军事、政治、后勤顾问或助理顾问。	越南	
1950 年 5 月 8 日	山东军区司令员许世友就释放 2 名被俘的美国飞行员发表声明。		
1950 年 6 月 28 日	周恩来外长发表声明，谴责美国侵略朝鲜、台湾以及干涉亚洲事务的罪行。		
1950 年 8 月 1 日	朱德发表讲话，坚决反对美国侵略台湾和朝鲜。		
1950 年 10 月 1 日	朝鲜党和政府请求中国出动军队援助朝鲜人民。		
1950 年 10 月 19 日	中国人民志愿军首批参战部队入朝。		
1950 年 11 月 7 日	中国人民志愿军第 9 兵团入朝参战。		
1950 年 12 月 4 日	为便于中国人民志愿军和朝鲜人民军的协同作战和指挥，中朝联合司令部成立。		

续表

时间	人员	出访国家	来访国家
1951年2月15日	中国人民志愿军第19兵团入朝作战。		
1951年4月	中国人民赴朝慰问团赶赴朝鲜前线和后方慰问中朝军队和朝鲜人民。		
1951年7月1日	金日成、彭德怀通知李奇微同意举行朝鲜停战谈判。		
1951年7月10日	朝鲜停战谈判在开城举行第一次会议。		
1951年7月24日	外交部章汉夫副部长发表声明，严重抗议美机侵犯中国东北领土。		
1951年7月26日	朝鲜停战谈判进入第二项议程，即定军事分界线问题。		
1951年8月23日	由于美方公然入侵中立区，致使谈判无法继续下去，金日成、彭德怀于本日宣布：自本日起谈判的一切会议停开，以待美方对此事件作出处理。		
1951年11月27日	朝鲜停战谈判双方代表团大会正式就第二项议程达成协议。		
1952年1月1日	朝鲜人民军最高司令官金日成将军致电中国人民志愿军全体指战员祝贺新年。		
1952年1月2日	朝鲜战争停战谈判第四项议程关于遣返战俘问题。		
1952年1月2日	志愿军战士罗盛教在朝鲜前线驻地抢救落水朝鲜少女光荣牺牲。		
1952年1月9日	在朝鲜停战谈判会议上，中方提出第三项议程的修正案。		
1952年1月10日	以美国为首的联合国军在板门店拒绝停战。		
1952年1月22日	毛泽东批准中国人民解放军在朝鲜参战的空军为中国人民志愿军空军。		
1952年1月30日	中国人民志愿军空军第三批部队两个师入朝作战。		
1952年2月17日	朝鲜停战谈判第五项议程原则解决。		

续表

时间	人员	出访国家	来访国家
1952年2月24日	周恩来外长发表声明，抗议美国侵略者进行细菌战的罪行。		
1952年3月	中国人民志愿军铁道兵团扩建，使抢修部队兵力比入朝初期增加1.5倍。		
1952年3月11日	军事院校赴朝考察团团长孙毅向总参谋部领导报告赴朝鲜考察情况。	朝鲜	
1952年3月13日	中国人民最高法院院长沈钧儒致电巴黎国际民主法律工作者协会，呼吁采取有效措施，制止美国进行细菌战。		
1952年3月15日	中国抗美援朝总会组织的“美帝国主义细菌战罪行调查团”奔往朝鲜和中国东北各地调查美军进行细菌战的罪行。		
1952年3月21日	朝鲜停战谈判中方代表提出遣俘原则建议。		
1952年3月25日	中央军委成立朝鲜停战事务组。		
1952年3月29日	世界和平理事会执行会议开幕，中国代表郭沫若就美国侵略者对朝中两国人民进行细菌战作了详细报告。		
1952年4月13日	中国人民志愿军空军第4批入朝部队参战。		
1952年4月20日	美细菌战罪行调查团发表《关于美帝国主义在朝鲜撒布细菌罪行调查报告》，以大量事实说明，美国在朝鲜犯下细菌战罪行。		
1952年5月2日	朝鲜停战谈判第三项议程关于停战的安排问题达成协议。		
1952年5月5日	新华社公布朝鲜战争中美俘关于美军进行细菌战的供词。		
1952年5月7日	朝鲜停战谈判中方代表抗议美方扣留中方战俘的主张，提出终止行政性会议。		
1952年5月12日	朝鲜停战谈判中方代表抗议美机空袭江东战俘营。		
1552年5月16日	中朝军队发言人发表关于支持巨济岛上中方被俘人员正义要求的谈话。		

续表

时间	人员	出访国家	来访国家
1952年5月24日	中国人民志愿军归国代表团、朝鲜人民访华代表团离京返回朝鲜前线。		朝鲜
1952年5月31日	美第八集团军司令范弗里特在汉城记者招待会上公开承认“绞杀战”的彻底破产。		
1952年6月5日	中国人民志愿军第26军返国。		
1952年6月6日	朝鲜停战谈判中方首席代表张春山抗议美方炮击板门店会场区及其边缘地区。		
1952年6月17日	中国人民志愿军坦克第3师入朝参战。		
1952年8月5日	朝鲜停战协定草案的文字细节取得全部协议。		
1952年9月	中国人民志愿军工程兵第9团奉命入朝参战。		
1952年10月4日	中国人民志愿军第27军奉命回国。		
1952年10月8日	美方单方面宣布朝鲜停战谈判双方代表会议无限期休会。		
1952年10月11日	中国人民志愿军第20军奉命回国。		
1952年10月22日	中国人民志愿军独立坦克第2团赴朝参战。		
1952年10月30日	中国人民志愿军第42军回国。		
1952年11月7日	全国全军举行“中苏友好月”活动。		
1952年11月12日	中国人民志愿军第33师入朝。		
1952年12月12日	中央军委决定派坦克第1师入朝，并成立装甲兵第二指挥所。		
1952年12月14日	周恩来外长致电联大主席，明确表示中国对处理朝鲜战俘问题的原则立场。		
1952年12月30日	志愿军新建铁路指挥局在沈阳成立，该局负责指挥铁道部抢修朝鲜新建铁路。		
1953年1月15日	中央军委决定在朝鲜建设新的铁路线，保证作战需要。		
1953年1月21日	周恩来外长发表声明，抗议美国飞机入侵中国领空。		
1953年3月28日	金日成、彭德怀函复“联合国军”总司令克拉克，同意在战争期间先行交换病伤战俘，并建议立即恢复停战谈判。		
1953年3月30日	周恩来发表关于朝鲜停战谈判的声明。		

续表

时间	人员	出访国家	来访国家
1953 年 3 月 31 日	金日成发表声明，完全同意和支持周恩来关于朝鲜停战谈判问题的声明。		
1953 年 4 月 6 日	朝鲜停战谈判双方联络组会议开始举行。		
1953 年 4 月 26 日	由美方片面宣布无限期休会而中断达 6 个月之久的朝鲜停战谈判双方代表会议正式复会。		
1953 年 5 月 2 日	中国人民志愿军第 54 军入朝参战。		
1953 年 5 月 7 日	中国人民志愿军第 39 军回国。		
1953 年 5 月 7 日	朝鲜停战谈判朝中代表团首席代表提出解决战俘问题的新建议。		
1953 年 6 月 1 日	参加轮战的中国人民志愿军炮兵部队开始入朝。		
1953 年 6 月 4 日	中国、苏联两国政府签订了关于海军交货和建造军舰方面给予中国以技术援助的协定。		
1953 年 6 月 19 日	彭德怀离京赴朝参加朝鲜战争停战协定的签字。	朝鲜	
1953 年 6 月 17—22 日	李承晚集团破坏遣俘协定，强行扣留中方战俘。		
1953 年 6 月 24 日	彭德怀为朝鲜反侵略战争 3 周年致电金日成。		
1953 年 6 月 25 日	朝鲜最高人民会议常任委员会向志愿军英雄、功臣授勋。		
1953 年 6 月	中朝铁道部队开始修建德川至八面院铁路。		
1953 年 7 月 10 日	中国人民志愿军第 38 军奉令回国。朝鲜停战代表团复会，商谈有关停战实施问题及停战协定签字的准备工作。		
1953 年 7 月 16 日	中国人民志愿军火箭炮兵第 33 师入朝参战。		
1953 年 7 月 28 日	彭德怀在朝鲜停战协定上正式签字；31 日，在平壤市举行的授勋典礼上，彭德怀被朝鲜最高人民会议常任委员会授与“朝鲜民主主义人民共和国英雄”称号，并接受一级国旗勋章及金星奖章。		

续表

时间	人员	出访国家	来访国家
1953 年 8 月 7 日	中国人民志愿军铁道部队召开修复铁路工程会议，制定帮助朝鲜修复铁路计划，并确定了修复标准。		
1953 年 8 月 25 日	政务院总理兼外交部长周恩来就联合国关于解决政治会议问题的讨论问题发表声明。		
1953 年 9 月 6 日	朝中方面将美方战俘全部遣返。		
1953 年 9 月 13 日	外交部长周恩来致电联合国秘书长哈马舍尔德，就联合国大会通过的关于朝鲜问题的两项决定作出答复。周恩来在电报中正式建议：参加和平解决朝鲜问题政治会议的国家，应该是在朝鲜交战双方的全体国家。		
1953 年 9 月 29 日	外交部副部长章汉夫致函英国政府谈判代表杜维廉，抗议英国的炮舰和飞机在中国珠江口袭击中国舰艇的野蛮行为。		
1953 年 10 月 16 日	中国人民志愿军铁道兵团领导机关从朝鲜驻地兰田出发回国。		
1953 年 11 月 8 日	以在朝鲜的新建铁路指挥局为基础成立中国人民志愿军铁道兵指挥所。		
1953 年 11 月中旬	中国人民志愿军铁道兵及其所属 5 个师和工总从朝鲜回国。		
1953 年 12 月 4 日	周恩来总理兼外交部长就朝鲜局势问题致函联合国，指出朝鲜的局势目前严峻到这个程度，完全是美国政府企图破坏朝鲜停战协定，阻挠和平解决朝鲜问题以便继续保持国际紧张局势的政策所造成的。		
1954 年 1 月 10 日	朝中方面代表抗议美军飞机侵入我方地区。		
1954 年 3 月 3 日	中国政府复函苏联政府，同意派全权代表出席讨论朝鲜问题和印度支那问题的日内瓦会议。		
1954 年 3 月 13 日	中国军事顾问团赴越南。		

续表

时间	人员	出访国家	来访国家
1954年3月24日	志愿军铁道兵第5师从朝鲜回国。		
1954年3月29日	中国人民志愿军领导机关发出《关于帮助朝鲜人民进行恢复与重建工作的指示》。		
1954年4月3日	毛泽东就帮助越南建立炮兵和工兵部队问题致函彭德怀。		
1954年4月3日	毛泽东就关于运送朝鲜战争中牺牲烈士遗体有关问题致电朝鲜停战谈判朝中代表团李相朝、杜平、丁国钰。		
1954年4月24日	中华人民共和国政府代表团参加日内瓦会议，其内容主要是讨论和平解决朝鲜问题和恢复印度支那和平问题。		
1954年5月7日	越南人民军取得奠边府战役的重大胜利，解放奠边府。这次战役中所需的所有武器弹药、通信器材、粮食及医药等物资都是中国政府提供的。		
1954年6月2日	毛泽东在粟裕关于对美国军舰的处理报告上作指示，指示不要先向美舰开炮，避免冲突。		
1954年6月20日	毛泽东提出越南人民军的规模依日内瓦会议情况作出决定。		
1954年6月24日	中国和苏联海军在旅顺举行潜艇交接签字和升降旗仪式。		
1954年6月25日	中国人民志愿军铁道部队烈士纪念碑在朝鲜平安南道新安州市区落成。		
1954年7月23日	毛泽东修改中央人民政府革命委员会关于保卫领海主权及护航注意事项的指示稿。对如何处理涉外军事斗争等问题作出明确规定。		
1954年7月23日	毛泽东致电越南民主共和国主席胡志明，祝贺日内瓦会议达成印度支那停战协议，指出，这一胜利有助于促进亚洲的集体和平与安全，有助于进一步缓和国际紧张局势。		

续表

时间	人员	出访国家	来访国家
1954年7月29日	中国人民解放军公安部队代表团前往苏联参观访问。	苏联	
1954年8月19日	中央人民政府人民革命军事委员会总政治部发布命令，宽赦坦白认罪的西井建一等417名日本军人。		
1954年9月1日	中国人民解放军"八一"足球队应邀参加保加利亚人民军建军10周年纪念活动。	保加利亚	
1954年9月5日	中国人民志愿军总部发言人宣布：中国人民志愿军将于9、10两个月从朝鲜撤出7个师。		
1954年9月7日	中国人民志愿军铁道兵第2师从朝鲜回国。		
1954年9月10日	朝鲜各界在首都平壤举行隆重的欢送会，欢送中国人民志愿军7个师返回中国。		
1954年9月16日	中国人民志愿军返国部队开始从朝鲜停战协定规定的后方口岸新义洲撤出。		
1954年9月19日	毛泽东接见来访的保加利亚人民军迪亚科夫中将和该国人民军歌舞团团长普·罗科彼耶夫。		保加利亚
1954年10月11—12日	中国政府和苏联政府公布关于旅顺口海军基地归还中国的联合公报。		
1954年11月16日	美国国务卿杜勒斯在记者招待会上称要用武力阻挠中国人民解放台湾，公然干涉中国内政。		
1954年12月2日	美国和台湾当局在华盛顿签订《共同防御条约》，条约规定美国有在"台湾、澎湖及其附近""部署美国陆、海、空军之权利"。		
1954年12月8日	周恩来总理兼外交部长发表严正声明：解放台湾是中国的内政，任何人无权干涉。宣布美蒋《共同防御条约》是非法和无效的。		

续表

时间	人员	出访国家	来访国家
1954 年 12 月 15 日	根据中国和苏联两国政府达成的有关协定，受中央军委指派，空军、防空部队等有关部门的人员组成接收委员会，有偿接收驻安东、沈阳地区苏军的大部军事装备。		
1955 年 1 月 29 日	以副总参谋长陈赓率领的中国军事代表团赴苏联伯力参加远东防空会议。这次会议主要讨论中苏两国防空协同动作问题。	苏联	
1955 年 2 月 21 日	中国人民解放军接收苏联军队驻旅顺、大连地区防务。		
1955 年 5 月 7 日	以中华人民共和国国防部副部长萧克为团长的中国军事代表团，应邀赴布拉格参加捷克斯洛伐克解放 10 周年庆祝活动。	捷克斯洛伐克	
1955 年 5 月 11—14 日	中国国务院副总理兼国防部长彭德怀以观察员身份出席欧洲保卫和平安全第二次会议。		
1955 年 5 月 24 日	中华人民共和国最高人民法院军事审判庭依法对驾机入侵中国领空的美国空军人员进行判决。		
1955 年 5 月 25 日	中苏发表关于苏军撤出旅顺口海军根据地的联合公报。		
1955 年 7 月 3 日	应苏联空军邀请，以中国人民解放军空军副司令员王秉璋率领的空军代表团参加在莫斯科举行的苏联航空节活动。	苏联	
1955 年 9 月 22 日	应中国人民解放军总政治部的邀请，以波兰军队总政治部为代表、总政治部文化部部长沃尔瓦中校为首的波兰军队歌舞团到达北京。		波兰
1955 年 9 月 27 日	应中华人民共和国国防部的邀请，由乔杜里中将率领的印度共和国友好访华军事代表团到达北京。		印度
1955 年 10 月 5 日	毛泽东接见缅甸军事友好代表团。		缅甸
1955 年 10 月 8 日	朝鲜政府在平壤举行盛大集会，欢送中国人民志愿军回国部队。		

续表

时间	人员	出访国家	来访国家
1955年10月27日	中国人民志愿军总部发言人宣布，从10月10日起至26日止，中国人民志愿军再次从朝鲜撤出6个师返回祖国。		
1955年10月29日	中缅未定界勘察委员会成立。		
1956年6月22日	由空军司令员刘亚楼率领的中国人民解放军空军代表团赴莫斯科参加苏联航空节。	苏联	
1956年8月22日	国务院副总理、国防部长彭德怀接见了日本前军人访华代表团全体成员。		日本
1956年8月22日	国防部副部长萧克上将举行宴会，欢迎德意志民主共和国柏林人民警察乐团全体人员。		德意志民主共和国
1956年9月4日	毛泽东会见日本前军人访华团全体成员。		日本
1956年9月18日	周恩来会见南斯拉夫军事代表团。		南斯拉夫
1956年9月28日	应国防部长彭德怀的邀请，以卓荣铎·纳特·乔杜里陆军中将率领的印度军事友好访华团到达北京。		印度
1956年10月5日	毛泽东出席印度尼西亚总统苏加诺在北京为印尼建军11周年举行的宴会并发表讲话。		
1956年10月6日	邓华率中国军事代表团出访南斯拉夫和保加利亚。	南斯拉夫、保加利亚	
1957年1月1日	叶剑英率中国军事友好代表团访问缅甸。	缅甸	
1957年2月4日	朝中烈士纪念碑在开城举行揭幕仪式。		
1957年4月26日	保加利亚军事代表团访华。		保加利亚
1957年5月3日	毛泽东接见波奇瓦夫中将率领的保加利亚军事代表团全体成员。		保加利亚
1957年5月18日	毛泽东会见加托特·苏布罗托少将率领的印度尼西亚军事友好代表团全体成员。		印度尼西亚
1957年6月29日	由苏联提供成套材料、中国组装的第一艘03型潜艇，编入潜艇部队序列。		
1957年8月	中国、苏联、朝鲜三国军队举行方面军首长司令部现地学习，训练了在海军舰队和空降兵协同下，方面军进攻战役的准备与实施等科目。		

续表

时间	人员	出访国家	来访国家
1957 年 9 月 4 日	德意志民主共和国军事代表团访华。		德意志民主共和国
1957 年 9 月 15 日	由聂荣臻元帅率领的中国政府代表团，与苏方就苏联政府帮助中国政府进行关于原子武器、导弹、火箭武器和作战飞机的研制，提供样品、基地建设等方面的问题，正式达成协议。	苏联	
1957 年 9 月 20 日	波兰军事代表团访华。		波兰
1957 年 10 月 2 日	毛泽东会见国防部长维利·斯多夫率领的德意志民主共和国军事代表团。		德意志民主共和国
1957 年 10 月 3 日	毛泽东会见国防部长马里安·斯彼哈尔斯基上将率领的波兰军事代表团。		波兰
1957 年 10 月 15 日	以聂荣臻为团长，陈赓、宋任穷为副团长的中国政府代表团，在莫斯科与苏联政府代表团签订了《中华人民共和国政府在和苏维埃社会主义共和国联盟政府关于生产新式武器和军事技术装备以及在中国建立综合性的原子工业的协定》。	苏联	
1957 年 10 月 26 日	志愿军帮助朝鲜人民生产超额完成计划。		
1957 年 12 月 4 日	应苏联国防部长马利诺夫斯基元帅的邀请，以国务院副总理兼国防部长彭德怀元帅为团长、国防委员会副主席叶剑英元帅为副团长的中国军事代表团于 11 月 2 日赴苏联参加十月革命胜利的 40 周年纪念活动，并进行了友好访问。12 月 4 日回国。	苏联	
1957 年 12 月 7 日	毛泽东主席接见波·洛姆斯基上将率领的捷克斯洛伐克共和国军事代表团。		捷克斯洛伐克
1958 年 2 月 7 日	中华人民共和国政府就朝鲜和平统一问题发表声明，支持在朝鲜撤出一切外国军队，并在一定时期内实现全朝鲜的自由选举，以实现朝鲜的和平统一的倡议。		

续表

时间	人员	出访国家	来访国家
1958年2月19日	中朝两国政府发表联合声明：志愿军今年全部撤出朝鲜。		
1958年2月22日	国防部和中苏友协联合举行庆祝苏军建军40周年大会。		
1958年2月25日	中国人民志愿军和朝鲜人民军签署交接防务的联合命令。		
1958年3月3日	叶剑英元帅率中国军事友好代表团访问印度。	印度	
1958年3月12日	中国人民志愿军发布撤军公报，称：将于1958年12月底以前分三批全部撤出朝鲜，第一批6个师将于1958年3月15日开始撤离，4月30日以前撤完。		
1958年4月3日	阿拉伯联合共和国陆军参谋长穆罕默德·易卜拉欣中将应邀率军事友好访华代表团一行15人到达北京。		阿拉伯联合共和国
1958年4月24日	毛泽东就苏联国防部长马利诺夫斯基提出与中国共同建立长波电台问题，指示有关部门作如下答复：同意在中国建设该项设施，但费用全部由中国负担，所有权是中国的。		
1958年7月17日	印度海军“迈索尔”号旗舰在舰队司令查克洛伐蒂少将率领下抵达上海，开始对中国进行访问。		印度
1958年9月4日	中华人民共和国政府发表《关于领海的声明》，宣布中华人民共和国的领海宽度为12海里。		
1958年9月8日	美国军舰连续侵入中国领海寻衅，中国外交部再次提出严正警告。		
1958年10月2日	毛泽东在北京分别会见贝基尔·巴卢库上将率领的阿尔巴尼亚军事代表团、列昂廷·萨拉扬上将率领的罗马尼亚军事代表团、巴特·道尔吉中将率领的蒙古军事代表团。		阿尔巴尼亚 罗马尼亚 蒙古

续表

时间	人员	出访国家	来访国家
1958 年 10 月 26 日	叶剑英率领的中国军事代表团结束对波兰的访问。	波兰	
1958 年 11 月 22 日	金日成首相率领的政府代表团和以金光侠为首的军事代表团开始访华。		朝鲜
1958 年 12 月 8 日	匈牙利军事代表团到达北京，毛泽东于 12 月 11 日会见了该军事代表团。		匈牙利
1959 年 4 月 20 日	以副总参谋长杨成武上将为团长的中华人民共和国军事友好代表团访问印尼。	印尼	
1959 年 4 月 24 日	由国务院副总理兼国防部长彭德怀率领的中华人民共和国军事友好代表团，开始访问东欧七国和蒙古。	东欧七国、蒙古	
1959 年 4 月 30 日	毛泽东会见由临时政府国务秘书奥马尔·乌西迪克率领的阿尔及利亚军事代表团全体成员。		阿尔及利亚
1959 年 5 月 21 日	中国人民解放军总后勤部卫生部副部长钱信忠，以观察员身份参加华沙条约国后勤装备专家会议。		
1959 年 6 月 20 日	苏联单方面撕毁《国防新技术协定》。		
1959 年 6 月 22 日	石家庄步兵学校代表中国军事学校参加社会主义国家军事学校通信和射击比赛。		
1959 年 9 月 2 日	陈毅副总理在庆祝越南国庆招待会上发表讲话。		
1959 年 10 月 26 日	中华人民共和国外交部发表《关于印度武装人员侵犯中国西藏地区的西北边境并且进行武装挑衅的声明》。		
1959 年 11 月 14 日	边防部队交还在空喀山口事件中俘获的印军人员和武器。		
1959 年 12 月 4 日	最高人民法院遵照中华人民共和国主席特赦令，特赦日本首批战争罪犯。		
1959 年 12 月 23 日	朱德复信朝鲜最高人民会议崔庸健委员长，完全支持实现朝鲜和平统一的建议。		

续表

时间	人员	出访国家	来访国家
1960 年 5 月 24 日	陈毅元帅会见应邀来访的英国蒙哥马利元帅，26 日，在中国人民解放军副参谋长李达上将的陪同下，蒙哥马利元帅观看了北京军区某步兵师的刺杀、射击表演。		英国
1960 年 7 月 18 日	毛泽东在北戴河会议上指出："要下决心搞尖端技术。赫鲁晓夫不给我们尖端技术，极好！如果给了，这个帐是很难还的。"		
1960 年 8 月	苏联单方面撕毁中苏两国政府签定的新技术协定，撤走了协助中国仿制导弹的全部专家。		
1960 年 9 月 23 日	以副总参谋长张宗逊为团长的中国军事代表团对阿拉伯联合共和国进行友好访问。	阿拉伯联合共和国	
1960 年 10 月 21 日	纪念中国人民志愿军抗美援朝出国作战 10 周年，应朝鲜民主主义人民共和国的邀请，以贺龙元帅为团长、罗瑞卿大将为副团长的中国军事友好代表团一行 321 人前往朝鲜访问。	朝鲜	
1960 年 10 月 24 日	由中国人民解放军副总参谋长张宗逊率领的中国军事代表团前往阿尔巴尼亚进行友好访问。	阿尔巴尼亚	
1960 年 12 月 16 日	总参谋部颁布《关于军容风纪的若干规定》，对着装、礼节和举止、参加集会和外事活动时应注意的事项等作了具体规定。		
1960 年 12 月 30 日	以副总参谋长张爱萍为团长的中国军事代表团应邀访问缅甸。	缅甸	
1961 年 1 月 25 日	中国人民解放军滑雪队一行 24 人到华沙参加第一届友军冬季运动会。	波兰	
1961 年 2 月 23 日	中国人民解放军男子篮球队一行 16 人赴民主德国参加苏、中、民德、保、罗 5 国军队男篮传统赛。	民主德国	
1961 年 3 月 1 日	美军用飞机侵入广东汕尾、平海以南地区上空，中国政府提出第 134 次严重警告。		
1961 年 5 月 22 日	美军用飞机侵入广东汕尾、平海以南地区上空，中国外交部发言人奉命提出第 148 次严重警告。		

续表

时间	人员	出访国家	来访国家
1961 年 8 月 21 日	周恩来、陈毅、罗瑞卿等接见来华访问的英国蒙哥马利元帅。		英国
1961 年 9 月 28 日	贺龙陪同古巴总统参观军事博物馆。		古巴
1961 年 10 月 15 日	缅甸联邦国防军总参谋长奈温将军结束对中国的访问回国。		缅甸
1961 年 12 月 22 日	中国军事友好代表团向越南国防部赠送“八一”军旗。	越南	
1962 年 2 月 8 日	陈毅、罗瑞卿出席朝鲜民主主义共和国驻中国大使馆举行的庆祝朝鲜人民军建军 14 周年招待会。		
1962 年 2 月 23 日	陈毅、许光达应邀出席苏联驻缅甸国大使馆武官华锡烈中将举行的庆祝苏联建军 44 周年招待会。		
1962 年 3 月 27 日	陈毅、罗瑞卿应邀出席缅甸联邦驻中国大使馆武官景沙门上将举行的庆祝缅甸国防军建军 17 周年招待会。		
1962 年 3 月 28 日	国务院副总理、国防委员会副主席贺龙元帅接见了由斯皮罗·穆伊少将率领的阿尔巴尼亚代表团全体人员。		阿尔巴尼亚
1962 年 4 月 5 日	陈毅谴责美国政府扬言不惜首先使用核武器的叫嚣。		
1962 年 4 月 25 日	贺龙、罗瑞卿出席朝鲜驻华大使举行的纪念朝鲜人民抗日游击队创建 30 周年招待会。		
1962 年 4 月 30 日	中华人民共和国外交部照会印度大使馆，抗议印军侵入中国领土的挑衅行动。		
1962 年 5 月 13 日	苏联军队男子篮球队一行 15 人来华访问。		苏联
1962 年 5 月 28 日	中国政府就印方在中印边界西段中国境内继续增设军事据点和进行侵入、挑衅等活动提出强烈抗议。		

续表

时间	人员	出访国家	来访国家
1962年6月4日	中华人民共和国外交部公布了中国政府5月31日给印度政府的照会，表示断然拒绝印度政府5月10日来照中就中国和巴基斯坦谈判签订边界临时协议一事提出的无理抗议。		
1962年6月10日	贺龙、陈毅接见老挝军事代表团。		老挝
1962年7月6日	应伊拉克政府邀请，宋时轮上将率领的中国军事代表团前往巴格达进行友好访问，并参加伊拉克国庆4周年活动。	伊拉克	
1962年7月9日	总政治部举行报告会庆祝阿尔巴尼亚建军19周年，报告会由中国人民解放军总政治部副主任傅钟上将主持。		
1962年7月13日	中国政府就印军加紧在中印边界制造紧张局势向印方发出警告。		
1962年9月21日	中国政府就印军飞机和军队侵入中国领空、领土提出最严重、最强烈的抗议。同日，印军在新疆扯冬地区制造流血事件。		
1962年9月27日	中国人民解放军总参谋长罗瑞卿大将出席匈牙利驻华武官举行的酒会，庆祝匈牙利武装力量日。		
1962年10月3日	中国人民解放军总参谋长罗瑞卿大将宴请古巴贝莱斯少校等人。		
1962年10月4日	罗瑞卿应邀出席印度尼西亚驻华大使馆武官苏多诺上校在北京举行的庆祝印度尼西亚共和国建军17周年招待会。		
1962年10月5日	中国人民解放军副总参谋长杨成武上将应邀出席捷克斯洛伐克驻中国大使馆武官波莱德吉米上校举行的庆祝捷人民军建军18周年招待会。		
1962年10月25日	周恩来总理、贺龙副总理出席朝鲜驻华使馆举行的纪念志愿军出国作战12周年宴会。		

续表

时间	人员	出访国家	来访国家
1962年10月26日	中国人民解放军文工团在平壤首次演出。	朝鲜	
1962年11月16日	进驻达旺地区的西藏边防部队秋毫无犯，受到当地人民的称赞。		
1962年12月1日	中国边防部队开始从1959年11月7日中印双方实际控制线后撤20公里。		
1962年12月3日	印度尼西亚报纸盛赞中国在中印边境单方面停火主动后撤的真诚措施。		
1962年12月22日	罗瑞卿大将出席越南驻华武官举行的庆祝越南人民军建军18周年招待会。招待会上，罗瑞卿大将发表讲话，强烈谴责美帝国主义阻挠越南人民和平统一大业。		
1963年1月10日	中华人民共和国外交部照会印度驻华大使馆，就印度方面越过中锡边界，侵入我国领土、领空，向印度政府提出严重抗议。		
1963年1月13日	国防部就中国部队从中印边界后撤发表声明，次日，中国边防部队全部撤离中印边界东段西部重镇达旺。		
1963年2月11日	解放军滑雪代表队一行16人赴罗马尼亚参加社会主义国家友军第一届军事实用滑雪赛。	罗马尼亚	
1963年2月28日	中印边境部队全部完成撤退计划。		
1963年3月1日	国防部就中印边境中国边防军完成撤军发布声明。		
1963年4月24日	中国边防部队在巴底释放146名印俘。		
1963年4月27日	中国人民解放军总参谋长罗瑞卿大将设宴招待亚尼少将率领的印度尼西亚军事友好代表团。		印度尼西亚
1963年5月26日	国防部就完成释放遣返印军战俘问题发表声明。		
1963年6月25日	中华人民共和国外交部严重抗议印军叠次侵入中国西藏斯潘古尔湖地区。		
1963年7月17日	以空军司令员刘亚楼为团长的中国军事友好代表团出访古巴。	古巴	

续表

时间	人员	出访国家	来访国家
1963 年 7 月 23 日	空军政委吴法宪设宴欢迎印度尼西亚空军考察团。		印度尼西亚
1963 年 7 月 31 日	中国政府发表禁止和销毁核武器的声明。		
1963 年 8 月 24 日	由中国国防部主办的 1963 年社会主义国家友军篮球锦标赛在北京工人体育场正式举行，中国、苏联等 10 个社会主义国家的代表团参加比赛。		
1963 年 8 月 29 日	毛泽东主席接见越南南方代表团，并发表了《反对美国——吴庭艳集团侵略越南北方和屠杀越南南方人民的声明》。		越南
1963 年 9 月 13 日	由中国人民解放军副总参谋长彭绍辉率领的军事代表团出访瑞典。	瑞典	
1963 年 9 月 30 日	罗瑞卿大将宴请沙德利少将率领的阿尔及利亚军事友好代表团。		阿尔及利亚
1963 年 10 月 25 日	朝鲜驻华领事馆临时代办举行宴会，纪念中国志愿军入朝参战 13 周年。		
1963 年 10 月 27 日	中国人民解放军军事学院政治委员李志民为团长的中国军事代表团出访阿尔及利亚。	阿尔及利亚	
1963 年 11 月 1 日	聂荣臻元帅设宴招待阿尔及利亚军事代表团。		阿尔及利亚
1964 年 3 月 11 日	柬埔寨王国政府副首相、国防大臣兼王家武装部队总参谋长朗诺中将率军事代表团来中国访问，受到了罗瑞卿大将的热烈欢迎。		柬埔寨王国
1964 年 3 月 27 日	缅甸驻华武官举行建军节招待会，国务院副总理贺龙元帅应邀出席。		
1964 年 8 月 6 日	中国政府发表声明支持越南人民反对美国侵略，指出美国海军飞机对越南民主共和国进行突然袭击跨过了“战争边缘”。		
1964 年 8 月 8 日	美国军用飞机侵入中国苏北领空，外交部发言人奉命提出第 307 次严重警告。		
1964 年 8 月 27 日	缅甸驻中国大使馆武官举行纪念缅甸建军 19 周年招待会，贺龙元帅出席了招待会。		

续表

时间	人员	出访国家	来访国家
1964 年 9 月 19 日	中国人民解放军总参谋长罗瑞卿大将宴请由刚果共和国（布）武装部队参谋长穆兹·阿尔卡马·费利克斯少校率领的刚果军事代表团。		刚果共和国（布）
1964 年 9 月 21 日	社会主义国家友军军事三项锦标赛在北京举行，参赛的国家有：阿尔巴尼亚、越南、朝鲜、蒙古、波兰、罗马尼亚和中国。		
1964 年 9 月 21 日	中国人民解放军海军副司令员刘道生上将举行宴会，欢迎由豪尔赫·阿尔科斯·贝尔内斯上尉率领的古巴海军代表团。		古巴
1964 年 12 月 23 日	应中国人民解放军总参谋部动员部的邀请，阿尔及利亚民兵代表团前来我国进行友好访问。26 日，毛泽东主席接见了阿尔及利亚民主人民共和国民兵代表团团长格奈·马哈茂一行，并同他们进行了友好的谈话。		阿尔及利亚
1965 年 1 月 13 日	中国政府发表声明强烈谴责美帝国主义支持南朝鲜军队参与侵越战争。		
1965 年 3 月 12 日	中国政府就美国政府派遣 3500 名海军陆战队进入越南发表声明。		
1965 年 4 月 9 日	美国军用飞机侵入我海南岛上空进行挑衅。		
1965 年 6 月 9 日	中国政府开始援越抗美行动。		
1965 年 6 月 14 日	我国外交部严重抗议印军侵入我国领土骚扰并劫走我国妇女的行为。		
1965 年 6 月 23 日	我国在苏联杜布纳联合原子核研究所工作的 47 名科学家全部乘火车回到北京。		
1965 年 8 月 7 日	中国政府发表声明声援越南。		
1965 年 8 月 8 日	中国有关方面就美国军舰和军用飞机不断侵入我国领海领空表示抗议。		
1965 年 9 月 16—19 日	外交部严厉谴责印军在中锡边界入侵挑衅。		
1965 年 9 月 19 日	中国武装人员击退侵扰印军。		

续表

时间	人员	出访国家	来访国家
1965 年 9 月 20 日	海军航空兵击落入侵美机。		
1965 年 9 月 26 日	中国边防部队逮捕 3 名入侵印军。		
1965 年 10 月 5 日	空军击落入侵美机一架。		
1965 年 10 月 19 日	国防部负责人就印军在中国——锡金边界越过东巨拉山口侵入中国境内一事，强烈警告印度立即停止挑衅。		
1965 年 10 月 31 日	应阿尔及利亚国家人民军参谋长兹比里上校的邀请，由中国人民解放军总参谋部动员部部长傅秋涛率领的中国军事代表团出访阿尔及利亚。	阿尔及利亚	
1965 年 10 日	应越南人民民主共和国政府的要求，继第一批入越的中国支援部队之后，人民解放军派出防空、工程、铁道、后勤保障等部队进行援越抗美斗争。		
1965 年 11 月 26 日	毛泽东接见柬埔寨军事代表团。		柬埔寨
1966 年 1 月 2 日	外交部照会印度驻华大使馆，强烈抗议印度政府利用“西藏问题”发出反华叫嚣，干涉中国内政。		
1966 年 1 月 3 日	航空兵某师飞行员鲁祥孝驾驶歼 - 7 型飞机使用火箭在云南地区上空击落美国无人驾驶高空侦察机一架。		
1966 年 1 月 7 日	我外交部驳复印度的 6 个造谣诬蔑中国的照会，并正告印度政府，如果印方继续入侵挑衅，中国将坚决反击。		
1966 年 1 月 9 日	中国人民解放军空军部队在华东地区上空击落一架美制国民党军的 HU - 16 型飞机。		
1966 年 1 月 28 日	中国把俘获的 2 名入侵印军士兵交还印方。		
1966 年 2 月 14 日	中国国防部打电话给越南南方解放武装力量指挥部，祝贺越南南方解放武装力量统一 5 周年。		

续表

时间	人员	出访国家	来访国家
1966 年 4 月 12 日	中国人民解放军空军部队在海南岛上空击落美军重型攻击机一架。		
1966 年 5 月 12 日	国防部抗议美国飞机侵入我国云南上空，袭击我训练飞行飞机。		
1966 年 5 月 29 日	新华社报道，国防部就美国军用飞机 28 日在北部湾公海渔场袭击我渔船、打死打伤我渔民 20 多人的海盗行为，表示强烈的抗议。		
1967 年 1 月 11 日	叶剑英举行宴会欢迎阿尔巴尼亚国防部长巴卢库率领的军事代表团来中国访问。		阿尔巴尼亚
1967 年 4 月 24 日	空军部队击落美军无人驾驶侦察机一架。		
1967 年 5 月 1 日	空军部队击落美军攻击机两架。		
1967 年 5 月 2 日	国防部抗议美国 4 架 F－105 型战斗机入侵中国。		
1967 年 5 月 26 日	巴基斯坦国防部长阿夫扎尔·拉赫曼·汗海军中将应邀访华。		巴基斯坦
1967 年 6 月 24 日	坦桑尼亚联合共和国军事代表团应邀来华访问。		坦桑尼亚联合共和国
1967 年 6 月 26 日	海军航空兵击落美军战斗机一架。		
1967 年 9 月 16 日	西藏边防部队将侵入中国境内被击毙的印军尸体 14 具和枪弹交给印方。		
1967 年 9 月 17 日	空军部队击落美军无人驾驶高空侦察机一架。		
1967 年 10 月 8 日	阿尔巴尼亚党政代表团观看青岛海军部队海上表演。		
1967 年 12 月 23 日	国防部举行报告会，庆祝越南人民军队建军 25 周年，越南大使馆武官陈文彭上校应邀作报告。		
1968 年 1 月 20 日	中国人民解放军空军部队击落美军无人驾驶高空侦察机一架。		
1968 年 2 月 14 日	海军航空兵击落、击伤美军攻击机各一架。		
1968 年 3 月 7 日	中国人民解放军空军部队击落美军无人驾驶高空侦察机一架。		

续表

时间	人员	出访国家	来访国家
1968年4月16日	毛泽东主席发表支持美国黑人抗暴斗争的声明，指出："美国黑人的斗争，不仅是被剥削、被压迫的黑人争取自由解放的斗争，而且是整个被剥削、被压迫的美国人民反对垄断资产阶级残暴统治的新号角。"		
1968年6月30日	中国援越修路工程部队完成援越筑路任务。		
1968年8月16日	毛泽东签发命令，中央军委决定由中国人民解放军组建部队援助老挝修筑公路。		
1968年11月10日	毛泽东主席会见巴基斯坦陆军总司令叶海辛·汗上将率领的巴基斯坦武装部队友好代表团全体成员。		巴基斯坦
1969年3月2日	苏联边防军侵入中国黑龙江省珍宝岛地区，制造极为严重的流血事件。		
1969年3月15日	苏联边防军又一次侵入中国领土珍宝岛地区，制造流血事件，中国政府向苏联政府提出紧急强烈抗议。		
1969年4月	中国援越高炮部队陆续回国。		
1969年5月13日	总参谋部接待叙利亚军事代表团来访。		叙利亚
1969年6月7日	中国政府历数苏联对中国边境的武装挑衅，对苏联政府提出强烈抗议。		
1969年7月8日	中国政府就苏联边防军入侵中国黑龙江八岔岛地区向苏联提出强烈抗议。		
1969年9月11日	周恩来总理与出访途经中国的苏联总理柯西金在首都机场举行会谈，达成了缓和中苏边界冲突的临时措施。		苏联
1969年9月13日	国防部接待罗马尼亚军官休假组来华度假。		罗马尼亚
1969年9月27日	总参谋部接待缅共部队代表团来华参加中国国庆。		缅甸
1969年10月1日	毛泽东主席在天安门城楼上接见来华参加国庆20周年观礼的缅甸共产党军队代表团。		缅甸

续表

时间	人员	出访国家	来访国家
1969 年 10 月 28 日	中国人民解放军空军击落美国军用无人驾驶高空侦察机一架。		
1970 年 1 月 19 日	中华人民共和国国防部长林彪致电老挝人民解放军最高指挥坎代·西番敦，热烈祝贺老挝人民解放军建军 21 周年。		
1970 年 1 月 24 日	中国人民解放军副总参谋长邱会作出席越南驻华大使庆祝越中两国建交 20 周年的宴会。		
1970 年 2 月 7 日	国防部副部长粟裕、副总参谋长彭绍辉出席朝鲜驻华武官为庆祝朝鲜人民军建军 22 周年招待会。		
1970 年 2 月 10 日	海军击落美军无人驾驶高空侦察机 1 架。		
1970 年 2 月 14 日	林彪致电祝贺越南南方人民解放武装力量正式节日九周年。中国人民解放军总参谋长黄永胜出席庆祝越南南方人民解放武装力量正式节日九周年招待会。		
1970 年 3 月 23 日	北京部队某部热烈欢迎巴勒斯坦民族解放运动（法塔赫）代表团。		巴勒斯坦
1970 年 4 月 2 日	周恩来总理、黄永胜总参谋长接见佐法尔“解放被占领的阿拉伯湾人民阵线”代表团。		阿拉伯
1970 年 5 月 20 日	毛泽东发表《全世界人民团结起来，打败美国侵略者及其一切走狗》的声明。		
1970 年 5 月 30 日	应空军司令员吴法宪邀请，巴基斯坦空军司令拉希姆·汗访华。		巴基斯坦
1970 年 6 月 26 日	粟裕率领的中国军事代表团结束对刚果的访问回国。	刚果	
1970 年 6 月 28 日	黄永胜率中国代表团由朝鲜回国。	朝鲜	
1970 年 7 月 9 日	国防部长林彪致电祝贺阿尔巴尼亚人民军建军 27 周年。		
1970 年 7 月 21 日	黄永胜总参谋长、邱会作副总参谋长陪同毛泽东、周恩来会见刚果代表。		刚果

续表

时间	人员	出访国家	来访国家
1970年7月27日	黄永胜总参谋长、李作鹏副总参谋长应邀出席朝鲜驻华大使举行庆祝朝鲜祖国解放战争胜利17周年的宴会。	朝鲜	
1970年8月2日	罗马尼亚军事代表团访华结束。		罗马尼亚
1970年8月6日	南也门人民共和国总统委员会主席萨勒姆·鲁巴伊·阿里和由他率领的南也门人民共和国代表团访问空军基地某部和北京部队某部。		南也门人民共和国
1970年8月11日	朝鲜民主主义共和国军事代表团访华结束。		朝鲜
1970年9月26日	巴基斯坦海军司令哈桑中将结束访华。		巴基斯坦
1970年9月26日	罗马尼亚休假组来华度假。		罗马尼亚
1970年9月28日	坦桑尼亚军事代表团访华。		坦桑尼亚
1970年10月5日	空军某部和北京部队某部欢迎越南代表团到本部访问。		越南
1970年10月13日	刚果军事代表团来访。		刚果
1970年10月23日	中国人民友好代表团赴朝参加纪念志愿军赴朝参战20周年活动。	朝鲜	
1970年10月24日	国防部长林彪致电祝贺罗马尼亚武装部队日26周年。		
1970年10月24日	巴基斯坦医务总监阿尤布·汗中将结束访华。		巴基斯坦
1970年12月16日	总政治部主任李德生等出席越南驻华武官为庆祝越南人民军建军26周年举行的电影招待会。		
1970年12月17日	黄永胜总参谋长、吴法宪、李作鹏、邱会作等出席中柬友好和互不侵犯条约签订10周年招待会。		
1970年12月21日	国防部长林彪致电武元甲祝贺越南人民军建军26周年。		
1971年1月19日	国防部长林彪致电祝贺老挝人民解放军建军21周年。		

续表

时间	人员	出访国家	来访国家
1971年2月6日	国防部为庆祝朝鲜人民军建军23周年举行报告会。		
1971年2月7日	国防部长林彪致电朝鲜民主主义人民共和国民族保卫相崔贤，祝贺朝鲜人民军建军23周年。		
1971年2月13日	国防部举行报告会庆祝越南南方各人民解放武装力量统一日10周年。		
1971年2月15日	中国政府和越南政府关于中国给予越南1971年经济军事补充援助协定在京签字。		
1971年2月23日	柴成文出席苏联驻华武官为苏联陆海军建军53周年举行的招待会。		
1971年3月1日	副总参谋长彭绍辉出席德意志民主共和国驻中国大使武官为庆祝人民军建军15周年举行的酒会。		
1971年3月9日	国家体委、国防部外事局为朝鲜人民军女子篮球、排球队访华举行欢迎仪式。		朝鲜
1971年3月24日	由阿尔巴尼亚人民军工程兵司令杜·巴茨科率领的阿内部军事代表团结束访华。		阿尔巴尼亚
1971年4月2日	朝鲜人民军军事技术业务代表团访华结束。		朝鲜
1971年4月12日	巴基斯坦空军参谋学院师生来华访问。		巴基斯坦
1971年5月17日	张达志率中国军事代表团出访几内亚和马里。	几内亚、马里	
1971年6月3日	总参谋部在北京召开军队外事工作座谈会。		
1971年6月10日	黄永胜参谋长同越南党政代表团和军事代表团举行会谈。		越南
1971年6月17日	国防部长林彪致电乔森潘，祝贺他被任命柬埔寨民族解放武装力量总司令。		
1971年6月27日	阎仲川副总参谋长同越南军事代表团会谈。		
1971年6月30日	几内亚军事代表团来访。		几内亚
1971年7月4日	中越两国政府关于1971年无偿补充供应越南军事装备物资议定书在京签字。		

续表

时间	人员	出访国家	来访国家
1971年7月8日	国防部举行报告会热烈庆祝阿尔巴尼亚人民军建军节。		
1971年7月31日	中国驻罗马尼亚大使馆举行招待会庆祝中国人民解放军建军44周年。		
1971年8月18日	朝鲜军事代表团来华访问。		朝鲜
1971年10月10日	总政治部主任李德生观看罗马尼亚军队“多依那”艺术团访华演出开幕式。		罗马尼亚
1971年10月12日	罗马尼亚航空工业考察团访华。		罗马尼亚
1971年10月19日	马里军事代表团访问。		马里
1971年10月25日	叶剑英、李德生、粟裕应邀出席朝鲜驻华大使举行的纪念中国人民志愿军赴朝参战21周年宴会。		
1971年11月10日	叶剑英、李德生等到机场欢送乔冠华出席第26届联大会议。		
1971年11月28日	叶剑英、李德生出席首都集会庆祝阿尔巴尼亚解放27周年，并在大会上讲话。		
1971年12月5日	刘华清率海军学习考察团访问朝鲜结束。	朝鲜	
1971年12月16日	叶剑英、李德生出席中国和苏丹两国经济技术合作协定签字仪式。		
1971年12月21日	国防部举行报告会庆祝越南人民军建军27周年。		
	国防部副部长肖劲光、副总参谋长彭绍辉应邀出席南斯拉夫庆祝人民军建军30周年举行的宴会。		
1972年1月22日	中国和越南政府关于1972年中国无偿补充供应越南军事装备、经济物资的议定书在京签字。		
1972年2月8日	张才千副总参谋长等应邀出席庆祝朝鲜人民军建军24周年酒会和招待会。		
1972年2月10日	李德生等应邀出席阮文广大使举行的庆祝越南南方各人民解放武装力量统一日11周年电影招待会。		

续表

时间	人员	出访国家	来访国家
1972年2月11日	中柬1972年度经济和军事物资援助协定在京签字。		
	国防部举行庆祝越南南方各人民解放武装力量统一日11周年报告会。		
1972年2月23日	国防部外事局局长柴成文出席苏联驻华大使馆武官为苏联陆海军建军54周年举行的招待会。		
	辽宁、黑龙江、吉林、湖北、旅大等省市革委会向苏军烈士陵墓献花圈。		
1972年2月29日	彭绍辉副总参谋长等应邀出席德驻华武官举行的庆祝德意志民主共和国国家人民军建军16周年酒会。		
1972年4月24日	毛泽东、周恩来致电金日成同志热烈祝贺朝鲜人民革命军成立40周年。		
1972年4月28日	智利海军“埃斯梅拉达”号练习舰结束访华回国。		智利
1972年4月29日	罗马尼亚政府军事友好代表团来访。		罗马尼亚
1972年4月30日	中国政府军事友好代表团离朝返京。	朝鲜	
1972年5月10日	美机悍然向中国驻越经济代表处院内发射火箭。		
1972年5月12日	李德生会见罗马尼亚爱国卫队代表团。		罗马尼亚
1972年5月20日	坦桑尼亚共和国军事代表团访华结束。		坦桑尼亚
1972年6月14日	周恩来等会见日本日中友好旧军人会会员。		日本
1972年6月28日	关于1972年中国给予越南经济、军事物资补充援助的协定在北京签字。		
1972年6月30日	中国政府和军事代表团出访阿尔及利亚。	阿尔及利亚	
1972年7月4日	中国人民解放军军事学习团出访朝鲜。	朝鲜	
1972年7月6日	中国政府和军事代表团拜会西哈努克亲王。		
1972年7月8日	国防部举行庆祝阿尔巴尼亚人民军建军29周年报告会。		

续表

时间	人员	出访国家	来访国家
1972年7月10日	叶剑英副主席、李德生主任等应邀出席阿尔巴尼亚驻华大使馆举行的庆祝阿人民军建军节的招待会。		
1972年7月19日	叶剑英、王树声、彭绍辉会见阿拉伯也门共和国武装部队最高副司令穆罕默德·埃里亚尼上校。		阿拉伯也门共和国
1972年7月25日	马里国防、内政和安全部长杜卡拉率团来华访问。		马里
1972年7月28日	王新亭副总参谋长会见几内亚和佛得角非洲独立党代表团。		几内亚和佛得角非洲
1972年7月	海军派出扫雷工作队，分5批开赴越南，支援越南人民粉碎美帝国主义的水雷封锁。		
1972年8月12日	中国人民解放军军官休假组出访罗马尼亚。	罗马尼亚	
1972年8月21日	中国人民解放军女子篮球代表团离京去朝鲜访问。		朝鲜
1972年9月6日	几内亚人民军总参谋长纳莫里·凯塔少将到京进行友好访问。		几内亚
1972年9月11日	中国人民解放军学习团出访阿尔巴尼亚。	阿尔巴尼亚	
1972年9月29日	王新亭副总参谋长等应邀出席匈牙利驻华武官举行的庆祝匈武装力量日的酒会。		
1972年10月1日	中朝两军足球队在平壤举行友谊比赛。	朝鲜	
1972年10月12日	彭绍辉副总参谋长等应邀出席庆祝波兰人民军建军节酒会。		
1972年10月19日	国防部致电越南民主共和国国防部，祝贺越南北方军民击落4000架美国飞机的辉煌胜利。		
1972年10月19日	各国驻华武官参观访问北京部队某部。		
1972年10月21日	巴基斯坦海军参谋学院代表团访华结束。		巴基斯坦
1972年10月24日	国防部举行庆祝罗马尼亚武装部队日28周年报告会。		
1972年10月25日	叙利亚人民军代表团来华访问结束。		叙利亚

续表

时间	人员	出访国家	来访国家
1972 年 10 月 25 日	为纪念中国人民志愿军赴朝参战 22 周年，朝鲜驻中国大使玄峻极举行报告会。		
	李德生等应邀出席庆祝罗马尼亚武装部队日酒会。		
1972 年 10 月 30 日	秘鲁军事代表团访华结束。		秘鲁
1972 年 11 月 5 日	阿尔巴尼亚军事代表团来华访问。		阿尔巴尼亚
1972 年 11 月 6 日	阿尔巴尼亚人民军“游击队”足球队访华。		阿尔巴尼亚
1972 年 11 月 6 日	几内亚人民军总参谋长凯塔少将结束访华。		几内亚
1973 年 1 月 9 日	中国代表团就世界裁军会议特别委员会组成问题发表声明，重申中国将不参加世界裁军会议特别委员会的工作。		
1973 年 1 月 13 日	中柬签定 1973 年中国无偿供应柬埔寨军事装备物资协定和向柬埔寨提供经济援助协定。		
1973 年 1 月 20 日	巴基斯坦军事友好代表团结束访华。		巴基斯坦
1973 年 1 月 24 日	外交部、海军司令部、农林部关于发展外海渔业问题的报告获准。		
1973 年 1 月 27 日	坦桑尼亚国防和国民服务部代表团来访。		坦桑尼亚
1973 年 2 月 7 日	国防部举行庆祝朝鲜人民军建军 25 周年报告会。		
1973 年 2 月 14 日	国防部举行庆祝越南南方各人民解放武装力量统一日 12 周年报告会。		
1973 年 3 月 16 日	秘鲁海军“独立”号练习舰访华结束。		秘鲁
1973 年 3 月 24 日	阿尔巴尼亚人民军代表团来访。		阿尔巴尼亚
1973 年 3 月 29 日	巴基斯坦国防学院战役系学习旅行团访华结束。		巴基斯坦
1973 年 4 月 22 日	叶剑英副主席会见柬埔寨爱国军官索波塔。		柬埔寨
1973 年 4 月 26 日	巴基斯坦技术代表团来访。		巴基斯坦
1973 年 5 月 9 日	阿尔巴尼亚人民军代表团结束访华。		阿尔巴尼亚
1973 年 5 月 10 日	阿尔及利亚代表团结束访华。		阿尔及利亚
1973 年 5 月 10 日	张才千副总参谋长举行宴会，欢迎巴基斯坦国防学院代表团。		巴基斯坦

续表

时间	人员	出访国家	来访国家
1973年5月12日	智利空军航空学校代表团访华结束。		智利
1973年5月19日	南斯拉夫军医代表团访华结束。		南斯拉夫
1973年5月23日	希腊马卡雷佐斯副首相参观北京部队某部。		希腊
1973年5月27日	朝鲜劳动党休养团访问驻京部队。		朝鲜
1973年5月28日	阿尔及利亚军事代表团访华。		阿尔及利亚
1973年6月2日	叶剑英和王震会见美国记者、《中国解放区见闻》一书作者哈里森·福尔曼。		
1973年6月7日	中国人民解放军体操队离京前往朝鲜访问。	朝鲜	
1973年6月16日	叶剑英会见并宴请印度友好人士巴苏夫妇。		印度
1973年6月24日	马里国家元首特拉奥雷访问北京军区某部。		马里
1973年7月9日	国防部举行庆祝阿尔巴尼亚人民军建军30周年报告会。		
1973年7月29日	朝鲜人民军休养团来访。		朝鲜
1973年8月3日	中国人民解放军男子篮球队到达平壤，对朝鲜进行友好访问。	朝鲜	
1973年8月19日	中国人民解放军干部休假组离京前往罗马尼亚度假并进行友好访问。	罗马尼亚	
1973年8月25日	赞比亚军官家属代表团来访。		赞比亚
1973年8月27日	中国人民解放军赴越扫雷工作队回国。	越南	
1973年9月6日	涂通今率军医代表团出访南斯拉夫。	南斯拉夫	
1973年9月8日	罗马尼亚军官休假组来华度假。		罗马尼亚
1973年9月12日	聂荣臻副主席会见加拿大白求恩纪念委员会代表团。		加拿大
1973年10月17日	瑞典陆军司令阿姆格伦中将访华结束。		瑞典
1973年10月24日	罗马尼亚军医代表团来访结束。		罗马尼亚
1973年10月28日	朝鲜“鸭绿江”女子篮球队同解放军女子篮球队进行友谊比赛。		朝鲜
1973年11月26日	阿尔巴尼亚人民军军事友好代表团来访。		阿尔巴尼亚
1973年11月30日	阿尔巴尼亚人民军学习团来访。		阿尔巴尼亚
1974年1月6—17日	中国人民解放军副总参谋长张才千率中国军事友好代表团出访巴基斯坦。	巴基斯坦	

续表

时间	人员	出访国家	来访国家
1974 年 1 月	北京军区副司令员万海峰率中国军事友好代表团赴坦桑尼亚参加桑给巴尔革命十周年庆祝活动。	坦桑尼亚	
1974 年 1 月 12 日	工程兵副司令员马苏政率中国人民解放军参观学习组出访埃及和叙利亚。	埃及、叙利亚	
1974 年 2 月 22 日	空军副司令员邝任农率空军代表团出访越南。	越南	
1974 年 3 月 2 日	斯里兰卡海军技术组来华学习。		斯里兰卡
1974 年 3 月 6—14 日	副总参谋长向仲华率领中国军事代表团访问秘鲁。	秘鲁	
1974 年 4 月 4 日	喀麦隆军事代表团访华结束。		喀麦隆
1974 年 4 月 13 日	巴基斯坦国防学校代表团访华。		巴基斯坦
1974 年 4 月 26 日	扎伊尔军事代表团访华结束。		扎伊尔
1974 年 5 月 27 日	李达率解放军友好代表团出访朝鲜。	朝鲜	
1974 年 5 月	朝鲜人民军代表团来华进行内部访问。		朝鲜
1974 年 6 月 19 日	“八一”足球队在地拉那同阿尔巴尼亚人民军“游击队”足球队举行首场访问比赛。	阿尔巴尼亚	
1974 年 6 月 28 日	越南人民军防空军代表团来访。		越南
1974 年 6 月 30 日	副总参谋长李达率中国军事代表团出访坦桑尼亚。	坦桑尼亚	
1974 年 8 月 8 日	越南人民军足球队同广州军区足球队在广州进行访华首场比赛。		越南
1974 年 8 月 10 日	阿尔巴尼亚“人民军”男女排球队在北京同“八一”男女排球队进行友谊比赛。		阿尔巴尼亚
1974 年 8 月 14 日	罗马尼亚国防部第一副部长兼总参谋长格奥尔基上将结束访华。		罗马尼亚
1974 年 8 月 28 日	总参谋部军事训练部副部长韩复东应邀前往德黑兰参观第七届亚运会。	德黑兰	
1974 年 8 月	朝鲜军事技术代表团来华访问。		朝鲜
1974 年 9 月 5 日	毛泽东会见多哥共和国总统埃亚德马将军。		多哥共和国
1974 年 9 月 8 日	尼日利亚联邦共和国联邦军政府首脑、武装部队总司令戈翁将军应邀访华。		尼日利亚联邦共和国

续表

时间	人员	出访国家	来访国家
1974年9月18日	阿拉伯也门共和国“巨人”部队司令哈姆迪中校结束对中国的访问，离开北京回国。		阿拉伯也门共和国
1974年9月23日	中国军事友好代表团结束对罗马尼亚的访问。	罗马尼亚	
1974年10月6日	中国民兵代表团结束对叙利亚的访问。	叙利亚	
1974年10月22日	南斯拉夫军事代表团访华。		南斯拉夫
1974年10月26日	中越两国关于1975年中国给予越南经济、军事物资援助协定在京签字。		
1974年10月28日	中国军事友好代表团结束访问赞比亚。	赞比亚	
1974年10月30日	朝鲜黄海北道、平安北道分别举行中国人民志愿军烈士合葬墓揭幕式。		
1974年11月12日	越南人民军总参谋部代表团来华访问。		越南
1974年12月30日	越南人民军代表团访华结束。		越南
1975年1月5日	喀麦隆军事学员访华。		喀麦隆
1975年1月25日	越南人民军装备工作组结束访华。		越南
1975年2月28日	杨勇率中国军事代表团访越。	越南	
1975年3月16日	以李正道为领队、宋孝远为副领队的朝鲜人民军“二·八”男女排球队访华。		朝鲜
1975年3月17日	全国人大常委会决定特赦释放全部在押战犯。		
1975年3月27日	巴基斯坦国防学院参观团访华。		巴基斯坦
1975年4月25日	中国向柬埔寨派驻武官邓昆山、副武官苗恩霖。		
1975年4月27日	路奎率军事装备运输工作组结束访问朝鲜回国。	朝鲜	
1975年5月2日	福州军区司令员皮定均率中国军事友好代表团出访苏丹。	苏丹	
1975年5月30日	中国人民解放军副总参谋长向仲华率解放军军事友好代表团出访南斯拉夫。	南斯拉夫	
1975年6月10日	朝鲜人民军友好参观团来华访问。		朝鲜
1975年6月23日	沈阳军区政治委员曾绍山率中国人民解放军军事友好代表团结束访问罗马尼亚回国。	罗马尼亚	
1975年7月11日	塞内加尔军事代表团结束访华。		塞内加尔
1975年8月2日	罗马尼亚军队手球队来华访问比赛。		罗马尼亚

续表

时间	人员	出访国家	来访国家
1975 年 8 月 19 日	斯里兰卡陆军司令阿蒂加拉中将结束访华回国。		斯里兰卡
1975 年 8 月 23 日	中国人民解放军排球队结束访问朝鲜回国。	朝鲜	
1975 年 8 月 24 日	中国人民解放军老战士代表团结束访问阿尔及利亚回国。	阿尔及利亚	
1975 年 8 月 25 日	中国人民解放军工程兵建设某团赴老挝执行筑路任务。	老挝	
1975 年 9 月 28 日	罗马尼亚军队最高政治委员会代表团来华访问。		罗马尼亚
1975 年 9 月 30 日	苏丹高级军事代表团访华。		苏丹
1975 年 10 月 14 日	由阮玉奉领队、黎伯回副领队率领的越南人民军男女排球队访华。		越南
1975 年 10 月 16 日	由米哈里・米沙奇尤为领队、斯塔夫里・波洛斯卡为副领队的阿尔巴尼亚人民军自行车队访华。		阿尔巴尼亚
1975 年 10 月 26 日	中国军事友好代表团访问瑞典。	瑞典	
1975 年 10 月 31 日	中国人民解放军“八一”田径队在阿尔巴尼亚进行首场友谊比赛。	阿尔巴尼亚	
1975 年 10 月	中国人民解放军“八一”乒乓球队结束访问越南回国。	越南	
1975 年 11 月 6 日	俞恩哲率领的朝鲜人民军“二・八”男女乒乓球队访华。		朝鲜
1975 年 11 月 21 日	中国人民解放军总后勤部副部长兼卫生部长张汝光率中国人民解放军军医代表团出访罗马尼亚。	罗马尼亚	
1975 年 11 月 30 日	阿尔巴尼亚人民军文化宣传代表团访华。		阿尔巴尼亚
1975 年 12 月 30 日	何正文副总参谋长会见并宴请由国防部长、民族解放总司令罗热里・奥洛巴托率领的东帝汶民主共和国政府代表团。		东帝汶民主共和国

续表

时间	人员	出访国家	来访国家
1976年1月18日	中共中央军委副主席叶剑英会见越南国防部长武元甲大将及其一行，同他们进行了亲切友好的谈话。		越南
1976年2月7日	中央军委副主席徐向前、中国人民解放军副总参谋长杨成武等出席庆祝朝鲜人民军建军28周年招待会。		
1976年2月17日	扎伊尔政府代表团参观北京部队某部。		扎伊尔
1976年2月17日	中国人民解放军友好参观团离京前往巴基斯坦进行友好访问。	巴基斯坦	
1976年2月23日	中国人民解放军总政治部副主任黄玉昆、北京卫戍区副司令员李钟奇等出席庆祝苏军建军58周年招待会。		
1976年2月26日	突尼斯海军代表团结束访华。		突尼斯
1976年3月1日	中国人民解放军副总参谋长李达、总后勤部副部长孙洪珍等出席德意志民主共和国国家人民军建军20周年招待会。		
1976年3月10日	埃塞俄比亚政府友好代表团访问北京部队某部。		埃塞俄比亚
1976年3月17日	巴基斯坦海军参谋学院代表团结束访华回国。		巴基斯坦
1976年3月31日	赞比亚国防军男子排球队抵京访问。		赞比亚
1976年4月15日	中国人民解放军副总参谋长李达会见突尼斯国民服务队代表团。		突尼斯
1976年4月17日	中共中央军委副主席叶剑英等出席庆祝民主柬埔寨国家独立节一周年招待会。		
1976年4月21日	埃及副总统穆巴拉克访问北京军区空军某部。		埃及
1976年4月22日	巴基斯坦国防学院代表团访华。		巴基斯坦
1976年4月29日	总政歌舞团离京前往朝鲜访问演出。	朝鲜	
1976年5月5日	法国军队手球队同中国人民解放军手球队进行友谊比赛。		法国
1976年5月12日	伊拉克共和国军事代表团来访。		伊拉克共和国
1976年5月26日	巴基斯坦空军友好代表团来访。		巴基斯坦

续表

时间	人员	出访国家	来访国家
1976年5月28日	尼泊尔元帅尼尔·萨姆谢尔·拉纳来访。		尼泊尔
1976年5月29日	中国人民解放军歌舞团前往罗马尼亚访问演出。	罗马尼亚	
1976年5月	埃及军事代表团访华。		埃及
1976年6月4日	法国武装部队参谋长居伊·梅里上将来访。		法国
1976年6月7日	尼泊尔国王比德拉访问拉萨军区。		尼泊尔
1976年6月12日	马达加斯加总统拉齐拉卡参观北京卫戍区某部。		马达加斯加
1976年6月14日	海军排雷组援助柬埔寨排雷。		
1976年6月30日	阿尔及利亚空军代表团来访。		阿尔及利亚
1976年6月	朝鲜人民军协奏团来访。		朝鲜
1976年7月11日	南斯拉夫老战士代表团访华。		南斯拉夫
1976年7月24日	墨西哥海军官兵结束对中国的访问回国。		墨西哥
1976年9月1日	中国人民解放军副总参谋长何正文出席庆祝朝鲜民主主义人民共和国成立28周年电影招待会。		
1976年9月2日	中国人民解放军副总参谋长王尚荣出席庆祝越南社会主义共和国国庆招待会。		
1976年9月2日	中国援建的坦桑尼亚军事学院向坦方移交。		
1976年9月27日	中共中央军委副主席叶剑英会见美国前国防部长詹姆斯·施莱辛格一行。		美国
1976年10月22日	中国人民解放军副总参谋长杨成武、总政治部副主任梁必业、总后勤部部长张宗逊等出席庆祝罗马尼亚军队建军32周年电影招待会。		罗马尼亚
1976年10月25日	徐向前、杨成武等出席纪念中国人民志愿军赴朝参战26周年招待会。		
1976年11月6日	中国人民解放军男子篮球队赴刚果访问。	刚果	
1976年11月9日	罗马尼亚国防部副部长齐尔克上将来访。		罗马尼亚
1976年11月17日	斯里兰卡海军司令古纳塞克拉结束对华访问。		斯里兰卡

续表

时间	人员	出访国家	来访国家
1976 年 11 月 24 日	中国人民解放军男子篮球队离开法国回国。	法国	
1976 年 11 月 29 日	叶剑英、徐向前、杨成武等出席庆祝阿尔巴尼亚解放 32 周年招待会。		
1976 年 11 月	罗马尼亚军官组休假访华。		罗马尼亚
1976 年 12 月 1 日	徐向前、胡炜等出席庆祝老挝人民民主共和国成立 1 周年招待会。		
1976 年 12 月 19 日	“八一”足球队同埃塞俄比亚国家足球队进行友谊比赛。		
1976 年 12 月 21 日	国防部副部长粟裕、副总参谋长伍修权等出席庆祝南斯拉夫建军节招待会。		
1976 年 12 月 22 日	阿拉伯也门共和国指挥委员会主席兼武装部队总司令哈姆迪中校率代表团来访。		阿拉伯也门共和国
1977 年 1 月 2 日	孟加拉人民共和国军法管制首席执行官、陆军参谋长齐亚·拉赫曼少将来华访问。		孟加拉人民共和国
1977 年 2 月 22 日	中国人民解放军军事友好代表团离开北京，前往斯里兰卡进行友好访问。	斯里兰卡	
1977 年 4 月 16 日	巴基斯坦军事代表团来华访问。		巴基斯坦
1977 年 5 月 2 日	巴基斯坦国防学院代表团来华访问。		巴基斯坦
1977 年 5 月 2 日	秘鲁军事代表团来华访问。		秘鲁
1977 年 5 月 6 日	杨成武副总参谋长设宴欢迎越南副总理兼国防部长武元甲大将率领的越南军事代表团。		越南
1977 年 5 月 20 日	人民解放军友好参观团离开北京前往朝鲜进行友好参观访问。	朝鲜	
1977 年 6 月 1 日	以内政部长弗朗索瓦·格扎维埃·卡塔利少校为团长的刚果军事委员会友好代表团到达北京。		刚果
1977 年 6 月 7 日	中国人民解放军空军副参谋长邢永宁一行 4 人前往巴黎参加第 32 届国际航空展览会。	法国	
1977 年 6 月 10 日	中法两国军队乒乓球队进行友谊比赛。	法国	
1977 年 6 月 17 日	以副总参谋长伍修权率领的中国人民解放军老战士代表团前往南斯拉夫进行友好访问。	南斯拉夫	

续表

时间	人员	出访国家	来访国家
1977年6月20日	越南军事代表团结束对中国的访问回国。		越南
1977年7月2日	李达副总参谋长在北京会见美国前海军作战部长埃尔莫·朱姆沃尔特。		美国
1977年7月5日	“八一”男女篮球队同阿尔巴尼亚男女篮球队在北京进行友谊比赛。		阿尔巴尼亚
1977年7月22日	《解放军报》记者离开北京赴罗马尼亚进行访问。	罗马尼亚	
1977年7月27日	罗马尼亚国防部隆重集会庆祝中国人民解放军建军50周年。		
1977年7月29日	中华人民共和国国防部为庆祝建军50周年举行文艺晚会，招待各国驻华使节和武官。		
1977年7月29日	中国、苏丹军队男子排球、篮球队在北京首都体育馆举行友谊比赛。		苏丹
1977年7月30日	中国和朝鲜两国军队女排在北京首都体育馆进行了一场友谊比赛。		朝鲜
1977年8月15日	罗马尼亚军官休假组来华访问。		罗马尼亚
1977年9月12日	莫桑比克娘子军代表团来华访问。		莫桑比克
1977年9月20日	全国人民防空办公室内负责人王文显率人民防空代表团一行8人出访瑞士。	瑞士	
1977年9月25日	以菲律宾武装部队参谋长埃斯皮诺上将为团长的菲律宾军事代表团来华访问，28日邓小平会见该团团长和军事代表团。		菲律宾
1977年9月28日	人民解放军军事代表团结束对法国、罗马尼亚的访问回到北京。	法国、罗马尼亚	
1977年9月	苏丹军事代表团在新疆参观访问。		苏丹
1977年9月	罗马尼亚军队“多依那”艺术团前来我国访问演出。		罗马尼亚
1977年10月5日	英国皇家国防研究学院代表团来华访问。		英国
1977年10月14日	瑞典三军总司令斯蒂格·辛内格伦上将来华访问。		瑞典

续表

时间	人员	出访国家	来访国家
1977 年 10 月 21 日	人民解放军副总参谋长王尚荣率军事代表团出访突尼斯。	突尼斯	
1977 年 10 月 21 日	国防部外事局长柴成文前往卢旺达参加卢旺达建军庆典。	卢旺达	
1977 年 10 月 31 日	巴基斯坦陆军通信处长米安·阿勃杜尔·卡尤姆少将来华访问。		巴基斯坦
1977 年 11 月 14 日	罗马尼亚军事代表团来华访问。		罗马尼亚
1978 年 1 月 8—20 日	联邦德国军人协会主席团访华团访华。		联邦德国
1978 年 1 月 20 日	加拿大国防学院参观团来华访问。		加拿大
1978 年 4 月 24 日	巴基斯坦海军参谋长穆罕默德·夏里夫上将一行 6 人访华。		巴基斯坦
1978 年 4 月 27 日	应国防部邀请，英国国防参谋长卡梅伦元帅一行 6 人来华访问。		英国
1978 年 5 月 7 日	应国防部邀请，墨西哥国防部长加尔万上将一行 16 人来华访问，8 日，邓小平会见来访一行。		墨西哥
1978 年 5 月	中国人民解放军援助老挝的筑路部队完成任务回国。	老挝	
1978 年 6 月 7 月	张爱萍率中国军事友好代表团前往瑞典、意大利访问。	瑞典、意大利	
1978 年 6 月 10 日	缅甸军事代表团结束对华访问。		缅甸
1978 年 6 月 18 日	中央军委发出《关于中越边境军事斗争问题的指示》，指出中越边境地区斗争在自卫的方针下，坚持有理、有利、有节的原则。		
1978 年 6 月 20 日	迟浩田率中国军事友好代表团启程出访刚果、扎伊尔、卢旺达三国。	刚果、扎伊尔、卢旺达	
1978 年 6 月 22 日	杨勇率军事友好代表团结束对南斯拉夫的访问。	南斯拉夫	
1978 年 6 月 27 日	孟加拉国炮兵军官参观组访华。		孟加拉国
1978 年 6 月 30 日	梁必业率领的中国军事友好代表团结束对罗马尼亚的访问。	罗马尼亚	

续表

时间	人员	出访国家	来访国家
1978年7月	迟浩田率中国军事友好代表团出访。	刚果、扎伊尔、卢旺达	
1978年7月	张爱萍率中国军事友好代表团出访。	瑞典、意大利	
1978年9月	国防部欢迎罗马尼亚军官休假团。		罗马尼亚
1978年9月	南斯拉夫人民军代表团来访。		南斯拉夫
1978年9月	张才千副总参谋长出访。	墨西哥	
1978年1月	赞比亚军事友好代表团出访。		赞比亚
1978年11月	何正文率团出访。	苏丹、索马里	
1978年11月	伍修权率团出访。	菲律宾、缅甸	
1979年3月	中国军事友好代表团出访。	孟加拉国	
1979年6月	中国军事博物馆长刘汉率考察组出访。	朝鲜	
1979年7月	副总参谋长杨勇出访。	英国	
1979年1月	中国人民解放军友好代表团出访。	巴基斯坦	
1979年12月	中国人民解放军友好代表团出访。	泰国	
1980年1月6日	国防部长徐向前欢迎美国国防部长布朗和夫人一行。		美国
1980年1月8日	国防部举行招待会欢迎出席国际军事体育理事会第34届代表大会的各国代表。		各国代表
1980年5月18日	总参谋长杨得志同比利时军队总参谋长维利·贡捷中将举行会谈。		比利时
1980年5月20日	中央军委副主席、国务院副总理兼国防部长徐向前会见朝鲜人民军友好参观团。		朝鲜
1980年5月30日	中国人民解放军新闻代表团访问朝鲜。	朝鲜	
1980年6月8日	中央军委主席华国锋会见朝鲜人民军友好参观团。		朝鲜
1980年7月25日	总参谋长杨得志会见英国皇家海军参谋长利奇上将一行。		英国
1980年10月6日	国防部宴请几内亚军事代表团。		几内亚
1980年10月20日	空军司令员张廷发率中国人民解放军空军代表团访问阿尔及利亚。	阿尔及利亚	
1980年10月24日	王平率团抵平壤参加中国人民志愿军赴朝参战30周年纪念活动。	朝鲜	

续表

时间	人员	出访国家	来访国家
1981年10月5日	副总参谋长迟浩田率领中国军事友好代表团出访阿根廷。	阿根廷	
1981年11月15日	总参谋长杨得志出访巴基斯坦。	巴基斯坦	
1982年1月28日	中国军事友好代表团访问孟加拉国。	孟加拉国	
1982年5月15日	国防部长耿飚会见葡萄牙武装力量总参谋长梅洛·伊芝迪上将一行。		葡萄牙
1982年6月14日	国防部长耿飚率团访问朝鲜。	朝鲜	
1982年8月31日	国防部副部长萧克会见巴西高等军事学院院长沙洛布上将一行。		巴西
1982年9月28日	国防部设宴欢迎朝鲜人民军政工代表团。		朝鲜
1982年9月28日	国防部副部长萧克率中国人民解放军友好代表团出访罗马尼亚。	罗马尼亚	
1982年10月1日	总参谋长杨得志会见并宴请南斯拉夫人民军副总参谋长梅·斯特法诺夫斯基中将。		南斯拉夫
1982年10月6日	总政副主任颜金生率领的中国老战士代表团对南斯拉夫进行友好访问。	南斯拉夫	
1982年10月11日	以韩先楚为团长的前中国人民志愿军代表团赴朝鲜访问。	朝鲜	
1982年10月13日	以副总参谋长张震为团长的中国军事代表团出访土耳其。	土耳其	
1982年10月25日	杨尚昆出席朝鲜驻华大使金明洙举行的纪念中国人民志愿军赴朝参战32周年宴会。		
1983年5月3日	国防部长张爱萍会见斯里兰卡海军司令佩雷拉少将及夫人一行。		斯里兰卡
1983年5月5日	杨得志会见委内瑞拉陆军司令路易斯·奥克塔维奥·罗梅洛一行。		委内瑞拉
1983年7月22日	以洪学智为团长的中国人民友好代表团前往平壤，参加朝鲜祖国解放战争胜利30周年庆祝活动。	朝鲜	
1983年9月19日	国防部长张爱萍宴请罗马尼亚军事代表团。		罗马尼亚
1983年9月21日	总参谋长杨得志会见土耳其高级军事代表团。		土耳其

续表

时间	人员	出访国家	来访国家
1983 年 9 月 25 日	国防部长张爱萍宴请美国国防部长温伯格。		美国
1984 年 1 月 11 日	总参谋长杨得志会见英国空军参谋长威廉逊。		英国
1984 年 1 月 25 日	国防部长张爱萍会见孟加拉国空军参谋长苏丹·马哈茂德少将一行。		孟加拉国
1984 年 3 月 17 日	总参谋长杨得志会见哥伦比亚高等军事学院代表团。		哥伦比亚
1984 年 5 月	中国首次以军品实物参加在堪培拉举行的国际防务展览。		
1984 年 6 月 5 日	国防部长张爱萍离京前往美国、加拿大访问。	美国、加拿大	
1984 年 6 月 7 日	总参谋长杨得志会见泰国皇家海军司令。		泰国
1984 年 8 月	中国人民解放军代表队在世界军体现代五项锦标赛中蝉联团体冠军。		
1985 年 1 月	应国防部邀请，美国参谋长联席会议主席维西上将访问中国。		美国
1985 年 5 月 28 日	空军司令员张廷发出访法国和英国。	法国、英国	
1985 年 6 月 4 日	应总参谋部邀请，朝鲜军事停战委员会人民军友好参观团来华访问。		朝鲜
1985 年 7 月 4 日	国防部长张爱萍抵罗马尼亚访问。	罗马尼亚	
1985 年 8 月 17 日	总参军训部部长胡长发率中国人民解放军军训代表团访问美国。	美国	
1985 年 9 月 8 日	中国人民解放军海军参观团和军训考察团出访英国。		
1985 年 9 月 13 日	由总参动员部部长陈超率领的中国预备役工作考察团访问联邦德国。	德国	
1985 年 9 月 22 日	应国防部邀请，意大利军事代表团访华。		意大利
1985 年 10 月 6 日	总参谋长杨得志赴意大利和土耳其访问。	意大利、土耳其	
1985 年 10 月 6 日	国防部长张爱萍会见美国空军参谋长。		美国
1985 年 10 月 14 日	总参谋长杨得志率团出访意大利和土耳其。	意大利、土耳其	
1985 年 10 月 17 日	前志愿军代表团和前志愿军英雄代表团赴朝鲜访问。	朝鲜	

续表

时间	人员	出访国家	来访国家
1985 年 10 月 21 日	志愿军烈士家属代表团赴朝鲜参加志愿军赴朝参战 35 周年纪念活动。	朝鲜	
1985 年 11 月 16 日	中国海军舰只第一次正式出国访问。	南亚三国	
1986 年 1 月 13 日	总参谋长杨得志会见陶菲克·哈利弗中将率领的苏丹高级军事代表团。		苏丹
1986 年 3 月 5 日	国防部长张爱萍会见南斯拉夫军事经济代表团。		南斯拉夫
1986 年 4 月 6—7 日	总参谋长杨得志会见意大利海军参谋长卡索尼·皮乔尼中将一行；海军司令员刘华清会见意大利海军编队指挥官。		意大利
1986 年 4 月 29 日	总参谋长杨得志应美国参谋长联席会议主席克劳上将邀请赴美访问。	美国	
1986 年 5 月 5 日	军委副主席聂荣臻会见八路军在战火中拯救出来的日本小姑娘美穗子。		日本
1986 年 8 月 18 日	军委副主席杨尚昆会见日本自卫队参谋长联席会议主席栗栖弘臣一行。		日本
1986 年 8 月 18 日	北京军区司令员秦基伟赴朝鲜访问。	朝鲜	
1986 年 9 月 5 日	国防部长张爱萍出访德国、奥地利、英国和意大利。	德国、奥地利、英国、意大利	
1986 年 9 月 14 日	空军歌舞团在美国华盛顿国家剧场举行访美首场演出获得成功。	美国	
1986 年 9 月 17 日	海军领导机关邀请法国驻华武官作题为《法国海军陆战队》的学术报告。		
1986 年 10 月 3 日	国防部长张爱萍设宴欢迎南斯拉夫人民军代表团。		南斯拉夫
1986 年 10 月 7 日	美国国防部长温伯格应中国国防部长张爱萍邀请抵京进行正式访问。		美国
1986 年 11 月 5 日	美国海军三艘军舰访问青岛。		美国
1986 年 11 月 9 日	杨得志主持仪式欢迎土耳其武装部队总参谋长于鲁上将一行来访。		土耳其
1987 年 2 月 10 日	杨得志会见瑞典皇家空军总司令。		瑞典

续表

时间	人员	出访国家	来访国家
1987 年 4 月 13 日	杨得志主持仪式欢迎意大利国防参谋长比索沓罗访华。		意大利
1987 年 5 月 6 日	余秋里会见萨波·苏宫少将，欢迎匈牙利人民军艺术团来华演出。		匈牙利
1987 年 5 月 26 日	应国防部邀请，英法等 18 国驻华武官参观老山战地艺术作品展。		
1987 年 6 月 6 日	杨得志会见泰国武装部队最高司令素帕·科社尼海军上将一行。		泰国
1987 年 6 月 14 日	杨尚昆、杨得志分别会见美国太平洋总部司令罗纳德·海斯上将一行。		美国
1988 年 4 月 3 日	总参谋长迟浩田会见来访的孟加拉国陆军参谋长阿蒂克·拉赫曼中将一行。		孟加拉国
1988 年 4 月 16 日	以广州军区政委张仲先为团长的中国人民解放军友好参观团访问朝鲜。	朝鲜	
1988 年 5 月 12 日	总政治部副主任周克玉率总政歌舞团出访罗马尼亚、匈牙利、民主德国和波兰。	罗马尼亚、匈牙利、民主德国和波兰	
1988 年 5 月 16 日	国防部长秦基伟设宴欢迎朝鲜政府军事代表团。	朝鲜	
1988 年 9 月 6 日	中国国防部长秦基伟和美国国防部长卢卡奇，就国际形势、地区问题和中美双边关系举行会谈。		美国
1988 年 10 月 27 日	中国国防部长秦基伟会见由国防部副部长兼总参谋长鲍契克率领的匈牙利军事代表团。		匈牙利
1988 年 11 月 16 日	国防部长秦基伟会见来京参加国际防备技术展览的代表团。		
1989 年 2 月 16 日	总参谋长迟浩田会见应邀来访的英国海军参谋长威廉·斯特夫利海军上将。		英国
1989 年 2 月 27 日	迟浩田总参谋长应邀赴巴基斯坦和孟加拉国进行友好访问。	巴基斯坦、孟加拉国	
1989 年 3 月 1 日	巴基斯坦总统授予中国人民解放军总参谋长迟浩田军事卓越勋章。		

续表

时间	人员	出访国家	来访国家
1989年3月1日	中国人民解放军外事代表团应邀访问朝鲜。	朝鲜	
1989年3月12日	总政治部副主任周克玉会见民主德国《人民军报》副主编卡尔－海茵茨·麦尔策一行。		民主德国
1989年3月13日	泰国武装部队最高司令授予中国人民解放军总参谋长迟浩田“泰国一级王冠勋章”。		
1989年3月31日	应美国海军邀请，北海舰队“郑和”号训练舰赴美国夏威夷访问，这是我国海军军舰首次出访美国。	美国	
1989年8月25日	迟浩田总参谋长在人民大会堂宴请朝鲜人民军总参谋长率领的朝鲜军事代表团。		朝鲜
1989年8月26日	迟浩田总参谋长应邀对泰国进行正式友好访问。	泰国	
1989年9月7日	总政治部郭林祥率领中国人民解放军友好参观团访问罗马尼亚、保加利亚和民主德国。	罗马尼亚、保加利亚和民主德国	
1989年9月11日	国务委员兼国防部长秦基伟会见捷克国防部长米兰·瓦茨拉维克一行。		捷克
1989年9月26日	总政治部主任杨白冰会见来访的民主德国国防部长、人民军总政治部主任霍斯·特布吕纳尔一行。		民主德国
1989年10月2日	中央军委副秘书长刘华清率中国军事代表团赴朝鲜进行友好访问。	朝鲜	
1989年10月10日	朝鲜中央人民委员会授予中国军事代表团团长刘华清上将一级国旗勋章。		
1989年10月16日	波兰人民军总政代表团、中央艺术团来我国进行访问演出。		波兰
1989年12月11日	广州军区副司令员刘存智率领的中国人民解放军友好代表团出访巴基斯坦。		巴基斯坦
1989年12月14日	总政治部主任杨白冰会见朝鲜人民军政工代表团。		朝鲜
1989年12月25日	中央军委副主席刘华清会见巴基斯坦国防部长一行。		巴基斯坦

续表

时间	人员	出访国家	来访国家
1990 年 4 月 19 日	中国决定首次派遣军事人员参加联合国停战监督组织。		
1990 年 5 月 2 日	中央军委副主席杨尚昆会见斐济共和国武装部队司令利格马马达·兰布卡一行。		斐济
1990 年 5 月 15 日	军委领导刘华清、秦基伟、迟浩田分别会见前来我国访问的巴基斯坦海军参谋长马立克一行。		巴基斯坦
1990 年 6 月 2 日	国防部长秦基伟率中国军事友好代表团赴埃及、约旦访问。	埃及、约旦	
1990 年 6 月 2 日	迟浩田总参谋长会见来访的苏联国防部外事局长胡热科夫一行。		苏联
1990 年 8 月 1 日	国防部举行文艺晚会，招待各国驻华武官和夫人。		
1990 年 8 月 22 日	国防部长秦基伟率中国军事友好代表团赴朝鲜进行友好访问。	朝鲜	
1990 年 10 月 15 日	中国人民解放军后勤业务考察团访苏。	苏联	
1990 年 10 月 16 日	军委副主席杨尚昆会见伊朗国防部长托尔康率领的军事代表团。		伊朗
1990 年 10 月 23 日	国家主席杨尚昆会见哥伦比亚国防部长雷斯特雷波上将。		哥伦比亚
1990 年 10 月 27 日	杨尚昆、秦基伟会见罗马尼亚国防部长斯坦库·列斯库上将。		罗马尼亚
1990 年 12 月 3 日	迟浩田总参谋长率中国军事代表团赴泰国访问。	泰国	
1991 年 4 月 15 日	中央军委副主席刘华清会见蒙古国防部长扎丹巴率领的蒙古军事代表团。		蒙古
1991 年 5 月 3 日—4 日	国防部长秦基伟会见苏联国防部长亚佐夫元帅；军委副主席刘华清、军委秘书长杨白冰会见苏联国防部长亚佐夫元帅。		苏联
1991 年 8 月 5 日	迟浩田总参谋长率中国军事代表团赴苏联访问。	苏联	

续表

时间	人员	出访国家	来访国家
1992 年 4 月	中国人民解放军首次参加联合国维持和平行动。		
1992 年 6 月 3 日	中央军委秘书长、总政治部主任杨白冰应邀访问朝鲜。	朝鲜	
1992 年 8 月 18 日	中央军委副主席刘华清和国防部长秦基伟分别会见巴基斯坦参联会主席夏未姆·阿拉姆·汗上将一行。		巴基斯坦
1992 年 10 月 4 日	解放军选手囊括国际军体军事五项全部 4 枚金牌。		
1992 年 10 月 11 日	中央军委副主席刘华清会见印度尼西亚武装部队司令特里·苏特里斯诺和俄罗斯国防部第一副部长科科申。		印度尼西亚 俄罗斯
1992 年 10 月 18 日	国务委员兼国防部长秦基伟会见玻利维亚海军司令米格尔·阿尔雷斯·德尔加多一行。		玻利维亚
1992 年 11 月 2 日	中央军委副主席张震会见孟加拉国空军参谋长阿尔塔夫·乔杜里一行。		孟加拉国
1992 年 11 月 2 日	总参谋长张万年会见突尼斯海军参谋长穆罕默德·沙德利·谢里夫一行。		突尼斯
1992 年 11 月 16 日	联合国驻柬埔寨部队司令桑德森将军赞扬中国赴柬埔寨军事工程部队为维和行动作出积极贡献。		
1992 年 11 月 18 日	副总参谋长李景会见巴基斯坦陆军防空军司令纳扎·候赛因一行。		巴基斯坦
1992 年 11 月 21 日	中央军委副主席刘华清会见俄罗斯政府副总理绍欣，双方就军转民领域里的合作等问题交换了意见。		俄罗斯
1992 年 11 月 24 日	中央军委副主席刘华清会见赞比亚国防部长本加明·姆维拉一行。		赞比亚
1992 年 12 月 9 日	中央军委主席江泽民会见由越南国防部长段奎大将率领的越南军事代表团。		越南

续表

时间	人员	出访国家	来访国家
1993 年 2 月 5 日	联合国驻柬埔寨维和部队司令授予中国赴柬埔寨军事工程部队联合国勋章。		
1993 年 2 月 11 日	我国派出第二支赴柬埔寨军事工程大队前往金边接替第一支中国军事工程部队。		
1993 年 2 月 22 日	兰州军区总医院与亚洲国际紧急救援中心签署合作协议。		
1993 年 3 月 13 日	军委副主席刘华清会见巴基斯坦陆军参谋长瓦希德一行。		巴基斯坦
1993 年 4 月 13 日	军委副主席刘华清会见土耳其武装部队总参谋长居雷什和国防部长阿亚兹。		土耳其
1993 年 5 月 8 日	军委副主席刘华清会见巴基斯坦海军参谋长赛义德一行。		巴基斯坦
1993 年 5 月 25 日	军委副主席刘华清会见泰国武装部队最高司令阿披乍里一行。		泰国
1993 年 5 月 28 日	国防部长迟浩田应邀在马来西亚国防学院发表讲演。	马来西亚	
1993 年 6 月 8 日	军委副主席刘华清会见由陆军参谋长努尔乌丁汗率领的孟加拉国武装部队代表团。		孟加拉国
1993 年 6 月 14 日	军委领导张震、迟浩田、张万年分别会见泰国陆军司令威蒙·翁瓦尼一行。		泰国
1993 年 6 月 23 日	军委副主席刘华清率团赴俄罗斯访问。	俄罗斯	
1993 年 7 月 1 日	总后勤部长傅全有应邀赴罗马尼亚、匈牙利、波兰进行友好访问。	罗马尼亚、匈牙利、波兰	
1993 年 7 月 3 日	总参谋长张万年会见俄罗斯海军第一副司令卡萨托诺夫一行。		俄罗斯
1993 年 7 月 31 日	国防部长迟浩田会见泰国国防部次长盛沙尼一行。		泰国
1993 年 8 月 1 日	赴柬埔寨中国军事工程兵部队被授予联合国维持和平行动勋章。		
1993 年 8 月 5 日	国防部长迟浩田、总后勤部长傅全有分别会见埃及武装部队后勤代表团。		埃及

续表

时间	人员	出访国家	来访国家
1993年8月9日	总参谋长张万年应邀赴俄罗斯、芬兰进行友好访问。	俄罗斯、芬兰	
1993年9月15日	国防部长迟浩田分别会见赞比亚陆军司令西姆贝叶和巴西陆军部长卢塞纳。		赞比亚、巴西
1993年10月8日	总参谋长张万年会见匈牙利国防军总司令卡尔曼·略林茨一行。		匈牙利
1993年10月13日	国防部长迟浩田会见以色列总理兼国防部长伊扎克·拉宾。		以色列
1993年10月15日	海军“郑和”号训练舰出访孟加拉国、巴基斯坦、泰国、印度4国。	孟加拉国、巴基斯坦、泰国、印度	
1993年10月25日	总政治部主任于永波观看蒙古人民军歌舞团访华首场演出。		蒙古
1993年10月27日	国防部长迟浩田、总参谋长张万年会见贝宁国防部长德西雷·维耶拉一行。		贝宁
1993年11月2日	军委副主席刘华清会见美国助理国防部长查斯·傅利民。		美国
1993年11月9日	中央军委副主席张震会见俄罗斯国防部长格拉乔夫。		俄罗斯
1993年11月11日	国防部长迟浩田与俄罗斯国防部长格拉乔夫签署中俄两国国防部合作协议。		
1993年11月15日	国防部长迟浩田会见厄立特里亚国防部长佩特罗斯一行。	厄立特里亚	
1993年11月22日	国防部长迟浩田会见朝鲜人民军友好参观团。		朝鲜
1993年11月	总参谋长张万年应邀赴孟加拉国、巴基斯坦访问。	孟加拉国、巴基斯坦	
1993年11月27日	总政治部于永波主任应邀出访老挝和越南。	老挝和越南	
1993年12月1日	国防部长迟浩田会见由国防秘书拉梅什·忠格·塔帕率领的尼泊尔国防代表团。	尼泊尔	
1993年12月3日	军委领导刘华清、迟浩田分别会见巴基斯坦国防部长阿夫塔夫·米拉尼一行。		巴基斯坦

续表

时间	人员	出访国家	来访国家
1993 年 12 月 8 日	军委领导刘华清、迟浩田会见罗马尼亚国防部长尼古拉·斯皮洛尤。		罗马尼亚
1993 年 12 月 11 日	国防部长迟浩田与罗马尼亚国防部长斯皮洛尤签署会谈纪要。		罗马尼亚
1993 年 12 月 14 日	历时 2 个月的“郑和”舰远航出访圆满结束。总航程为 1.1 万海里，创海军单舰一次航程最远的纪录。		
1994 年 1 月 6 日	军委副主席刘华清率军事代表团赴泰国进行为期 6 天的正式友好访问。	泰国	
1994 年 1 月 11 日	国防部长迟浩田会见哈萨克斯坦国防部长努尔曼·甘别托夫一行。		哈萨克斯坦
1994 年 1 月 18 日	总参谋长张万年会见美国国防大学校长保罗·塞尔姜一行。		美国
1994 年 1 月 27 日	军委领导迟浩田、张万年等和各国驻华武官出席国防部举行的新春联欢会。		
1994 年 2 月 28 日	国防部长迟浩田会见巴基斯坦陆军参谋长瓦希德一行。		巴基斯坦
1994 年 3 月 14 日	军委领导刘华清、迟浩田分别会见美国国防部副部长魏斯纳。		美国
1994 年 4 月 2 日	国防部长迟浩田赴巴西进行为期 8 天的正式友好访问。		巴西
1994 年 4 月 10 日	军委副主席刘华清会见越南总参谋长陶庭练一行。		越南
1994 年 4 月 12 日	刘华清、张万年等军队领导会见俄军总参谋长科列斯尼科夫一行。		俄罗斯
1994 年 4 月 17 日	总参谋长张万年赴马来西亚出席“94 亚洲防务展览”及会议。		马来西亚
1994 年 4 月 24 日	总后勤部长傅全有会见匈牙利后勤代表团。		匈牙利
1994 年 4 月 27 日	国防部长迟浩田会见芬兰国防军总司令克伦贝格一行。		芬兰

续表

时间	人员	出访国家	来访国家
1994年4月29日	总参谋长张万年应邀赴罗马尼亚、波兰、匈牙利进行正式友好访问。	罗马尼亚、波兰、匈牙利	
1994年5月7日	军委领导刘华清、迟浩田会见老挝国防部部长赛雅颂。		老挝
1994年5月23日	刘华清、迟浩田、张万年等军队领导分别会见泰国武装部队最高司令阿披乍里。		泰国
1994年6月6日	总参谋长张万年会见朝鲜人民军总参谋长崔光率领的朝鲜军事代表团。		朝鲜
1994年6月28日—30日	军委副主席刘华清、总政治部主任于永波会见越南人民军总政治局主任黎可镖。		越南
1994年7月4日	军委副主席刘华清分别会见以色列国防军参谋长和印度尼西亚武装部队司令。		以色列
1994年7月8日	刘华清会见美军太平洋总部司令拉森一行。		美国
1994年7月13日	国防部长迟浩田在莫斯科与俄罗斯国防部长签署两国政府预防危险军事活动协定。		俄罗斯
1994年8月20日	国防部长迟浩田应邀前往津巴布韦、赞比亚、坦桑尼亚、印度四国进行友好访问。	津巴布韦、赞比亚、坦桑尼亚、印度	
1994年9月3日	中俄两国签署关于“不将本国战略核武器瞄准对方”的联合声明。		
1994年9月6日	国防部长迟浩田顺访法国，分别会见法国国防部长和军界高级领导人。	法国	
1994年10月18日—19日	军委主席江泽民、军委副主席刘华清分别会见美国国防部长佩里。		美国
1994年10月24日	军委领导迟浩田、张万年分别会见朝鲜人民军友好参观团。		朝鲜
1994年10月26日	军委副主席刘华清会见阿尔巴尼亚国防部长茹拉利一行。		阿尔巴尼亚
1994年10月29日	军委副主席会见玻利维亚国防部长德罗拉一行。		玻利维亚
1994年11月2日	军委副主席刘华清会见俄罗斯海军司令格罗莫夫一行。		俄罗斯

续表

时间	人员	出访国家	来访国家
1994年11月4日	刘华清、迟浩田、张万年等军委领导分别会见印尼陆军参谋长维斯莫约一行。		印尼
1994年11月22日	军委领导迟浩田、张万年分别会见巴基斯坦陆军参谋局长卡迈拉迈特一行。		巴基斯坦
1994年11月23日	于永波等总部领导观看俄罗斯军队歌舞团访华首场演出。		俄罗斯
1994年12月15日	派驻朝鲜军事停战委员会朝中方面的中国人民志愿军代表团奉调回国。	朝鲜	
1994年12月29日	中国第二批军事观察员圆满完成在莫桑比克的维和任务回国。	莫桑比克	
1995年1月3日	总参谋长张万年会见泰国武装部队总司令乌提西里一行。		泰国
1995年1月6日	总后勤部部长傅全有率中国军事代表团赴巴基斯坦、孟加拉国、泰国进行友好访问。	巴基斯坦、孟加拉国、泰国	
1995年1月18日	中央军委副主席刘华清会见美国太平洋舰队前司令莱昂斯。		美国
1995年2月18日	国防部长迟浩田会见尼日利亚军事代表团。		尼日利亚
1995年5月9日	中央军委主席江泽民、副主席张震赴莫斯科参加世界反法西斯战争胜利50周年庆典。	俄罗斯	
1995年5月23日	国防部长迟浩田、总参谋长张万年分别会见纳米比亚国防军总参谋长哈马博。		纳米比亚
1995年5月27日	解放军军乐团应邀赴新加坡进行访问演出。	新加坡	
1995年6月7日	军委领导迟浩田、张万年分别会见孟加拉国陆军参谋长纳西姆。		孟加拉国
1995年7月1—7日	俄罗斯列宁格勒军区司令谢列兹尼奥夫上将一行对中国进行友好访问。		俄罗斯
1995年7月2—6日	泰国联合参谋学院院长初查·西兰拉中将一行对北京考察访问。		泰国
1995年7月10—14日	中国人民解放军海军司令员张连忠上将一行对意大利进行友好访问。	意大利	

续表

时间	人员	出访国家	来访国家
1995年 7月10—25日	中国人民解放军副总参谋长李景上将一行对玻利维亚、秘鲁和厄瓜多尔三国进行正式友好访问。	玻利维亚、 秘鲁、 厄瓜多尔	
1995年 7月12—27日	兰州军区司令员刘精松上将一行先后对科特迪瓦、贝宁、几内亚、马里进行正式友好访问。	科特迪瓦、贝宁、 几内亚、马里	
1995年 7月25—31日	中国人民解放军沈阳军区司令员王克上将率沈阳军区代表团一行访问了俄罗斯远东军区。	俄罗斯	
1995年 8月15—21日	中国人民解放军海军舰艇编队由南海舰队司令员王永国少将带领参加印尼庆祝独立50周年的国际舰队检阅活动。	印尼	
1995年 8月18—25日	芬兰国防常务次官牛凯宁中将一行对中国进行友好访问。		芬兰
1995年 8月20—27日	赞比亚国防部长姆维拉一行对中国进行友好访问。		赞比亚
1995年 8月22—26日	俄罗斯联邦边防总局局长兼边防军总司令尼古拉耶夫上将一行对中国进行友好访问，双方签署了《中华人民共和国国防部和俄罗斯联邦边防总局边防合作协议》。		俄罗斯
1995年8月 27日—9月7日	中国人民解放军海军东海舰队司令员杨玉书中将率护卫舰和官兵赴海参崴参加纪念反法西斯战争胜利50周年庆典活动。	俄罗斯	
1995年 9月1—3日	中国人民解放军广州军区司令员李希林上将一行赴夏威夷参加美国在檀香山举行的纪念二战胜利50周年活动。	美国	
1995年 9月1—18日	中华人民共和国国务委兼国防部长迟浩田上将一行对法国、西班牙、葡萄牙三国进行友好访问。	法国、西班牙、 葡萄牙	
1995年 9月6—11日	荷兰皇家海军"范·内斯"号和"范·盖伦"号两艘导弹护卫舰对中国上海进行友好访问。		荷兰

续表

时间	人员	出访国家	来访国家
1995 年 9 月 12—19 日	中国人民解放军副总参谋长吴铨叙中将率军事代表团对以色列进行友好访问。	以色列	
1995 年 9 月 20—27 日	中国人民解放军军事科学院政委张工中将率友好参观团对朝鲜进行友好访问。	朝鲜	
1995 年 9 月 24—28 日	瑞士军队副总参谋长彼得·雷格里少将一行对中国进行友好访问。		瑞士
1995 年 9 月 26 日—10 月 2 日	白俄罗斯国防部副部长斯坦克维奇中将率军事代表团对中国进行友好访问。		白俄罗斯
1995 年 10 月 3—9 日	土耳其陆军司令巴雅尔上将一行对中国进行友好访问。		土耳其
1995 年 10 月 9—15 日	匈牙利国防部长凯莱蒂·捷尔吉一行对中国进行友好访问。		匈牙利
1995 年 10 月 11—18 日	叙利亚军队和武装力量总参谋长谢哈比中将对中国进行友好访问。		叙利亚
1995 年 10 月 17—25 日	美国防大学校长罗基中将率该校代表团对中国进行友好访问。		美国
1995 年 10 月 21—28 日	中国人民解放军广州军区政委史玉孝上将率前志愿军代表团一行赴朝参加志愿军入朝参战 45 周年纪念活动。	朝鲜	
1995 年 10 月 22—26 日	泰国副总理兼国防部长差瓦利·荣猜育上将一行对中国进行正式友好访问。		泰国
1995 年 10 月 22—27 日	巴基斯坦参联会主席法鲁克·汗上将一行对中国进行正式友好访问。		巴基斯坦
1995 年 10 月 24—29 日	俄罗斯空军总司令杰伊涅金上将一行对中国进行友好访问。		俄罗斯
1995 年 10 月 29 日—11 月 3 日	德国国防部国务秘书旭恩波姆一行对中国进行友好访问。		德国
1995 年 11 月 9—19 日	中国人民解放军总参谋长傅全有上将一行对埃及、土耳其进行正式友好访问。	埃及、土耳其	
1995 年 11 月 14—18 日	美国助理国防部长小约瑟夫·奈一行对中国进行友好访问。		美国

续表

时间	人员	出访国家	来访国家
1995年 11月20—27日	吉尔吉斯斯坦共和国国防部长苏班诺夫中将一行对中国进行友好访问。		吉尔吉斯斯坦
1995年 11月21—26日	津巴布韦国防部长马哈奇一行对中国进行友好访问。		津巴布韦
1995年 11月21—28日	也门武装部队副总参谋长穆罕默德·拉上校一行对中国进行友好访问。		也门
1995年 12月2—8日	中华人民共和国中央军委副主席刘华清上将率中国政府代表团赴俄参加中俄军事技术合作混合委员会第4次会议，并对俄进行正式友好访问。双方举行了会谈，两位领导人分别代表各自政府签署了《中俄政府间军事技术合作混合委员会第4次会议纪要》。	俄罗斯	
1995年 12月3—7日	中国人民解放军副总参谋长隗福临中将访问马来西亚，并出席“1995年浮罗交怡国际航海、航空展览”。	马来西亚	
1995年 12月6—13日	智利陆军副司令加林中将一行对中国进行友好访问。		智利
1996年 1月11—20日	以色列国防军总参谋长沙哈克中将一行对中国进行正式友好访问。		以色列
1996年 1月24—28日	捷克共和国军队总参谋长伊日·内克瓦西尔中将率高级军事代表团对中国进行正式友好访问。		捷克
1996年1月 31日—2月4日	美国海军“麦克亨利堡”号船坞登陆舰，在第7舰队第1两栖大队司令多兰少将率领下，对中国上海进行友好访问。		美国
1996年2月 25日—3月3日	罗马尼亚军队总参谋长杜米特鲁·乔弗利纳上将对中国进行正式友好访问。		罗马尼亚
1996年 2月26—28日	泰国联合参谋学院院长玛纳·披蒙潘中将率该院代表团对中国云南省昆明市进行友好访问。		泰国

续表

时间	人员	出访国家	来访国家
1996 年 3 月 10—17 日	苏里南共和国国防部长吉尔兹一行对中国进行正式友好访问。		苏里南
1996 年 3 月 10—19 日	印度海军参谋长维贾伊·辛格·谢卡瓦特上将一行对中国进行正式友好访问。		印度
1996 年 3 月 14—21 日	南斯拉夫联盟共和国国防部长帕弗莱·布拉托维奇一行对中国进行正式友好访问。		南斯拉夫
1996 年 4 月 16 日—5 月 3 日	中华人民共和国中央军委副主席张万年上将一行对泰国、柬埔寨、缅甸进行正式友好访问，同时过境访问新加坡。	泰国、柬埔寨、缅甸、新加坡	
1996 年 4 月 30 日—5 月 24 日	中国人民解放军空军司令员于振武上将一行对澳大利亚、葡萄牙、土耳其进行正式友好访问。	澳大利亚、葡萄牙、土耳其	
1996 年 5 月 2—8 日	扎伊尔民卫队总司令巴拉莫托上将一行对中国进行友好访问。		扎伊尔
1996 年 5 月 2—15 日	中华人民共和国中央军委委员、中国人民解放军总参谋长傅全有上将一行对俄罗斯和哈萨克斯坦共和国进行正式友好访问。	俄罗斯、哈萨克斯坦	
1996 年 5 月 3—10 日	莫桑比克国防部长阿吉亚尔·马祖拉一行对中国进行正式友好访问。		莫桑比克
1996 年 5 月 7—17 日	中国人民解放军副总参谋长熊光楷中将一行对马来西亚、菲律宾、印度尼西亚和新西兰进行工作访问。	马来西亚、菲律宾、印度尼西亚、新西兰	
1996 年 5 月 12—18 日	巴西陆军参谋长德利奥上将一行对中国进行正式友好访问。		巴西
1996 年 5 月 14—29 日	中华人民共和国中央军委委员、中国人民解放军总政治部主任于永波上将一行对罗马尼亚、匈牙利、西班牙和葡萄牙进行正式友好访问。	罗马尼亚、匈牙利、西班牙和葡萄牙	
1996 年 5 月 16—20 日	印度尼西亚海军“代瓦鲁西”号训练舰应邀对中国广东省广州市进行友好访问。		印度尼西亚

续表

时间	人员	出访国家	来访国家
1996 年 5 月 16—23 日	意大利海军参谋长马里亚尼中将一行对中国进行正式友好访问。		意大利
1996 年 5 月 26 日—6 月 1 日	比利时军队总参谋长威利·赫尔特雷海军中将一行对中国进行正式友好访问。		比利时
1996 年 5 月 28 日—6 月 5 日	朝鲜人民武装力量部副部长郑昌烈上将率朝鲜人民军友好参观团对中国进行正式友好访问。		朝鲜
1996 年 5 月 29 日—6 月 15 日	中华人民共和国中央军委副主席、国务委员兼国防部长迟浩田上将一行对沙特阿拉伯、科威特、阿拉伯联合酋长国和埃及进行正式友好访问。	沙特阿拉伯、科威特、阿拉伯联合酋长国、埃及	
1996 年 6 月 4—12 日	厄瓜多尔陆军总司令蒙卡约上将一行应邀对中国进行正式友好访问。		厄瓜多尔
1996 年 6 月 7—12 日	巴西武装力量参谋长莱昂内尔上将一行对中国进行正式友好访问。		巴西
1996 年 6 月 10—16 日	中国人民解放军军事科学院院长徐惠滋上将一行对芬兰进行友好访问。	芬兰	
1996 年 6 月 15—21 日	中华人民共和国中央军委委员、中国人民解放军总参谋长傅全有上将一行对蒙古进行正式友好访问。	蒙古	
1996 年 6 月 19 日—7 月 2 日	中国人民解放军济南军区政治委员杜铁环中将率友好参观团对波兰和捷克进行友好访问。	波兰、捷克	
1996 年 6 月 21—30 日	尼日利亚国防大学校长阿英拉海军少将率领尼国防大学代表团对中国进行友好访问。		尼日利亚
1996 年 6 月 23—27 日	巴基斯坦陆军参谋长卡拉迈特上将一行对中国进行正式友好访问。		巴基斯坦
1996 年 6 月 23—29 日	葡萄牙陆军参谋长塞克伊拉·罗查上将一行对中国进行友好访问。		葡萄牙

续表

时间	人员	出访国家	来访国家
1996 年 6 月 24—27 日	泰国海军“邦巴功”号和“赛布里”号两艘护卫舰，在泰国皇家海军军官学校参谋长猜差·凯撒蒂拉少将率领下，应邀对中国上海进行友好访问。		泰国
1996 年 6 月 24—30 日	土耳其海军司令埃尔卡亚上将一行对中国进行友好访问。		土耳其
1996 年 6 月 25—28 日	美国国防部副部长斯洛科姆一行对中国进行访问。会谈中就当前国际形势、地区安全、两军关系和中美双方关心的问题交换了意见。		美国
1996 年 6 月 26—30 日	泰国武装部队最高司令威洛·盛沙尼上将一行对中国进行工作访问。		泰国
1996 年 6 月 28 日—7 月 21 日	中国人民解放军海军司令员张连忠上将一行对巴基斯坦、智利、巴西和阿根廷进行友好访问。	巴基斯坦、智利、巴西、阿根廷	
1996 年 7 月 3—10 日	中国人民解放军济南军区司令员张太恒上将率军事友好代表团对印度进行友好访问。	印度	
1996 年 7 月 5—12 日	波兰国防部长斯坦尼斯瓦夫·多布然斯基对中国进行正式友好访问。		波兰
1996 年 7 月 8—12 日	泰国国防学院院长汶萨·甘亨里提隆中将率该院代表团对中国云南省昆明市进行考察访问。		泰国
1996 年 7 月 10—14 日	中国人民解放军海军北海舰队司令员王继英中将率领 112 号和 108 号驱逐舰及官兵 610 人组成的舰艇编队，应邀对朝鲜进行友好访问，并参加《中朝友好合作互助条约》签订 35 周年纪念活动。	朝鲜	
1996 年 7 月 16—20 日	俄罗斯联邦边防总局局长兼边防军总司令尼古拉耶夫大将来华度假。		俄罗斯

续表

时间	人员	出访国家	来访国家
1996年7月18—26日	越南人民军总参谋长范文茶中将率领越南人民军高级军事代表团对中国进行正式友好访问。		越南
1996年7月22日—8月2日	中国人民解放军海军北海舰队副司令员张定发少将率"哈匀驱逐舰及随舰官兵赴海参崴参加俄海军建军300周年庆典活动。	俄罗斯	
1996年7月24—28日	泰国武装部队最高副司令瓦他那上将一行对中国进行友好访问。		泰国
1996年7月27日—8月1日	菲律宾国防部长雷纳托·德维利亚一行对中国进行正式友好访问。		菲律宾
1996年8月4—18日	中国人民解放军副总参谋长吴铨叙中将率军事友好代表团对巴西、秘鲁、阿根廷进行正式友好访问。	巴西、秘鲁、阿根廷	
1996年8月12—21日	坦桑尼亚国防军参谋长萨约莱中将一行对中国进行正式友好访问。		坦桑尼亚
1996年8月13—29日	中华人民共和国中央军委委员、中国人民解放军总后勤部部长王克上将一行对波兰、斯洛伐克、奥地利和捷克进行正式友好访问。	波兰、斯洛伐克、奥地利、捷克	
1996年8月15—28日	中国人民解放军副总参谋长隗福临中将率军事友好代表团对巴基斯坦和孟加拉国进行友好访问。	巴基斯坦、孟加拉国	
1996年8月20—23日	日本防卫厅事务次官村田直昭一行对中国进行访问。		日本
1996年8月22日—9月2日	赞比亚空军司令昔卡普瓦夏中将一行对中国进行正式友好访问。		赞比亚
1996年8月25—31日	泰国武装部队负责后勤事务的最高副司令乌兰·蒙昆那威海军上将一行对中国进行友好访问。		泰国
1996年8月26日—9月2日	伊朗国防部长费鲁赞德一行对中国进行正式友好访问。		伊朗

续表

时间	人员	出访国家	来访国家
1996年8月26日—9月16日	中华人民共和国中央军委委员、中国人民解放军总参谋长傅全有上将一行对越南、菲律宾、印度尼西亚进行友好访问。	越南、菲律宾、印度尼西亚	
1996年9月2—8日	美军太平洋总部司令布鲁赫上将一行对中国进行正式友好访问。		美国
1996年9月6—9日	印度尼西亚陆军特种部队司令伯拉博沃少将一行对中国进行友好访问。		印度尼西亚
1996年9月8—24日	中华人民共和国中央军委副主席刘华清上将一行对法国和意大利进行正式友好访问。	法国、意大利	
1996年9月14—26日	中国人民解放军成都军区政治委员张志坚中将率友好参观团对俄罗斯、罗马尼亚进行友好访问。	俄罗斯、罗马尼亚	
1996年9月21—28日	白俄罗斯国防部长马尔采夫中将一行对中国进行正式友好访问。		白俄罗斯
1996年9月22日—10月3日	津巴布韦国防军司令兹维纳瓦希上将一行对中国进行正式友好访问。		津巴布韦
1996年9月23—28日	澳大利亚国防军司令约翰·贝克上将对中国进行正式友好访问。		澳大利亚
1996年9月23—30日	智利海军司令马丁内斯上将一行对中国进行正式友好访问。		智利
1996年9月26日—10月1日	马来西亚武装部队司令伊斯迈尔·奥玛尔上将一行对中国进行正式友好访问。		马来西亚
1996年9月26日—10月10日	中国人民解放军总后勤部政治委员周坤仁中将率友好参观团对叙利亚和埃及进行友好访问。访叙期间代表团应邀参加了纪念“十月战争”胜利23周年庆典活动。	叙利亚、埃及	
1996年10月3—8日	玻利维亚武装力量总司令卡塞莱斯上将一行对中国进行正式友好访问。		玻利维亚

续表

时间	人员	出访国家	来访国家
1996年 10月7—11日	英国皇家海军“埃克塞特”号导弹驱逐舰由舰长赫林顿上校率领，应邀对中国山东省青岛市进行友好访问。		英国
1996年 10月7—18日	哈萨克斯坦总统军事顾问、前国防部长努尔马加姆别托夫大将应邀来华度假。		哈萨克斯坦
1996年 10月8—14日	中国人民解放军北京军区司令员李来柱上将率北京军区代表团对芬兰进行正式友好访问。	芬兰	
1996年 10月8—18日	孟加拉国海军参谋长穆车默德·努鲁尔·伊斯拉姆少将一行对中国进行正式友好访问。		孟加拉国
1996年 10月13—18日	葡萄牙军队总参谋长富泽塔·达蓬特海军上将一行对中国进行正式友好访问。		葡萄牙
1996年 10月15—22日	土耳其军队总参谋长卡拉达伊上将一行对中国进行正式友好访问。		土耳其
1996年 10月21—27日	保加利亚国防部长迪米特尔·帕夫洛夫一行对中国进行正式友好访问。		保加利亚
1996年 10月21—28日	哈萨克斯坦共和国国防部长卡西莫夫上将一行对中国进行正式友好访问。		哈萨克斯坦
1996年 10月22—31日	缅甸联邦“国家恢复法律和秩序委员会”副主席、三军副总司令兼陆军司令貌埃上将一行对中国进行正式友好访问。		缅甸
1996年10月 22日—11月2日	中国人民解放军副总参谋长钱树根中将率军事代表团对墨西哥和加拿大进行正式友好访问。	墨西哥、加拿大	
1996年 10月23—26日	菲律宾武装部队总参谋长阿图罗·恩里莱上将一行对中国进行正式友好访问。		菲律宾
1996年10月 26日—11月3日	孟加拉国空军参谋长贾玛尔·乌丁少将一行对中国进行正式友好访问。		孟加拉国
1996年10月 27日—11月2日	法国海军参谋长勒费弗尔上将一行对中国进行友好访问。		法国

续表

时间	人员	出访国家	来访国家
1996 年 10 月 28 日—11 月 3 日	中国人民解放军空军政治委员丁文昌上将率空军代表团对古巴进行友好访问。	古巴	
1996 年 10 月 29 日—11 月 8 日	越南国防部副部长阮春蓬中将率越人民军高级军事代表团对中国进行正式友好访问。		越南
1996 年 11 月 7—12 日	孟加拉国陆军参谋长马希波中将一行对中国进行友好访问。		孟加拉国
1996 年 11 月 12—17 日	乌干达国防国务部长蒙巴巴齐一行对中国进行正式友好访问。		乌干达
1996 年 11 月 14—29 日	中国人民解放军空军司令员于振武上将一行对俄罗斯、巴基斯坦进行正式友好访问。	俄罗斯、巴基斯坦	
1996 年 11 月 17—23 日	尼泊尔军队参谋长塔帕上将一行对中国进行正式友好访问。		尼泊尔
1996 年 11 月 22—28 日	意大利海军“杜兰·德·拉·潘”号驱逐舰和“狙击手”号护卫舰在意海军第 27 海军大队司令克劳迪奥少将率领下，对中国上海市进行友好访问。		意大利
1996 年 11 月 24—29 日	英国国防参谋长彼得·因吉元帅一行对中国进行正式友好访问。		英国
1996 年 12 月 8—18 日	中华人民共和国中央军委副主席、国务委员兼国防部长迟浩田上将一行对美国进行正式友好访问。	美国	
1996 年 12 月 26 日—1997 年 1 月 11 日	中国人民解放军总政治部副主任唐天标中将率军事友好代表团对多哥、乍得、刚果、扎伊尔 4 国进行正式友好访问。	多哥、乍得、刚果、扎伊尔	
1997 年 1 月 18—27 日	刚果国防部长阿亚延准将一行对中国进行正式友好访问。		刚果
1997 年 1 月 19—25 日	葡萄牙海军参谋长里贝罗·帕切科上将一行对中国进行正式友好访问。		葡萄牙

续表

时间	人员	出访国家	来访国家
1997 年 2 月 14—24 日	中华人民共和国国务委员兼国防部长迟浩田上将一行对菲律宾、印尼两国进行正式友好访问。	菲律宾、印尼	
1997 年 2 月 17—22 日	土耳其空军司令乔雷克奇上将一行对中国进行正式友好访问。		土耳其
1997 年 2 月 20 日—5 月 28 日	中国人民解放军海军南海舰队司令员王永国中将任出访舰艇编队总指挥，率海军舰艇应邀对美国的夏威夷、圣迭戈，墨西哥的阿卡普尔科，秘鲁的卡亚俄，智利的瓦尔帕莱索进行友好访问。	美国、墨西哥、秘鲁、智利	
1997 年 2 月 23—28 日	巴基斯坦国防学院院长穆罕默德·马戈布中将一行对中国进行友好访问。		巴基斯坦
1997 年 2 月 25 日—3 月 6 日	中国人民解放军副总参谋长隗福临中将率中国人民解放军军事代表团对美国进行正式友好访问。	美国	
1997 年 2 月 27 日—3 月 16 日	中华人民共和国军委委员、中国人民解放军总后勤部部长王克上将一行对越南、新加坡、马来西亚进行正式友好访问。	越南、新加坡、马来西亚	
1997 年 2 月 27 日—3 月 30 日	中国人民解放军海军东海舰队司令员杨玉书率领舰艇编队对泰国、马来西亚和菲律宾进行友好访问。	泰国、马来西亚、菲律宾	
1997 年 3 月 5—27 日	中华人民共和国中央军委委员、总参谋长傅全有上将一行对比利时、法国、意大利和英国进行正式友好访问。	比利时、法国、意大利、英国	
1997 年 3 月 10—13 日	泰国军队联合参谋学院院长马纳中将率该院代表团对中国进行友好访问。		泰国
1997 年 3 月 16—24 日	新西兰国防部秘书长杰罗德·汉斯莱和一行对中国进行正式友好访问。		新西兰
1997 年 3 月 24—29 日	葡萄牙总理府部长兼国防部长维托里诺博士对中国进行正式友好访问。		葡萄牙

续表

时间	人员	出访国家	来访国家
1997 年 3 月 25—29 日	巴林国防军助理参谋长拉希德·阿勒哈利法上校率巴林军事小组一行对中国进行友好访问。		巴林
1997 年 3 月 29 日—4 月 7 日	刚果总统特别军事顾问努阿拉一行对中国进行友好访问。		刚果
1997 年 3 月 30 日—4 月 14 日	中华人民共和国中央军委副主席张万年上将率中国人民解放军高级军事友好代表团一行对阿根廷、智利、巴西进行正式友好访问。	阿根廷、智利、巴西	
1997 年 4 月 3—10 日	瑞士军队总参谋长利纳尔中将一行对中国进行正式友好访问。		瑞士
1997 年 4 月 6—10 日	法国国防部长米永一行对中国进行正式友好访问。		法国
1997 年 4 月 10—21 日	叙利亚高级军官休假团对中国进行友好访问。		叙利亚
1997 年 4 月 13—19 日	西班牙陆军参谋长福拉上将一行对中国进行正式友好访问。		西班牙
1997 年 4 月 14—18 日	俄罗斯国防部长罗季·奥诸夫一行对中国进行正式友好访问。		俄罗斯
1997 年 4 月 21—28 日	芬兰共和国国防部长安妮丽·达依娜女士一行对中国进行正式友好访问。		芬兰
1997 年 4 月 21—30 日	厄瓜多尔陆军司令杜兰上将一行对中国进行友好访问。		厄瓜多尔
1997 年 4 月 22 日—5 月 1 日	菲律宾国防部副部长费尔南多·坎普斯一行对中国进行友好访问。		菲律宾
1997 年 4 月 27 日—5 月 5 日	巴基斯坦国防学院代表团一行对中国进行友好访问。		巴基斯坦
1997 年 4 月 28 日—5 月 4 日	中华人民共和国中央军委办公厅主任董良驹中将一行对古巴进行了友好访问。	古巴	
1997 年 5 月 4—10 日	奥地利国防部长法斯尔阿本德一行对中国进行正式友好访问。		奥地利

续表

时间	人员	出访国家	来访国家
1997 年 5 月 5—22 日	中华人民共和国中央军委委员、总政治部主任于永波上将一行对巴基斯坦、埃及、俄罗斯进行正式友好访问。	巴基斯坦、 埃及、俄罗斯	
1997 年 5 月 12—16 日	美国参谋长联席会议主席沙利卡什维利上将一行对中国进行正式友好访问。		美国
1997 年 5 月 13—19 日	尼泊尔国防秘书阿亚尔一行对中国进行友好访问。		尼泊尔
1997 年 5 月 18—21 日	哥伦比亚海军“光荣”号训练舰在舰长莫雷诺·戴卫上校率领下，对中国上海进行友好访问。		哥伦比亚
1997 年 5 月 24—30 日	澳大利亚空军参谋长费希尔中将一行对中国进行正式友好访问。		澳大利亚
1997 年 5 月 27 日—6 月 2 日	中国人民解放军副总参谋长熊光楷中将率军事友好代表团对坦桑尼亚、赞比亚和津巴布韦进行友好访问。	坦桑尼亚、 赞比亚、津巴布韦	
1997 年 6 月 1—7 日	葡萄牙空军参谋长科尔巴尔上将一行对中国进行正式友好访问。		葡萄牙
1997 年 6 月 1—20 日	中华人民共和国中央军委副主席、国务委员兼国防部长迟浩田上将一行对白俄罗斯、乌克兰、哈萨克斯坦、吉尔吉斯斯坦进行正式友好访问。	白俄罗斯、 乌克兰、 哈萨克斯坦、 吉尔吉斯斯坦	
1997 年 6 月 2—20 日	中国人民解放军军事科学院院长徐惠滋上将率军事科学院代表团对俄罗斯、西班牙、葡萄牙进行正式友好访问。	俄罗斯、 西班牙、 葡萄牙	
1997 年 6 月 5—23 日	中国人民解放军成都军区司令员廖锡龙中将率军事友好代表团对印度、尼泊尔、越南进行正式友好访问。	印度、尼泊尔、 越南	
1997 年 6 月 6—13 日	津巴布韦陆军司令奇温加中将一行对中国进行正式友好访问。		津巴布韦
1997 年 6 月 9—22 日	中国人民解放军北京军区司令员李来柱上将率军事友好参观团对波兰、捷克、斯洛伐克进行正式友好访问。	波兰、捷克、 斯洛伐克	

续表

时间	人员	出访国家	来访国家
1997 年 6 月 10—17 日	朝鲜人民军副总参谋长李奉竹中将率朝军友好参观团对中国进行正式友好访问。		朝鲜
1997 年 6 月 11—14 日	澳大利亚国防军副司令巴利中将一行对中国进行友好访问。		澳大利亚
1997 年 6 月 14—24 日	墨西哥军事代表团一行在鲁道夫·雷塔·特利高斯上将的率领下对中国进行友好访问。		墨西哥
1997 年 6 月 16—21 日	尼日利亚临时执政委员会成员、国防大学校长加鲁巴少将一行对中国进行友好访问。		尼日利亚
1997 年 7 月 2—11 日	肯尼亚军队总参谋长通杰上将一行对中国进行正式友好访问。		肯尼亚
1997 年 7 月 8—18 日	中国人民解放军副总参谋长吴铨叙中将率军事代表团对美国太平洋总部及其辖区进行了正式友好访问。	美国	
1997 年 7 月 9—11 日	泰国国防学院院长参猜中将率泰国国防学院代表团对中华人民共和国云南省昆明市进行友好访问。		泰国
1997 年 7 月 11—14 日	泰国皇家空军司令阿蒙·尼马利上将一行对中国进行正式友好访问。		泰国
1997 年 7 月 13—21 日	中国人民解放军军事科学院副院长李际钧中将率军事科学院代表团一行对美国进行访问。	美国	
1997 年 7 月 27 日—8 月 3 日	尼日利亚国防参谋长阿布巴卡尔少将一行对中国进行友好访问。		尼日利亚
1997 年 8 月 5—24 日	中华人民共和国中央军委委员、中国人民解放军总参谋长傅全有上将一行对美国、芬兰进行正式友好访问。	美国、芬兰	
1997 年 8 月 10—20 日	中国人民解放军总政治部副主任周子玉上将率军事友好参观团对罗马尼亚、匈牙利两国进行友好访问。	罗马尼亚、匈牙利	
1997 年 8 月 17—21 日	孟加拉国国防秘书茂拉一行对中国进行友好访问。		孟加拉国

续表

时间	人员	出访国家	来访国家
1997 年 8 月 19—31 日	中国人民解放军北京军区政治委员杜铁环中将率军事友好参观团对叙利亚、埃及进行友好访问。	叙利亚、埃及	
1997 年 8 月 21 日—9 月 1 日	中国人民解放军沈阳军区政治委员姜福堂中将率军事友好参观团对俄罗斯进行友好访问。	俄罗斯	
1997 年 8 月 24—29 日	莫桑比克总统府防务与安全事务部长兼内政部长马涅热一行对中国进行友好访问。		莫桑比克
1997 年 8 月 24 日—9 月 3 日	中央军委副主席刘华清上将率中国政府代表团对俄罗斯进行正式友好访问。	俄罗斯	
1997 年 8 月 25—30 日	泰国陆军司令彻他·他那扎洛上将一行对中国进行正式友好访问。		泰国
1997 年 8 月 26 日—9 月 1 日	澳大利亚海军舰队司令克里斯·里奇少将应邀访华。		澳大利亚
1997 年 8 月 29 日—9 月 3 日	澳大利亚海军舰艇编队对中国青岛进行友好访问。		澳大利亚
1997 年 9 月 1—12 日	厄立特里亚国防部长塞伯哈特上将一行对中国进行正式友好访问。		厄立特里亚
1997 年 9 月 13 日	澳大利亚国防秘书长托尼·艾尔斯一行对中国进行正式友好访问。		澳大利亚
1997 年 9 月 7—13 日	美国海军太平洋舰队司令克莱明斯上将一行对中国进行正式友好访问。		美国
1997 年 9 月 8—16 日	匈牙利国防军司令兼总参谋长维格·费伦茨中将一行对中国进行正式友好访问。		匈牙利
1997 年 9 月 11—15 日	美国海军“麦凯恩”号导弹驱逐舰和“日耳曼城”号两栖船坞登陆舰，在海军太平洋舰队第一两栖大队司令查普林少将的率领下，应邀对中国青岛进行友好访问。		美国
1997 年 9 月 11—18 日	加纳国家安全顾问兼国务委员齐卡塔一行对中国进行友好访问。		加纳
1997 年 9 月 14—20 日	印度尼西亚国防学院代表团一行对中国进行友好访问。		印度尼西亚

续表

时间	人员	出访国家	来访国家
1997 年 9 月 18—22 日	德国海军驱逐舰分舰队司令罗佩尔斯少将率德国海军特混编队对中国上海进行友好访问。		德国
1997 年 9 月 21—26 日	加蓬国防部长恩加里上将一行对中国进行正式友好访问。		加蓬
1997 年 9 月 22—26 日	乌克兰武装力量总参谋长扎特纳依科上将一行对中国进行正式友好访问。		乌克兰
1997 年 9 月 22—27 日	美国陆军参谋长莱默上将一行对中国进行正式访问。		美国
1997 年 9 月 23—29 日	巴西海军部长毛罗·塞萨尔·佩雷斯上将一行对中国进行正式友好访问。		巴西
1997 年 10 月 2—5 日	泰国武装部队最高司令蒙坤·安蓬披西上将一行对中国进行正式友好访问。		泰国
1997 年 10 月 3—10 日	哈萨克斯坦共和国国防部长阿尔腾巴耶夫上将一行对中国进行正式友好访问。		哈萨克斯坦
1997 年 10 月 3—21 日	中国人民解放军国防大学研究系派出 3 个考察团，在副校长何道泉、副校长侯树栋中将、副政委赵可铭中将的率领下，赴美国、印度尼西亚、马来西亚、俄罗斯进行考察访问。	美国、印度尼西亚、马来西亚、俄罗斯	
1997 年 10 月 5—9 日	美国海军作战部长杰伊·约翰逊上将一行对中国进行正式友好访问。		美国
1997 年 10 月 6—12 日	智利陆军司令皮诺切特上将一行对中国进行正式友好访问。		智利
1997 年 10 月 7—10 日	印度尼西亚国防安全部长埃迪·苏特拉查德一行对中国进行正式友好访问。		印度尼西亚
1997 年 10 月 8—11 日	意大利国防部长贝尼亚诺·安德烈亚塔一行对中国进行正式友好访问。		意大利
1997 年 10 月 9—16 日	坦桑尼亚国防和国民服务部长马乔戈一行对中国进行正式友好访问。		坦桑尼亚

续表

时间	人员	出访国家	来访国家
1997年10月12—18日	比利时王国国防大臣让·保尔·蓬斯莱一行对中国进行正式友好访问。		比利时
1997年10月13—19日	缅甸空军司令丁威中将一行对中国进行正式友好访问。		缅甸
1997年10月14—22日	中国人民解放军总后勤部政治委员周坤仁中将率军事友好参观团对朝鲜进行友好访问。	朝鲜	
1997年10月15—22日	中国人民解放军副总参谋长隗福临中将赴泰国出席“第七届亚洲防务展”并顺访泰国。	泰国	
1997年10月21—28日	越南人民军副总参谋长阮辉少将率越人民军总参代表团对中国进行友好访问。		越南
1997年10月23日—11月12日	中国人民解放军空军司令员刘顺尧中将一行对印度尼西亚、马来西亚、泰国进行正式友好访问。	印度尼西亚、马来西亚、泰国	
1997年10月26日—11月1日	新加坡副总理兼国防部长陈庆炎一行对中国进行正式友好访问。		新加坡
1997年10月27日—11月12日	中国人民解放军兰州军区司令员刘精松上将率军事友好代表团对泰国、孟加拉国和缅甸进行正式友好访问。	泰国、孟加拉国、缅甸	
1997年10月28日—11月3日	以色列陆军司令马尔卡少将一行对中国进行友好访问。		以色列
1997年10月31日—11月7日	中国人民解放军海军司令员石云生中将率海军代表团对巴基斯坦进行正式友好访问。	巴基斯坦	
1997年11月3—10日	蒙古国国防部长达尔比·道尔利格扎布一行对中国进行正式友好访问。		蒙古
1997年11月3—16日	中国人民解放军广州军区司令员陶伯钧中将率军事友好代表团对澳大利亚、新西兰进行正式友好访问。	澳大利亚、新西兰	
1997年11月5—12日	法国海军“葡月”号护卫舰在舰长米歇尔·阿登盖中校率领下对中国上海进行友好访问。		法国

续表

时间	人员	出访国家	来访国家
1997 年 11 月 12—19 日	中国人民解放军副总参谋长钱树根中将一行对叙利亚、约旦两国进行正式友好访问。	叙利亚、约旦	
1997 年 11 月 15—22 日	尼日尔武装部队总参谋长杰尔马科耶上校一行对中国进行友好访问。		尼日尔
1997 年 11 月 15 日—12 月 4 日	中国人民解放军兰州军区政治委员温宗仁中将率军事友好代表团对纳米比亚、毛里塔尼亚、摩洛哥进行正式友好访问。	纳米比亚、毛里塔尼亚、摩洛哥	
1997 年 11 月 21 日—12 月 2 日、12 月 9—19 日	中国人民解放军副总参谋长熊光楷中将一行先后对法国、俄罗斯、日本和美国进行工作访问。	法国、俄罗斯、日本、美国	
1997 年 11 月 23—26 日	韩国国防部次官李廷麟一行对中国进行友好访问。		韩国
1997 年 11 月 23—27 日	法国三军参谋长让·菲利浦·杜安上将一行对中国进行正式友好访问。		法国
1997 年 11 月 24—28 日	希腊国防部长措哈左普洛斯一行对中国进行正式友好访问。		希腊
1997 年 11 月 27 日—12 月 3 日	乌拉圭国防部长伊图利亚一行对中国进行正式友好访问。		乌拉圭
1997 年 12 月 9—14 日	佛得角国防部长费尔南德斯一行对中国进行正式友好访问。		佛得角
1997 年 12 月 10—16 日	美军太平洋总部司令布鲁赫上将一行对中国进行正式友好访问。		美国
1997 年 12 月 15—22 日	斐济武装部队司令埃佩利·加尼劳准将一行对中国进行正式友好访问。		斐济
1997 年 12 月 22—28 日	中国人民解放军军事科学院副院长马凤桐中将率军事科学院代表团对巴基斯坦进行正式友好访问。	巴基斯坦	
1998 年 1 月 9—16 日	塔吉克斯坦共和国国防部长海鲁洛耶夫中将一行对中国进行正式友好访问。双方进行了会谈，签署了《中华人民共和国国防部和塔吉克斯坦共和国国防部合作意向备忘录》。		塔吉克斯坦

续表

时间	人员	出访国家	来访国家
1998 年 1 月 17—20 日	美国国防部长科恩一行对中国进行正式友好访问，中美两国国防部长正式签署了《中美建立加强海上军事安全磋商机制协定》。		美国
1998 年 1 月 22—27 日	俄罗斯联邦军事总监、国防委员会秘书科科申一行对中国进行正式友好访问。		俄罗斯
1998 年 2 月 3—19 日	中央军委副主席兼国防部长迟浩田上将一行对日本、新西兰、澳大利亚、斐济进行正式友好访问。	日本、新西兰、澳大利亚、斐济	
1998 年 2 月 2—18 日	荷兰国防参谋长范登布雷蒙上将一行对中国进行正式友好访问。		荷兰
1998 年 2 月 27 日—3 月 7 日	比利时陆军参谋长罗杰·马斯中将一行对中国进行正式友好访问。		比利时
1998 年 3 月 1—9 日	巴基斯坦海军参谋长布哈雷上将一行对中国进行正式友好访问。		巴基斯坦
1998 年 3 月 3—19 日	空军司令刘顺尧中将一行对智利、巴西、阿根廷进行正式友好访问。	智利、巴西、阿根廷	
1998 年 3 月 7—12 日	贝宁国防部长阿乔维一行对中国进行正式友好访问。		贝宁
1998 年 3 月 11—14 日	新加坡海军“刚毅”号坦克登陆舰应邀对中国上海进行友好访问。		新加坡
1998 年 3 月 23—27 日	委内瑞拉武装力量联合参谋长萨拉萨尔中将一行对中国进行正式友好访问。		委内瑞拉
1998 年 3 月 25—28 日	日本陆上自卫队参谋长藤绳佑尔一行对中国进行正式友好访问。		日本
1998 年 3 月 30 日—4 月 4 日	坦桑尼亚国防军高冬姆博马上将一行对中国进行正式友好访问。		坦桑尼亚
1998 年 3 月 30 日—4 月 10 日	中央军委委员、总后勤部部长王克上将一行对美国进行友好访问。	美国	
1998 年 3 月 30 日—4 月 16 日	副总参谋长吴铨叙中将率中国人民解放军军事代表团对土耳其、巴林、阿曼、卡塔尔进行正式友好访问。	土耳其、巴林、阿曼、卡塔尔	

续表

时间	人员	出访国家	来访国家
1998 年 4 月 5—10 日	乌克兰国防部长亚库兹姆克上将一对中国进行正式友好访问。		乌克兰
1998 年 4 月 7 日—14 日	吉尔吉斯斯坦共和国武装力量总参谋长托波耶夫少将一行对中国进行正式友好访问。		吉尔吉斯斯坦
1998 年 4 月 8 日—5 月 27 日	海军北海舰队副参谋长韩芳润少将担任出访舰艇编队指挥员，对新西兰、澳大利亚、菲律宾进行友好访问。	新西兰、澳大利亚、菲律宾	
1998 年 4 月 19—24 日	克罗地亚军队总参谋长米利亚瓦茨中将一行对中国进行正式友好访问。		克罗地亚
1998 年 4 月 19 日—4 月 26 日	纳米比亚国防部长恩吉姆蒂纳一行对中国进行正式友好访问。		纳米比亚
1998 年 4 月 26 日—5 月 2 日	澳大利亚陆军司令桑德森中将一行对中国进行正式友好访问。		澳大利亚
1998 年 4 月 26 日—5 月 17 日	中央军委委员、总参谋长傅全有上将一行对印度、奥地利、捷克、西班牙进行正式友好访问。	印度、奥地利、捷克、西班牙	
1998 年 5 月 1—5 日	日本防卫厅长宫久间章生一行对中国进行正式友好访问。		日本
1998 年 5 月 2—11 日	中央军委委员、总政治部主任于永波上将一行对古巴、墨西哥进行正式友好访问。	古巴、墨西哥	
1998 年 5 月 2—15 日	尼日利亚临时执政委员会委员、海军参谋长阿基格比少将一行对中国进行友好访问。		尼日利亚
1998 年 5 月 4—7 日	美国空军参谋长瑞安上将一行对中国进行友好访问。		美国
1998 年 5 月 9—14 日	意大利国防学院院长索莱尼中将率该院代表团对中国进行友好访问。		意大利
1998 年 5 月 17—23 日	德国联邦国防军总监察长巴格尔上将一行对中国进行友好访问。		德国
1998 年 5 月 21—24 日	印度尼西亚空军参谋长杜巴古斯上将一行对中国进行友好访问。		印度尼西亚

续表

时间	人员	出访国家	来访国家
1998 年 5 月 24—30 日	波兰军队总参谋长舒姆斯基上将一行对中国进行友好访问。		波兰
1998 年 5 月 26—29 日	菲律宾共和国国防部阿巴特对中国进行友好访问。		菲律宾
1998 年 5 月 26 日—6 月 1 日	朝鲜人民军总政治局副局长池永春中将率友好参观团一行对中国进行友好访问。		朝鲜
1998 年 5 月 30 日—6 月 6 日	白俄罗斯国防部长亚历山大·丘马科夫上将一行对中国进行友好访问。		白俄罗斯
1998 年 5 月 31 日—6 月 13 日	比利时皇家高等国防学院院长马托少将一行对中国进行友好访问。		比利时
.1998 年 6 月 3—8 日	加拿大海军太平洋舰队司令巴克少将率领舰队对中国上海进行友好访问。		加拿大
1998 年 6 月 5—12 日	芬兰国防军司令黑格龙塞上将一行对中国进行友好访问。		芬兰
1998 年 6 月 7—14 日	缅甸空军司令觉丹少将一行对中国进行友好访问。		缅甸
1998 年 6 月 7—15 日	毛里塔尼亚国民军参谋长希克莱斯上校一行对中国进行友好访问。		毛里塔尼亚
1998 年 6 月 9—15 日	越南国防部长范文茶上将一行对中国进行友好访问。		越南
1998 年 6 月 10—18 日	秘鲁武装力量联合指挥部主席兼陆军司令埃尔莫萨上将一行对中国进行友好访问。		秘鲁
1998 年 6 月 13—23 日	法国三军防务学院院长德隆戈海军少将率领该院代表团对中国进行友好访问。		法国
1998 年 6 月 16—23 日	哈萨克斯坦共和国武装力量总参谋长竹尔塔鄂夫少将一行对中国进行友好访问。		哈萨克斯坦
1998 年 6 月 17—24 日	南京军区政治委员方祖岐上将率中国人民解放军军事代表团对加纳、尼日尔进行友好访问。	加纳、尼日尔	
1998 年 6 月 21 日—7 月 4 日	副总参谋长隗福临中将率中国人民解放军军事代表团对苏里南、委内瑞拉、厄瓜多尔、哥伦比亚进行友好访问。	苏里南、委内瑞拉、厄瓜多尔、哥伦比亚	

续表

时间	人员	出访国家	来访国家
1998年 6月22—27日	泰国陆军司令彻他·他那扎洛上将一行对中国进行友好访问。		泰国
1998年6月 26日—7月10日	总后勤部政治委员周坤仁中将率中国人民解放军友好参观团对波兰、捷克、斯洛伐克进行友好访问。	波兰、捷克、斯洛伐克	
1998年6月 28日—7月6日	比利时空军参谋长范亥克中将一行对中国进行友好访问。		比利时
1998年6月 29日—7月6日	爱沙尼亚国防部安·约维尔一行对中国进行友好访问。		爱沙尼亚
1998年 7月3—6日	泰国皇家海军学院参谋长披拉萨·瓦差拉木海军少将率领舰队对中国上海进行友好访问。		泰国
1998年 7月5—11日	玻利维亚武装力量总司令贝哈尔上将一行对中国进行友好访问。		玻利维亚
1998年 7月12—22日	济南军区政治委员徐才厚中将率中国人民解放军友好参观团一行对罗马尼亚、匈牙利进行友好访问。	罗马尼亚、匈牙利	
1998年 7月10—17日	拉脱维亚国防部长尤恩基斯一行对中国进行友好访问。		拉脱维亚
1998年7月 12日—8月1日	成都军区政治委员张志坚上将率中国人民解放军友好代表团对老挝、越南、缅甸、泰国进行了友好访问。	老挝、越南、缅甸、泰国	
1998年 7月15—26日	副总参谋长钱树根中将率中国人民解放军军事代表团一行对美国进行友好访问。	美国	
1998年 7月23—28日	俄罗斯联邦武装力量第一副总参谋长马尼洛夫上将一行对中国进行友好访问。		俄罗斯
1998年 7月24—31日	以色列海军司令亚列克斯·塔尔中将对中国进行友好访问。		以色列
1998年7月 28日—8月6日	老挝副总理兼国防部长朱马里一行对中国云南省昆明市进行友好访问。		老挝

续表

时间	人员	出访国家	来访国家
1998 年 8 月 2—6 日	美国海军第七舰队司令纳特尔中将率领舰队对中国青岛市进行友好访问。		美国
1998 年 8 月 3—7 日	副总参谋长熊光楷中将一行对朝鲜进行友好访问。	朝鲜	
1998 年 8 月 11—15 日	俄罗斯联邦边防总局局长博尔久扎上将对中国进行正式友好访问。		俄罗斯
1998 年 8 月 13—21 日	副总参谋长熊光楷中将一行对越南、澳大利亚、韩国进行工作访问。	越南、澳大利亚、韩国	
1998 年 8 月 16—23 日	加纳陆军司令史密斯少将一行对中国进行正式友好访问。		加纳
1998 年 8 月 23—28 日	巴基斯坦参联会主席兼陆军参谋长卡拉迈特上将一行对中国进行正式友好访问。		巴基斯坦
1998 年 8 月 23 日—9 月 4 日	总政治部副主任周子玉上将率中国人民解放军友好参观团一行对芬兰、俄罗斯进行友好访问。	芬兰、俄罗斯	
1998 年 8 月 25—29 日	希腊国防总参谋长佐加尼斯上将一行对中国进行正式友好访问。		希腊
1998 年 8 月 31 日—9 月 4 日	以色列国防部长伊扎克·莫迪凯一行对中国进行正式友好访问。		以色列
1998 年 8 月 31 日—9 月 4 日	新西兰国防部长布拉德福德一行对中国进行正式友好访问。		新西兰
1998 年 9 月 2—7 日	罗马尼亚国务部长兼国防部长维克托尔. 巴比乌克一行对中国进行正式友好访问。		罗马尼亚
1998 年 9 月 9—11 日	泰国海军司令素帕猜·甲胜素上将一行对中国进行正式友好访问。		泰国
1998 年 9 月 12—22 日	中央军委副主席张万年上将一行对美国进行正式友好访问。	美国	
1998 年 9 月 13—19 日	吉布提军队总参谋长法蒂少将一行对中国进行正式友好访问。		吉布提
1998 年 9 月 14—22 日	美国国防大学校长奇尔科特中将一行对中国进行正式友好访问。		美国

续表

时间	人员	出访国家	来访国家
1998 年 10 月 5—7 日	哈萨克斯坦共和国国防部长阿尔腾巴耶夫上将一行对中国进行正式友好访问。		哈萨克斯坦
1998 年 10 月 10—26 日	空军政治委员丁文昌上将率中国人民解放军空军友好代表团对葡萄牙和土耳其进行正式友好访问。	葡萄牙、土耳其	
1998 年 10 月 11—18 日	智利空军司令罗哈斯上将一行对中国进行正式友好访问。		智利
1998 年 10 月 14—18 日	瑞士国防、民防兼体育部长阿道夫·奥吉一行对中国进行正式友好访问。		瑞士
1998 年 10 月 15—22 日	赞比亚国防部长桑帕一行对中国进行正式友好访问。		赞比亚
1998 年 10 月 16—22 日	北京军区政治委员杜铁环中将率中国人民解放军友好参观团一行对朝鲜进行友好访问。	朝鲜	
1998 年 10 月 16 日—11 月 5 日	中央军委委员、总参谋长傅全有上将一行应邀对阿根廷、秘鲁、乌拉圭、巴西进行正式友好访问。秘国防部长根据藤森总统签署的最高法令，授予傅总参谋长秘鲁武装部队最高级别的“大十字”军工勋章，并举行授衔仪式。	阿根廷、秘鲁、乌拉圭、巴西	
1998 年 10 月 18—23 日	美国国防部副部长斯洛科姆一行应国防部邀请来华进行中美国防部第二次防务磋商。		美国
1998 年 10 月 20—24 日	亚美尼亚国防部长萨尔基相一行对中国进行正式友好访问。		亚美尼亚
1998 年 10 月 21—24 日	俄罗斯联邦国防部长谢尔盖耶夫元帅一行对中国进行正式友好访问。		俄罗斯
1998 年 10 月 23—27 日	新西兰海军“惠灵顿”号护卫舰和“奋进”号补给舰组成的舰艇编队，在新西兰海军海上司令部司令麦克哈菲准将率领下，对中国青岛进行友好访问。		新西兰

续表

时间	人员	出访国家	来访国家
1998年10月23日—11月2日	总政治部副主住唐天标中将率中国人民解放军军事友好代表团对巴基斯坦、孟加拉国进行正式友好访问。	巴基斯坦、孟加拉国	
1998年10月25日—11月1日	老挝国防部副部长纳空中将一行对中国进行友好访问。		老挝
1998年11月1—4日	由澳大利亚海军“安扎克”号、“悉尼”号导弹护卫舰组成的舰艇编队，在澳海军海上司令部司令里奇少将率领下，对中国上海进行了友好访问。		澳大利亚
1998年11月2—9日	秘鲁国防部长萨拉萨尔上将一行对中国进行正式友好访问。		秘鲁
1998年11月8—14日	美国太平洋总部司令普吕厄上将一行对中国进行正式友好访问。		美国
1998年11月10—29日	中央军委主席、国防部长迟浩田上将一行对南非、博茨瓦纳、纳米比亚、莫桑比克、新加坡进行正式友好访问。	南非、博茨瓦纳、纳米比亚、莫桑比克、新加坡	
1998年11月19—26日	泰国空军司令他那尼上将一行对中国进行正式友好访问。		泰国
1998年11月22日—12月8日	沈阳军区司令员梁光烈中将率中国人民解放军军事友好代表团对科特迪瓦、尼日利亚、马达加斯加进行正式友好访问。	科特迪瓦、尼日利亚、马达加斯加	
1998年11月24日—12月2日	尼泊尔军队常务参谋部长查特拉·比克拉姆·沙阿中将率尼军事代表团对中国进行友好访问。		尼泊尔
1998年12月3—8日	俄罗斯国防部陆军总局局长布克列耶夫上将一行对中国进行正式友好访问。		俄罗斯
1998年12月4—8日	美国海军“范德格里夫特”号导弹护卫舰，在美海军第7舰队两栖大队司令海菲尔少将率领下对中国上海进行友好访问。		美国

续表

时间	人员	出访国家	来访国家
1999 年 1 月 20—30 日	中央军委委员、总参谋长傅全有上将一行对澳大利亚、马来西亚进行正式友好访问。	澳大利亚、马来西亚	
1999 年 2 月 19 日—3 月 3 日	中央军委副主席、国务委员兼国防部长迟浩田上将一行 14 人，应邀对巴基斯坦、古巴、墨西哥进行正式友好访问。墨总统塞迪略会见并授予迟副主席“特级军工勋章”。	巴基斯坦、古巴、墨西哥	
1999 年 2 月 22 日—3 月 6 日	广州军区参谋长宋文汉中将率广州军区代表团一行对澳大利亚、新西兰进行友好访问。	澳大利亚、新西兰	
1999 年 2 月 24 日—3 月 3 日	中央军委委员、总装备部部长曹刚川上将一行对意大利进行友好访问。	意大利	
1999 年 2 月 25 日—3 月 1 日	法国海军“牧月”号警戒护卫舰在舰长马里亚尼海军中校率领下，对中国青岛进行友好访问。		法国
1999 年 3 月 1—7 日	以美国前任国防部长威廉. 佩里为团长的美方代表，应邀来华出席在杭州召开的“第二次中美安全问题研讨会”。		美国
1999 年 3 月 4—9 日	马里总统特别参谋长杜姆比亚将军一行对中国进行正式友好访问。		马里
1999 年 3 月 7—13 日	美国空军教育训练司令部司令牛顿上将一行对中国进行正式友好访问。		美国
1999 年 3 月 8—15 日	奥地利国防部第三部部长普罗普斯特上将一行对中国进行正式友好访问。		奥地利
1999 年 3 月 9—26 日	国防大学校长邢世忠上将率该校代表团对乌拉圭、巴西、美国进行正式友好访问。	乌拉圭、巴西、美国	
1999 年 3 月 10—20 日	副总参谋长钱树根中将率中国人民解放军军事代表团对突尼斯、阿尔及利亚和加蓬进行正式友好访问。	突尼斯、阿尔及利亚、加蓬	
1999 年 3 月 13—18 日	英国海军“鲍克瑟”号导弹护卫舰在舰长伊博森海军上校率领下，对中国上海进行友好访问。		英国

续表

时间	人员	出访国家	来访国家
1999年3月13日—4月5日	空军司令员刘顺尧中将一行对法国、英国和白俄罗斯进行正式友好访问。	法国、英国、白俄罗斯	
1999年3月16—21日	英国海军参谋长鲍尔斯上将一行对中国进行友好访问。		英国
1999年3月23—26日	新加坡海军“卓越”号坦克登陆舰在新海军作战局长王汉龙上校率领下，应邀对中国青岛进行友好访问。		新加坡
1999年3月25日—4月4日	苏里南国防部长潘代一行对中国进行正式友好访问。		苏里南
1999年3月30日—4月3日	柬埔寨王国联合国防大臣迪班上将和西索瓦·西里拉亲王一行对中国进行正式友好访问。		柬埔寨
1999年4月4—10日	土耳其陆军司令阿拉提·阿泰什上将一行对中国进行正式友好访问。		土耳其
1999年4月6—14日	墨西哥国防部长塞万提斯上将一行对中国进行正式友好访问。		墨西哥
1999年4月9—26日	总后勤部副部长沈滨义海军中将率中国人民解放军后勤代表团对芬兰、奥地利、西班牙进行友好访问。	芬兰、奥地利、西班牙	
1999年4月12—17日	葡萄牙空军参谋长阿尔瓦伦加上将一行对中国进行正式友好访问。		葡萄牙
1999年4月13—20日	越南中央军事党委常委、越南人民军总政治局主任范清银中将率越南人民军总政领导干部代表团对中国进行正式友好访问。		越南
1999年4月16—23日	芬兰国防军总参谋长马迪·高波拉中将一行对中国进行正式友好访问。		芬兰
1999年4月18—27日	国防大学副政委赵可铭中将和副校长张兴业少将分别率国防大学（研究班）代表团访问俄罗斯、新加坡、泰国。	俄罗斯、新加坡、泰国	
1999年4月26日—5月2日	土耳其综合军事学院院长厄兹干上将对中国进行正式友好访问。		土耳其

续表

时间	人员	出访国家	来访国家
1999 年 5 月 2—8 日	巴布亚新几内亚国防部长彼得·瓦伊恩一行对中国进行正式友好访问。		巴布亚新几内亚
1999 年 5 月 3—10 日	布隆迪国防部长恩库伦齐扎一行对中国进行正式友好访问。		布隆迪
1999 年 5 月 4—12 日	孟加拉国陆军参谋长穆罕默德·穆斯塔菲兹·拉赫曼中将一行对中国进行正式友好访问。		孟加拉国
1999 年 5 月 9—15 日	博茨瓦纳共和国国防军司令费希尔中将一行对中国进行正式友好访问。		博茨瓦纳
1999 年 5 月 9—21 日	南京军区政委方祖岐上将率领中国人民解放军友好参观团对波兰、捷克、斯洛伐克进行正式友好访问。	波兰、捷克、斯洛伐克	
1999 年 5 月 18—23 日	泰国陆军司令苏拉育·尤沙暖上将一行对中国进行友好访问。		泰国
1999 年 5 月 21—25 日	澳大利亚国防部长穆尔一行对中国进行正式友好访问。		澳大利亚
1999 年 5 月 22—29 日	俄罗斯海军总司令库罗耶多夫上将一行对中国进行正式友好访问。		俄罗斯
1999 年 5 月 23—30 日	土耳其军队第二总参谋长黑米尔·厄兹柯克上将一行对中国进行正式友好访问。访问期间，双方签署了《中土两军总参谋部关于在训练领域进行合作的议定书》。		土耳其
1999 年 5 月 24—29 日	巴基斯坦参联会主席兼陆军参谋长伯维兹·穆萨拉夫上将一行对中国进行正式友好访问。		巴基斯坦
1999 年 5 月 27—29 日	白俄罗斯共和国国家安全会议秘书、总统安全助理舍依曼少将一行对中国进行正式友好访问。		白俄罗斯
1999 年 5 月 29 日—6 月 15 日	空军副参谋长徐心德少将率空军指挥学院高级班参观团一行，乘空军专机赴澳大利亚、新西兰访问考察。	澳大利亚、新西兰	

续表

时间	人员	出访国家	来访国家
1999年5月30日—6月5日	阿根廷武装力量参谋长萨瓦拉上将率海军参谋长马龙上将一行对中国进行正式友好访问。		阿根廷
1999年5月30日—6月6日	罗马尼亚军队总参谋长康·戴杰拉图上将一行对中国进行正式友好访问。		罗马尼亚
1999年5月31日—6月6日	泰国国防部次长提拉德·米偏上将一行对中国进行正式友好访问。		泰国
1999年6月5—22日	副总参谋长隗福临中将率中国人民解放军军事代表团一行对西班牙、克罗地亚、希腊进行正式友好访问。	西班牙、克罗地亚、希腊	
1999年6月6—16日	厄瓜多尔陆军司令圣多瓦尔上将一行对中国进行正式友好访问。		厄瓜多尔
1999年6月7—11日	泰国国防学院院长参猜中将率该院高官班代表团一行对中国深圳进行考察访问。		泰国
1999年6月7—15日	中央军委副主席张万年上将对俄罗斯进行正式友好访问。	俄罗斯	
1999年6月7—27日	总装备部政委李继耐中将率中国人民解放军军事友好代表团对巴基斯坦、孟加拉国、尼泊尔、缅甸进行正式友好访问。	巴基斯坦、孟加拉国、尼泊尔、缅甸	
1999年6月8—13日	老挝人民民主共和国政府副总理兼国防部长朱马里·赛雅颂中将率老挝高级军事代表团对中国进行正式友好访问。		老挝
1999年6月11—21日	军事科学院政委张工上将率中国人民解放军友好参观团一行对叙利亚、埃及进行正式友好访问。	叙利亚、埃及	
1999年6月13—17日	纳米比亚国防部长恩吉姆蒂纳一行对中国进行正式友好访问。		纳米比亚
1999年6月15—23日	沈阳军区副司令员葛振峰中将率中国人民解放军沈阳军区代表团对朝鲜进行友好访问。	朝鲜	
1999年6月16—23日	蒙古国武装力量总参谋长策伦巴勒吉德·达希泽伯格中将一行对中国进行正式友好访问。		蒙古

续表

时间	人员	出访国家	来访国家
1999 年 6 月 26 日—7 月 3 日	由美国哈佛大学肯尼迪政治学院教务主任、美国前欧洲裁军大使布莱克威尔率领的美国高级防务学者代表团对中国进行友好访问。		美国
1999 年 6 月 30 日—7 月 6 日	多哥国防部长吉加尼准将一行对中国进行正式友好访问。		多哥
1999 年 7 月 3—16 日	波兰军队总参谋长助理赫梅尔中将率波兰军官休假团一行对中国进行友好访问。		波兰
1999 年 7 月 5—12 日	泰国最高司令蒙坤上将一行对中国进行正式友好访问。		泰国
1999 年 7 月 6—16 日	总参谋长助理张黎少将率中国人民解放军友好参观团一行对罗马尼亚、匈牙利两国进行正式友好访问。	罗马尼亚、匈牙利	
1999 年 7 月 13—20 日	朝鲜人民武力省副相吕春石上将率朝鲜人民军友好参观团一行对中国进行友好访问。		朝鲜
1999 年 7 月 13 日—8 月 1 日	总政治部副主任唐天标中将率中国人民解放军军事代表团一行对特立尼达和多巴哥、秘鲁、玻利维亚进行正式友好访问。唐副主任被授予“秘鲁十字军功勋章”。	特立尼达和多巴哥、秘鲁、玻利维亚	
1999 年 7 月 24—30 日	巴西陆军司令克莱乌贝尔·维埃拉上将一行对中国进行正式友好访问。		巴西
1999 年 7 月 25—30 日	马来西亚陆军司令哈迪西姆上将一行对中国进行正式友好访问。		马来西亚
1999 年 8 月 9—22 日	副总参谋长吴铨叙中将率中国人民解放军军事代表团一行对芬兰、瑞士、罗马尼亚 3 国进行正式友好访问。	芬兰、瑞士、罗马尼亚	
1999 年 8 月 16—23 日	巴基斯坦空军参谋长麦迪上将一行对中国进行正式友好访问。		巴基斯坦
1999 年 8 月 21 日—9 月 1 日	莫桑比克国防部长马祖拉一行对中国进行正式友好访问。		莫桑比克

续表

时间	人员	出访国家	来访国家
1999年 8月23—29日	韩国国防部长官赵成台一行对中国进行正式友好访问。		韩国
1999年 8月24—28日	以色列助理副总参谋长哈罗兹少将一行对中国进行正式友好访问。		以色列
1999年 8月24—31日	越南中央军事党委委员、海军政治副司令武仁勋少将率越海军政治干部代表团一行对中国进行友好访问。		越南
1999年 8月24—31日	格鲁吉亚国防部长捷夫扎泽中将一行对中国进行正式友好访问。		格鲁吉亚
1999年8月 25日—9月2日	汤加王国外交和国防大臣乌卢卡拉拉王子一行对中国进行正式友好访问。		汤加
1999年8月 30日—9月8日	总后勤部副部长王太岚中将率中国人民解放军友好代表团一行对日本、新加坡进行正式友好访问。	日本、新加坡	
1999年8月 31日—9月6日	土库曼斯坦副总理兼国防部长萨尔贾耶夫一行对中国进行正式友好访问。		土库曼斯坦
1999年 9月1—8日	乌拉圭国防部长斯托拉塞率空军司令马拉金中将一行对中国进行正式友好访问。		乌拉圭
1999年 9月6—10日	捷克军队总参谋长伊·谢迪维中将一行对中国进行正式友好访问。		捷克
1999年 9月6—14日	几内亚武装力量总参谋长迪亚洛上校一行对中国进行正式友好访问。		几内亚
1999年 9月6—16日	科威特副首相兼国防大臣萨利姆一行对中国进行正式友好访问。		科威特
1999年 9月6—21日	总政治部副主任周子玉上将率中国人民解放军军事代表团对奥地利、保加利亚、葡萄牙进行正式友好访问。	奥地利、 保加利亚、 葡萄牙	
1999年 9月7—14日	越南国防部副部长陈亨中将一行对中国进行休假访问。		越南
1999年 9月13—17日	印度尼西亚国防学院院长阿古姆·吉梅拉尔中将率领该院代表团一行对中国进行正式友好访问。		印度尼西亚

续表

时间	人员	出访国家	来访国家
1999 年 9 月 14—17 日	菲律宾海军司令桑托斯中将一行对中国进行正式友好访问。		菲律宾
1999 年 9 月 19—25 日	哥伦比亚武装部队总司令塔比亚斯上将一行对中国进行正式友好访问。		哥伦比亚
1999 年 9 月 21—25 日	白俄罗斯军队总参谋长米·科兹洛夫中将一行对中国进行正式友好访问。		白俄罗斯
1999 年 9 月 26 日—10 月 7 日	马里国防部长索科纳中将一行对中国进行正式友好访问。		马里
1999 年 10 月 2—6 日	俄罗斯海军太平洋舰队司令扎哈连科上将率舰队应邀对中国上海进行正式友好访问，庆祝中俄建交 50 周年。		俄罗斯
1999 年 10 月 4—10 日	马达加斯加武装力量部长郎热瓦少将一行对中国进行正式友好访问。		马达加斯加
1999 年 10 月 11—16 日	柬埔寨王家军总司令盖金延上将一行对中国进行正式友好访问。		柬埔寨
1999 年 10 月 12—18 日	澳大利亚国防军副司令赖丁中将一行来华访问并参加中澳两国国防部第三次战略对话。		澳大利亚
1999 年 10 月 14—20 日	几内亚比绍军委会统帅马内上将一行对中国进行正式友好访问。		几内亚
1999 年 10 月 15—31 日	中央军委副主席、国务委员兼国防部长迟浩田上将一行对叙利亚、以色列、约旦、土耳其进行正式友好访问。	叙利亚、以色列、约旦、土耳其	
1999 年 10 月 16—23 日	成都军区司令员廖锡龙中将率中国人民解放军友好参观团一行对朝鲜进行友好访问。	朝鲜	
1999 年 10 月 17—24 日	法国空军参谋长拉努上将一行对中国进行正式友好访问。		法国
1999 年 10 月 18 日—11 月 5 日	海军司令员石云生中将率中国人民解放军海军代表团一行对俄罗斯、埃及进行正式友好访问。	俄罗斯、埃及	
1999 年 10 月 18—24 日	阿尔及利亚国家人民军参谋长拉马利中将一行对中国进行正式友好访问。		阿尔及利亚

续表

时间	人员	出访国家	来访国家
1999年10月25日—11月7日	总后勤部副部长温光春中将率中国人民解放军后勤代表团一行对阿根廷、智利、巴西进行正式访问。	阿根廷、智利、巴西	
1999年10月26—29日	马来西亚海军第二海区司令陈赛明准将率军舰艇编队应邀对广州进行友好访问。		马来西亚
1999年10月28日—11月2日	英国国防参谋长古斯瑞上将一行对中国进行正式友好访问。		英国
1999年10月28日—11月6日	总后勤部政委周坤仁中将率中国人民解放军友好参观团一行对柬埔寨、泰国进行友好访问。	柬埔寨、泰国	
1999年10月28日—11月7日	捷克军队空军司令科利马中将率捷克军官休假团一行对中国进行友好访问。		捷克
1999年10月30日—11月2日	澳大利亚海军海上司令部司令洛德少将率“阿德莱德”号导弹护卫舰，对中国上海进行友好访问。		澳大利亚
1999年11月5—10日	澳大利亚国防学院院长奥洛克林空军少将率该院代表团一行对中国进行友好访问。		澳大利亚
1999年11月7—18日	中央军委委员、总政治部主任于永波上将一行对新西兰、澳大利亚进行正式友好访问。	新西兰、澳大利亚	
1999年11月8—22日	国防大学政委王茂润上将、副校长毛凤鸣少校分别率国防研究系学员对土耳其、以色列、越南、泰国进行考察访问。	土耳其、以色列、越南、泰国	
1999年11月13—29日	军事科学院院长王祖训中将率中国人民解放军军事科学院代表团一行应意大利高等防务研究中心和俄罗斯总参军事战略研究中心的邀请对上述两国进行考察访问。	意大利、俄罗斯	
1999年11月14—19日	土耳其空军司令杰拉辛上将一行对中国进行正式友好访问。		土耳其
1999年11月14—20日	委内瑞拉武装力量联合参谋长费拉托夫空军中将一行对中国进行正式友好访问。		委内瑞拉

续表

时间	人员	出访国家	来访国家
1999 年 11 月 15—19 日	副总参谋长熊光楷中将一行对俄罗斯、法国进行工作访问。	俄罗斯、法国	
1999 年 11 月 15—26 日	匈牙利国防部副国务秘书兼国防部办公厅主任科豪尔密率匈牙利军事友好参观团一行 10 人，应邀对中国进行正式友好访问。		匈牙利
1999 年 11 月 20—27 日	南京军区司令员陈炳德中将率中国人民解放军友好参观团一行对古巴进行友好访问。	古巴	
1999 年 11 月 21—25 日	阿尔巴尼亚国防部长哈伊达拉加一行对中国进行正式友好访问。		阿尔巴尼亚
1999 年 11 月 22—28 日	日本防卫厅事务次官江间清二一行对中国进行工作访问。		日本
1999 年 11 月 23—30 日	越南人民军第 3 军区司令黄奇少将率越军第 1、2、3 军区代表团一行对中国进行友好访问。		越南
1999 年 11 月 28 日—12 月 2 日	希腊国防副总长卡扎西斯中将一行对中国进行正式友好访问。		希腊
1999 年 11 月 28 日—12 月 15 日	总装备部副部长肖贞堂少将一行赴马来西亚参观“国际航空航海展”。	马来西亚	
1999 年 12 月 1—5 日	中央军委委员、总参谋长傅全有上将一行对泰国进行正式友好访问。	泰国	
1999 年 12 月 1—7 日	坦桑尼亚国防部长马乔戈一行对中国进行正式友好访问。		坦桑尼亚
1999 年 12 月 5—11 日	新西兰国防军陆军参谋长莫里斯·多德森少将对中国进行正式友好访问。		新西兰
1999 年 12 月 6—13 日	斯洛伐克军队总参作战计划参谋部副参谋长霍兹曼少将率领斯洛伐克军官休假团一行对中国进行友好访问。		斯洛伐克
1999 年 12 月 7—14 日	尼泊尔军队参谋长拉纳上将一行对中国进行正式友好访问。		尼泊尔
1999 年 12 月 12—17 日	尼日尔武装力量总参谋长布雷马上校一行对中国进行正式友好访问。		尼日尔

续表

时间	人员	出访国家	来访国家
2000 年 1 月 11 日	中央军委副主席、国务委员兼国防部长迟浩田上将率团访问英国。	英国	
2000 年 1 月 16—18 日	中央军委副主席、国务委员兼国防部长迟浩田上将率团访问俄罗斯。	俄罗斯	
2000 年 1 月 23 日	中央军委副主席、国务委员兼国防部长迟浩田上将率团访问蒙古。	蒙古	
2000 年 1 月 24—26 日	熊光楷副总参谋长赴美进行中美第三次副国防部长级防务磋商。	美国	
2000 年 2 月	加拿大助理国防部长卡德尔访华。	加拿大	
2000 年 2 月	空军司令员刘顺尧上将访问巴基斯坦。	巴基斯坦	
2000 年 2 月 27 日 —3 月 2 日	美军太平洋总部司令布莱尔访华。		美国
2000 年 2 月	蒙古安全委员会代表团访华。		蒙古
2000 年 3 月 28 日	中央军委委员、总参谋长傅全有上将访问了德国。	德国	
2000 年 3 月 28 日	空军司令员刘顺尧上将访问澳大利亚。	澳大利亚	
2000 年 3 月 28 日	中央军委副主席、国务委员兼国防部长迟浩田上将率团访问哈萨克斯坦。	哈萨克斯坦	
2000 年 4 月 14—22 日	海军司令员石云生访美。	美国	
2000 年 4 月 21 日—5 月 10 日	中央军委委员、常务副总参谋长郭伯雄上将访问了阿根廷、巴西、智利。	阿根廷、巴西、智利	、
2000 年 4 月	海军司令员石云生中将率中国人民解放军海军军事代表团访问葡萄牙。	葡萄牙	
2000 年 4 月	总参谋长傅全有上将对尼泊尔进行友好访问。	尼泊尔	
2000 年 4 月	总参谋长傅全有上将对日本进行友好访问。	日本	
2000 年 5 月	印度国防学院代表团访华。		印度
2000 年 5 月 6 日	比利时海军“万德拉尔”号导弹护卫舰访问中国。		比利时

续表

时间	人员	出访国家	来访国家
2000年5月8日	加拿大海军太平洋舰队司令麦克米兰少将率领舰队对中国进行友好访问。		加拿大
2000年5月23日	巴基斯坦海军参谋长阿卜杜勒·阿齐兹·米尔扎上将对中国进行访问。		巴基斯坦
2000年5月25日—6月4日	中央军委副主席张万年少将访问意大利、西班牙、葡萄牙。	意大利、西班牙、葡萄牙	
2000年6月	日本参谋长联席会议主席藤绳佑尔访华。		日本
2000年6月	总装备部部长曹刚川上将访问以色列。	以色列	
2000年6月18日—24日	总装备部部长曹刚川上将访问英国。	英国	
2000年6月	总政治部常务副主任徐才厚上将率军事友好代表团访问俄罗斯。	俄罗斯	
2000年6月26日	中央军委委员、总政治部常务副主任徐才厚上将率团访问芬兰。	芬兰	
2000年7月4日	兰州军区司令员李乾元中将率团访问哈萨克斯坦、吉尔吉斯斯坦、塔吉克斯坦、土库曼斯坦四国。	哈萨克斯坦、吉尔吉斯斯坦、塔吉克斯坦、土库曼斯坦	
2000年7月5日	总后勤部政委周坤仁上将对几内亚、马里、贝宁进行访问。	几内亚、马里、贝宁	
2000年7月11—15日	美国国防部长科恩率团访华。		美国
2000年7月31日至8月5日	美国太平洋舰队司令法戈上将率军舰访问中国青岛。		美国
2000年8月18—23日	军事科学院副院长田书根中将率团访问印度。	印度	
2000年8月21—29日	军事科学院院长王祖训上将率团访问美国。	美国	
2000年8月20日—10月12日	中国海军北海舰队参谋长吕芳秋少将率舰艇编队对美国夏威夷珍珠港、西雅图埃夫里特港停留访问。	美国	

续表

时间	人员	出访国家	来访国家
2000 年 9 月 5 日	特立尼达和多巴哥安全部长约瑟夫·西奥多访华。		特立尼达和多巴哥
2000 年 9 月 16—19 日	印海军“德里”号驱逐舰和“科拉”号护卫舰对上海进行友好访问。		印度
2000 年 9 月 27 日	总政治部主任唐天标上将率团访问埃及和叙利亚。	埃及和叙利亚	
2000 年 9 月 20—30 日	马尔代夫国防与国家安全国务部长萨塔尔访华。		马尔代夫
2000 年 9 月	朝鲜参谋长联席会议主席曹永吉访华。		朝鲜
2000 年 9 月	北京军区副司令员粟戎生中将率团赴蒙古参加二战胜利纪念活动。	蒙古	
2000 年 10 月	总装备部政委李继耐上将访问坦桑尼亚、赞比亚、肯尼亚。	坦桑尼亚、赞比亚、肯尼亚	
2000 年 10 月	尼泊尔副总参谋长阿亚尔中将一行对中国进行正式友好访问。		尼泊尔
2000 年 10 月 21 日	总政治部副主任周子玉上将率团访问乌拉圭。	乌拉圭	
2000 年 10 月中旬	日本航空自卫队参谋长竹河内捷次上将成功访华。		日本
2000 年 10 月 22 日	中央军委副主席迟浩田上将率团一行赴朝参加志愿军入朝参战 50 周年纪念活动。	朝鲜	
2000 年 10 月 25 日—11 月 2 日。	总政治部主任于永波上将应邀对美国进行友好访问。	美国	
2000 年 10 月 31 日—11 月 2 日	中央军委副主席张万年上将会见来访的俄罗斯第一副总理克列巴罗夫。		俄罗斯
2000 年 11 月	国防大学副政委赵可铭中将率国防大学代表团访问美国。	美国	
2000 年 11 月 2—5 日	美国参谋长联席会议主席亨利·谢尔顿率团访华。		美国
2000 年 11 月 7—9 日	副总参谋长熊光楷上将赴澳大利亚，同澳国防军副司令米勒举行“中澳第四次防务战略对话”。	澳大利亚	

续表

时间	人员	出访国家	来访国家
2000 年 11 月 11—28 日	中央军委副主席、国务委员兼国防部长迟浩田上将率团访问阿尔及利亚、摩洛哥、突尼斯。	阿尔及利亚、摩洛哥、突尼斯	
2000 年 11 月 10 日	总政治部副主任袁守芳上将访问新西兰。	新西兰	
2000 年 11 月 15 日	海军政委杨怀庆率团访问巴基斯坦并参加 2000 年防务展。	巴基斯坦	
2000 年 11 月 20 日	南京军区政委方祖岐上将率领中国人民解放军友好参观团一行对巴基斯坦进行访问。	巴基斯坦	
2000 年 12 月	中央军委委员、总参谋长傅全有上将访问了委内瑞拉、古巴。	委内瑞拉、古巴	
2001 年 1 月 3 日	中央军委委员、总参谋长傅全有上将对希腊进行了正式友好访问。	希腊	
2001 年 2 月	菲律宾国防部长梅尔卡多访问中国。		菲律宾
2001 年 2 月 5 日	中央军委副主席、国务委员兼国防部长迟浩田上将访问了老挝、越南、柬埔寨。	老挝、越南、柬埔寨	
2001 年 2 月 19 日	泰国副总理兼国防部长差瓦立・永猜裕上将访问中国。		泰国
2001 年 2 月 20 日	新加坡第二国防部长兼教育部长张志贤来华访问。		新加坡
2001 年 2 月 21 日	中央军委副主席张万年对俄罗斯进行了访问。	俄罗斯	
2001 年 2 月 27 日	空军司令员刘顺尧上将率团访问日本。	日本	
2001 年 2 月	日本防卫厅友好代表团访华。		日本
2001 年 2 月 27 日	空军司令员刘顺尧上将率团访问朝鲜。	朝鲜	
2001 年 3 月 1 日	韩国陆军参谋总长吉亨宝访华。		韩国
2001 年 3 月 16 日	蒙古国防部长古尔拉格查会见了正在此间访问的以成都军区司令员廖锡龙上将为团长的中国人民解放军友好代表团，双方进行了友好交谈。	蒙古	
2001 年 3 月 29 日	中央军委副主席张万年上将对澳大利亚和新西兰进行了正式友好访问。	澳大利亚、新西兰	
2001 年 4 月	总参谋长傅全有上将访问巴基斯坦。	巴基斯坦	
2001 年 4 月 17 日	总参谋长傅全有上将访问马尔代夫。	马尔代夫	

续表

时间	人员	出访国家	来访国家
2001年5月	马来西亚国防部常任秘书哈西姆·梅翁访华。		马来西亚
2001年5月	巴基斯坦军乐团访华。		巴基斯坦
2001年5月1日	海军军舰访问巴基斯坦。	巴基斯坦	
2001年5月1日	中央军委委员、总后勤部部长王克上将对德国、英国进行了友好访问。	德国、英国	
2001年5月21日	印度空军参谋长蒂普尼斯访华。		印度
2001年5月22日	泰国军队最高司令桑抛·楚齐访问中国。		泰国
2001年5月22—26日	国防大学代表团访印。	印度	
2001年5月23日	副总参谋长钱树根上将率团访问了坦桑尼亚和土耳其。	坦桑尼亚和土耳其	
2001年6月15日	中、俄、哈、吉、塔、乌6国组成的“上海合作组织”正式成立，期间6国国防部长签署了《联合公报》。	俄、哈、吉、塔、乌	
2001年6月20日	副总参谋长吴铨叙上将率团访问了尼日利亚、喀麦隆、安哥拉。	尼日利亚、喀麦隆、安哥拉	
2001年8月3日	总装备部政委李继耐上将率团访问了埃及、叙利亚。	埃及、叙利亚	
2001年8月23日	南非国防军司令西菲韦·尼安达访问中国。		南非
2001年8月25日—9月17日	中央军委副主席、国务委员兼国防部长迟浩田上将对哥伦比亚、委内瑞拉、特立尼达和多巴哥进行了友好访问。	哥伦比亚、委内瑞拉、特立尼达和多巴哥	
2001年9月11日	军委副主席迟浩田访问了尼日利亚和科特迪瓦。	尼日利亚、科特迪瓦	
2001年9月13日	中美海上军事安全磋商机制会议在关岛举行。	美国	
2001年9月20日	济南军区司令员陈炳德上将率团访问了沙特阿拉伯、阿曼和科威特。	沙特阿拉伯、阿曼和科威特	
2001年9月24日	南京军区司令员梁光烈中将率团访问比利时。	比利时	

续表

时间	人员	出访国家	来访国家
2001 年 10 月 22 日	俄罗斯武装力量总参谋长克瓦什宁大将应邀访华。		俄罗斯
2001 年 10 月 23 日	新加坡武装部队总长林泉宝访华。		新加坡
2001 年 10 月 26 日	韩国海军舰艇编队首次访问中国。		韩国
2001 年 10 月 15 日—11 月 30 日	中国在国防大学举办了第三期国际问题研讨班。		
2001 年 11 月 26 日	总后勤部政委周坤仁上将率团对蒙古进行了友好访问。	蒙古	
2001 年 11 月 20 日—12 月 4 日	傅全有总长访问赞比亚、肯尼亚、南非、坦桑尼亚。	赞比亚、肯尼亚、南非、坦桑尼亚	
2001 年 11 月 23 日—27 日	副总参谋长熊光楷上将赴俄罗斯，同俄武装力量第一副总参谋长巴卢耶夫斯基上将举行了中俄参谋部第五轮战略磋商。	俄罗斯	
2001 年 12 月	中国与南非两国国防部签署了《防务合作谅解备忘录》。	南非	
2001 年 12 月 1 日	副总参谋长张黎中将率团访问印度。	印度	
2001 年 12 月 4 日	中美海上军事安全磋商机制工作小组会议在北京举行。		美国
2001 年 12 月 1—4 日	副总参谋长熊光楷上将赴泰国与泰国国防部次长森潘·汶亚南上将进行了中泰国防部安全会晤。	泰国	
2001 年 12 月 14 日	中央军委委员、常务副总参谋长郭伯雄上将率团访问西班牙和葡萄牙。	西班牙、葡萄牙	
2001 年 12 月 15 日	韩国国防部长官金东信访问中国。		韩国
2002 年 1 月	哈萨克斯坦边防陆军第一副司令兼参谋长侯赛因·别而卡耶夫率团来访。		哈萨克斯坦
2002 年 1 月	加拿大陆军代表团来访。		加拿大
2002 年 1 月 12 日	中国派员观摩了新加坡主办的西太平洋地区海军扫雷演习。		
2002 年 1 月 23 日	塞浦路斯国防部长哈西科斯来访。		塞浦路斯

续表

时间	人员	出访国家	来访国家
2002年1月29日—2月9日	广州军区政委刘书田上将率团出访澳大利亚、新西兰。	澳大利亚、新西兰	
2002年2月	中国正式参加联合国维和行动第一级待命安排机制。		
2002年2月	科特迪瓦国防和国民保护国务部长利达来访。		科特迪瓦
2002年2月25日	前大西洋北约盟军最高司令兼美国大西洋总部司令莱昂·诶德尼海军上将率团来访。		美国
2002年2月26日—3月7日	海军司令员石云生上将率领海军代表团访问巴西、智利。	巴西、智利	
2002年2月30日	中国人民解放军空军代表团访问巴基斯坦并参加巴基斯坦空军歼6飞机退役仪式。	巴基斯坦	
2002年3月	首届“中巴防务与安全磋商”在伊斯兰堡举行，巴总统穆沙拉夫会见赴巴磋商的副总参谋长熊光楷上将一行。		
2002年3月4—13日	美国空军战争学院代表团来访		美国
2002年3月13日	法国空军参谋长让－皮埃尔·若布一行来访。		法国
2002年3月18日—4月9日	中央军委副主席、国务委员兼国防部长迟浩田上将对德国、希腊、克罗地亚、挪威进行正式友好访问，并顺访罗马尼亚。	德国、希腊、克罗地亚、挪威、罗马尼亚	
2002年3月20日—4月8日	副总参谋长钱树根上将率团对澳大利亚、新西兰进行了友好访问。	澳大利亚、新西兰	
2002年3月25日	苏丹军队总参谋长阿巴斯访华。		苏丹
2002年3月25—30日	爱尔兰海军“尼亚姆”号近海巡逻舰对上海进行友好访问。		爱尔兰
2002年4月	白俄罗斯国防部长列热洛·雷耶斯访华。		白俄罗斯
2002年4月	派员观摩了日本主办的西太平洋地区潜艇搜救演习。		
2002年4月	厄瓜多尔国防部长乌戈·温达·阿吉雷访华。		厄瓜多尔

续表

时间	人员	出访国家	来访国家
2002 年 4 月 1—19 日	副总参谋长隗福临上将出访纳米比亚、莱索托、莫桑比克。	纳米比亚、莱索托、莫桑比克	
2002 年 4 月 2 日	空军代表团访问智利，并参加第 12 届智利国际航空航天博览会。	智利	
2002 年 4 月 2 日	俄罗斯联邦政府前总理、杜马议员普里马科夫应邀访华。		俄罗斯
2002 年 4 月 2—19 日	以沈阳军区司令员钱国梁上将为团长的军事友好代表团应邀对芬兰、俄罗斯和摩尔多瓦进行访问。	芬兰、俄罗斯和摩尔多瓦	
2002 年 4 月 2—6 日	英国国防助理参谋长来访。		英国
2002 年 4 月 4 日	中国人民解放军边境军区代表团对越南进行访问。	越南	
2002 年 4 月 8 日	意大利海军参谋长马尔切洛·德唐诺来访。		意大利
2002 年 4 月 10—12 日	中美海上军事安全磋商机制 2002 年度会晤在上海举行。		美国
2002 年 4 月 15 日	丹麦王国国防大臣斯文·奥格·延斯比访华。		丹麦
2002 年 4 月 18—30 日	总装备部政委李继耐上将率团出访古巴。	古巴	
2002 年 4 月 20 日	俄罗斯国防部长伊万诺夫访华。		俄罗斯
2002 年 4 月 22 日	土耳其综合军事学院院长富特纳上将一行访华。		土耳其
2002 年 5 月	由辛西娅·沃森博士率领的美国国防大学战争学院代表团对中国进行访问。		美国
2002 年 5 月	中央军委委员、总参谋长傅全有上将出访欧洲过境俄罗斯，与俄罗斯军队总长克瓦什宁大将进行会谈。	俄罗斯	
2002 年 5—9 月	中国海军舰艇编队首次进行环球航行访问，航行 3 万海里，访问了 10 个国家。		
2002 年 5 月	派员观摩了美国、泰国、新加坡“金色眼镜蛇”联合军事演习。		

续表

时间	人员	出访国家	来访国家
2002 年 5 月 11—28 日	副总参谋长吴铨叙上将率友好参观团前往埃及和叙利亚两国进行正式友好访问。	埃及、叙利亚	
2002 年 5 月 13—18 日	中央军委副主席、国务委员兼国防部长迟浩田上将赴俄罗斯参加上海合作组织成员国国防部长会晤。		俄罗斯
2002 年 5 月 14 日	希腊共和国陆军参谋长帕绅约访华。		希腊
2002 年 5 月 15 日—9 月 23 日	由“青岛”号导弹驱逐舰、“太仓”号综合补给舰组成的中国海军环球航行舰艇编队进行首次环球航行。		
2002 年 5 月 17 日—6 月 6 日	中央军委委员、总参谋长傅全有上将对斯洛伐克、白俄罗斯和乌克兰进行正式友好访问。	斯洛伐克、白俄罗斯、乌克兰	
2002 年 5 月 28 日	国家副主席、中央军委副主席胡锦涛在北京会见莫桑比克国防部长托比亚斯·戴一行。		莫桑比克
2002 年 5 月 30 日—6 月 18 日	北京军区政委杜铁环上将率军事代表团对苏丹、吉布提和赞比亚进行友好访问。	苏丹、吉布提、赞比亚	
2002 年 6 月	肯尼亚军队总参谋长基卜瓦纳对中国进行访问。		肯尼亚
2002 年 6 月	巴西陆军参谋长马尔塞洛·鲁菲诺·多斯桑托斯上将一行来访。		巴西
2002 年 6 月	玻利维亚陆军司令胡安·乌尔塔多·罗萨拉斯上将和海军司令豪尔赫·巴达尼·伦斯海军上将一行访华。		玻利维亚
2002 年 6 月	英国陆军参谋长迈克尔·沃克一行访华。		英国
2002 年 6 月	德国海军监察长卢索到访。		德国
2002 年 6 月	兰州军区政委刘冬冬中将率团出访俄罗斯。	俄罗斯	
2002 年 6 月	泰国武装部队最高司令纳隆·育他翁一行访问中国。		泰国
2002 年 6 月	“亚信”首次元首峰会通过了《阿拉木图文件》和《关于消除恐怖主义和促进文明对话的宣言》。“亚信”进程取得了重要成果。		

续表

时间	人员	出访国家	来访国家
2002年6月1—9日	法国三军防务学院代表团来访。		法国
2002年6月3—8日	法国海军“葡月”号轻型护卫舰对中国青岛进行友好访问。		法国
2002年6月4—13日	泰国国防学院高官班代表团203人来访。		泰国
2002年6月7日	在上海合作组织圣彼得堡峰会上，六国元首签署了《上海合作组织宪章》、《关于地区反恐怖机构的协定》和《上海合作组织成员国元首宣言》三份重要法律、政治文件。	俄罗斯	
2002年6月8—26日	中央军委委员、总装备部部长曹刚川上将前往意大利、法国和南非进行正式友好访问。	意大利、法国、南非	
2002年6月10—14日	芬兰国防学院院长来访。		芬兰
2002年6月10—16日	德国海军“梅克伦堡-福尔波门”号护卫舰和“莱茵兰-普法尔茨”号护卫舰访问青岛。		德国
2002年6月14日	赤道几内亚国防部长级代表埃本登一行访华。		赤道几内亚
2002年6月14—19日	兰州军区政治委员刘冬冬中将率友好参观团对罗马尼亚进行友好访问。	罗马尼亚	
2002年6月18日—7月6日	军事科学院院长葛振峰中将出访埃及、土耳其。	埃及、土耳其	
2002年6月18日—7月8日	济南军区司令员陈炳德上将出访几内亚、马里、毛里塔尼亚。	几内亚、马里、毛里塔尼亚	
2002年6月21日	安提瓜和巴布达国防军司令托马斯一行访华。		安提瓜和巴布达
2002年6月22日	由“胡马邦国王”号驱逐舰和“里萨尔”号导弹护卫舰组成的菲律宾海军舰艇编队对中国上海进行访问		菲律宾

续表

时间	人员	出访国家	来访国家
2002 年 6 月 23—28 日	摩尔多瓦共和国国防部长维克托·加伊丘克对中国进行正式友好访问。		摩尔多瓦
2002 年 6 月 23 日	中央军委副主席、国务委员兼国防部长迟浩田在北京会见来访的哥伦比亚武装力量总司令费尔南多·塔皮亚斯。		哥伦比亚
2002 年 6 月 24 日	瑞典武装力量总司令约翰·赫德斯泰特上将访华。		瑞典
2002 年 6 月 24 日	美国前总统国家安全事务助理莱克应邀来华参加“面向 21 世纪的中美关系”国际研讨会。		美国
2002 年 6 月 25—27 日	美国助理国防部长彼得·罗德曼一行来华访问。		美国
2002 年 7 月	古巴武装部队总政治部主任西斯托·巴蒂斯塔·桑塔纳一行来访。		古巴
2002 年 7 月	土库曼斯坦国防部第一副部长、武装力量总参谋长兼空军防空军司令谢尔达尔·恰里亚罗夫访华。		土库曼斯坦
2002 年 7 月	俄罗斯联邦安全会议秘书弗拉基米尔·鲁沙伊诺访问中国。		俄罗斯
2002 年 7 月 2 日	美国前总统国家安全事务助理斯考克罗夫特来访。		美国
2002 年 7 月 3 日	中央军委副主席、国务委员兼国防部长迟浩田上将在北京与来访的贝宁国防国务部长奥绍进行会谈。		贝宁
2002 年 7 月 3 日	俄罗斯联邦武装力量总参军事学院院长切切瓦托夫上将一行访华。		俄罗斯
2002 年 7 月 18 日	老挝中央国防治安委员会办公厅主任兼国防部办公厅主任沙威·塞亚谢纳率团访问中国。		老挝
2002 年 7 月 26 日	加拿大海军“渥太华”号导弹护卫舰对上海进行友好访问。		加拿大
2002 年 7 月 31 日—8 月 3 日	美国国防大学将官班再次来访。		美国

续表

时间	人员	出访国家	来访国家
2002年8月	中国军事代表团访问塔吉克斯坦和吉尔吉斯斯坦、哈萨克斯坦。	塔吉克斯坦、吉尔吉斯斯坦、哈萨克斯坦	
2002年8月	马来西亚皇家海军“因德拉普”号登陆艇对上海进行访问。		马来西亚
2002年8月下旬	墨西哥海军“夸特莫克”号训练舰对上海进行友好访问。		墨西哥
2002年8月上旬	中美海上军事安全磋商机制海空军事安全工作小组会议在夏威夷举行。	美国	
2002年8月5日	阿塞拜疆国防部副部长马梅德·别伊杜拉耶夫一行访华。		阿塞拜疆
2002年8月5—17日	南京军区政委雷鸣球中将率友好参观团对波兰和捷克两国进行友好访问。	波兰和捷克	
2002年8月7日	赞比亚陆军司令奇苏济访华。		赞比亚
2002年8月14—26日	总后勤部政委周坤仁上将对斯洛伐克、希腊进行正式友好访问。	斯洛伐克、希腊	
2002年8月20日	坦桑尼亚国防军司令瓦伊塔拉来访。		坦桑尼亚
2002年8月26日	波兰军队总参谋长切斯瓦夫·皮昂塔斯一行来访。		波兰
2002年9月	阿根廷陆军参谋长里卡多·吉列尔莫·布林索尼一行访华。		阿根廷
2002年9月	中国边防军代表团访问塔吉克斯坦和吉尔吉斯斯坦。	吉尔吉斯斯坦、塔吉克斯坦	
2002年9月2—20日	总参谋长助理李玉书中将出访奥地利、瑞士、匈牙利。	奥地利、瑞士、匈牙利	
2002年9月5日	中央军委副主席、国务委员兼国防部长迟浩田在北京会见来访的智利国防部副部长兼航天局主席内尔松·阿达德·埃雷西一行。		智利
2002年9月9—23日	沈阳军区政委姜福堂上将率军事代表团对加蓬、贝宁和喀麦隆进行正式友好访问。	加蓬、贝宁、喀麦隆	

续表

时间	人员	出访国家	来访国家
2002年9月11日	联合国安理会根据中国、美国、阿富汗、吉尔吉斯斯坦的共同要求，正式将“东突厥斯坦伊斯兰运动”列入其颁布的恐怖组织名单。		
2002年9月12日	亚美尼亚国防部第一副部长兼武装力量总参谋长阿鲁秋尼扬对中国进行友好访问。		亚美尼亚
2002年9月16日	匈牙利国防军总参谋长福多尔·拉约什访华。		匈牙利
2002年9月17日—10月7日	总政治部副主任唐天标上将出访津巴布韦、莫桑比克。	津巴布韦、莫桑比克	
2002年9月24日	中央军委委员、总参谋长傅全有上将对柬埔寨进行正式友好访问。	柬埔寨	
2002年9月24日	新加坡海军“刚毅”号登陆舰对上海进行访问。		新加坡
2002年9月26日	澳大利亚海军“悉尼”号导弹护卫舰对青岛进行友好访问。		澳大利亚
2002年9月26日	在北京举办了东盟地区论坛军队后勤保障社会化研讨会。		
2002年9月26—30日	泰国海军军舰访问上海。		泰国
2002年9月27—30日	新西兰海军军舰访问上海。		新西兰
2002年9月29日	中央军委副主席、国务委员兼国防部长迟浩田上将对加拿大进行正式友好访问。	加拿大	
2002年9月29日	中央军委副主席、国务委员兼国防部长迟浩田上将对印度尼西亚、菲律宾进行友好访问。	印度尼西亚、菲律宾	
2002年10月	罗马尼亚军队总监尼夸拉埃·帕斯蒂尼卡中将率领的罗马尼亚军队国际关系代表团来访。		罗马尼亚
2002年10月	美国国防大学第三期将官班代表团来访		美国
2002年10月9日	美国国防大学校长保罗·加夫尼海军中将一行访华。		美国
2002年10月9—19日	英国皇家国防研究学院代表团来访。		英国

续表

时间	人员	出访国家	来访国家
2002 年 10 月 9—25 日	军事科学院政委温宗仁上将出访南斯拉夫、德国。	南斯拉夫、德国	
2002 年 10 月 11 日	中国与吉尔吉斯斯坦举行联合反恐军事演习。		
2002 年 10 月 16 日	澳大利亚国防学院代表团来访。		澳大利亚
2002 年 10 月 20—26 日	副总参谋长熊光楷上将赴澳大利亚进行中澳第六次防务战略磋商。	澳大利亚	
2002 年 10 月 25 日	中美两国元首在得克萨斯州克劳福德牧场会晤。	美国	
2002 年 10 月 27 日—11 月 1 日	比利时国防大臣来访。		比利时
2002 年 10 月 28 日—11 月 3 日	津巴布韦国防部长塞克拉马伊来访。		津巴布韦
2002 年 10 月 30 日—11 月 4 日	法国军舰访问上海。		法国
2002 年 10 月 31 日—11 月 7 日	墨西哥军事院校代表团来访。		墨西哥
2002 年 11 月	副总参谋长张黎中将率军事代表团访问厄瓜多尔、秘鲁、玻利维亚、牙买加。	厄瓜多尔、秘鲁、玻利维亚、牙买加	
2002 年 11 月	俄罗斯第一副总长巴鲁耶夫上将访华。		俄罗斯
2002 年 11 月 13 日	中国与东盟发表《关于非传统安全领域合作联合宣言》，启动了中国与东盟在非传统安全领域的全面合作。		
2002 年 11 月 17—23 日	南非海军司令雷蒂夫来访。		南非
2002 年 11 月 20—28 日	埃塞俄比亚国防部长阿巴杜拉来访。		埃塞俄比亚
2002 年 11 月 24 日—12 月 2 日	黎巴嫩国防部长赫拉维来访。		黎巴嫩
2002 年 11 月 25 日	美国海军“福斯特”号驱逐舰抵达青岛进行为期 5 天的访问。		美国
2002 年 11 月 25 日—12 月 3 日	布隆迪国防部长尼雍盖科来访。		布隆迪

续表

时间	人员	出访国家	来访国家
2002年11月26日—12月1日	纳米比亚国防军参谋长纳邦邓加来访。		纳米比亚
2002年11月29日	国防大学研究班代表团启程前往美国进行访问。	美国	
2002年12月	格鲁吉亚国防部副部长别茹什维利一行访华。		格鲁吉亚
2002年12月上旬	中美海上军事安全磋商机制海空军事安全工作小组第二次会议在青岛举行。		美国
2002年12月9日	中国发表《2002年中国的国防》白皮书，介绍了中国的国防政策和近两年来国防建设情况。		
2002年12月12日	美国太平洋总部司令法戈访华。		美国
2002年12月17—22日	科威特武装部队总参谋长穆明访华。		科威特
2002年12月19日	老挝国防部长隆再·皮吉少将访问中国。		老挝
2002年12月24—31日	厄立特里亚国防部长塞伯哈特访华。		厄立特里亚
2002年12月25日—2003年1月2日	尼日尔国防部长苏莱访华。		尼日尔
2003年1月6日	中国海军赴亚丁湾、索马里海域执行护航任务的舰艇编队，顺利抵达任务海域，开始执行护航任务。		
2003年4月	瑞士联邦委员、国防和体育部长萨穆埃尔·施密特访华。		瑞士
2003年4月	解放军空军高级军事代表团访问英国、法国。	英国、法国	
2003年4月1日	中国向联合国刚果（金）维和行动派出175人的工兵连和43人医疗分队。		
2003年4月4日	尼泊尔国防秘书马丹·普拉萨德·阿亚尔一行访华。		尼泊尔
2003年4月20—27日	印度国防部长乔治·费尔南德斯正式访华。		印度
2003年4月22日	朝鲜国防委员会第一副委员长、人民军总政治局局长赵明禄访华。		朝鲜

续表

时间	人员	出访国家	来访国家
2003年4月26日—5月18日	中央军委委员、总参谋长梁光烈上将访问坦桑尼亚、南非、摩洛哥。此外，中国高级军事代表团还分别访问了突尼斯、赞比亚、津巴布韦、埃及、苏丹、叙利亚、阿根廷、智利、巴西、墨西哥、古巴等国。坦桑尼亚、莫桑比克、加纳、塞拉利昂、乌干达、刚果（布）、几内亚、多哥、罗马尼亚、巴西等国国防部长或军队总长成功访华。	坦桑尼亚、南非、摩洛哥、突尼斯、赞比亚、津巴布韦、埃及、苏丹、叙利亚、阿根廷、智利、巴西、墨西哥、古巴	坦桑尼亚、莫桑比克、加纳、塞拉利昂、乌干达、刚果（布）、几内亚、多哥、罗马尼亚、巴西
2003年5月27—31日	中央军委副主席、国务委员兼国防部长曹刚川上将赴俄罗斯莫斯科出席上海合作组织国防部长会晤。	俄罗斯	
2003年5月29日	中国、哈萨克斯坦、吉尔吉斯斯坦、俄罗斯、塔吉克斯坦国防部长在莫斯科签署《上海合作组织成员国国防部关于举行“联合－2003”反恐演习的备忘录》。	俄罗斯	
2003年6月	法国国防部长米谢勒·阿利奥－玛丽访华。	利比亚	法国
2003年7月16日	中国政府决定向联合国利比里亚特派团派遣550人的维和部队，首批由60名官兵组成的运输部队将于12月9日奔赴利比里亚。		
2003年8月6—8日、8月11—12日	中国、俄罗斯、哈萨克斯坦、吉尔吉斯斯坦、塔吉克斯坦5国武装力量1000余人分两个阶段在哈萨克斯坦和中国境内举行联合反恐军事演习。		
2003年8月11日	吉尔吉斯斯坦国防部长托波耶夫、塔吉克斯坦国防部长海鲁拉耶夫、哈萨克斯坦国防部副部长波斯别洛夫来华观摩上海合作组织成员国联合反恐演习。		吉尔吉斯斯坦、塔吉克斯坦
2003年8月18—22日	中共中央书记处书记、中央军委委员、总政治部主任徐才厚上将访问朝鲜。	朝鲜	

续表

时间	人员	出访国家	来访国家
2003 年 8 月 25 日	中国邀请美国、英国、法国、俄罗斯、德国、加拿大、澳大利亚、埃及、南非、坦桑尼亚、土耳其、以色列、新加坡、巴基斯坦、泰国等 15 个国家的 27 名军事观察员，在内蒙古朱日和合同战术训练基地观摩了北京军区“北剑 0308”加强装甲旅纵深突击作战演习。		
2003 年 9 月	泰国国防部长探玛叻·伊沙朗军上将随总理差瓦立访华。		泰国
2003 年 9 月 1—4 日	日本防卫厅长官石破茂正式访华。		日本
2003 年 9 月 4—8 日	中央军委委员、总参谋长梁光烈上将访问巴基斯坦。	巴基斯坦	
2003 年 9 月 8—20 日	中央军委委员、总参谋长梁光烈上将访问文莱、马来西亚。在文莱访问期间，双方签署了《中文关于开展军事交流的谅解备忘录》。	文莱、马来西亚	
2003 年 9 月 10 日	副总参谋长张黎中将率高级军事代表团访问芬兰、希腊。	芬兰、希腊	
2003 年 9 月 15 日	泰国国防部次长森潘·汶亚南上将访华。		泰国
2003 年 9 月 19 日	意大利国防部副部长、众议员奇库·萨尔瓦托雷访华。		意大利
2003 年 9 月 25 日	俄罗斯国防部副部长德米特里耶夫随总理卡西亚诺夫访华。		俄罗斯
2003 年 10 月	越南军队总长冯光青上将访华，与中国人民解放军总参谋长梁光烈上将共同签署了《中越两国国防部合作议定书》。		越南
2003 年 10 月	吉尔吉斯斯坦国防部长托波耶夫上将、国家安全会议秘书阿希尔库洛夫相继访华。		吉尔吉斯斯坦
2003 年 10 月 7 日	中国、日本和韩国领导人举行第五次会晤，发表《中日韩三方推进合作联合宣言》。		
2003 年 10 月 13 日	德国军队总监察长沃尔夫冈·施耐德汗和希腊国防总参谋长乔治·安托纳科普洛斯访华。		德国

续表

时间	人员	出访国家	来访国家
2003年10月19日	中国人民解放军国防大学举办第五期国际问题研讨班，中国的16名军官与美国、俄罗斯、英国、法国、日本、德国、埃及、加拿大、澳大利亚、印度、巴基斯坦等40个国家44名军官参加。		
2003年10月22日	10月22日，中国和巴基斯坦海军在中国上海长江口水域举行海上联合搜救演习，这是中国海军首次与外国海军举行联合演习。		巴基斯坦
2003年10月27日—11月2日	中央军委副主席、国务委员兼国防部长曹刚川上将访问美国。	美国	
2003年10月28日	蒙古武装力量总参谋长陶高少将访华。		蒙古
2003年11月	俄罗斯军队边防代表团访华。		俄罗斯
2003年11月3—5日	巴基斯坦总统兼陆军参谋长穆沙拉夫上将访华，双方签署了《中华人民共和国和巴基斯坦伊斯兰共和国关于双边合作发展方向的联合宣言》。		巴基斯坦
2003年11月4—14日	中共中央书记处书记、中央军委委员、总政治部主任徐才厚上将访问了英国、西班牙、葡萄牙。	英国、西班牙、葡萄牙	
2003年11月10日	韩国参联会主席金钟焕上将访华。		韩国
2003年11月14日	中国海军首次与印度海军在中国东海海域举行了代号为“海豚0311”的海上联合搜救演习。		
2003年11月18—22日	朝鲜人民武装力量部副部长李泰日率团访华。		朝鲜
2003年11月22日	泰国陆军司令猜亚色·钦纳瓦上将访华。		泰国
2003年12月13日	中国派往刚果（金）的维和部队200多人顺利进行了轮换。		

续表

时间	人员	出访国家	来访国家
2003 年 12 月 15—23 日	曹刚川率团正式访问俄罗斯。	俄罗斯	
2004 年	2004 年，中国军队完成重要交往项目 100 多项，其中中央军委、军委四总部、各大单位和军兵种负责人率团出访了 60 多个国家，接待了 50 多个国家的国防部长、武装部队司令等重要来访代表团。		
2004 年	中央军委副主席郭伯雄访问了俄罗斯、埃及、南非；中央军委副主席、国防部长曹刚川上半年访问了巴基斯坦、印度和泰国，下半年又访问法国、比利时、瑞士、巴西等国；中央军委副主席徐才厚访问了古巴、墨西哥。从外军来说，俄罗斯国防部长伊万诺夫两次访华，美国参联会主席迈尔斯、国防部副部长费斯、太平洋总部司令法戈，以及英国国防大臣胡恩等也先后来访。与此同时，总部、各大单位和军兵种领导率团出访 60 多个国家，还有 50 多个国家的国防部长、武装部队司令等来华访问。	俄罗斯、埃及、南非、巴基斯坦、印度、泰国、法国、比利时、瑞士、巴西、古巴、墨西哥	俄罗斯、美国、英国
2004 年	中国军队先后参与了对朝鲜、伊朗、马达加斯加、摩洛哥以及遭受印度洋海啸袭击的印度尼西亚、斯里兰卡、泰国等国的紧急人道主义援助，受到国际社会的好评。	印度尼西亚、斯里兰卡、泰国	
2004 年	先后与美、俄、德、英、法等 13 个国家开展了 19 次战略磋商和安全对话，与加拿大正式确立了战略磋商机制。		
2004 年 1 月 10 日	双方签署《中国与东盟关于非传统安全领域合作谅解备忘录》。		
2004 年 1 月 10 日	中国倡议并参加了在曼谷举行的首届东盟与中日韩打击跨国犯罪部长级会议。	泰国	

续表

时间	人员	出访国家	来访国家
2004 年 2 月 12 日	中国与《导弹技术控制制度》成员国在巴黎首轮对话。	法国	
2004 年 3 月 16 日	与法国进行了海上联合搜救演习。		法国
2004 年 4 月 19 日	朝鲜劳动党总书记金正日对中国进行非正式访问。		朝鲜
2004 年 4 月 26 日	中蒙举行首次防务安全磋商。		蒙古
2004 年 5 月 27 日	在瑞典哥德堡召开的《核供应国集团》全会决定，接纳中国、立陶宛、爱沙尼亚和马耳他为新成员。		
2004 年 6 月 1—2 日	中国与《导弹技术控制制度》成员国在北京举行第二轮对话。		
2004 年 6 月 20 日	与英国举行了海上联合搜救演习。		英国
2004 年 7 月 21 日	成功举办了首届上海合作组织成员国防务安全研讨班。		
2004 年 7 月 26 日	中德两军举行第二轮战略磋商。		德国
2004 年 8 月 2 日	与巴基斯坦举行了高海拔地区联合反恐演习。		巴基斯坦
2004 年 8 月 28 日	与印度举行了联合登山训练。		印度
2004 年 9 月	中吉两国国防部举行第二次战略磋商。		
2004 年 9 月	邀请外军观察员观摩海军组织的“蛟龙－2004”演习。		
2004 年 9 月 2 日	邀请 4 个国家的军事观察员和 2004 年国际问题研讨班学员观摩了南海舰队在汕尾举行的两栖作战实兵实弹演习。		
2004 年 9 月 25 日	邀请周边 16 个国家的军队领导人和军事观察员及其驻华武官 60 余人，观摩了“铁拳－2004”涉外演习。		
2004 年 10 月 13 日	中澳举行第八次战略防务磋商。		澳大利亚
2004 年 10 月 14 日	与澳大利亚举行了海上联合搜救演习。		澳大利亚
2004 年 10 月 26 日	中日举行第五次防务部门安全磋商。		日本
2004 年 10 月 30 日	中泰举行第三次国防部安全磋商。		泰国

续表

时间	人员	出访国家	来访国家
2004年11月4—6日	在北京成功举行了首届东盟地区论坛安全政策会议。		
2004年12月8日	中欧发表《关于防扩散和军备控制问题的联合声明》。		
2005年1月6日	中国在东盟地震和海啸灾后问题领导人特别会议上，提出一系列防灾减灾倡议。		
2005年2月	美国防部负责战俘和失踪人员事务的助理部长帮办詹宁斯访华。		美国
2005年2月23—24日	中美执法合作联合联络小组第四次会议在北京举行。		美国
2005年2月24日	美国司法部缉毒署署长凯伦·坦迪女士访华。		美国
2005年4月	中国人民解放军副总参谋长熊光楷上将赴美国华盛顿与美国国防部副部长道格拉斯·费思进行第七次中美国防部副部长级防务磋商。	美国	
2005年4月23日	上海合作组织与东盟和独联体签署谅解备忘录，确定在反恐领域开展合作。		
2005年5月17日	参加在老挝举行的“东盟地区论坛安全会议”，决定中国与东盟研讨班于2006年举行。		
2005年7月5日	阿斯塔纳峰会通过《上海合作组织成员国合作打击恐怖主义、分裂主义和极端主义构想》。		
2005年7月7—22日	美国联邦最高法院大法官露丝·拜德·金斯伯格访华。		美国
2005年7月8日	中美海上军事安全磋商机制2005年年度会晤在青岛举行，双方就中美两国海上军事安全相关问题交换了意见。		
2005年7月16日	广州军区刘镇武司令员率军事代表团一行6人访问美军太平洋总部。	美国	

续表

时间	人员	出访国家	来访国家
2005 年 8 月 18—25 日	中俄两军在俄罗斯符拉迪沃斯托克和中国山东半岛及附近海域举行“和平使命－2005”联合军事演习。		
2005 年 8 月 18 日	中国主办东盟与中日韩首都警察局警务交流与合作研讨会，签署《关于加强东盟与中日韩首都警察局合作的北京宣言》。		
2005 年 8 月 18 日	中国人民解放军总参谋长助理章沁生在曼谷与泰国国防部长西里猜上将举行了中泰两国国防部第五次防务安全磋商。	泰国	
2005 年 9 月	美军太平洋总部司令威廉·法伦海军上将访华。		美国
2005 年 9—12 月	中国派遣军队扫雷专家赴泰国，为其培训扫雷人员，现场指导扫雷，捐赠了一批扫雷器材。	泰国	
2005 年 9 月 20—25 日	公安部副部长孟宏伟应美司法部长冈萨雷斯邀请访美，双方就中美关系、加强两国法律交流与执法合作等问题交换意见。	美国	
2005 年 9 月 27 日	来自 24 个周边和西方主要国家的 40 余名军事观察员和驻华武官观摩了在北京军区举行的“北剑—2005”演习，这是新中国成立以来邀请国家最多、对外展示规模最大的演习。		
2005 年 10 月 12—27 日	中国最高人民法院副院长、中国大法官熊选国率团访问美国。	美国	
2005 年 10 月 18—20 日	美国国防部长拉姆斯菲尔德首次来中国进行友好访问。		美国
2005 年 10 月 18—20 日	中国主办第二届中国与东盟禁毒合作国际会议，通过《北京宣言》等文件。		
2005 年 11—12 月	解放军海军出访舰艇编队先后与巴基斯坦海军、印度海军和泰国海军举行联合搜救为主要内容的非传统安全领域演习。	巴基斯坦、印度、泰国	

续表

时间	人员	出访国家	来访国家
2005年11月8—17日	在上海举办包括6个成员国和4个观察员国在内的“上海合作组织防务论坛”。		
2005年11月17—19日	美国司法部部长艾伯托·冈萨雷斯访华。政治局委员罗干和周永康国务委员及司法部吴爱英部长、公安部孟宏伟副部长分别会见。		美国
2005年11月30日	中国参加第二届东盟与中日韩打击跨国犯罪部长级会议及首届中国与东盟打击跨国犯罪部长级非正式会议。		
2005年12月	中美国防部工作会晤在北京举行，中美在院校交流、军舰访问等方面也开展了合作。		美国
2005年12月29日	中越两国签署《中越海军北部湾联合巡逻协议》，定于2006年实现首次联合巡逻。		
2006年1月4—11日	俄中友协主席、俄科学院院士 M. Л. 季塔连科率俄中友协代表团访华。		俄罗斯
2006年2月23—27日	美国海岸警卫队司令柯林斯应公安部邀请访华。双方主要就海上执法合作等交换了意见。		美国
2006年4月26—28日	中国与文莱在北京举办了第四届东盟地区论坛反恐与打击跨国犯罪会间会，东盟地区论坛25个成员国的外交、公安等部门的官员出席。		
2006年5月30日	在北京举行中俄总参谋部第10轮磋商。		俄罗斯
2006年6月—9月	南中国海地区出现合作共赢的局面，中国、菲律宾、越南三国已着手联合勘探南中国海石油。中越之间首次进行了北部湾海上联合巡逻。在6月举行的马六甲海峡相关国会议上，中国表示愿意对6个合作项目提供帮助。		
2006年6月8日	中美进行防务安全磋商在北京举行。		美国

续表

时间	人员	出访国家	来访国家
2006年6月15日	上海合作组织成员国理事会第六次会议在上海举行。签署了《上海合作组织成员国元首关于国际信息安全声明》、《上海合作组织成员国打击恐怖主义、分裂主义和极端主义2007年至2009年合作纲要》、《关于查明和切断在上海合作组织成员国境内利用该组织参与恐怖主义、分裂主义和极端主义活动人员渗透渠道的协定》和《关于在上海合作组织成员国境内组织联合反恐行动的程序协定》等文件。		
2006年6月16—20日	中国军事代表团赴关岛观摩美军“英勇盾牌”军事演习。	美国	
2006年7月18日	中国国防部在中国国防大学开始举办为期4天的“中国—东盟亚太地区安全问题研讨班”，双方首次以研讨的形式探讨地区安全问题。		
2006年7月19日	中央军委副主席郭伯雄上将访问美国。	美国	
2006年7月28日	在第十三届论坛外长会议上，中方提出深化相互信任、尊重多样性特点、处理好论坛与其他机制的关系等主张。两年来，在东盟地区论坛框架内，中国承办了加强非传统安全领域合作研讨会，与美国、新加坡联合举办防止大规模杀伤性武器扩散研讨会，与印度尼西亚联合举办第五、六次救灾会间会，与文莱联合举办第四次反恐与打击跨国犯罪会间会。		
2006年8月9日	越南国防部长冯光清表示，越南希望与中国加强各个级别的互访，加大相互培训高级军事人才的力度，进一步扩大国防工业合作。		
2006年8月25日	中国与哈萨克斯坦在哈境内的阿拉木图和中国新疆的伊宁市举行了代号为“天山－1号(2006)”反恐演习。		

续表

时间	人员	出访国家	来访国家
2006 年 8 月 29—30 日	中国与东盟在大连举行了海上执法合作研讨会，以期合作解决中国与东盟海域的海上抢劫、走私、偷渡、毒品枪支贩运等跨国犯罪问题。		
2006 年 9—12 月	在南京为黎巴嫩、约旦两国人员开办扫雷技术培训班，并向两国援助扫雷器材。中国一直以建设性姿态参与《特定常规武器公约》政府专家组关于反车辆地雷问题的讨论，正在为批准《战争遗留爆炸物议定书》积极做相关准备。		
2006 年 9 月 18 日	由导弹驱逐舰“青岛”号和综合补给舰“洪泽湖”号组成的中国海军编队抵达美国西海岸的重要军港圣迭戈，与美军进行首次海上联合搜救演习。	美国	
2006 年 9 月 18—20 日	中国和印度尼西亚在山东青岛市举办了第六次东盟地区论坛会间会。中方向会议提交了《ARF 救灾合作指导原则（草案）》。		印度尼西亚
2006 年 9 月 22—23 日	中国和塔吉克斯坦在塔境内的穆米拉克训练场举行了“协作 - 2006”联合反恐军事演习。		
2006 年 10 月 8 日	日本首相安倍晋三访华。		日本
2006 年 10 月 30 日	中国与东盟在南宁举行了关于中国与东盟建立对话关系 15 年的峰会。		
2006 年 11 月 15 日	美国司法部助理部长帮办曼德尔克女士访华并与公安部就知识产权保护、打击网络犯罪等问题交换意见。		美国
2006 年 11 月 19 日	中美进行第二阶段搜救演习。		
2006 年 11 月 29 日	解放军总参谋长助理章沁生中将与日本防卫厅事务次官守屋武昌在东京举行了中日第七次防务安全磋商。	日本	
2006 年 12 月 3—9 日	美国国防大学国家战略研究所代表团访华。		美国

续表

时间	人员	出访国家	来访国家
2006 年 12 月 7—8 日	中美国防部防务政策对话在美举行。国防部外办主任张邦栋少将与美国国防部助理部长帮办劳利斯共同主持。		
2006 年 12 月 17 日	中国和巴基斯坦军队在巴基斯坦阿伯塔巴德地区进行了“友谊－2006”联合反恐军事演习。		
2007 年 1 月 28 日—2 月 9 日	中国人民解放军副总参谋长葛振峰上将访美。其间，分别会见美国国防部常务副部长英格兰、参联会副主席詹巴斯蒂安尼、陆军参谋长斯库梅克、太平洋总部司令法伦等。		
2007 年 3 月 6—13 日	在阿拉伯海与巴基斯坦等 7 个国家共同举行“和平－07”海上联合演练。		
2007 年 3 月 11—23 日	美国空军战争学院代表团访华。		美国
2007 年 3 月 22 日	美国参谋长联席会议主席佩斯访华。		美国
2007 年 3 月 27 日	中美执法合作联合联络小组（JLG）知识产权执法工作专家组第一次会议在华盛顿举行。		
2007 年 3 月 28 日	中美执法合作联合联络小组（JLG）追逃和打击非法移民专家组第二次会议在华盛顿举行。		
2007 年 4 月 1—7 日	海军吴胜利司令员率领海军代表团访美。	美国	
2007 年 4 月 3—4 日	中美执法合作联合联络小组（JLG）打击网络犯罪专家组第三次会议在华盛顿举行。		
2007 年 4 月 10—20 日	美国国防大学国家战争学院代表团访华。		美国
2007 年 5 月 11 日	美军太平洋总部司令蒂莫西·基廷海军上将一行访华。		美国

续表

时间	人员	出访国家	来访国家
2007 年 5 月 14 日	中国“襄樊”号护卫舰参加“第二届西太平洋海军论坛多边海上演习”。		
2007 年 6 月 1—3 日	中国人民解放军副总参谋长率领的中国军方高级代表团赴新加坡参加了被称为“香格里拉对话”的亚洲安全大会。	新加坡	
2007 年 6 月 20 日	“2007 国际安全研讨会”在中国国防大学举行，研讨会的主题是“非传统安全与国际安全合作”。		
2007 年 7 月 30 日	在中国广州举行了中泰陆军特种作战反恐联合训练。		
2007 年 8 月 2 日	在第十四届东盟地区论坛外长会上，中方强调“新安全观”是建立在亚太地区多样性和共同利益基础上的安全观念和安全模式，符合亚太和平、发展、进步、繁荣的内在规律和要求。		
2007 年 8 月 9 日	在上海合作组织框架内，中国、俄罗斯、哈萨克斯坦、吉尔吉斯斯坦、塔吉克斯坦、乌兹别克斯坦 6 个国家，在俄罗斯联邦车里雅宾斯克共同举行了以打击恐怖主义、分裂主义、极端主义为课题的“和平使命 - 2007”联合反恐实兵演习，这是人民解放军第一次在境外参加的较大规模的陆空联合演习。		
2007 年 8 月 16 日	比什凯克峰会上，上海合作组织成员国缔结《长期睦邻友好合作条约》，为安全合作奠定坚实的政治法律基础，标志着成员国政治互信进入了新的阶段。		
2007 年 8 月 27 日	中国军人首次被联合国秘书长任命为维和部队高级指挥官。		
2007 年 8 月 27 日	美国国会众议院军事委员会主席斯凯尔顿一行成为首批访问人民解放军第二炮兵司令部的美国国会议员。		美国

续表

时间	人员	出访国家	来访国家
2007年8月29日—9月2日	中央军委副主席兼国防部长曹刚川上将对日本进行了正式访问。	日本	
2007年9月2—4日	武警部队与俄罗斯内卫部队，以“特种部队解救人质及捣毁恐怖组织团伙行动”为课题，首次举行“合作-2007”联合反恐演习。		
2007年9月6日	由中国海军“广州”号导弹驱逐舰（舷号168）和“微山湖”号综合补给舰（舷号887）组成的舰艇编队驶进英国南部的朴茨茅斯军港，展开对当地为期4天的友好访问。	英国	
2007年9月10日	中国海军舰艇编队在朴茨茅斯附近的大西洋海域，与英国海军“皇家方舟”号航空母舰进行了非传统安全领域的军事演习。这是中国海军舰艇首次与航母举行联合演习，也是首次在大西洋海域举行演习。	英国	
2007年9月18日	在西班牙加的斯附近的大西洋海域举行了“中西友谊-2007”海上联合军事演习。	西班牙	
2007年9月22—25日	最高法院副院长万鄂湘访美，分别会见美国众院司法委员会主席科尼尔斯和美洲国家组织副秘书长拉姆丁等议员。		
2007年9月25日	中法海军在土伦港以南的地中海海域，成功进行了以联合搜救为主要内容的“中法友谊-2007”海上联合军事演习。	法国	
2007年9月28日	由“哈尔滨”号导弹驱逐舰和“洪泽湖”号综合补给舰组成的中国海军舰艇编队抵达悉尼港，开始为期4天的访问。	澳大利亚	
2007年10月2日	在塔斯曼海域与澳大利亚、新西兰举行三边海上联合搜救演习。		
2007年10月7日	“哈尔滨”号导弹驱逐舰和“洪泽湖”号补给舰从悉尼抵达新西兰奥克兰王子码头进行访问。	新西兰	

续表

时间	人员	出访国家	来访国家
2007 年 11 月 4—6 日	美国防部长盖茨访华。国家主席胡锦涛、中央军委副主席郭伯雄、徐才厚、外交部副部长戴秉国分别会见，中央军委副主席、国务委员兼国防部长曹刚川与盖茨举行会谈。		美国
2007 年 11 月 14—16 日	由中国军事科学学会国际军事分会和解放军外国语学院共同举办的“安全互信问题”国际研讨会在河南洛阳召开。		
2007 年 11 月 15—16 日	公安部部长助理陈智敏访美，分别会见美负责反恐战略的国家安全事务副助理扎拉特、联邦调查局局长穆勒等官员，就中美执法合作等问题交换意见。	美国	
2007 年 11 月 20 日	第十一次东盟与中日韩领导人会议在新加坡举行。	新加坡	
2007 年 11 月 25 日	中国派出维和部队人员开赴苏丹的达尔富尔执行维和任务，并为工程部队进入修复被冲突所毁坏的公共设施创造条件。	苏丹	
2007 年 11 月 28 日—12 月 1 日	中国海军“深圳”舰对日本进行了访问，实现了中国海军舰艇对日本的首次访问。	日本	
2007 年 12 月 3 日	副总参谋长马晓天与美国防部副部长艾德曼在华盛顿举行第九次中美国防部副部长级防务磋商。	美国	
2007 年 12 月 19—27 日	中国和印度陆军在云南昆明举行代号为“携手－2007”的联合反恐演习。		
2008 年 1 月 13—16 日	美军太平洋总部司令蒂莫西·基廷访问中国。		美国
2008 年 1 月 28—30 日	美联邦调查局局长穆勒访华。		美国
2008 年 2 月 22—23 日	中美首次退役高级将领交流在海南三亚举行。		美国
2008 年 2 月 26—29 日	日本自卫队联合参谋长斋藤隆访华。		日本

续表

时间	人员	出访国家	来访国家
2008年2月28—29日	中美两军举行了第四次中美国防部工作会晤，就落实两国防务部门和军队领导人关于加强两军关系的共识，加强两军高层互访、机制性交往、务实性交流与合作等进行了具体商议。会晤结束后，双方正式签署了《中华人民共和国国防部和美利坚合众国国防部关于建立直通保密电话通信线路的协定》和《中华人民共和国国防部和美利坚合众国国防部就查找朝鲜战争前后美军失踪军人下落开展军事档案合作事有关安排备忘录》。		美国
2008年3月12—14日	首次中国与东盟“10＋1”高级防务学者对话在北京举行。		
2008年3月14日	中国国防部长曹刚川和俄罗斯国防部长谢尔久科夫通过两国国防部直通电话进行了首次通话。		
2008年3月30日—4月4日	美国海军陆战队司令詹姆斯·康威来华访问。		美国
2008年3月31日	中日举行了第8次防务安全磋商。		
2008年4月10日	中美两国国防部直通电话正式开通，中国国防部长梁光烈和美国国防部长盖茨首次通过直通电话交谈。		
2008年4月22日	中芬举行了首轮总参谋部工作对话。		
2008年5月15日	中国国防部长梁光烈率团赴塔吉克斯坦首都杜尚别出席了上海合作组织成员国国防部长会议。这次会议签署了《上海合作组织成员国国防部合作协定》，发表了《上海合作组织成员国国防部长会议联合公报》，并确定于2010年在哈萨克斯坦举行上合组织反恐军事演习。	塔吉克斯坦	

续表

时间	人员	出访国家	来访国家
2008 年 5 月 18 日	中国国防部正式建立新闻发言人制度。新成立的国防部新闻事务局采取定期或不定期举行发布会、书面发布等方式，发布军队的重要新闻。		
2008 年 6 月 9—14 日	东盟与中日韩“10 + 3”武装部队国际救灾研讨会在中国石家庄举行。		
2008 年 6 月 12 日	中国主办第二届东盟与中日韩武装部队国际救灾研讨会。		
2008 年 6 月 12 日	副总参谋长马晓天会见了来华参加“第三次中美战略核关系和战略互信”研讨会的美军太平洋总部前司令丹尼斯·布莱尔一行。		美国
2008 年 6 月 24 日	2008 年是《中日和平友好条约》签订 30 周年，日本“涟”号驱逐舰 6 月访问中国。		
2008 年 6 月 30 日	中国举办第八次中美安全问题研讨会。		
2008 年 7 月 7 日	笹川日中友好基金暨中青年军官代表团来华访问。		日本
2008 年 7 月 9—31 日	中泰在泰国清迈举行了代号“突击 - 2008”的陆军特种作战反恐联合训练。		
2008 年 7 月 20 日	中国与澳大利亚举行了第 11 次中澳防务战略磋商。		
2008 年 8 月 1 日	中国国防部在北京军区装甲 6 师营区举行新闻发布会，向 100 余名中外记者介绍了人民解放军建军 81 年来的建设发展情况。		
2008 年 9 月 3 日	国防部长梁光烈出访意大利、德国、白俄罗斯和匈牙利。	意大利、德国、白俄罗斯、匈牙利	
2008 年 9 月 4 日	中国继 2007 年之后，再次向联合国提交军事开支报告。		
2008 年 9 月 19 日	52 个国家的 105 名驻华武官、副武官集体参观访问了中国人民解放军驻香港部队。		

续表

时间	人员	出访国家	来访国家
2008 年 9 月 25 日	中国国防部邀请 36 个国家 113 名军队人员观摩了“砺兵－2008”演习。		
2008 年 10 月 16 日	南非海军“斯皮恩卡普”号护卫舰访问上海。		南非
2008 年 10 月 27—28 日	由外交部、公安部和美国国务院、司法部共同牵头举办的中美执法合作联合联络小组第 7 次会议在华盛顿举行。		
2008 年 10 月 27 日	上海合作组织成员国“军事气象水文联合保障问题研讨会”在北京举行。		
2008 年 11 月 16 日	中华人民共和国中央军委副主席徐才厚对委内瑞拉、智利、巴西进行正式友好访问。	委内瑞拉、智利、巴西	
2008 年 11 月 24—25 日	中俄两军总参谋部第 12 轮年度战略磋商在北京举行。		俄罗斯
2008 年 12 月 6—14 日	中印在印度贝尔高姆地区举行了代号“携手－2008”陆军反恐联合训练。	印度	
2008 年 12 月 26 日	中国人民解放军海军舰艇从三亚启航前往亚丁湾、索马里海域实施护航。	索马里	
2008 年 12 月 29 日	中央军委委员、总参谋长陈炳德与俄罗斯联邦武装力量总参谋长马卡罗夫通过直通电话进行了首次通话。		
2009 年 1 月 6 日	中国海军赴亚丁湾、索马里海域执行护航任务的舰艇编队顺利抵达任务海域，开始执行护航任务。		
2009 年 1 月 14 日	联合国驻苏丹特派团举行仪式，为中国第四批赴苏丹维和部队 435 名官兵授予“和平荣誉勋章”。		
2009 年 2 月 1 日	芬兰国防军司令阿里·普海洛伊宁上将来华访问。		芬兰
2009 年 2 月 23 日	中国和越南在广西凭祥“友谊关”公路口岸举行界碑揭幕仪式。		
2009 年 2 月 27 日	中国国防部外事办公室主任钱利华和美国助理国防部长帮办谢伟森在北京共同主持中美国防部工作会晤。		美国

续表

时间	人员	出访国家	来访国家
2009年 3月5—14日	中、美、英、法、日等11国海军在巴基斯坦附近海域举行代号为“和平－09”联合演习。	巴基斯坦	
2009年4月2日	中国海军第二批护航编队从湛江出发，赴亚丁湾、索马里海域接替首批护航编队执行护航任务。		
2009年4月3日	英国国防副参谋长格兰维尔—查普曼上将来华访问。		英国
2009年 4月17—19日	上海合作组织大型联合反恐军演，代号“诺拉克—反恐－2009”，在塔吉克斯坦高山靶场举行。	塔吉克斯坦	
2009年 4月17—20日	美国海军作战部长拉夫黑德上将率军舰来华出席中国人民解放军海军成立60周年庆典活动，国务委员兼国防部长梁光烈、副外长何亚非分别会见，海军司令员吴胜利与其会谈。		美国
2009年 4月20—23日	中国海军在山东省青岛市及其附近海域举行了多国海军活动。包括俄罗斯、美国等在内的五大洲有30个国家参加这一活动，有29个国家派出了海军代表团，14个国家派出21艘舰艇。		
2009年5月11日	总装备部部长常万全上将对奥地利、白俄罗斯和俄罗斯访问。	奥地利、 白俄罗斯、 俄罗斯	
2009年5月15日	总政治部副主任刘永治上将对西班牙、保加利亚进行访问。	西班牙、 保加利亚	
2009年5月22日	中央军委副主席郭伯雄对土耳其、德国、芬兰进行访问。	土耳其、德国、 芬兰	
2009年6月16日	罗马尼亚联合作战司令部司令尼亚戈、保加利亚国防部安全与防务政策部部长斯蒂芬·扬内夫来华访问。		罗马尼亚、 保加利亚

续表

时间	人员	出访国家	来访国家
2009年6月18—25日	中国与加蓬军队举行了代号为“和平天使－2009”的医疗救援联合行动。		
2009年6月19—24日	中国人民解放军与新加坡武装部队在广州军区某综合训练基地展开了代号为“合作－2009”的安保联合训练。		新加坡
2009年6月23—24日	中方与美方在北京举行了第十次国防部防务磋商、工作会晤、海上军事安全磋商，邀请美国海军作战部长、陆军参谋长来华访问。		美国
2009年6月23—24日	第十次中美国防部防务磋商在北京举行。中国人民解放军副总参谋长马晓天与美国防部副部长米歇尔·弗卢努瓦共同主持。		美国
2009年6月26日—7月4日	中蒙两军在中国北京地区举行了代号为“维和使命－2009”的维和联合训练。		
2009年7月17日	美联邦调查局局长穆勒访华，公安部副部长刘京、司法部副部长郝赤勇分别会见。		美国
2009年7月22—26日	中俄两国在俄罗斯哈巴罗夫斯克市和位于中国东北的沈阳军区济南合同战术训练基地举行了“和平使命－2009”中俄联合反恐军事演习。		
2009年9月7日	国防部长梁光烈上将对斯洛伐克、塞尔维亚和保加利亚进行访问。	斯洛伐克、塞尔维亚、保加利亚	
2009年9月14—23日	中国与罗马尼亚军队举行了代号为“友谊行动－2009”的陆军山地部队联合山地训练。		
2009年9月18日	中国海军护航编队与俄罗斯海军护航编队在亚丁湾西部海域举行了代号为“和平蓝盾—2009”的联合演习。		
2009年10月20日	副总参谋长马晓天会见了由捷克军队副总参谋长贝克瓦尔率领的捷克军队友好参观团。		捷克

续表

时间	人员	出访国家	来访国家
2009年10月24日—11月3日	应美国国防部长罗伯特·盖茨的邀请，中国中央军委副主席徐才厚上将对美国进行正式访问。	美国	
2009年10月28日	副总参谋长葛振峰会见了由塞尔维亚军队副总参谋长切科维奇率领的塞尔维亚军队友好参观团。		塞尔维亚
2009年11月6—7日	为庆祝中国空军成立60周年，举办了“和平与发展国际论坛”。共有33个国家的22位空军领导人和11位空军领导人代表出席论坛活动。		
2009年11月10日	国务委员兼国防部长梁光烈会见了来访的马其顿军队总参谋长斯托扬诺夫斯基一行。		马其顿
2009年11月11日	中国人民解放军副总参谋长马晓天与来华访问的希腊陆军参谋长弗拉戈科斯举行了会谈。		希腊
2010年1月24日	中国政府派遣的医疗防疫救护队自首都国际机场启程前往海地。	海地	
2010年1月30日	美国政府通知国会决定向台湾出售“黑鹰”直升机、“爱国者-3”反导系统、“鱼鹰”级扫雷艇、“鱼叉”导弹、多功能信息分发系统等武器，总价值近64亿美元。中方随即向美方提出严正抗议。美国的举动使刚刚“回暖”的中美军事交流再次受到严重影响。		
2010年4月13日	中国海军第四批护航编队访问菲律宾首都马尼拉。	菲律宾	
2010年5月3—28日	中国参加第八次《不扩散核武器条约》审议大会，最终以协商一致的方式通过《最后文件》，避免了5年前审议大会无果而终的尴尬局面。		

续表

时间	人员	出访国家	来访国家
2010 年 5 月 11—23 日	中央军委副主席郭伯雄一行对澳大利亚、新西兰和印度尼西亚进行正式友好访问。	澳大利亚、 新西兰、 印度尼西亚	
2010 年 5 月 25 日	中国人民解放军副总参谋长马晓天会见来中国出席第二轮中美战略与经济对话的美军太平洋总部司令威拉德以及美国助理国防部长格雷格森。		美国
2010 年 6 月 1 日	中国和新西兰两军第三次战略磋商在北京举行。中国人民解放军副总参谋长马晓天与新西兰国防军副司令杰克·斯蒂尔共同主持磋商。		新西兰
2010 年 6 月 14 日	日美两国在中国南海举行代号“太平洋伙伴2010”的联合人道主义救援演习，美方派出了海军军事补给部队“仁慈”号医院船，日本海上自卫队则派出“国东”号船坞登陆舰和 2 艘大型气垫登陆船参加演习。	俄罗斯	
2010 年 7 月 9 日	“友谊－2010”中巴反恐联合训练举行实兵演练。		
2010 年 7 月 30 日—10 月 20 日	由“郑和”舰、“绵阳”舰组成的海军出访及远航训练编队，赴南太平洋进行远海训练，并访问巴布亚新几内亚、瓦努阿图、汤加、新西兰和澳大利亚等大洋洲 5 国 6 港。	巴布亚新几内亚、 瓦努阿图、汤加、 新西兰、澳大利亚	
2010 年 8 月 22—26 日	应俄罗斯联邦安全总局邀请，中国海监总队所属中国“海监 83”船和中国海事局所属“海巡 11”船于 8 月中旬分别从广州和青岛起航赴俄罗斯海参崴参加由中、俄、韩、美、日 5 国共同参加的北太平洋海上警备执法机构多边演练。	俄罗斯	
2010 年 8 月 26—30 日	金正日对中国进行非正式访问，并在吉林省、黑龙江省参观考察。		朝鲜

续表

时间	人员	出访国家	来访国家
2010年9月1日	销毁日本遗弃在华化学武器启动仪式在南京郊外举行。日本内阁府副大臣平冈秀夫代表日本政府宣布正式启动销毁日本遗弃在华化学武器。此次启动仪式标志着该工作进入了实质性阶段。		
2010年9月9—25日	“和平使命－2010”联合军演在哈萨克斯坦举行，中国、俄罗斯、哈萨克斯坦等5国共计5000余名士兵参加演习。		
2010年9月18—21日	国防部外办副主任关友飞少将率中国军事友好代表团访问瓦努阿图。	瓦努阿图	
2010年9月21日	中国人民解放军直升机救援队从新疆和田某机场起飞，飞赴巴基斯坦执行国际人道主义救援任务，这是解放军陆军航空兵首次出国执行国际人道主义救援任务。	巴基斯坦	
2010年9月28日	国防部外事办公室主任钱利华和美国助理国防部长帮办迈克尔·希弗举行工作会谈，就中美两军关系及其他共同关心的问题交换了意见。		美国
2010年9月28日	美国国防部主管东亚事务的副助理部长薛迈龙访问北京。		美国
2010年10月11日	正在越南河内参加东盟防长扩大会的国务委员兼国防部长梁光烈上将会见了美国国防部长罗伯特·盖茨，双方就两国两军关系和其他共同关心的问题坦诚深入交换了意见。	越南	
2010年10月12日	首届东盟防长扩大会议在越南河内开幕。来自东盟10国和澳大利亚、中国、印度、日本、新西兰、俄罗斯、韩国和美国的防长或代表出席会议，就进一步深化各国在非传统安全等领域的合作、维护地区和平与稳定等问题进行讨论。		

续表

时间	人员	出访国家	来访国家
2010年10月14—15日	中美海上军事安全磋商机制2010年年度会晤在美国夏威夷举行。	美国	
2010年10月23日	中央军委副主席郭伯雄上将率中华人民共和国高级军事代表团赴朝鲜，参加志愿军入朝参战60周年纪念活动，并对朝鲜进行正式友好访问。	朝鲜	
2010年10月28日	“蓝色突击－2010”的中泰海军陆战队联合训练在泰国梭桃邑拉开帷幕。	泰国	
2010年11月1日	中国第12批赴刚果（金）维和工兵、医疗分队分别以兰州军区驻陕某工兵团和军区兰州总医院为主抽组。	刚果（金）	
2010年11月4日	中央军委副主席徐才厚一行对阿联酋、叙利亚、约旦三国进行正式友好访问。	阿联酋、叙利亚、约旦	
2010年11月5—13日	中国和罗马尼亚军队在云南昆明举行了代号为“友谊行动—2010”的陆军山地部队联合训练。		罗马尼亚
2010年11月14日	中国人民解放军总参谋长陈炳德上将率领中国高级军事代表团抵达加拉加斯，开始对委内瑞拉进行为期3天的正式友好访问。	委内瑞拉	
2010年11月16日	中央军委副主席郭伯雄在珠海会见参观第八届珠海航展的15个国家的军事代表团。		
2010年11月19日	副总参谋长马晓天在北京与来访的南非国防秘书莫卜芙共同主持了中南防务委员会第四次会议。		南非
2010年12月1日	中国第11批赴利比里亚维和部队558人分两梯队抵达蒙罗维亚开始执行维和任务。	利比里亚	
2010年12月1日	菲律宾国防部长博尔泰雷·加斯明在马尼拉会见了由总参谋长助理戚建国率领的中国军事代表团。	菲律宾	

续表

时间	人员	出访国家	来访国家
2010年12月9日	中国人民解放军副总参谋长马晓天赴美，与美国国防部副部长弗卢努瓦共同主持中美国防部第十一次防务磋商。	美国	
2010年12月17日	副总参谋长孙建国会见来访的由国防部副部长莫赫布拉·莫赫布率领的阿富汗军事代表团。		阿富汗
2011年2月19日	中国第八批维和工兵营和第七批维和医疗分队的第一梯队共175名官兵搭乘联合国包机抵达黎巴嫩贝鲁特。	黎巴嫩	
2011年3月7日	在中国海上搜救中心的统一协调和指导下，上海海上搜救中心与日本海上保安厅广岛分部成功举行了“2011中日联合海上搜救通信演习”。		
2011年 4月4—12日	泰王国玛哈扎克里·诗琳通公主殿下访华。		泰国
2011年4月11日	巴西联邦共和国总统迪尔玛·罗塞夫对中国进行为期6天的国事访问。		巴西
2011年4月16日	由法国海军“西北风”（MISTRAL）号两栖投放指挥舰和“杜布雷”（DUPLEIX）反潜驱逐舰组成的舰艇编队，在旗舰——“西北风”号舰长吉勒·于莫海军上校的率领下，开始对上海进行为期6天的友好访问。		法国
2011年 4月25—28日	澳大利亚联邦政府总理朱莉娅·吉拉德对中国进行正式访问。		澳大利亚
2011年5月5日	奥地利共和国联邦总理维尔纳·法伊曼开始对中国进行为期3天的正式访问。		奥地利
2011年5月15日	范龙佩本对中国进行为期5天的访问，行程包括北京、成都和上海。这是他2010年1月就任欧洲理事会常任主席以来首次正式访华。		欧盟
2011年5月21日	中国全国人大常委会委员长吴邦国在总统府会见了纳米比亚总统波汉巴。	纳米比亚	

续表

时间	人员	出访国家	来访国家
2011 年 5 月 21 日	中国国务院总理温家宝赴东京出席第四次中日韩领导人会议	日本	
2011 年 6 月 6 日	中国人民解放军与印度尼西亚国民军“利刃－2011”特种部队联合训练在印尼万隆举行。		
2011 年 6 月 29 日	副总参谋长马晓天会见了来访的越共中央委员、越南国防学院院长武进仲及其代表团一行。		越南
2011 年 7 月 5 日	中国海军第九批护航编队的“武汉”舰和“玉林”舰抵达文莱，开始对文莱进行为期 5 天的友好访问。	文莱	
2011 年 7 月 5 日	中国人民解放军空降兵特战分队赴白俄罗斯参加中白空降兵联合训练。	白俄罗斯	
2011 年 7 月 7 日	总政副主任贾廷安在北京会见了来华访问的朝鲜人民军青年军官代表团。		朝鲜
2011 年 7 月 11 日	吉布提海军司令阿布杜拉曼一行 5 人，对海军兵种指挥学院进行了友好访问。		吉布提
2011 年 7 月 11 日	中央军委委员、总参谋长陈炳德与来访的美军参联会主席迈克尔·马伦举行了大小范围会谈。		美国
2011 年 7 月 11 日	中央军委委员、海军司令员吴胜利会见了来访的英国海军参谋长马克·斯坦霍普。		英国
2011 年 7 月 12 日	美军参联会主席迈克尔·马伦来到我济南军区空军某部参观。		美国
2011 年 7 月 14—16 日	大韩民国国防部长官金宽镇访华。		韩国
2011 年 7 月 16 日	中国人民解放军体育代表团第一批人员前往巴西里约热内卢，参加第五届世界军人运动会。	巴西	
2011 年 7 月 16 日	中国人民解放军赴白俄罗斯参加中白空降兵联合训练的特种作战分队共 83 人圆满完成联训任务后，乘空军“伊尔－76”运输机抵新疆乌鲁木齐地窝堡机场，顺利归来。	白俄罗斯	

续表

时间	人员	出访国家	来访国家
2011年7月18日	中国第13批赴刚果（金）维和工兵分队92名官兵、医疗分队20名官兵作为第一梯队从乌鲁木齐机场飞赴刚果（金），开始执行为期8个月的维和任务。	刚果（金）	
2011年7月18日	中国第12批赴利维和工兵大队抵达利比里亚首都蒙罗维亚国际机场，随后分乘联合国直升机和小型运输机抵达位于绥德鲁市的中国维和工兵大队营区。	利比里亚	
2011年7月19日	副总参谋长马晓天会见了来访的巴基斯坦陆军参谋局长瓦希德一行。		巴基斯坦
2011年7月19日	由巴基斯坦海军“沙姆舍尔”号导弹护卫舰和“塞纳尔”号综合补给舰组成的舰艇编队抵达青岛，开始为期4天的友好访问。		巴基斯坦
2011年7月21日	中国海军第八、九批护航编队在亚丁湾顺利会合，随即开始第一次联合护航，执行第350次护航任务。		
2011年7月25日	应委内瑞拉有关方面邀请，我三军仪仗方队22名队员参加了该国《独立宣言》签署200周年庆典阅兵。	委内瑞拉	
2011年7月25日	海军“郑和”号远洋训练舰和“洛阳”号导弹护卫舰组成的训练舰编队从大连某军港解缆起航，前往俄罗斯和朝鲜进行友好访问。	俄罗斯、朝鲜	
2011年7月27日	中国人民解放军副总参谋长马晓天与韩国国防部次官李庸杰举行了首次中韩国防战略对话。	韩国	
2011年7月27日	应美国陆军参谋长邓普西和新加坡陆军总长拉文德星的邀请，副总参谋长章沁生离京赴新加坡，参加由美国和新加坡联合举办的第七届亚太陆军领导人会议。	新加坡	

续表

时间	人员	出访国家	来访国家
2011年7月29日	正在新加坡出席第七届亚太陆军领导人会议的副总参谋长章沁生上将会见了新加坡国防部长黄永宏。	新加坡	
2011年7月30日	由中国海军第八批护航编队“温州”舰、“马鞍山”舰和“千岛湖”舰组成的出访编队抵达卡塔尔首都多哈，开始进行为期5天的友好访问，这是中国海军舰艇编队首次访问卡塔尔。	卡塔尔	
2011年7月31日	正在俄罗斯符拉迪沃斯托克访问的我海军训练舰编队官兵，参加了俄罗斯海军成立315周年系列庆典活动。	俄罗斯	
2011年8月1日	上海扬子江码头军乐激昂，土耳其海军“詹姆里克”号导弹护卫舰在编队司令员锡南·埃尔图鲁尔少将的率领下，缓缓驶抵码头，开始对上海进行为期4天的友好访问。		土耳其
2011年8月3日	应俄罗斯国防部第一副部长兼武装力量总参谋长马卡罗夫大将、乌克兰武装力量总参谋长佩德琴科上将和以色列国防军总参谋长甘茨中将邀请，中央军委委员、总参谋长陈炳德上将一行离京赴上述三国进行正式友好访问。	俄罗斯、乌克兰、以色列	
2011年8月4日	由“郑和”号远洋训练舰和“洛阳”号导弹护卫舰组成的我海军训练舰编队，在编队指挥员、北海舰队司令员田中中将的率领下抵达朝鲜民主主义人民共和国元山市，开始为期4天的友好访问。	朝鲜	
2011年8月14日	中央军委委员、总参谋长陈炳德上将拜会了以色列副总理兼国防部长巴拉克，与以色列国防军总参谋长甘茨中将举行了会谈。	以色列	
2011年8月26日	国务委员兼国防部长梁光烈会见了以朝鲜人民武力部后方总局长全昌福为团长的朝鲜人民军后勤代表团。		朝鲜

续表

时间	人员	出访国家	来访国家
2011 年 8 月 23 日	副总参谋长魏凤和会见了来访的乌兹别克斯坦武装力量学院院长马赫穆托夫。		乌兹别克斯坦
2011 年 8 月 26 日	应澳大利亚和新西兰军方邀请，副总参谋长侯树森率中国人民解放军军事代表团前往上述两国进行正式友好访问。	澳大利亚、新西兰	
2011 年 8 月 27 日	应加拿大、巴西两国军方邀请，以总政治部副主任杜金才中将为团长的中国人民解放军军事友好代表团一行 6 人赴上述两国进行正式友好访问。	加拿大、巴西	
2011 年 9 月 5 日	副总参谋长侯树森在惠灵顿会见了新西兰国防军副司令斯蒂尔。	新西兰	
2011 年 9 月 7 日	中央军委副主席徐才厚上将在保加利亚国防部与保国防部长安格洛夫举行会谈。	保加利亚	
2011 年 9 月 9 日	国防部组织各国驻华陆军武官到郑州参观济南军区机步 58 旅和防空兵学院，来自 30 个国家的 33 位外国驻华陆军武官、副武官以及负责陆军事务的国防武官应邀参加。		
2011 年 9 月 11 日	以总政治部副主任杜金才为团长的中国人民解放军军事友好代表团一行，结束对加拿大、巴西两国的正式友好访问回国。	加拿大、巴西	
2011 年 9 月 12 日	克罗地亚议长贝比奇会见了来访的中央军委副主席徐才厚上将一行。	克罗地亚	
2011 年 9 月 12 日	中央军委副主席徐才厚上将在萨格勒布与克罗地亚国防部长博日诺维奇举行会谈。	克罗地亚	
2011 年 9 月 13 日	应刚果共和国、毛里塔尼亚伊斯兰共和国两国军队的邀请，由副总参谋长孙建国率领的中国人民解放军军事代表团赴上述两国进行正式友好访问。	刚果、毛里塔尼亚	
2011 年 9 月 13 日	应坦桑尼亚、博茨瓦纳两国军队邀请，由南京军区司令员赵克石为团长的中国人民解放军军事友好代表团赴上述两国进行正式友好访问。	坦桑尼亚、博茨瓦纳	

续表

时间	人员	出访国家	来访国家
2011年9月15日	中央军委委员、总政治部主任李继耐上将与来访的越共中央书记处书记、中央军委常务委员、人民军总政治局主任吴春历中将举行会谈。		越南
2011年9月15日	国务委员兼国防部长梁光烈上将会见了来访的孟加拉国陆军参谋长穆罕默德·阿卜杜尔·穆宾上将。		孟加拉国
2011年9月15日	越共中央书记处书记、中央军委常务委员、人民军总政治局主任吴春历中将一行17人到达解放军报社访问。		越南
2011年9月18—21日	老挝人民革命党中央委员会总书记、老挝人民民主共和国主席朱马利·赛雅贡对中华人民共和国进行了正式友好访问。		老挝
2011年9月22日	应俄罗斯联邦国防部长谢尔久科夫的邀请，中央军委副主席郭伯雄一行离京前往莫斯科对俄罗斯进行正式友好访问。	俄罗斯	
2011年10月10日	中央军委副主席徐才厚上将会见了来访的纳米比亚国防部长纳莫洛。		纳米比亚
2011年10月12日	国务委员兼国防部长梁光烈与越南共产党中央政治局委员、中央军委副书记、国防部长冯光青举行了会谈。		越南
2011年11月1日	中央军委委员、总参谋长陈炳德与来访的尼泊尔军队参谋长查特拉·曼·辛格·古隆举行了会谈。		尼泊尔
2011年11月3日	哥伦比亚总统桑托斯在首都波哥大会见了正在这里进行正式友好访问的中央军委副主席郭伯雄。	哥伦比亚	
2011年11月20日	应智利、阿根廷、巴西三国军队邀请，中央军委委员、总装备部部长常万全一行启程前往三国进行正式友好访问。	智利、阿根廷、巴西	

续表

时间	人员	出访国家	来访国家
2011年11月21日	中央军委副主席徐才厚会见了苏丹国防部长阿卜杜勒·拉希姆·侯赛因一行。		苏丹
2011年11月21日	副总参谋长章沁生会见了来华参加慕尼黑安全政策会议核心小组会的德国国防部国务秘书施密特。		德国
2011年11月21日	应加纳、乌干达、塞舌尔国防部邀请，国务委员兼国防部长梁光烈一行离开北京，赴三国进行正式友好访问。	加纳、乌干达、塞舌尔	
2011年12月9日	应印度、孟加拉国和斯里兰卡三国军队邀请，副总参谋长马晓天率军事代表团前往上述三国，出席中印第四届防务与安全磋商并访问孟加拉国和斯里兰卡。	印度、孟加拉国、斯里兰卡	
2012年1月5日	国务院总理温家宝在中南海紫光阁会见巴基斯坦陆军参谋长基亚尼。		巴基斯坦
2012年2月16日	中国人民解放军总参谋长陈炳德上将会见了来访的乌克兰武装力量海军司令马克西莫夫海军上将。		乌克兰
2012年2月22日	中央军委委员、总装备部部长常万全会见了来访的意大利国防副秘书长兼装备部副部长马里奥·马留里一行。		意大利
2012年2月23日	中央军委委员、总参谋长陈炳德会见了来访的缅甸联邦议会人民院议长吴瑞曼。		缅甸
2012年2月24日	中国中东问题特使吴思科在伦敦会见了“四方机制”特使、英国前首相布莱尔，双方就中东和平进程等问题交换了意见。	英国	
2012年3月5日	中法两军第十一次防务战略对话在北京举行，中国人民解放军副总参谋长马晓天与法国三军副参谋长菲利普·孔贝共同主持。		法国

续表

时间	人员	出访国家	来访国家
2012年3月7日	中央军委委员、总参谋长陈炳德会见了来华参加中法两军第十一次防务战略对话的法国三军副参谋长菲利普·孔贝一行。		法国
2012年3月14日	中国第13批赴利比里亚维和部队第一梯队275名官兵乘包机飞往利比里亚首都蒙罗维亚，执行为期8个月的维和任务。	利比里亚	
2012年3月14日	中央军委委员、总参谋长陈炳德会见了德国陆军监察长威尔纳·弗雷尔斯。		德国
2012年3月26日	副总参谋长马晓天空军上将会见了来华参加上海合作组织成员国国防部国际军事合作部门领导会议的哈萨克斯坦、吉尔吉斯斯坦、俄罗斯、塔吉克斯坦、乌兹别克斯坦等国国防部代表。		哈萨克斯坦、吉尔吉斯斯坦、俄罗斯、塔吉克斯坦、乌兹别克斯坦
2012年4月22日	“海上联合－2012”中俄海上联合军事演习在青岛拉开帷幕。		
2012年5月2日	在第四轮中美战略与经济对话的战略框架下，第二次中美战略安全对话在北京举行。		美国
2012年5月4—10日	国务委员兼国防部长梁光烈对美国进行正式访问。	美国	
2012年5月4日	中马海军舰艇在马六甲海峡举行联合演练。	马来西亚	
2012年5月31日	中央军委委员、总参谋长陈炳德会见了乌兹别克斯坦国防部长别尔季耶夫。		乌兹别克斯坦
2012年6月5日	中央军委委员、总参谋长陈炳德会见了土库曼斯坦国防部长贡多格德耶夫，并与土军总参谋长伊斯迈洛夫举行会谈。		土库曼斯坦
2012年6月6日	中央军委委员、总参谋长陈炳德上将与塔吉克斯坦国防部长海鲁洛耶夫上将举行了会谈。		塔吉克斯坦

续表

时间	人员	出访国家	来访国家
2012年6月7日	值中澳两国庆祝建交40周年之际，应国务委员兼国防部长梁光烈的邀请，澳大利亚联邦国防部长斯蒂芬·史密斯访问中国。		澳大利亚
2012年6月7日	国务委员兼国防部长梁光烈会见了来访的斯里兰卡陆军司令贾亚苏里亚。		斯里兰卡
2012年6月8—14日	根据《上海合作组织成员国国防部－2013年合作计划》，上海合作组织成员国军队在塔吉克斯坦举行"和平使命"联合反恐军事演习。参演总兵力2000余人，其中中方参演官兵为369人。	塔吉克斯坦	
2012年6月18日	国务委员兼国防部长梁光烈18日与来访的新加坡国防部长黄永宏举行了会谈。		新加坡
2012年7月3日	国务委员兼国防部长梁光烈与阿根廷国防部长阿尔杜罗·普里塞利举行了会谈。		阿根廷
2012年7月9日	国务委员兼国防部长梁光烈会见了到访的欧盟外交和安全政策高级代表阿什顿女士。		欧盟
2012年7月30日	国务委员兼国防部长梁光烈会见了来华参加中韩第二次国防战略对话的韩国国防部副部长李庸杰。		韩国
2012年8月29日	国防部长梁光烈启程前往斯里兰卡、印度、老挝进行访问。这也是7年来中国防长首次访问印度。	斯里兰卡、印度、老挝	
2012年9月3日	应土耳其共和国海军司令比尔盖尔上将邀请，中央军委委员、海军司令员吴胜利一行启程前往土耳其进行正式友好访问。	土耳其	
2012年9月4日	印度总理曼莫汉·辛格会见中国国务委员兼国防部长梁光烈。	印度	

续表

时间	人员	出访国家	来访国家
2012 年 9 月 17 日—20 日	美国国防部长莱昂·帕内塔对中国进行正式访问。		美国
2012 年 9 月 27—28 日	中美海上军事安全磋商机制 2012 年度会晤在青岛举行。		美国
2012 年 10 月 17 日	中国第 14 批赴刚果（金）维和部队授勋仪式在刚果（金）东部城市布卡武举行。	刚果（金）	
2012 年 10 月 29 日	“合作精神－2012”中澳新人道主义救援减灾联合演练在澳大利亚海滨城市布里斯班正式开始。这次演练是中国、澳大利亚、新西兰三国首次举行医疗救援领域的实兵演练。	澳大利亚、新西兰	
2012 年 10 月 30—31 日	中国—东盟海事磋商机制第八次会议在珠海市召开。来自中国海事局和东盟各国海事主管部门的 60 多位代表参加了会议。		
2012 年 11 月 9 日	中国海军第 13 批护航编队从南海舰队驻广东湛江某军港起航，奔赴亚丁湾、索马里海域接替第 12 批编队以继续在该区域的护航任务。		
2012 年 11 月 11—12 日	中国人民解放军空军和中国航空工业集团公司将在珠海联合主办“军事飞行训练国际交流会议 2012”。		
2012 年 11 月 15 日	中央军委副主席许其亮会见了来访的俄罗斯空军总司令维克多·邦达列夫一行。		俄罗斯
2012 年 11 月 20 日	由中国自然辩证法研究会与俄罗斯科学院自然科学与技术史研究所圣彼德堡分所等单位主办、国防科技大学人文与社会科学学院承办的第三届中外技术交流史国际学术研讨会在湘江之畔召开。		俄罗斯
2012 年 11 月 21 日	中国中央军委副主席许其亮空军上将会见了来访的俄罗斯国防部长绍伊古一行。		俄罗斯

续表

时间	人员	出访国家	来访国家
2012 年 11 月 23 日	中央军委副主席范长龙会见了来访的拉脱维亚国防部长阿尔蒂斯·帕布里克斯一行。		拉脱维亚
2012 年 11 月 27 日	中国海军司令员吴胜利会见了来访的美国海军部长雷·马伯斯。		美国
2012 年 11 月 27 日	中国第 10 批赴刚果（金）维和部队启程。	刚果（金）	
2012 年 12 月 6 日	中国和白俄罗斯空降兵成功进行“神鹰－2012”联合反恐训练。		白俄罗斯
2012 年 12 月 12 日	中央军委副主席许其亮会见了来访的马尔代夫国防和国家安全部长穆罕默德·纳齐姆一行。		马尔代夫
2012 年 12 月 21 日	中央军委副主席许其亮会见了来访的美国高级退役将领代表团。		美国
2013 年 1 月 15 日	乌克兰总统会见了正在进行正式友好访问的中国国务委员兼国防部长梁光烈上将。	乌克兰	
2013 年 1 月 23 日	在柬埔寨访问的副总参谋长戚建国在金边分别会见了柬副首相兼国防大臣迪班和柬王家军总司令波尔沙伦。	柬埔寨	
2013 年 2 月 26 日	联合国对我驻刚果（金）维和工分队进行了战备核查，所有项目均以 100% 的完好率一次性通过。		
2013 年 3 月 18 日	中国海军第 13 批和第 14 批护航编队在亚丁湾开始分航，第 13 批护航编队告别战斗 4 个月的亚丁湾、索马里海域，踏上执行出访任务的新航程。第 14 批护航编队开始正式独立护航。		
2013 年 3 月 18 日	中国第 11 批赴黎维和工兵营第一梯队的 135 名官兵赴黎巴嫩与第 10 批轮换，开始执行长达 8 个月的维和任务。	黎巴嫩	
2013 年 3 月 21 日	中国第 14 批护航编队首次独立护航在亚丁湾东部海域成功驱离 18 艘可疑目标。		

续表

时间	人员	出访国家	来访国家
2013 年 3 月 26 日	中国海军第 13 批护航编队导弹护卫舰“黄山”、“衡阳”舰和补给舰“青海湖”舰组成的舰艇出访编队到达马耳他瓦莱塔港，开始为期 5 天的友好访问。这是中国海军舰艇编队首次访问马耳他。	马耳他	
2013 年 3 月 27 日	副总参谋长戚建国会见了来访的美国参议院外委会共和党首席成员罗伯特·科克一行。		美国
2013 年 4 月 4 日	东盟防务高官扩大会在文莱举行，本次会议系东盟防长扩大会机制下副部级年度会议。	文莱	
2013 年 4 月 5 日	中国海军第 13 批护航编队驶离阿尔及尔港，结束对阿尔及利亚为期 4 天的访问，踏上访问摩洛哥的航程。	阿尔及利亚	
2013 年 4 月 5 日	马来西亚国防部副部长拉迪夫、武装部队司令祖尔基费利在吉隆坡会见了到访的中国人民解放军副总参谋长戚建国。	马来西亚	
2013 年 4 月 9 日	中国海军第 13 批护航编队抵达卡萨布兰卡港，开始对摩洛哥进行为期 5 天的正式友好访问，摩洛哥海军在码头举行了隆重的欢迎仪式。这是中国海军舰艇首次访问摩洛哥。	摩洛哥	
2013 年 4 月 11 日	东盟地区论坛国防官员对话会在上海举行。会议由中国国防部与东盟轮值主席国文莱国防部共同主办，来自东盟 10 国及俄、美、朝、韩、日等 25 个东盟地区论坛成员国和东盟秘书处近 60 名代表与会。		

2000年以来中国军队与外军联演联训一览

时间	对象国	性质
2000年11月	美国	邀请美军事代表团观摩军事演习
2002年10月	吉尔吉斯斯坦	联合反恐军事演习
2003年5月	美国、泰国、新加坡	派出观察员观摩“金色眼镜蛇”演习
2003年8月	俄罗斯	派出观察员观摩首长司令部演习
2003年8月	上海合作组织成员国	“联合-2003”上海合作组织成员国武装力量联合反恐军事演习
2003年8月	15国军事观察员	邀请观摩实兵军事演习
2003年10月22日	巴基斯坦	“海豚0310”中巴海军海上联合搜救演习
2003年11月14日	印度	“海豚0311”中印海军海上联合搜救演习
2004年3月16日	法国	海上联合搜救演习
2004年6月20日	英国	海上联合搜救演习
2004年8月	巴基斯坦	联合反恐军事演习
2004年9月	多国军事观察员、国防大学防务学院国际问题研讨班学员	邀请观察中国“蛟龙-2004”两栖登陆作战演习
2004年9月	16国军事领导人、军事观察员、13国驻华武官	邀请观摩“铁拳-2004”实兵实弹演习
2004年10月	澳大利亚	海上联合搜救演习
2005年8月	俄罗斯	“和平使命-2005”中俄联合军演
2005年9月	24个周边及西方主要国家的军事观察员和驻华武官	邀请观摩北京军区“北剑-2005”军事演习
2005年12月	巴基斯坦、印度、泰国	海上联合搜救演习
2006年8月	哈萨克斯坦	“天山-1号（2006）”反恐演习
2006年9月11日	美国	海上联合搜救演习

续表

时间	对象国	性质
2006年9月	塔吉克斯坦	“协作－2006”联合反恐军事演习
2006年12月	巴基斯坦	“友谊－2006”联合反恐演习
2007年3月6—13日	多国	“和平－07”多国海军联合军事演习
2007年7月15—31日	泰国	“突击－2007”中泰陆军特种作战分队联合训练
2007年8月9—17日	上海合作组织成员国	“和平使命－2007”联合反恐军事演习
2007年9月10日	英国	首次“中英友谊－2007”海上联合军事演习
2007年9月	35个国家的55名军事观察员（首次邀请日本军事观察员）	“勇士－2007”军事演习
2007年9月18日	西班牙	“中西友谊－2007”海上联合军事演习
2007年9月21日	法国	“中法友谊－2007”海上联合军事演习
2007年10月2—3日	澳大利亚、新西兰	中澳新三边海上联合搜救演习
2007年12月19—27日	印度	“携手－2007”中印反恐联合训练
2008年7月9—31日	泰国	“突击－2008”中泰陆军特种作战分队联合训练
2008年12月5—14日	印度	“携手－2008”中印陆军反恐联合训练
2009年3月5—14日	巴基斯坦等11国海军参加	“和平－09”海上多国联合演习
2009年7月22—26日	俄罗斯	“和平使命－2009”中俄联合反恐军事演习
2009年8月18日	俄罗斯	中俄界河首次应急联合演习
2009年9月18日	俄罗斯	“和平蓝盾－2009”海军护航编队联合演习
2010年7月3日	巴基斯坦	“友谊－2010”中巴反恐联合训练
2010年9月9—25日	上海合作组织成员国	“和平使命－2010”联合反恐军事演习
2010年10月	泰国	“突击－2010”中泰陆军特种部队反恐联合训练
2010年10月26日—11月11日	泰国	中泰“蓝色突击－2010”联合训练
2010年11月19—26日	新加坡	中新“合作－2010”安保联合训练

续表

时间	对象国	性质
2011 年 3 月 7 日	日本	“2011 中日联合海上搜救通信演习”
2011 年 3 月 8—12 日	巴斯基坦等 12 个国家	“和平－11”多国海上联合军演
2011 年 3 月 28 日	巴基斯坦	中巴空军联训
2011 年 5 月 6 日	吉尔吉斯斯坦、塔吉克斯坦	“天山－2 号”上海合作组织成员国执法安全机关联合反恐演习
2011 年 6 月 7 日	印度尼西亚	“利刃－2011”中印尼陆军特种部队联合训练
2011 年 7 月 5—16 日	白俄罗斯	中白空降兵联训
2011 年 7 月 6 日	智利	中智特种作战部队联合训练
2011 年 10 月 15 日	委内瑞拉	中委空降兵城市反恐联训
2011 年 11 月	多国	太平洋海啸演习
2011 年 11 月 14—27 日	巴基斯坦	“友谊－2011”中巴反恐联训
2012 年 4 月 22 日	俄罗斯	“海上联合－2012”中俄海上联合军事演习
2012 年 5 月 4 日	马来西亚	中马海军舰艇在马六甲海峡举行联合演练
2012 年 5 月 11 日	泰国	“蓝色突击－2012”中泰海军陆战队联合训练在广东汕尾某训练场开始联合训练
2012 年 6 月 8—14 日	上海合作组织成员国	上海合作组织成员国军队在塔吉克斯坦举行“和平使命－2012”联合反恐军事演习
2012 年 7 月	印度尼西亚	中印尼“利刃－2012”特种部队反恐联合训练在中国山东济南举行
2012 年 8 月 28 日	越南	中越首次举办海上搜救应急通信联合演习
2012 年 10 月 29 日	澳大利亚、新西兰	“合作精神－2012”中澳新人道主义救援减灾联合演练在澳大利亚海滨城市布里斯班正式开始
2012 年 12 月 6 日	白俄罗斯	中国和白俄罗斯空降兵成功进行“神鹰－2012”联合反恐训练

后 记

做大事与成为大师还有相当遥远的距离，但这并不能让那些对世界充满好奇的探索者因为完成了几桩半大不小的事而就此驻足；在我眼里，遥远的距离还存在于大师与巨匠之间，再如何巨硕，匠也是匠，而非大师，缺一层为创造而冒险的快乐，这是我不能容忍的。

也许你觉得这是狂者梦呓，但我非常清醒地告诉你，这是我 14 岁那年读到一句俄罗斯谚语时脑袋里升腾而起的念头——“朝星星瞄准，总比朝树梢瞄准射得远些”。

儿时不喜被束缚，厌恶去幼稚园，喜欢带着没人照管的“野孩子”掏鸟窝、打弹弓，护好跟着自己的“难弟难妹”们，谁敢欺负必为之仗义，不惜头破血流而令父母困扰。14 岁那年，这个天不怕、地不怕的丫头走进了充满纪律规制的军营。二十余载的光阴如白驹过隙，野丫头变得安静，不变的是少年时仍怀揣的英雄梦。这种英雄情节让我的军旅岁月格外丰满：18 岁那年，我发表了有生以来第一部小说，被诗人周涛称为“新时代的冰心日记”；19 岁时领导比自己大三至四岁的学员，学会了声色俱厉地训人；21 岁参加作家笔会，成为其中最年轻的作家成员；25 岁，出版了第一部军事题材小说集，学会了沉淀与积累；31 岁，成为一名军事院校教员，爱上了自己选择的研究方向。

2006 年，那时国防投入仍处于补偿期中的中国军队在武器装备上仍与世界军事强国存有代差，看着美国大片里的美军在地球的每个角落忙着“拯救”世界，中国军人们内心充满焦虑。课堂上，我告诉学员，只要坚持发展，不用十年，中国的军人也会出现在海外，也会为了中国公民的生命和财产安全挺身而出。英雄的光环始终为有所准备的军人而存在。果然，不用十年，甚至没到一半的时间，中国军人已经为了撤侨而现身异域。这一举动是历史性的。

和平时期，战场的定义变得多元，有英雄即战场，无英雄无战场。这是今天我们所处的时代，也是当代中国军人的命运。没有比这更光荣的时代了，为了确保中国发展的最为关键的战略机遇期，中国军人承担着重大责任；没有比这更富有挑战的时代了，作为中国发展的机遇期也必然成为战略对手意图破坏我国发展的最佳时机。然而，最好与最坏所最终成就的都将是嵌满中国军人荣誉的和平桂冠。

作为一名军事外交研究者，我有一个强军梦，梦想有一天中国军人为世界和平做出贡献，享有世界爱好和平的人们所给予的和平荣耀。

作为一名军校教员，我有一个强院梦，梦想有一天在我们的校园里进行军事问题交流的是来自世界各地的军人，在课堂里，听讲的不仅是发展中国家和周边友好国家的军人学员，还有那些昔日军事强国的学员们。

为此，作为当代中国军人一员的我，要向大师的方向，而非巨匠的作坊，继续——整装出发。

作　者

2013 年初夏于上海